Zu diesem Buch

Mit dieser zweibändigen Taschenbuch-Ausgabe liegt endlich Gregors Nachfolgeband zu »Geschichte des Films 1895 bis 1960« (rororo handbuch 6193/6194) in einer preiswerten Ausführung vor. Ulrich Gregor ist als Filmhistoriker und Filmkritiker bekannt und lehrt als Dozent für Filmgeschichte und Filmtheorie an der deutschen Film- und Fernseh-Akademie Berlin.

Dieser Ausgabe liegt die einbändige Veröffentlichung zugrunde, die im Jahre 1978 im Bertelsmann Verlag erschien. Deshalb liegt Gregors Hauptgewicht auf den Filmen bis 1977; für die Taschenbuch-Ausgabe fügte er eine Filmographie für die Jahre 1978 bis 1982 an.

Ulrich Gregor

Geschichte des Films ab 1960

4 Osteuropa, Lateinamerika, Afrika, Asien, Australien, Nordamerika

rororo
Rowohlt

Bildnachweis (Band 3 und 4): ARD Filmredaktion, Frankfurt 8
Basis Film, Berlin 6
The British Film Institute, London 24
Filmverlag der Autoren, München 12
Gala Films, London 18
Internationales Forum des jungen Films, Berlin 11
National Film Theatre, London 5
Neue Filmkunst, Göttingen 14
Alle übrigen Bilder stellte der Autor dem Verlag
freundlicherweise zur Verfügung
Umschlagentwurf Werner Rebhuhn unter Verwendung
eines Fotos aus dem Film »Manhattan«

Veröffentlicht im Rowohlt Taschenbuch Verlag GmbH,
Reinbek bei Hamburg, September 1983

Gesamtherstellung Clausen & Bosse, Leck
Printed in Germany
1280-ISBN 3 499 16294 6

V. Osteuropa

UdSSR

Die Spielfilmproduktion der UdSSR liegt seit 1960 relativ konstant zwischen 120 und 140 Spielfilmen im Jahr, von denen ungefähr die Hälfte in den größten Filmstudios des Landes, bei Mosfilm (Moskau) und Lenfilm (Leningrad), die andere Hälfte in den verschiedenen Unionsrepubliken entstehen. Ein Kennzeichen der sowjetischen Filmproduktion ist seit 1960 ihre zunehmende regionale Differenzierung. Verschiedene Sowjetrepubliken haben sich mit ihrer Produktion eigenes Profil erworben. Das gilt besonders für die georgischen Filme, aber auch für die Produktion der asiatischen Republiken. Weitere bedeutende Produktionszentren bestehen in den baltischen Sowjetrepubliken Litauen, Estland und Lettland, in der Ukraine, in Bjelorußland, in Odessa und in der Moldaurepublik. Allerdings gelangt immer nur ein vergleichsweise geringer Teil der sowjetischen Filmproduktion zur Aufführung in westlichen Ländern.

Imposant sind die Kino- und Zuschauerzahlen in der UdSSR: 34000 Kinos (Anfang der siebziger Jahre)[1], eine jährliche Besucherzahl von über 4,5 Milliarden.[2] Anscheinend ist bisher das Fernsehen kein ernsthafter Konkurrent für den Filmbesuch in der Sowjetunion. Die Besucherzahlen sollen sogar eine ansteigende Tendenz aufweisen.[3]

Im sowjetischen Film der sechziger Jahre lassen sich drei Gruppen von Regisseuren unterscheiden: einmal die »Altmeister«, die ihr in der Vorkriegszeit begonnenes Schaffen fortsetzen und sich dabei vor allem historisch-literarischen Stoffen widmen (Kosinzew, Cheifiz, Donskoj, Jutkewitsch) oder akademische »Problemfilme« drehen (Gerassimow); als einzigem aus der Gruppe dieser Regisseure gelang Michail Romm 1965 mit *Obyknowennij faschism (Der gewöhnliche Faschismus)* ein wirklich epochales Werk. Neben ihm stehen die Erneuerer des sowjetischen Films aus den fünfziger Jahren, die »Generation des 20. Parteitags«, wie sie auch genannt wurde – Kalatosow, Tschuchraj, Bondartschuk, deren große Zeit jedoch nach 1960 vorbei war (Bondartschuk realisierte in den sechziger Jahren hollywoodähnliche Superproduktionen).

Schließlich trat mit Beginn der sechziger Jahre eine Generation neuer Filmschaffender in Erscheinung, die dem sowjetischen Kino ihren Stempel aufdrückten: Chuzijew, Larissa Schepitko, Talankin, Klimow, Danelia, allen voran Andrej Tarkowski, der 1966 den bedeutendsten Film der sowjetischen Nachkriegsfilmgeschichte drehte, *Andrej Rubljow*. In der zweiten Hälfte der sechziger Jahre kamen neue Namen hinzu: Michalkow-Kontschalowski, Mitta, Schukschin, Panfilow, die Georgier Iosselliani, Georgij und Eldar Schengelaja, um nur die wichtigsten zu nennen. Dabei fällt auf, daß besonders in der ersten Hälfte der sechziger Jahre realistisch-zeitkritische Filme entstanden, die scharf mit bestimmten Erscheinungen der sowjetischen Gegenwart ins Gericht gingen, auch bislang tabuierte Themen wie den »Personenkult« aufgriffen. Zu diesen gegenwartskritischen Diskussionsfilmen, die teilweise in der UdSSR hohe Popularität erlangten, gehören Bassows *Tischina (Die Stille)* und Saltykows *Predsedatel* (»Der Vorsitzende«), Chuzijews *Mnje dwazatj ljet (Ich bin zwanzig Jahre alt)* und *Julskij doshd* (»Juliregen«) sowie Larissa Schepitkos *Krylja* (»Flügel«). Tschuchraj hatte 1961 mit *Tschistoje njebo (Klarer Himmel)* den Auftakt zu dieser Bewegung kritischer Filme gegeben, und auch Romms *Gewöhnlicher Faschismus* sowie Tarkowskijs *Rubljow* hatten teil an ihr. In der zweiten Hälfte der sechziger Jahre begegneten diese Filme jedoch zunehmenden Schwierigkeiten; sie wurden jahrelang zurückgehalten *(Rubljow)* oder erhielten Exportverbot *(Juliregen, Sajat Nowa, Flügel)*. Bei aller Vorsicht in der Diagnostizierung solcher übergreifender Trends kann man doch davon ausgehen, daß zwischen 1960 und 1966 im sowjetischen Film ein liberales, Experimente und Selbstkritik begünstigendes Klima herrschte. Dieser Abschnitt fällt jedenfalls in seiner Anfangszeit mit dem Regime Chruschtschows zusammen. In den späteren Jahren läßt sich wieder eine Verhärtung des ideologischen Kurses konstatieren. Von verschiedenen Seiten wurde Kritik am Zustand des sowjetischen Films geäußert. Auf einem Kongreß des Verbandes der sowjetischen Filmschaffenden sagte Lew Kulidshanow, Präsident dieses Verbandes: »Wir kommen unvermeidlich zu dem Schluß, daß die Themenskala des sowjetischen Films immer noch nicht der Vielfalt des Volkslebens, der Skala des Denkens und der Sorgen unserer Zeitgenossen entspricht.« Als Gegenmittel empfahl er, »den Charakter des Kommunisten umfassender und gründlicher zu zeigen«, sowie die Bemühungen um »die echte dialektische Analyse des Lebens des Volkes in all seiner Kompliziertheit und Vielfalt« zu verstärken.[4] Entschiedener noch kritisierte die »Prawda« am 22. August 1972 in einem Artikel, der als Richtschnur für neue kulturpolitische Orientierungen auf dem Gebiet des Films angesehen wurde, das Fortbestehen »der bürgerlichen Moral und Ideologie« im sowjetischen Film.[5]

Die Generation der »Altmeister«

In den sechziger Jahren waren im sowjetischen Film noch eine Reihe von Regisseuren tätig, die ihre Debüts in den dreißiger Jahren bzw. im Stummfilm gemacht hatten. Mark Donskoj (geb. 1901) drehte 1965 *Serdze materi* (»Das Herz einer Mutter«) und 1966 *Wernostj materi* (»Treue einer Mutter«), zwei Filme über die Mutter Lenins im Stil von Devotionaliengemälden. Meist zähledern, breit ausladend, von bohrender Bemühtheit, aber akademisch in ihrer Problemstellung sind die Filmepen Sergej Gerassimows (geb. 1906): *Ljudi i sweri* (»Menschen und Tiere«, 1962, eine Koproduktion mit der DDR), *Shurnalist* (»Der Journalist«, 1967) und *U osera* (»Am See«, 1970), die Gerassimow als eine Trilogie verstehen möchte: »Was die Filme verbindet, ist das Gespräch über die Menschen der sechziger Jahre, über die junge Generation, deren Schicksal mich besonders interessiert.«[6] 1975 folgte *Dotschki – materi* (»Töchter – Mütter«: Ein Provinzmädchen kommt in eine Moskauer Intellektuellenfamilie). Jossif Cheifiz (geb. 1905) wurde zum Spezialisten für Tschechow-Verfilmungen mit *Dama s sobatschkoj* (*Die Dame mit dem Hündchen*, 1960) und *W gorode S.* (*In der Stadt S.*, 1966). Cheifiz drehte noch 1975 den Gegenwartsfilm *Jedinstwennaja* (»Die Einzige«), der die Liebes- und Eheprobleme eines entlassenen Rotarmisten behandelt. Michail Kalatosow (1903–1973) konnte seinen großen internationalen Erfolg von *Letjat shurawli* (*Wenn die Kraniche ziehen*, 1957) später nicht mehr wiederholen. *Neotprawlennoje pismo* (*Ein Brief, der nie ankam*, 1960), ein Filmdrama über das Heldentum sowjetischer Geologen in Sibirien, ließ bereits ein Auseinanderbrechen von entfesseltem Kameralyrismus und schematischem Inhalt erkennen; 1964 realisierte Kalatosow unter Anwendung expressionistisch verzerrender Weitwinkelobjektive den Kubabericht *Soy Cuba* (»Ich bin Kuba«), und 1969 absolvierte er eine aufwendige italienisch-sowjetische Koproduktion über das Schicksal des italienischen Nordpolforschers Nobile, *Krasnaja palatka* (*Das rote Zelt*). Grigori Kosinzew (1905–1973), in seiner Jugend Begründer der ›Fabrik des exzentrischen Schauspielers‹ (FEKS), beschränkte sich in den sechziger Jahren auf Shakespeare-Verfilmungen: *Gamlet* (*Hamlet*, 1964) und *Korol Lir* (»König Lear«, 1969). *Hamlet* fügte der bei uns üblichen Interpretation des Shakespeare-Dramas einen interessanten neuen Akzent hinzu: hier wird Hamlet als aktivistischer Rebell gegen seine Umwelt vorgestellt, den nur die Umstände am Handeln hindern. In *Hamlet* wie auch in *König Lear* versuchte Kosinzew, »die Tragödie frei in die Sprache einer andern Kunst zu übertragen, und zwar durch Materialisierung des in der Tragödie geschilderten Lebens«.[7]

Juli Raisman (geb. 1903), der 1957 mit *Kommunist* das mehr pathetische als realistische Porträt eines Übermenschen geliefert hatte, gelang 1967 mit *Twoj sowremennik* (»Dein Zeitgenosse«) ein bemerkenswerter Film. In seinem Mittelpunkt steht die Figur eines Ingenieurs, der die Bauarbeiten an einem Industriewerk wieder einstellen lassen will, weil er dessen Unrentabilität erkannt hat. Der Ingenieur wird auch in den Beziehungen zu seinem Sohn gezeigt, der sich anders entwickelt, als sein Vater es geplant hat. Der Film fasziniert durch die Vielschichtigkeit der Probleme, die er vor den Zuschauern ausbreitet, ohne sie einer vorschnellen Lösung zuzuführen, durch seinen Verzicht auf alles Spektakuläre, durch viele Details und Einblicke in sowjetische Realitäten. *Dein Zeitgenosse* ist ein ausgesprochener Diskussionsfilm – das verbindet ihn mit anderen sowjetischen Filmen der sechziger Jahre (Bassows *Die Stille* und Saltykows *Der Vorsitzende*).

Zu den künstlerisch aktivsten Regisseuren der älteren Generation gehören Michail Romm (1901–1975) und Sergej Jutkewitsch (geb. 1904). Romm hat in den sechziger Jahren wahrscheinlich die besten Filme seiner Laufbahn überhaupt gedreht. Einen Durchbruch für das sowjetische Kino der Zeit bedeutete schon *Dewjat dnej odnowo goda* (*Neun Tage eines Jahres*, 1961), und zwar sowohl in formaler als auch thematischer Hinsicht. In einem kühlen, distanzierten Stil, der von fern an Antonioni erinnert, schildert Romm neun scheinbar willkürlich herausgegriffene Tage aus dem Leben eines Atomphysikers. Der Film konfrontiert den Physiker, der sich um seiner Experimente willen gefährlichen Strahlungen aussetzt, mit seiner Ehefrau und seinem Freund, einem anderen Wissenschaftler, der jedoch dem Forscherethos des Protagonisten Skepsis und Ironie entgegensetzt. Romm enthielt sich vorschneller Parteinahme gegenüber seinen Personen; er baute den Film nicht so sehr auf dem Prinzip der Identifikation, sondern auf der Dialektik von Gedanken und Gefühlen auf. Epochal in seiner Bedeutung ist vor allem Romms letzter Film, *Obyknowennij faschism* (*Der gewöhnliche Faschismus*, 1965). In dokumentarischer Form, anhand weitgehend unbekannten Bildmaterials entwickelt Romm eine Darstellung von Phänomenologie und Massenpsychologie des Hitlerfaschismus. Neuartig an dem Film wirkte zunächst Romms persönliche Art, das Bildmaterial zu kommentieren – seine Stimme liefert nicht einen »objektiven« Kommentar, sondern gibt die persönlichen Empfindungen, Reaktionen und Gedanken des Regisseurs angesichts des von ihm ausgesuchten Materials wieder; bemerkenswert sind aber auch die vom Film aufgeworfenen Fragestellungen. Romm bemüht sich, das Alltägliche und »Gewöhnliche« in der Perversion des Faschismus zu erfassen, wieder und wieder danach zu fragen, wie es möglich war, daß Menschen einem derartigen Massenbetrug anheimfielen; er versucht, die Mechanik dieses Betrugssystems zu analysieren. Diese Perspektive transzendiert das gegebene Thema; unüberhörbar, wie in der Analyse grotesker Übersteigerungen des Personenkultes auch andere Zeiten, andere Zusammenhänge gemeint sein können, beispielsweise die Erscheinungen des Stalinkultes in der UdSSR. »Unser Film stellt keine historische Chronik des Hitlerfaschismus dar und auch nicht seine politische Geschichte«, äußerte Romm.[8] »Für uns war es wichtiger, den Faschismus als Erscheinung zu erkennen, wie sie für seine Epoche charakteristisch war, zu zeigen, auf welchem Boden sie sich entwickelt hat, in die Seele eines einfachen Deutschen jener Jahre einen Blick zu werfen, zu klären, warum er Hitler gefolgt ist.« Die sowjetische Kritik zeigte sich teilweise dadurch irritiert, daß Romm den Standpunkt allumfassender Wirklichkeitsinterpretation aufgab und seine subjektive Interpretation, seine persönliche Auswahl, manchmal auch scheinbar anekdotische oder nebensächliche Details in den Vordergrund stellte.[9] Aber gerade in der gewählten Methode lag das Neuartige und Revolutionäre des Films, der ein Beispiel lieferte, wie das Filmmedium als Instrument zur Erforschung der Realität und der Geschichte gebraucht werden kann.

Auch die Präsenz Sergej Jutkewitschs im sowjetischen Film der sechziger Jahre verdient festgehalten zu werden. Jutkewitsch drehte Filme nach Stoffen Majakowskis (*Banja* – »Das Schwitzbad«, 1962; *Majakowskij smejatsja* – »Majakowski lacht«, 1975) und Tschechows (*Sjushet dlja nebolschowo rasskasa* – »Sujet für eine Kurzgeschichte«, 1969) sowie einen unkonventionellen Leninfilm (*Lenin w Polsche* – »Lenin in Polen«, 1966). Jutkewitschs Filme zeigen Ironie, Sinn für formale Wirkungen, für Verfremdungen und Brechungen; sie lassen immer noch einen Abglanz der Experimentierfreudigkeit der zwanziger Jahre erkennen, der Epoche, in welcher Jutkewitsch seine entscheidenden Anregungen erhielt. *Das Schwitzbad* ist zur Hälfte mit Marionetten gemacht, bringt diese mit realen Personen zusammen und nützt die in Majakowskis Stück angelegten Möglichkeiten zur Satire weidlich aus. *Sujet für eine Kurzgeschichte* schildert den Mißerfolg von Tschechows Stück »Die Möwe« in Petersburg 1896 und führt dabei die Gestalt des Dichters selbst ein; der Film ist ein subtiles Geflecht mehrerer Zeitebenen, von Wirklichkeit und Theater; er situiert sein Rahmengeschehen in einer spielzeughaften Kulissenwelt. *Lenin in Polen* beschreibt einige Episoden aus Lenins Leben im Jahre 1914, bevor er in die Schweiz emigrierte; der Film setzt den Akzent bewußt auf die privaten Momente im Verhalten Lenins, verzichtet auf Dialoge und läßt nur einen inneren Monolog als Begleittext zu. »Lenin, ein kleiner, fröhlicher und lächelnder Mann, hängt in Wäldern und Feldern den Träumereien eines einsamen Revolutionärs nach und trägt dabei *»Das Kapital«* anstelle eines Baedekers unter dem Arm«, schrieb ein französischer Kritiker über diesen Film.[10] »Durch seine Frische, seine Sensibilität, seine bildlichen Raffinessen, seine Ablehnung der vereinfachenden Hagiographie, seine ländliche Poesie erweist *Lenin in Polen* die Stärke der Erneuerungsbewegung (des Films) in der UdSSR.« Weniger gelungen ist Jutkewitschs letzter Film *Majakowskij smejatsja* (»Majakowski lacht«, 1975, frei nach Majakowskis Stück »Die Wanze«).

Regisseure der mittleren Generation

Die Erneuerung des sowjetischen Films in den fünfziger Jahren, nach Stalins Tod, ging vor allem von den Regisseuren Kalatosow und Tschuchraj aus. Kalatosow hat nach 1960 aber keine bedeutenden Filme mehr gedreht. Grigorij Tschuchraj (geb. 1921) realisierte 1960 und 1961 noch zwei Filme, die in der Geschichte des sowjetischen Kinos eine wichtige Position einnehmen: *Ballada o soldatje (Die Ballade vom Soldaten)* und *Tschistoje njebo (Klarer Himmel). Die Ballade vom Soldaten* erzählt von den Irrfahrten eines jungen Soldaten, der während des letzten Krieges auf Urlaub zu seiner Mutter unterwegs ist, dann aber, als er nach Überwindung zahlloser Hindernisse bei ihr eintrifft, sofort wieder die Rückreise antreten muß. Der Film besteht aus einem Mosaik von Erfahrungen und Abenteuern, wobei sich gelegentlich ein Unterton gefühlvoller Romantik in den Vordergrund schiebt. Thematisch ist vor allem *Klarer Himmel* von Interesse: Tschuchraj ließ sich hier auf eine Auseinandersetzung mit der stalinistischen Epoche ein. Ein sowjetischer Fliegeroffizier, der während des Krieges in deutsche Gefangenschaft gerät, wird nach seiner Rückkehr in die UdSSR degradiert und allen möglichen Demütigungen ausgesetzt. Erst nach Stalins Tod wird er rehabilitiert und erhält von der Partei den Titel »Held der Sowjetunion« zurück. Auf die Nachricht von Stalins Tod schließt der Film eine mächtige Bildfolge vom Aufbrechen des Eises auf dem Fluß an. Daneben erzählt der Film die Geschichte der Liebe des Fliegers zu einem Moskauer Mädchen; die Beziehung der beiden muß sich gegen Verdächtigungen und Feindseligkeiten behaupten. Das politisch-ideologische Thema ist in diesem Film konsequent herausgearbeitet (sehr viel weiter sollte sich das sowjetische Kino in der Kritik an der Vergangenheit nicht wagen). 1965 drehte Tschuchraj einen von der Personenkonstellation und der versteckt anklingenden Gesellschaftskritik her interessanten weiteren Film: *Shili-byli starik so staruchoj (Es lebten einmal ein alter Mann und seine Frau).* Zwei alte Leute machen sich auf, ihre Tochter zu besuchen, die im sibirischen Norden mit ihrem Mann lebt; angekommen, entdecken sie Familienverhältnisse am Punkt der Zerrüttung. Vom Standpunkt seiner starren Moralität aus kanzelt der Alte die Tochter ab und jagt sie davon, stirbt aber bald darauf. Die Witwe zieht wieder zur Tochter und nimmt sich des Babys an. Im Vergleich zu Tschuchrajs früheren Filmen ist dieser in verhalteneren Tönen erzählt; die Kritik an der dogmatischen Starrheit und Strenge des Großvaters, die der Film übt, ist auch als Kritik an einer gesellschaftlich verbreiteten Geisteshaltung zu verstehen. Freilich sind diese Details (die durch nachträgliche Schnitte weiter verharmlost wurden) versteckt im Rankenwerk einer rührenden Familiengeschichte. 1969 drehte Tschuchraj einen dokumentarischen Film über Stalingrad.

Voreilige westliche Kritiker hatten bereits Ende der fünfziger Jahre die Existenz einer sowjetischen ›Neuen Welle‹ dekretiert, zu deren Repräsentanten sie beispielsweise Lew Kulidshanow (geb. 1924) rechneten. Kulidshanow drehte in den sechziger Jahren jedoch nur einige handwerklich achtbare Filme, die das sowjetische Kino nicht weiterbrachten: das psychologische Drama *Kogda derewja byli bolschimi* (»Als die Bäume groß waren«, 1961), den Leninfilm *Sinjaja tetrad* (»Das blaue Heft«, 1963) und die akademische Dostojewski-Verfilmung *Prestuplenije i nakasanije* (»Schuld und Sühne«, 1970). (Diese fiel ähnlich konventionell aus wie die Literaturverfilmungen *Anna Karenina* von Alexander Sarchi – 1968, zweiteilig – oder *Bratja Karamasowy* – »Die Brüder Karamasow«, 1969, dreiteilig – von Iwan Pyrjew.) Sergej Bondartschuk (geb. 1920), der schon 1959 mit dem damals vielbeachteten Film *Sudjba tschelowjeka* (»Ein Menschenschicksal«) debütierte, entwickelte sich in den sechziger Jahren zum Spezialisten für Monumentalverfilmungen. Fast sechs Jahre benötigte Bondartschuk zusammen mit einem riesigen Kollektiv (darunter mehreren Militärberatern), um den insgesamt vierteiligen Film *Woina i mir* (*Krieg und Frieden*, 1965–67) fertigzustellen, eine Bearbeitung von Leo Tolstois gleichnamigem Roman. Sicherlich nahm Bondartschuk seine Aufgabe ernst (er beherrscht den Film als Darsteller in der Rolle des Pierre Besuchow), aber der große Aufwand, die Massenszenen, die verschwenderischen Dekorationen und eine effektbewußte Regie drückten dem Film schließlich den Stempel oberflächlichen Schaugepränges auf; stolz wird vermerkt, daß den Film wenige Monate nach der Uraufführung 170 Millionen Zuschauer in der UdSSR sahen (d. h. nahezu jeder kinoreife Sowjetbürger).[11] Da erschien es nur konsequent, daß Bondartschuk 1969 den Folgefilm *Waterloo* gleich als Koproduktion mit Dino de Laurentiis drehte. 1975 realisierte Bondartschuk den patriotischen Kriegsfilm *Oni shrashalis sa rodinu* (»Sie kämpften für die Heimat«), ein pathetisch inszeniertes Heldenlied. Im gleichen Zusammenhang muß man den Monsterfilm *Oswoboshdenije (Befreiung,* 1969, in drei Teilen) von Juri Oserow nennen, der in der Entfesselung naturalistischer Schlachtenschauspiele schwelgt (der Film behandelt die letzte Etappe der Kämpfe zwischen Deutschen und Sowjets), sowie des gleichen Regisseurs *Soldaty swobody* (»Soldaten der Freiheit«, 1977, vierteilig) über die Kämpfe der Jahre 1943–1945. In diesen Filmen verwirklicht sich zumindest ästhetisch die von Jean-Luc Godard apostrophierte Allianz zwischen Hollywood, Mosfilm und Cinecittà.

In der ersten Hälfte der sechziger Jahre debütierten eine Reihe von Regisseuren, die das Gesicht des sowjetischen Films im kommenden Jahrzehnt bestimmen sollten: Chuzijew, Talankin, Schepitko, Klimow, Danelia, Michalkow-Kontschalowskij, vor allem Andrej Tarkowskij. Marlen Chuzijew (geb. 1925) galt als Vertreter der Tendenz des »Fließenden Lebens«. Nach zwei »neorealistischen« Debütfilmen Ende der fünfziger Jahre löste er große Kontroversen mit seinem Film *Mnje dwadzatj ljet* (*Ich bin zwanzig Jahre alt*, 1962–1964) aus, der zunächst *Sastawa Iljitscha* (»Der Vorposten von Iljitsch«) hieß, aber erst zwei Jahre nach seiner Fertigstellung in geänderter Form und mit neuem Titel in die Kinos kam. Der Film erregte in seiner ersten Fassung zu Beginn des Jahres 1963 den Unwillen Chruschtschows.[12] Chuzijew stellt drei junge Leute in den Mittelpunkt seines Films; er beschreibt die Probleme ihres Alltags und untersucht damit zugleich den Bewußtseinszustand der sowjetischen Jugend von heute. Diese Jugend will sich von der Elterngeneration nicht bevormunden lassen; sie scheint an einer unbestimmten Malaise zu leiden; die Wurzeln dieser Malaise spürt Chuzijew in einem gestörten Verhältnis zu den Eltern auf, zur Generation der jetzt Etablierten, sowie in einer tiefen Beunruhigung durch die Vergangenheit. Das Jahr 1937 spielt in dem Film eine wichtige Rolle, als Trauma, das in Unterhaltungen immer wieder berührt wird. In einer Traumszene begegnet einer der drei Protagonisten seinem im Kriege gefallenen Vater; dieser ist jedoch selbst noch jünger als der Sohn und vermag ihm deshalb auf seine Fragen keine Antwort zu geben. Bemerkenswert an Chuzijews Film ist, daß er die Probleme keiner vorschnellen Harmonisierung zuführt, daß er aber die Fragen, um die es ihm geht, ernst und radikal stellt. Die Dramaturgie des Films ist die einer »offenen Form«, die nach Vervollständigung durch den Zuschauer verlangt. Auf dem begonnenen Wege schritt Chuzijew fort mit *Julskij doshd* (»Juliregen«, 1967) – auch dieser Film, unter einer Gruppe junger Leute in Moskau spielend, war eine Bewußtseinserforschung der Generation der 20- bis 30jährigen, brillant und neuartig in der Form, im quasidokumentarischen Gebrauch der Kamera, skeptisch und klarsichtig in seiner Analyse, in der Konstatierung einer Unsicherheit, einer Schwierigkeit, sich zu orientieren, zu engagieren. Leider konnte Chuzijew in der Folgezeit keine Filme in der Art von *Juliregen* mehr machen, sondern mußte sich mit diversen Arbeiten für das Fernsehen zufriedengeben.

Igor Talankin (geb. 1927) debütierte 1960 mit *Serjoscha* (Coregie Georgij Danelia) und drehte 1963 einen sensiblen, autobiographisch gefärbten Film über die Erlebnisse eines Jungen im Krieg: *Wstuplenije (Einführung ins Leben)*. Talankins wahrscheinlich bester Film ist *Dnjewnyje swjesdi* (»Tagessterne«, 1968), nach dem gleichnamigen Roman der Schriftstellerin Olga Bergholz, der das Schicksal einer Frau während der Belagerung Leningrads durch die Deutschen beschreibt; tatsächlich ist der Film weniger eine realistische Chronik, sondern mehr ein Geflecht von Erinnerung und Phantasie. *Tschaikowskij* (1969) war ein Rückfall in schlimmste Konventionalität. Georgij Danelia (geb. 1930) entwickelte sich zu einem Spezialisten für komödiantische Stoffe (neben dem meistbeschäftigten Komödienregisseur der UdSSR, Leonid Gaidai): *Ja schagaju po Moskwe* (»Spaziergang durch Moskau«, 1963) schildert die komischen Erlebnisse eines Schriftstellers aus Sibirien in Moskau; *Tridżat tri* (»Die 33«, 1965) war eine Komödie über einen Mann, der plötzlich entdeckt, daß er 33 Zähne hat und dadurch zu einem Weltwunder wird; *Nje goryj* (»Sei nicht traurig«, auch bekannt als *Gastmahl der Rose*, 1969) spielt im vorrevolutionären Georgien (Danelia ist der Herkunft nach Georgier). 1975 drehte Danelia eine in Details realistische Komödie über einen Handwerker, der infolge seiner Trunksucht nie zu einem geordneten Leben kommt, *Afonja*; in *Mimino* (1977) führt Danelia einen mit seinem Beruf nicht zufriedenen Hubschrauberpiloten mit einem armenischen Lastwagenchauffeur zusammen, um daraus komödiantische – wenn auch zumeist unverbindliche – Gags zu entwickeln.

Im Zeichen der Satire standen auch die Anfänge des Regisseurs Elem Klimow (geb. 1933). Noch an der Moskauer Filmhochschule produzierte er als Abschlußfilm *Dobro poshalowat ili Postoronnym wchod wospreschtschon* (»Herzlich willkommen oder Unbefugten ist der Eintritt verboten«, 1964), eine Satire auf die überbürokratisierten Verhältnisse in einem Pionierlager. *Pochoshdenija subnowo wratscha* (»Die Abenteuer eines Zahnarztes«, 1967) schildert, gleichfalls im Tonfall einer Satire, die Erfahrungen eines jungen Zahnarztes im Krankenhaus einer Provinzstadt. Nach dem halbdokumentarisch-essayistischen *Sport, Sport, Sport* (1971) realisierte Klimow 1975 einen Film über Rasputin und die Verhältnisse am Hofe des letzten Zaren, *Agonija* (»Agonie«), der jedoch »Schwierigkeiten« hatte und verboten wurde.

Larissa Schepitko (geb. 1938) gehört zu den wenigen Frauen, die sich im sowjetischen Film als Regisseurinnen durchsetzen konnten. Ihr Erstlingsfilm *Snoj* (*Hitze*, 1963) entstand unter ungewöhnlichen Bedingungen in der kirgisischen Steppe und schildert die Arbeits- und Lebensbedingungen in dieser Region ohne Beschönigung. *Krylja* (»Flügel«, 1966) ist ein engagierter »Frauenfilm« im heutigen Sinne des Wortes: Hauptfigur ist eine alleinstehende Schuldirektorin, ehemalige Fliegerin, die gesellschaftlich zwar hohes Ansehen genießt, aber infolge ihrer Strenge und Unzugänglichkeit mit ihrer Umwelt in Konflikt gerät; der Film untersucht die Gründe für ihr Verhalten. *Ty i ja* (»Du und ich«, 1970) steht nicht ganz auf der Höhe von Larissa Schepitkos früheren Arbeiten. Hier wird unter Zuhilfenahme vieler Rückblenden die Geschichte zweier Wissenschaftler erzählt, deren einer durch einen mehrjährigen Aufenthalt in einem westlichen Land (aber auch durch Schwierigkeiten mit seiner Frau) in eine innere Krise gerät; der Film hinterließ einen eher blaß-konventionellen Eindruck. In *Woschoshdenije* (»Aufstieg«, 1977) setzt die Regisseurin das Drama zweier Partisanen im Rußland des Jahres 1942 in Beziehung zur Passionsgeschichte Christi. Eine Reihe von Symbolismen (unter anderem der Titel des Films) weisen auf diese Analogie hin. Während der eine Partisan für seine Überzeugung in den Tod geht, wird der andere zum Verräter; das Thema des Verrats und der Kollaboration nimmt in diesem Film – ein Novum für die sowjetische Kinematographie – verhältnismäßig breiten Raum ein, aber es wird wieder ausbalanciert durch das Thema des Leidens und des Heroismus. Der in Schwarzweiß gedrehte Film bietet ungewöhnliche formale Mittel auf, eindringliche, expressionistische Aufnahmen von winterlicher Landschaft, Detailstudien von Milieu und Umgebung, um das Drama der Partisanen ins Metaphysische, Gleichnishafte zu steigern; dabei siegt aber letztlich die Demonstration einer hochgetriebenen Filmästhetik über das Sujet und die Personen; die Geschichte, um die es eigentlich geht, verflüchtigt sich zu einer artifiziellen Konstruktion.

Einige weitere Filme und Regisseure aus den beginnenden sechziger Jahren verdienen ebenfalls genannt zu werden, so Wladimir Bassows *Tischina* (*Die Stille*, 1964), einer der entschiedensten Filme, was die Denunziation von Fehlern aus der Ära des »Personenkults« betrifft. Schon 1961 hatte Bassow den ebenfalls zeitkritischen Film *Bitwa w puti* (»Schlacht unterwegs«) gedreht. *Die Stille* beschreibt Korruptionserscheinungen, Behörden- und Polizeiterror aus der Stalinära ganz unverhohlen. Allerdings kann der Film keinen besonderen künstlerischen Rang beanspruchen; seine Personen sind zumeist reinlich in »Gute« und »Böse« unterschieden. Ähnliche Einschränkungen muß man auch gegenüber Alexej Saltykows (geb. 1934) *Predsedatel* (»Der Vorsitzende«, 1964) erheben, einem Film, der – wohl infolge seines ungeschminkten Realismus – in der Sowjetunion außergewöhnliche Popularität erlangte; allein in Moskau und Leningrad sahen ihn in den ersten 20 Aufführungstagen fast 4 Millionen Zuschauer.[13] Der Held des Films, der Vorsitzende einer heruntergewirtschafteten Kolchose, macht sich nach 1945 bei der Partei unbeliebt und soll abgesetzt werden; Bürokraten zetteln eine Intrige gegen ihn an, man arbeitet mit politischen Verdächtigungen; einen Wendepunkt bringt erst der Tod Stalins. Dem von unbeugsamer Energie erfüllten Protagonisten steht sein Bruder gegenüber, ein Skeptiker, der den Glauben an den Kolchos verloren hat und sich anschickt, in die Stadt zu ziehen; so wird auch hier der Kampf der Ideen nicht im Innern von Personen, sondern zwischen Personen ausgetragen, die jeweils stellvertretend für Ideen stehen. Obwohl (oder weil?) die Figur des Vorsitzenden letzten Endes wieder zum positiven Helden geriet, mußte man ihr eine große Ausstrahlungskraft bescheinigen; man hat sie mit Tschapajew verglichen.[14]

Andrej Tarkowskij

Als eigenwilligster und ohne Zweifel bedeutendster sowjetischer Regisseur der sechziger und siebziger Jahre kann Andrej Tarkowskij (geb. 1932) gelten. Sein *Andrej Rubljow* wurde wegen der jahrelangen Behinderungen, die man dem Film entgegensetzte, zur »Affäre«. Aber auch unabhängig davon ist *Rubljow* selbst ein »Film des Jahrzehnts«. Tarkowskijs neuester Film *Serkalo* (»Der Spiegel«, 1975) bestätigt den exzeptionellen Rang dieses Filmautors.

Tarkowskij debütierte 1961 mit dem noch an der Filmhochschule WGIK produzierten Film *Katok i skripka* (»Die Walze und die Geige«); Thema ist die Freundschaft zwischen einem geigenspielenden Jungen und dem Fahrer einer Straßenwalze. International bekannt wurde Tarkowskijs zweiter Film, *Iwanowo detstwo (Iwans Kindheit*, 1962). Tarkowskij schildert hier die Zerstörung einer Kindheit durch den Krieg. Der 12jährige Iwan (sein Vater ist gefallen, die Mutter verschollen) stößt während des Zweiten Weltkrieges im Dnjepr-Gebiet zur Roten Armee und betätigt sich als Späher sowie als Kurier zwischen Roter Armee und Partisanen; er widersetzt sich allen Versuchen, ihn ins Hinterland zu schicken. Eines Tages kehrt er von einem Erkundungsgang hinter die feindlichen Linien nicht zurück; die Deutschen haben ihn, wie später klar wird, als Partisan erschossen. *Iwans Kindheit* ist ein Kriegsfilm (oder Antikriegsfilm) ungewöhnlicher Art: ständig überlagert sich in ihm das manifeste Geschehen mit Träumen, Erinnerungen, Phantasien. Ein imaginärer Bereich entfaltet sich, der meist aus Gegenbildern zur Wirklichkeit besteht, Bildern der vom Krieg noch nicht tangierten Kindheit, Erinnerungen an die Mutter und Schwester, in denen sich Projektionen des Glücks mit unheimlichen surrealistischen Chiffren vermischen. *Iwans Kindheit* läßt schon spezifisch tarkowskische Leitmotive erkennen: die Pferde, das Wasser (Traumszene der Sandbank); aber auch der Rückgriff auf Elemente der Filmgeschichte (die Erinnerungsszene mit den Äpfeln ist ein Dowshenko-Zitat). Tarkowskij lieferte mit *Iwans Kindheit* »die Geschichte eines Charakters, der vom Krieg geboren und von ihm verschlungen wird«[15], gleichzeitig ist der Film aber auch das Manifest einer neuen poetischen Kinematographie. »Man muß von der Poesie lernen«, so äußerte sich Tarkowskij[16], »mit wenigen Mitteln und wenigen Worten eine große Fülle von emotionalen Informationen zu vermitteln ... Im Film muß man nicht erklären, sondern direkt auf die Gefühle des Zuschauers einwirken. Die erwachte Emotion bewegt dann die Gedanken vorwärts.« Diese Erklärung verrät den Einfluß von Eisensteins »Montage der Attraktionen«.

Den Gedanken zu einem Film über den mittelalterlichen Ikonenmaler Andrej Rubljow äußerte Tarkowskij zum erstenmal in einem Artikel in der »Literaturnaja gaseta« vom 20. September 1962.[17] 1964 existierte bereits das Drehbuch zu dem Film *Andrej Rubljow*, von Tarkowskij gemeinsam mit Andrej Michalkow-Kontschalowskij verfaßt. 1965 begannen die Dreharbeiten, die bis 1966 dauerten. 1965 schrieb Tarkowskij in einem Interview: »Ich möchte einen historischen Film machen, der zugleich ein Film der Aktualität ist. Ich möchte die Mentalität der Menschen des 15. Jahrhunderts und die der Menschen von heute einander annähern, oder genauer gesagt, die Menschen und ihre Epoche wieder zum Leben bringen, damit sie uns näherkommen und ihr Heroismus auch der unsere sei.«[18] 1967 war der Film offensichtlich fertiggestellt. Er wurde für die Filmfestspiele von Cannes angekündigt, dann aber wieder zurückgezogen. 1968 liefen in Venedig keine sowjetischen Filme, weil Festspieldirektor Chiarini wissen ließ: entweder *Andrej Rubljow* oder keinen anderen Film. Die »Affäre *Rubljow*« war geboren. Tarkowskij hatte einen Film über das russische Mittelalter gedreht, in dem dieses Mittelalter apokalyptisch und düster geschildert wurde; darüber hinaus mochte man das Mittelalter als Allegorie für die Gegenwart verstehen. Dieses mißfiel den sowjetischen Zensoren. Sie verfügten Schnittauflagen, denen sich Tarkowskij widersetzte. So war der Film zunächst blockiert. Erst im März 1969 erfolgte in Moskau eine halboffizielle Aufführung des Films (einige Szenen waren inzwischen doch aus dem Film entfernt worden), die das Signal für seine Freigabe zu sein schien. Westliche Kritiker konnten *Andrej Rubljow* erstmals auf dem Festival von Cannes im Mai 1969 besichtigen, wo der Film lief – allerdings außer Wettbewerb und gegen den Protest der Sowjets. Die Aufnahme des Films in Cannes war triumphal. Dennoch dauerte es noch bis zum Jahre 1973, ehe der Film von den Sowjets für das westliche Ausland freigegeben wurde.

Tarkowskij erzählt in *Andrej Rubljow* die Geschichte des russischen Ikonenmalers Rubljow (er lebte etwa von 1360 bis 1430) in einer Folge einzelner Episoden oder »Kapitel«. Seine Geschichte ist verwoben mit der einiger anderer Maler; der apokalyptische »Teophan der Grieche« gibt eine Art Gegenfigur zu Rubljow ab. Hintergrund des Geschehens sind Bürgerkriege, Bruderfehden, Tatarengemetzel, Hungersnöte und brutale Strafaktionen der jeweils Herrschenden. Rubljow lebt in einer wahrhaft düsteren Epoche. Beim Ausmalen einer Kirche kommen ihm Zweifel, ob er das Volk mit einer Darstellung des Jüngsten Gerichts erschrecken soll; er führt die Arbeit nicht zu Ende. Als Rubljow bei einem Gemetzel wider Willen einen Menschen erschlägt, beschließt er, mit dem Malen aufzuhören, und legt ein Schweigegelöbnis ab, das er erst viel später nach einem gewaltigen (und metaphorischen) Schauspiel wieder bricht: ein Glockenguß findet unter der Leitung eines Kindes statt. Tarkowskij zeichnet ein Bild des russischen Mittelalters, das bar ist aller optimistischen Schönfärberei, ausgeführt mit einer Schärfe und Überdeutlichkeit, die geboren sind aus einer modernen Sensibilität. Tarkowskijs eigentliches Thema ist die Position des Künstlers und Intellektuellen in der Welt. Sie erscheint in der Sicht dieses Films als prekär und jederzeit bedroht. Der Künstler ist eingespannt in ein Netz von Abhängigkeiten. Von seiner Kunst wird ideologische Verwertbarkeit im Sinne der Herrschenden verlangt. Mit dem »Jüngsten Gericht« sollen die Gläubigen in Furcht und Schrecken gehalten werden. Rubljows Auftraggeber für die Malereien im Dreifaltigkeitskloster schätzt sein Talent nur, weil es seine Macht stärkt und rühmt. Wie der Künstler aus der ihn umgebenden Nacht Schönheit und Form destillieren soll, bleibt dunkel, wäre es nicht aus der paradoxen Hoffnung auf die schöpferische Kraft des Menschen, die sich gelegentlich doch gegen die Widrigkeiten der Zeitläufe durchzusetzen vermag (die Szene vom Glockenguß am Schluß des Films).

Tarkowskij bestand hartnäckig darauf, seinen Film in Schwarzweiß zu drehen (bis auf die Schlußsequenz), um der Fotografie größere Ausdruckskraft zu geben. In der Tat muß man Tarkowskijs Kunst der Bildkomposition bewundern, seine Begabung, Leitmotiven, symbolischen Erkennungszeichen (Regen, fließendes Wasser, Details der Natur), von denen der Film durchzogen ist, eindringliche Gestalt zu verleihen. Ebenso faszinierend wie die Bildsprache des Films aber ist die strenge intellektuelle Konzeption des ganzen Werkes, die Einarbeitung vielfältiger gedanklicher und philosophischer Motive in den

Kontext der Erzählung, besonders in den Szenen zwischen Teophan und Rubljow, die zwei verschiedene Seiten des Christentums zu verkörpern scheinen, die apokalyptische und die progressive. Immer wieder findet sich bei Tarkowskij das Bestreben, die Zeit stillstehen zu lassen, durch Momente großer lyrischer und poetischer Intensität den Rahmen herkömmlicher Wirklichkeitsschilderung zu sprengen und den einzelnen Augenblick auf seine inneren Resonanzen sozusagen »vertikal« zu durchforschen. Andere Sequenzen wiederum haben eine präzise intellektuelle Bedeutung. So der Prolog des Films: der Flug des Bauern in seinem primitiven Ballon resümiert das Streben des Menschen nach Emanzipation und seine Hoffnung auf die Utopie (aber auch deren Scheitern) in einer blitzartigen Metapher traumhafter Intensität.

Ohne besondere Behinderungen kam Tarkowskijs nächster Film heraus, diesmal ein Science-fiction-Sujet: *Solaris* (1972). Der Film basierte auf einem Roman des polnischen Autors Stanislaw Lem und eroberte für das sowjetische Kino, das sich seit Protasanows *Aelita* (1924) kaum mit Themen der Science-fiction befaßt hatte, wiederum Neuland. Kosmonauten reisen in ihrem Raumschiff zu dem fernen Planeten Solaris, der von einem geheimnisvollen Plasma gleich einem unendlichen grünen Ozean umgeben ist. Dieses Plasma hat die Eigenschaft, Vorstellungen und Erinnerungen zu materialisieren, und so finden sich plötzlich auch die Insassen des Raumschiffs mit Gestalten aus ihrer Vergangenheit konfrontiert. Man hat *Solaris* verschiedentlich als sowjetisches Gegenstück zu Kubricks *Odyssee 2001* bezeichnet. Bemerkenswert, daß hier die Vision der Zukunft nicht so sehr technologisch begründet und mit metaphysischer Angst aufgeladen wird, sondern daß es in diesem Film letztlich um die Auseinandersetzung des Menschen mit den Inhalten seines Bewußtseins geht. Auf dem Umweg über die Science-fiction führt Tarkowskij einen tieferen und umfassenderen Wirklichkeitsbegriff ein, als er sonst im Film üblich ist. Als Bezugspunkt im Universum erscheint der Mikrokosmos der menschlichen Innenwelt mit seinen Verdrängungen, seinen Komplexen, seinen Verwandlungen. Allerdings machte es die futuristische Kulisse des Geschehens in *Solaris* Tarkowskij schwer, seine spezifische Bildsprache zur Entfaltung zu bringen.

Wiederum ein Film ganz exzeptionellen Formats gelang Tarkowskij 1975 mit *Serkalo* (»Der Spiegel«). Leider erfreut sich auch dieser Film in der Sowjetunion keiner offiziellen Wertschätzung; ein Gremium von Kritikern verurteilte ihn in der Zeitschrift »Iskusstwo kino« wegen seines »Subjektivismus«, und ins Ausland konnte der Film bis 1977 noch nicht gelangen. Womöglich wiederholt sich mit diesem Film das Schicksal von *Andrej Rubljow*. *Der Spiegel* ist ein kompliziertes, verschlüsseltes Werk, das den Zuschauer zunächst in einen Irrgarten von Bezügen führt. Tarkowskij erzählt die Geschichte eines Mannes, der erwägt, sich von seiner Frau zu trennen, wobei die Frage entsteht, was aus dem 12jährigen Sohn der beiden werden soll. Hinter dieser ersten wird aber eine zweite Geschichte sichtbar: das ist die Erinnerung des Protagonisten an seine eigene Kindheit, die eine merkwürdige Spiegelung seiner jetzigen Situation zu sein scheint. Seine Mutter besitzt die gleichen Züge wie seine Ehefrau (beide Rollen werden von derselben Schauspielerin gespielt). Diese Spiegelung des Erlebens zweier Generationen aneinander und ineinander ist sozusagen der Komplex, von dem der Held nicht loskommt. In ihm stellt sich auch eine geschichtliche Dimension dar. Der Film verarbeitet historisches Material auf verschiedenen Ebenen: da geht es um die alptraumartige Erinnerung an einen »Fehler«, von dem die Mutter glaubt, er sei ihr als Korrekturleserin unterlaufen, eine Episode, die die Atmosphäre der Angst in den späten dreißiger Jahren veranschaulicht; da werden Wochenschaubilder vom Spanienkrieg und vom Zweiten Weltkrieg zitiert – nie gesehene, alptraumartige Bilder von Soldaten, die sich müde durch eine unendlich erscheinende Schlammwüste schleppen. Erinnerungen tauchen auf, die nur aus einem Wort, einem Bild bestehen, aber die Funktion von Chiffren, von Leitmotiven besitzen – so das

Durchblättern eines Buches über Leonardo da Vinci. Immer wieder wird in dem Film Formales (Kamerafahrten, Montagen) zum Ausdrucksmittel von Gedanken, immer wieder fällt aber auch Privates mit Gesellschaftlichem oder historischer Reflexion zusammen. Einmal wird der Junge (in der Erinnerung des Erzählers) gebeten, einer Nachbarin einen Brief Puschkins vorzulesen, in dem davon die Rede ist, wie Rußland die Tataren davor zurückgehalten hat, in Europa einzufallen, und so die Entwicklung der europäischen Kultur und Zivilisation ermöglichte, dafür aber selbst mit Not, Rückständigkeit und Unterdrückung gestraft wurde. Hier wird eine Verbindung zur geschichtsphilosophischen Thematik von *Andrej Rubljow* sichtbar. Ähnlich wie *Rubljow* hat auch *Der Spiegel* eine vieldeutig-metaphorische Einleitungssequenz: ein junger Mann wird mit Methoden der Suggestion gegen das Stottern behandelt. Nach verschiedenen Versuchen spricht er endlich wie befreit, in zusammenhängender Form und mit großer Emphase den Satz »Ich kann frei sprechen!« Wie ein erratischer Block ragt *Der Spiegel* aus der heutigen Landschaft des sowjetischen Kinos heraus. Seit langem sprach kein Film eine so individuelle und freie Sprache, seit langem ging kein Film so weit in der Suche nach dem russischen oder sowjetischen Selbstverständnis.

Die Generation der sechziger Jahre (II)

Für die zweite Hälfte der sechziger Jahre spezifisch ist die Entwicklung der Regisseure Michalkow-Kontschalowskij, Alexander Mitta und Wassilij Schukschin. Andrej Michalkow-Kontschalowskij (geb. 1937) schien nach seinem Erstlingsfilm *Perwyj utschitel (Der erste Lehrer,* 1965) zu den größten Hoffnungen zu berechtigen. Der in Kirgisien gedrehte Film handelt von den Schwierigkeiten eines für seine Tätigkeit kaum qualifizierten kommunistischen Junglehrers, der kurz nach der Revolution in einem kirgisischen Dorf gegen Vorurteile und Privilegien anrennt und dabei in hoffnungslose Situationen gerät, die er selbst teilweise mitverschuldet hat. Der Film zeigt in seiner Inszenierung Rauheit, aber auch Spontaneität; er ist insgesamt ehrlich, legt keine idealisierende Aura um die Personen, sondern macht die immensen Schwierigkeiten gesellschaftlicher Umwandlung in der Anfangsphase der Revolution bewußt. Mit seinem nächsten Film, *Asino schtschastje* (»Asyas Glück«, 1966), einer zeitgenössischen Geschichte über das Leben auf dem Dorfe, hatte Michalkow-Kontschalowskij weniger Glück: der Film wurde verboten. Danach wandte sich Michalkow-Kontschalowskij Literaturbearbeitungen zu, die durch ihre Intelligenz, ihr Stilempfinden, ihre atmosphärische Regie immer noch weit über dem Durchschnitt lagen: *Dworjanskoje gnesdo* (*Ein Adelsnest,* 1969, nach Turgenjew) und *Djadja Wanja* (*Onkel Wanja,* 1971, nach Tschechow). Mit *Romans o wljubljennich* (»Romanze der Liebenden«, 1974) vollführte Michalkow-Kontschalowskij allerdings eine Wendung zum ausgesprochenen »Publikumsfilm«, wobei ihm peinliche Klischees in großer Zahl unterliefen.

Alexander Mitta (geb. 1933) begann mit komödiantischen Filmen aus dem Schulmilieu: *Moj drug Kolka* (»Mein Freund Kolka«, 1961, Koregie Alexej Saltykow) und *Swonjat, otkroite dwer!* (»Es klingelt, öffnet die Tür!«, 1965). Die Produktion von Kinderfilmen setzte er auch später fort mit *Totschka, totschka sapjataja* (»Punkt, Punkt, Komma«, 1973). Seinen besten Film drehte Mitta 1970: *Gori, gori, moja swesda (Leuchte, mein Stern, leuchte).* Er ragte aus den Produktionen seiner Zeit weit heraus und setzte neue Kriterien. In den Jahren des Bürgerkriegs durchzieht ein revolutionärer Wanderschauspieler – er nennt sich selbst »Iskremas«, eine Abkürzung für »Kunst der Revolution für die Massen« – die Lande, um die Bevölkerung mit improvisierten Schauspielen zwischen Klassik und Moderne für die Ideen der neuen Zeit zu begeistern. Dabei gerät er in die Auseinandersetzungen zwischen Roten und Weißen; sein Theater wird unversehens zur Wirklichkeit, die Wirklichkeit wieder zum Theater. Gegenfiguren sind ein Bauernmaler und ein wandernder Kinovorführer, der seine Filme geschickt der jeweils herrschenden Ideologie anpaßt. Der lebendig und phantasievoll inszenierte Film hält sich frei von Klischees; zugleich mit der Entfaltung einer abenteuerlichen, manchmal grellbunten Handlung beleuchtet er das Verhältnis von Kunst und Leben, Idealismus und Wirklichkeit (wie auch das von Theater und Film) unter den Bedingungen des Bürgerkriegs von immer neuen Seiten. In *Skas pro to, kak zar Pjotr arapa shenil* (»Wie der Zar Peter seinen Mohren verheiratete«, 1976) erzählt Mitta mit viel Witz und Ironie die zum Teil marionettenhaft stilisierte Geschichte des schwarzen Prinzen Ibrahim (eines Vorfahren Puschkins), der sich zeitweilig gegen den Willen seines Gönners und Patenherren, Zar Peter I., auflehnt.

Wassilij Schukschin (1929–1974) hatte sich bereits durch mehrere Filme, durch Schauspielerrollen und als Schriftsteller in den sechziger Jahren einen Namen gemacht, aber außerhalb der UdSSR erkannte man seine Bedeutung erst nach seinem letzten Film *Kalina Krasnaja* (1974) und nach seinem überraschenden Tod. Schukschin wuchs in einem sibirischen Dorf auf, und das ländliche Milieu stand im Zentrum fast aller seiner Filme – dieses Milieu vermochte er mit ungewöhnlicher Kraft und Direktheit zu gestalten. Schukschin debütierte als Regisseur 1964 mit *Shiwjot takoi paren* (»Es lebte so ein Bursche«), einer Komödie über einen Lastwagenfahrer, der durch seine Gutmütigkeit in Schwierigkeiten gerät, einer Produktion des Gorki-Kinderfilmstudios. *Wasch syn i brat* (»Euer Sohn und Bruder«, 1966) spielt auf einem sibirischen Dorf und dreht sich um einen Bauern, der seine Söhne – sie sind teils in die Stadt gezogen – von den Vorteilen des Landlebens zu überzeugen sucht, allerdings ohne Erfolg; ein anderer Sohn sitzt im Gefängnis, bricht aber aus, um dem Dorf einen Besuch abzustatten.

Strannyje ljudi (»Seltsame Leute«, 1970) ist die Verfilmung dreier Kurzgeschichten von Schukschin selbst, in denen verschiedene exzentrische Typen und schließlich die Bewohner eines Dorfes der Phantasie vorgestellt werden. Der größte Erfolg wurde Schukschin jedoch nach *Petschki-lawotschki* (»Papperlapapp«, 1972, die Chronik einer Bahnreise ans Schwarze Meer) mit seinem postum aufgeführten letzten Film *Kalina Krasnaja* (*Der rote Maulbeerbaum*, auch: »Roter Holunder«, 1974) zuteil. Mit Unbefangenheit und Sinn für kräftige Details, für Dramatik und Pointen (die dem Regisseur mehr zu bedeuten scheinen als eine makellos durchkomponierte Handlung) schildert Schukschin (er selbst spielt die Hauptrolle) die Erlebnisse Jegors, eines entlassenen Strafgefangenen, der in das Dorf seiner Briefpatin kommt, sich dort integrieren will, aber auf Mauern des Mißtrauens, der Ablehnung und der Vorurteile trifft. Am Ende wird er von seinen ehemaligen Komplizen, die ihn wieder unter Druck setzen, ermordet. Der Film überzeugt durch die realistische Schilderung der Verhältnisse auf dem Dorf und durch seine Menschlichkeit, seine unbedingte Parteinahme für die Deklassierten, Ausgestoßenen (die es, wie der Film zeigt, auch in der sozialistischen Gesellschaft geben kann), aber auch durch die sarkastische, unterkühlte Art, mit der er diese Parteinahme ausdrückt.

Gegen Ende der sechziger Jahre trat ein interessantes neues Talent des sowjetischen Films in Erscheinung: Gleb Panfilow (geb. 1933). Sein Debütfilm *W ognje broda njet* (»Keine Furt führt durchs Feuer«, 1969) zeigt Geschichte, Revolutionsgeschichte, aus dem Blickwinkel der Gegenwart: in den Jahren des Bürgerkriegs beginnt eine junge Sanitäterin, die in einem Front- und Agitationszug beschäftigt ist, zu malen. Von dem Stellvertreter des Politkommissars, dem ihre Malerei nicht gefällt, wird sie kritisiert; doch im Kampf gegen die Weißen sind beide miteinander solidarisch. Die Figur des dogmatischen Politkommissars aus *Keine Furt führt durchs Feuer* erinnert an die des »Ersten

Lehrers« aus Andrej Michalkow-Kontschalowskijs gleichnamigem Film. In beiden Filmen kommt eine Position zum Ausdruck, die die heroisierende Aura – in anderen sowjetischen Filmen, besonders Kriegsfilmen, so verbreitet – zunächst einmal von den Ereignissen und ihren Protagonisten wegreißen will, um bestimmte Fragen nach Richtigkeit und Unrichtigkeit des Verhaltens, nach Widersprüchen und ihrer Aufhebung neu und schärfer zu stellen als früher. Das Unvermögen des »Ersten Lehrers«, sich auf die reale Situation einzustellen, das Unverständnis des Politkommissars für die Malerei des jungen Mädchens erscheinen bei Michalkow-Kontschalowskij und Panfilow in kritischer Sicht. Die beiden Personen werden weder vorschnell schematisiert noch verurteilt, aber ihre Handlungsweise erscheint im Spektrallicht heutiger Fragestellungen. Noch stärkere Resonanz fand Panfilows nächster Film, *Natschalo* (»Der Beginn«, 1971), übrigens mit der gleichen Hauptdarstellerin wie in *Keine Furt . . .*, Inna Tschurikowa. Ein Filmregisseur sucht für seinen Film über die Jungfrau von Orleans eine Laiendarstellerin für die Hauptrolle. Er findet sie nach langem Suchen in einem Mädchen aus einer Fabrik. Aber in *Der Beginn* geht es nicht nur um die romantische Idee, ein Mädchen aus dem Volke zu zeigen, das zur Filmschauspielerin avanciert; vielmehr bildet auch das Spannungsverhältnis zwischen Alltagsrealität und mythenerfüllter Kinowelt ein Thema des Films, der sich vor allem auf die Schwierigkeiten der Heldin konzentriert, einen Platz in der Gesellschaft zu finden, sich zu emanzipieren und ihr Handeln rational zu begründen. Die Heldin von Panfilows neuestem Film *Proschu slowa* (*Ich bitte ums Wort*, 1976) ist eine Bürgermeisterin, die in ihrem Alltagsleben vor schwierige Situationen gestellt wird, angefangen damit, daß ihr Sohn durch einen Unfall ums Leben kommt. *Ich bitte ums Wort* ist ein ausgesprochener »Diskussionsfilm«, er gibt viele kritische Einblicke in sowjetische Realitäten, gleichzeitig fällt aber Panfilows eigenwillige formale Gestaltung auf, die Komprimierung des Geschehens auf einzelne, exemplarische Momente (zwischen denen der Zuschauer viel ergänzen muß), die expressive Bildkomposition, die Dichte der Inszenierung und die Verwendung von musikalischen Leitmotiven.

Zu den bemerkenswerten Regisseuren der ausgehenden sechziger und beginnenden siebziger Jahre des sowjetischen Films zählen ferner Ilja Awerbach (*Monolog*, 1972; *Tschushyje pisma* – »Fremde Briefe«, 1976, die ungewöhnlich realistische und unkonventionelle Chronik aus dem Leben einer Provinzlehrerin); Mark Osepjan (geb. 1937), dessen Erstlingsfilm *Tri dnja Viktora Tschernyschew* (»Drei Tage des Viktor Tschernyschew«, 1968) man Ähnlichkeiten mit Karel Reisz' *Saturday Night and Sunday Morning* nachrühmt[19], Pawel Lubimow (geb. 1938) (*Die Frauen*, 1966; *Eile auf den Wellen*, 1967, ein Märchenfilm; *Ein Tag voraus*, 1970); Sergej Michaelian, der 1975 mit einem dramatischen und selbstkritischen Film über einen Arbeitskonflikt auf einer Baustelle hervortrat, *Premija (Die Prämie)*, Andrej Smirnow (*Bjelorusskij woksal* – »Der bjelorussische Bahnhof«, 1973); Jurij Ilyenko (geb. 1936), ehemals Kameramann Paradshanows in *Schatten vergessener Ahnen* (1965), ein Vertreter der »poetischen« Richtung im sowjetischen Spielfilm (*Wjetscherom nakanunje Iwana Kupaly* – »Am Vorabend des Iwan-Kupala-Tages«, 1968, die Bearbeitung einer phantastischen Gogol-Novelle; *Bjelaja ptiza s tschornoj otmetinoj* – »Der weiße Vogel mit dem schwarzen Fleck«, 1971); Michail Bogin (geb. 1936), der 1965 durch den etwas süßlichen, aber ästhetisch schönen Kurzfilm *Dwoje (Zwei)* hervortrat und 1967 *Sosja* drehte, eine romantische Liebesgeschichte vor dem Hintergrund des zu Ende gehenden letzten Krieges; Nikolaj Maschenko (*Die Kommissare*, 1973).

Nikita Michalkow, der Bruder Michalkow-Kontschalowskijs, machte sich mit *Raba ljubwi* (»Sklavin der Sinne«, 1976) sowie der Tschechow-Bearbeitung *Neokontschennaja pjesa dlja mechanitscheskowo pianino* (»Unvollendete Partitur für ein mechanisches Klavier«, 1977) einen Namen. Die beim Lenfilm-Studio arbeitende Regisseurin

Dinara Assanowa drehte mit *Ne bolit golowau djatla* (*Der Specht zerbricht sich nicht den Kopf*, 1976) und *Kljutsch bes prawa peredatschi* (»Der Schlüssel, den man nicht weitergeben darf«, 1977) zwei bemühte, unkonventionelle Filme über die Probleme von Jugendlichen und die Beziehungen zwischen Lehrern und Schülern (ein Thema, das im sowjetischen Film der siebziger Jahre besonders häufig begegnet). Zwei Regisseure suchten Kriegsthemen unter neuen Aspekten zu behandeln: Nikolaj Gubenko in *Podranki* (»Die Waisenkinder«, 1977), eine teils nostalgische, teils selbstkritische Geschichte über die Erziehung von Waisenkindern in Kriegs- und Nachkriegszeit, und Alexej German mit *Dwadzatj dnej bes woiny* (»Zwanzig Tage ohne Krieg«, 1977), dem Erlebnisbericht eines Kriegskorrespondenten, der 1942 eine kurze Urlaubszeit in Taschkent verbringt, eine atmosphärisch dichte und realitätsnahe Inszenierung, die auch das Thema »Wahrheitsgehalt im Film« kritisch diskutiert.

Sergej Paradshanow

Einen Sonderfall im sowjetischen Kino der Gegenwart stellt Sergej Paradshanow dar – nicht nur, weil er neben Tarkowskij und Iosselliani zu den ganz großen Begabungen des sowjetischen Films gehört, sondern weil seine Filme radikal neue Wege des Ausdrucks beschritten; ihre Verbreitung wurde in der UdSSR teilweise stark behindert.

Sergej Paradshanow (geb. 1924) ist gebürtiger Georgier (jedoch armenischer Abstammung). Vor seiner Filmausbildung in Moskau studierte er Gesang in Tbilissi. Seine ersten Filme drehte er im Studio Ukrainfilm in Kiew: *Andriesch* (1954, Koregie Baseljan), *Pjerwyj baren* (»Der erste Bursche«, 1958) und *Ukrainskaja rapsodia* (»Ukrainische Rhapsodie«, 1961), über die nichts bekannt ist. Großes Aufsehen erweckte jedoch Paradshanows 1965 erschienener Film *Teny sabytych prjedkow* (»Schatten vergessener Ahnen« – auch bekanntgeworden unter dem Verleihtitel *Feuerpferde*). Ähnlich wie Tarkowskijs *Iwans Kindheit* vollzog dieser Film eine für das sowjetische Kino überraschende Abwendung vom traditionellen Stil planen Erzählens. Paradshanow leitete mit seinem Werk eine neue Strömung des poetischen, assoziativen Kinos ein, für die sich weitere Beispiele (außer bei Tarkowskij) vor allem im Bereich des georgischen Films finden lassen. *Schatten vergessener Ahnen* erzählt (nach einer 1912 entstandenen Novelle des ukrainischen Schriftstellers Michail Kozjubinsky) die legendäre Liebesgeschichte von Iwan und Maritschka aus dem ukrainischen Volksstamm der Huzulen im Milieu von karpathischen Bergbauern und Schafzüchtern. Diese Liebe scheitert an der Feindschaft der beiden Familien: Iwans Vater wird von Maritschkas Vater umgebracht. Eine Folge weiterer Ereignisse bringt Unheil über die beiden Liebenden. Der Film betont jedoch weniger Psychologie und Kausalität, sondern arbeitet mit Leitmotiven, Stimmungen, Farben, Geräuschen und Musik, mit phantastischen, stilisierten Landschaftsbildern, kühnen Ton- und Bildmontagen, einem raffinierten Geräuschkontrapunkt, der die Wirklichkeit wegdrängt, den Bildern etwas Halluzinatorisches gibt. Aber obgleich Paradshanows Film von Tod und Verhängnis handelt, drückt sich in den Farben, Formen, Klängen und Montagen des Films ein ursprüngliches Verhältnis zur Natur aus.

Während *Schatten vergessener Ahnen* auch in der sowjetischen Kritik hoch bewertet wurde (»Der Reichtum der optischen und akustischen Partitur, die symbolischen Gestalten, die durch den ganzen Film gehen, die Montageübergänge, die der assoziativen Bewegung des dichterischen Gedankens dienen, erschließen neue Möglichkeiten poetischer filmischer Ausdruckskraft«[20]), setzten danach Schwierigkeiten für Paradshanow ein. Sein nächstes Filmprojekt, *Kiewskije freski* (»Die Fresken von Kiew«, 1971), ein mittellanger Dokumentarfilm, wurde nach den spärlichen Informationen, die über diesen Film vorliegen, zwar beendet, aber niemals aufgeführt.[21] 1969 drehte Paradshanow in Armenien *Sajat Nowa*, einen Spielfilm, der dem armenischen Dichter Aruthin Sayadin aus dem 18. Jahrhundert gewidmet war, dessen Leben der Film in freier, poetischer Form beschreibt. Er kam zunächst nicht in den Verleih, wurde dann aber von Sergej Jutkewitsch umgeschnitten (anscheinend gegen den Willen Paradshanows[22]) und gelangte in dieser neuen Version unter dem Titel *Zwet granaty* (»Die Farbe des Granatapfels«) 1973 in der UdSSR doch noch zur Aufführung, wenn auch nur in wenigen Kinos. *Sajat Nowa* fixiert in der Entwicklung einer experimentellen Bildsprache die am weitesten vorangetriebene Position, die es im sowjetischen Film bisher gab. In Form von visionär zugespitzten Episoden, ohne das Hilfsmittel einer erzählerischen Rahmenkonstruktion, werden einzelne Stationen aus dem Leben des Dichters vorgestellt, wie in einem mittelalterlichen Stundenbuch: der Dichter als Kind, umgeben von unendlich vielen Büchern und Manuskripten, deren Seiten der Wind umblättert; der Dichter am Hof eines Königs, zwischen Grazien und Engeln; seine Begegnung mit der Muse der Poesie, die gleichzeitig seine Geliebte ist; der Dichter als Mönch in einer mit Fresken ausgemalten Kirche, er bittet seine Muse um Absolution; der Dichter und seine Familie; dann Visionen des Todes: der Dichter als Mönch, ein Grab aushebend, in dem er verschwindet; ein Krieger schießt einen Pfeil auf ihn ab, der auf eine Klostermauer trifft, aus welcher Blut hervorquillt. Die letzten Szenen sind eine Anspielung auf die Ermordung des Dichters durch persische Invasoren vor der Kathedrale von Tbilissi 1795. Kennzeichen der Bildsprache Paradshanows in *Sajat Nowa* ist ihre strenge Schönheit, ihr Antinaturalismus, ihre Abstraktionskraft und ihr metaphorischer Grundcharakter. Herbert Marshall hat sie mit Eisensteins projektierter »intellektueller Kinematographie« und mit seinen Theorien über den Gebrauch der Farbe im Film verglichen.[23] Dieser Film gehört zu den wenigen wirklich bedeutenden Werken der Filmgeschichte, die aufgrund administrativer Behinderungen im Ursprungsland bisher kaum (und im Ausland überhaupt nicht) gesehen werden konnten. Auch in Zukunft scheint es wenig Chancen dafür zu geben, daß der Bann um *Sajat Nowa* aufgehoben wird.

Denn 1974 wurde Paradshanow verhaftet und von einem Gericht in Kiew zu einer Strafe von fünf (anderen Quellen zufolge sechs) Jahren Gefängnis verurteilt – wegen verschiedener angeblicher Delikte wie Homosexualität, illegalem Handel und »Verleitung zum Selbstmord«. Die näheren Umstände dieses Prozesses blieben ebenso wie die Urteilsbegründung im dunkeln. Nachdem sich verschiedene internationale Petitionen für ihn einsetzten, wurde Paradshanow Anfang 1978 wieder freigelassen.

Georgien und andere Sowjetrepubliken

Unter der Filmproduktion der Sowjetrepubliken ist diejenige Georgiens (Grusiniens) die vielseitigste und interessanteste. Zu den wichtigsten georgischen Regisseuren gehören Eldar und Georgij Schengelaja, Otar Iosseliani, Tengis Abuladse, Merab Kokotschaschwili. Sie alle begannen ihre Laufbahn in den sechziger Jahren. Eldar Schengelaja (geb. 1933) und Georgij Schengelaja (geb. 1939) sind Söhne des Regisseurs Nikolaj Schengelaja, eines Pioniers des georgischen Films. Eldar Schengelaja, ein Schüler von Sergej Jutkewitsch, debütierte 1963 mit *Bjely karawan* (»Die weiße Karawane«), einem Film über den Konflikt zwischen einem Hirten und seinem Sohn. *Njeobyknowennaja wystawka* (»Ungewöhnliche Ausstellung«, 1968) ist eine exzentrische Komödie über einen Bildhauer, der nie dazu kommt, etwas anderes als Grabmäler herzustellen. In eine ähnliche

Richtung tendierte *Tschudaki* (»Sonderlinge«, 1974), ein halbphantastischer Film über zwei Eigenbrötler, die mit einer selbstgebauten Flugmaschine in den Himmel fliegen wollen und »die Menschen dazu bringen, an die Kraft ihrer Träume zu glauben«.[24] Georgij Schengelaja drehte 1966 zunächst *Alawerdoba*, basierend auf einem schon 1963 entstandenen Kurzfilm über ein religiöses Erntedankfest in Georgien, eine Folge »satirischer Miniporträts vor dokumentarischem Hintergrund«.[25] 1968 folgte *On nje chotel ubiwatj* (»Er wollte nicht töten«), ein kaukasischer Abenteuerfilm, und 1969 *Pirosmani*, ein Spielfilm über den naiven georgischen Maler Pirosmanaschwili, der von 1862 bis 1918 lebte, lokale Berühmtheit erlangte und verspätet auch im Westen entdeckt wurde. *Pirosmani* ist einer der erstaunlichsten Filme des neueren georgischen Kinos. In einfachen, stilisierten, manchmal visionären Bildern, die den Gemälden Pirosmanis nachempfunden sind, wird das Leben des Malers erzählt, der sich als Außenseiter am Rande der Gesellschaft bewegte und von allen vergessen war, als er starb. Melancholie, Einsamkeit und Unverstandensein eines Künstlerdaseins stellt der Film in komprimierten Tableaus und einem eigenartigen Rhythmus dar, fast völlig auf Dialoge verzichtend; gleichzeitig öffnet er aber auch einen Zugang zur inneren Welt des Malers, er zeigt die Motive, die ihn faszinierten, versucht sich in seine Persönlichkeit hineinzuversetzen. Etwas Feierliches und eine rührende Aufmerksamkeit für kleinste Details charakterisieren diesen Film, der zu den schönsten Werken des poetischen Kinos Georgiens und der Sowjetunion gehört. *Melodii Werijskogo kwartala* (»Melodien des Werijski-Viertels«, 1974) ist ein Musical aus dem Tbilissi der Revolution, dessen Protagonisten eine Wäscherin und ein Droschkenkutscher sind. 1976 entstand *Peski ostatsja* (»Das Wesentliche bleibt«), ein Film über georgische Winzer und den Bau eines Bewässerungskanals.

Otar Iosselliani (geb. 1934) kam nach einem Studium der Musik und Mathematik zur Moskauer Filmhochschule WGIK. Als Abschlußfilm drehte er 1962 *Aprel* (»April«), einen experimentellen Film ohne Dialog, »ein kinematographisches Märchen, das auf dem Kontrast zwischen Träumen und der eintönigen Realität des Lebens basiert«.[26] Der Film kam erst 1973 in einer gekürzten Version in den Verleih. Iossellianis nächster Film *Listopad* (»Blätterfall«, auch bekannt als *Die Weinernte*, 1967), begründete sein internationales Ansehen und das des georgischen Films. *Listopad* ist auf der einen Seite spezifisch georgisch. Der Film zeigt dokumentarisch gesehenes Alltagsleben aus Tbilissi, und er beginnt mit einer fast traumhaften, musikalisch komponierten Bilderfolge von der Weinernte auf dem Lande. Auf der anderen Seite liefert Iosselliani eine Satire gewisser Erscheinungen des sowjetischen Alltagslebens. In einem Weinkombinat herrscht der Schlendrian. Der Plan wird übererfüllt, indem man unreife Weine abfüllt; der Direktor spielt den ganzen Tag Billard. Die Arbeiter des Kombinats ergreifen die Flucht, wenn man ihnen in einem Weinlokal ihren eigenen Wein vorsetzt. Ein junger Ingenieur, der neu in das Kombinat kommt, lehnt sich gegen die Mißwirtschaft auf. Ironisch pointiert wird die Beschreibung dieser rückständigen Verhältnisse durch Statistiken aus dem Rundfunk über Planerfüllung und Produktionserhöhung. Der Film ist jedoch nicht nur eine Satire auf die Arbeitsverhältnisse, sondern gleichzeitig eine subtile Charakterstudie des jungen Ingenieurs. Eine Charakterstudie ist auch *Shil pewtschij drosd* (*Es war einmal eine Singdrossel*, 1970; der Film hatte zunächst den Titel *Djen djenkoj* – »Ein alltäglicher Tag« oder »Der Alltag«). Im Mittelpunkt steht ein junger Mann, der eigentlich Orchestermusiker ist (er spielt die Pauke im Philharmonischen Orchester), daneben aber so viele Verpflichtungen privater Natur hat, daß er überall zu spät kommt; er will jedem einen Gefallen tun und opfert sich im Grunde für seine Umwelt auf. Am Schluß kommt er durch einen Unfall ums Leben. Iossellianis Porträt seines Helden, ausgeführt mit einer lebendigen, impressionistischen Kamera und anhand einer Dramaturgie der abrupten Übergänge, pendelt zwischen Kritik und Sympathie, aber letzten Endes überwiegt die

Sympathie. Der Protagonist ist ein Antiheld, ein vor lauter Überanpassung Unangepaßter. Hinter der realistisch-komödiantischen, vergnüglichen Oberfläche des Films wird ein Lehrstück über die schwierige Tugend der Spontaneität erkennbar, die in das gesellschaftliche System der Gegenwart anscheinend nicht mehr hineinpaßt.

Pastorale (1976) ist ein besonders subtiles, poetisches und zugleich eminent realistisches Werk, das Iosselliani als den wahrscheinlich bedeutendsten georgischen Regisseur der Gegenwart ausweist. In der Manier eines impressionistischen Stimmungsbildes schildert *Pastorale* den Ferienaufenthalt einer Gruppe junger Musiker aus der Stadt in einem georgischen Dorf; sie wohnen unter einem Dach mit der Familie eines Lastwagenfahrers, der seinen LKW nachts und feiertags auf dem Grundstück abstellt. Die Erlebnisse der jungen Leute, die man meistens auf der Veranda des Hauses beim Üben sieht, werden kontrastiert mit dem Alltag der Dorfbewohner, der teilweise unter komisch-satirischen Aspekten erscheint. Die meisten Personen des Films sprechen einen grusinischen Dialekt, der selbst in Georgien kaum verstanden wird – was Iosselliani absichtlich so beließ (gelegentlich wird der Dialekt auf der Tonspur des Films ins Russische übersetzt). So schwerelos und improvisatorisch dieser Film auch erscheint, ist seine Konstruktion doch keineswegs zufällig: die Beobachtungen, Episoden und Pointen, die Iosselliani aneinanderreiht, werden tatsächlich durch eine Vielzahl von Bezügen zusammengehalten, wobei es dem Regisseur gelingt, Dokumentarisches, Poetisches und Metaphorisches (der Gegensatz zwischen der Schönheit der klassischen Kompositionen, die die jungen Leute spielen, und den zurückgebliebenen Lebensbedingungen auf dem Dorf) scheinbar ohne jede Anstrengung auf einen Nenner zu bringen. Leider hat auch dieser Film gegenwärtig »Schwierigkeiten« mit den sowjetischen Filmbehörden und konnte daher außerhalb Georgiens noch nicht öffentlich gezeigt werden.

Tengis Abuladse (geb. 1924) debütierte bereits in den fünfziger Jahren. Seine Filme in den sechziger Jahren basieren weitgehend auf Motiven und formalen Anregungen aus der kaukasischen Legendenwelt und der georgischen Volkskunst; in ihnen verbinden sich Wirklichkeitsbeobachtung, Phantastik und Komik. *Ja, Babuschka, Iliko i Illarion* (*Ich, Großmutter, Iliko und Illarion,* 1963) schildert die Erlebnisse eines Jungen, der von seiner Großmutter und zwei Onkeln in einem abgelegenen Dorf Georgiens aufgezogen wird. 1968 drehte Abuladse mit *Molba* (»Das Gebet«, auch: »Das Flehen«) »seinen ernstesten, philosophischsten Film«[27], »eines der schönsten Werke des neueren sowjetischen Kinos, faszinierend durch die Kraft der Bilder und die thematische Strenge, suggestiv durch seine Lyrik«.[28] Der Film, dem Gedichte des georgischen Poeten Washa Pshavela über das Thema der Blutrache zugrunde lagen, blieb leider außerhalb der Sowjetunion praktisch unbekannt. *Osherelje dlja moej ljubimoj* (*Eine Halskette für meine Liebste,* 1971) ist eine phantastische Komödie, die Legendenstrukturen in die Wirklichkeit von heute überträgt: ein junger Poet unternimmt eine abenteuerliche Pilgerfahrt durchs Land auf der Suche nach einem passenden Geschenk für seine Geliebte. Diese Richtung setzte Abuladse auch in *Derewo shelanij* (»Der Baum der Wünsche«, 1977) fort, einer Chronik alltäglicher Ereignisse aus einem georgischen Dorf vor der Revolution.

Rezo Tscheidse (geb. 1926) erntete große offizielle Ehren für seine Filme *Otjez soldata* (»Der Vater des Soldaten«, 1964) und *Sashenzy* (»Setzlinge«, 1973). Jedoch erscheinen diese Filme durch ihre pathetisch-gefühlvolle und moralisierende Grundhaltung eher einer Hauptströmung des »russischen« Kinos verwandt; sie appellieren allzu direkt an die Rührung und Erbauung des Publikums (was wohl auch ihren großen Erfolg erklärt). In *Der Vater des Soldaten* bricht ein alter georgischer Bauer auf, um seinen verwundeten Sohn zu besuchen, die Reise zieht sich bis zum Ende des Krieges hin; in *Setzlinge* holt ein Großvater (in Begleitung seines Enkels) unter großen Mühen von einer entfernten

Kolchose Setzlinge für Obstbäume, die er jedoch wenig später opfert, als es gilt, einen Lkw auf einer Bergstraße vor dem Abrutschen zu bewahren.

Unter den Regisseuren Georgiens sind weiterhin erwähnenswert: Merab Kokotschaschwili, der 1967 *Didi mtsvane veli (Ein großes, grünes Tal)* drehte, die Studie eines Hirten, der den Kontakt zur Umwelt verloren hat, Lana Gogoberidse (*Rotsa akwawda nuschi – Als die Mandelbäume blühten*, 1972; *Perepoloch* – »Der Tumult«, 1977, ein Musical); Michail Kobachidse, der durch seine grotesken Kurzfilme berühmt wurde: *Die Hochzeit* (1965), *Der Regenschirm* (1967) und *Die Musikanten* (1970).

Auch in anderen Sowjetrepubliken (namentlich den asiatischen) traten in den sechziger Jahren bedeutende neue Regietalente hervor. Erwähnt werden muß hier der Kirgise Tolomusch Okejew (geb. 1935). Bekannt wurde er (und die kirgisische Kinematographie) mit *Njebo naschewo detstwo* (*Himmel unserer Kindheit*, 1967), einem autobiographischen Film: ein zehnjähriger Junge kommt aus der Stadt per Flugzeug zu seinen Eltern zu Besuch, die als nomadenhafte Pferdezüchter in der Steppe leben und denen er sich im Grunde schon entfremdet hat. 1970 drehte Okejew *Naslednik* (»Das Erbe«), der Dialog eines alten Mannes mit seiner Frau. Auf *Poklonis ognju* (»Verneige dich vor dem Feuer«, 1973) folgte 1974 *Ljutyj* (»Der Grausame«, deutscher Fernsehtitel *Unter Wölfen*): die Geschichte der Freundschaft eines kasachischen Jungen mit einem Wolf vor dem Hintergrund vorrevolutionärer Verhältnisse und der Diktatur eines Bei. An Larmoyanz litt dagegen Okejews Film *Krasnoje jabloko* (»Der Rote Apfel«, 1975). Kirgische Produktionen (wenn auch nicht Werke kirgisischer Regisseure) waren auch Michalkow-Kontschalowskijs *Der erste Lehrer* (1965) und Irina Poplawakajas *Dshamilja* (*Sehnsucht nach Djamila*, 1968); beide Filme entstanden nach Vorlagen des kirgisischen Autors Tschingis Aitmatow. Ein weiterer kirgisischer Regisseur ist Bolot Schamschijew. Er drehte *Alyje maki Issyk-Kulja* (»Roter Mohn vom Issyk-Kul«, 1973) und *Bjelyj parochod* (»Der weiße Dampfer«, 1976).

Aus der Produktion anderer Sowjetrepubliken sind in den siebziger Jahren folgende Filme auch außerhalb der UdSSR bekanntgeworden: *Newestka* (*Die Schwiegertochter*, 1972) von Chodshakuli Narliew, Turkmenistan, und *Kogda shenschtschina osedlaet konja* (»Wenn eine Frau das Pferd sattelt«, 1974), vom gleichen Regisseur (nach der Revolution kämpft eine turkmenische Frau in einem Dorf um ihre Rechte); *Shdjem tebja, paren* (»Wir warten auf dich, Junge«, 1973) von Ravyl Batyrow, Usbekistan; *Leutary* (»Die Leutaren«, 1973) von Emilja Lotjanu, Moldaurepublik (Lotjanus *Tabor uchodit w njebo* – »Die Zigeuner ziehen in den Himmel«, 1976 – gedreht vom gleichen Regisseur bei Mosfilm, ist ein romantischer Ausstattungsfilm im Hollywood-Stil); *Neshnost* (»Zärtlichkeit«, 1966) von Eljer Ischmuchamedow, ebenfalls Usbekistan. Eine dominierende Rolle im Film der litauischen Sowjetrepublik spielt Vitautas Zalakjavicjus (oder Schalakjavitschusi, geb. 1930). Seine bekanntesten Filme sind *Chronika odnowo dnja* (»Chronik eines Tages«, 1963), die Geschichte eines »prinzipienlosen Karrieristen«[29], *Nikto nje chotjel umirat* (»Niemand wollte sterben«, 1966), ein ziemlich routiniert und effektsicher ausgeführter Film über den Zusammenstoß zwischen nationalistischen Partisanen und Kommunisten in der ersten Nachkriegszeit, gedreht in der Manier eines »sowjetischen Western«[30], schließlich der in Chile noch zur Allende-Zeit gedrehte *Eto sladkoje slowo swoboda* (*Das süße Wort Freiheit*, 1973), die aufwendig, aber atmosphärisch genau inszenierte Geschichte der Flucht einer Gruppe politischer Gefangener aus einem lateinamerikanischen Gefängnis, die als fernes Vorbild das Kino von Costa-Gavras erkennen ließ, sowie *Avaria* (»Die Panne«, 1975). 1976 entstand *Saduto-tuto*, ein Film über die Freundschaft zwischen einem Bildhauer und einem Maler.

Die polnische Spielfilmproduktion beläuft sich auf etwa 25 Filme pro Jahr; 1975 entstanden sogar 30 Spielfilme.[31]

Die Filme werden in 7 Produktionsgruppen hergestellt, die eine relativ große Autonomie genießen. 1974 wurden in Polen 143 Millionen Kinobesucher gezählt (bei 32 Millionen Einwohnern).

Die künstlerisch wichtigste Periode der polnischen Nachkriegskinematographie sind zweifellos die Jahre 1957 bis 1961, in denen sich die ›Polnische Schule‹ der Regisseure Wajda, Munk und Kawalerowicz mit Filmen wie *Kanal, Asche und Diamant, Der Mann auf den Schienen, Eroica, Nachtzug* manifestierte; es waren Filme einer charakteristischen Düsterkeit, Bitterkeit, die die jüngste Geschichte Polens untersuchten, Fragen nach der gesellschaftlichen Moral oder nach der nationalen Identität stellten. Die späten fünfziger Jahre verschafften dem polnischen Film weltweites Renommee. In Polen selbst bezeichnete man die Filme dieser Jahre auch als das ›Zweite Kino‹ im Gegensatz zum ›Ersten‹ der unmittelbaren Nachkriegszeit; sie bestimmen die Perspektive, unter der man das polnische Kino seither betrachtet, die Erwartungen, die man an polnische Filme richtet. Bis heute besteht eine verbreitete mythologische Einschätzung des polnischen Films als Kinematographie der Krise und der existentiellen Verzweiflung, die sich im Grunde immer noch von *Asche und Diamant* herleitet.

Die großen Erfolge der fünfziger Jahre waren für den polnischen Film nach 1960 in mehrfacher Hinsicht ein Problem. Denn die Kontinuität der Entwicklung ließ sich nicht bruchlos vom einen in das nächste Jahrzehnt fortführen. Anfang der sechziger Jahre schien die ›Polnische Schule‹ zu einem gewissen Stillstand in ihrer Entwicklung gekommen; um das Jahr 1962 stellten sich im polnischen Film sogar Anzeichen einer künstlerischen Krise ein. Andrzej Munk starb 1961, er hinterließ einen halbvollendeten Film *(Die Passagierin)*. Für Wajda schien sich das Kriegs- und Nachkriegsthema mit *Samson* (1961) erschöpft zu haben. Kawalerowicz drehte 1961 mit *Mutter Johanna von den Engeln* noch ein bedeutendes Werk, aber dann trat bei ihm eine »schöpferische Pause« ein. Um die Mitte der sechziger Jahre versuchten sich Wajda und Kawalerowicz mit partiellem Erfolg am Genre des Historienfilms.

In dieser Zeit meldeten sich auch neue Regisseure im polnischen Film zu Wort (Wojciech Has, Kazimierz Kutz), die gegenüber dem vergangenen »romantischen« ein nunmehr eher »prosaisches« Kino manchmal gewollter Banalität zu entwickeln suchten. Roman Polanski ging nach seinen Kurzfilmen und nach seinem richtungweisenden *Messer im Wasser* (1962) ins Ausland. Ein unverwechselbares Profil zeigte Jerzy Skolimowski zwischen 1963 und 1967 in seinen autobiographischen, persönlich gestalteten Filmen. Skolimowski verließ Polen 1967 (kehrte später aber wieder zurück). Während Wajda nach 1969 ein künstlerisches Comeback glückte, profilierte sich ab 1969 Krzysztof Zanussi als Vertreter einer Richtung im polnischen Film, der es auf neue Methoden des Erzählens und der gesellschaftlichen Analyse, auf neue Wege der filmischen Artikulation von Gedanken ankam. Zanussi war der Anführer einer ganzen Gruppe von jüngeren Regisseuren – Zulawski, Zaluski, Zebrowski, Krauze, Krolikiewicz, Trzos-Rastawiecki und Kluba –, die dem polnischen Kino anfangs der siebziger

Jahre erneut zu großer Vitalität verhalfen; von der polnischen Kritik wurde auch der Ausdruck des ›Dritten Kinos‹ geprägt, obwohl nie recht klar wurde, wer zu dieser Bewegung gehören sollte und wer nicht.

Krise und Permanenz der ›Polnischen Schule‹

Andrzej Munk (1921–1961) drehte nach seinen Hauptwerken aus den fünfziger Jahren (*Der Mann auf den Schienen*, 1956; *Eroica*, 1957) 1960 noch *Zezowate szeszie (Schielendes Glück)*, eine brillante, witzige Satire auf den Typ des Kleinbürgers, der mit jedem Regime seinen ideologischen Frieden machen will und dabei doch immer nur in sein Unglück rennt. *Pasazerka* (*Die Passagierin*, 1961–63) konnte Munk infolge seines frühen Todes nicht mehr selbst vollenden; Witold Lesiewicz, ein Mitarbeiter Munks, brachte das bereits abgedrehte Material zusammen mit Standfotos in eine Form, die die Umrisse des geplanten Werks immerhin erkennen läßt. Thema des Films war die Welt des Konzentrationslagers. Munk sah dies Thema von einem neuen Standpunkt aus: er interessierte sich nicht nur für die Opfer, sondern auch für die Verantwortlichen der Verbrechen und für die psychologischen Beziehungen zwischen Verfolgern und Opfern. Munk entwickelte dieses Thema in Form einer doppelt strukturierten Erzählung. Auf einem Ozeandampfer glaubt Lisa, die früher einmal KZ-Aufseherin in Auschwitz war, Marta wiederzuerkennen, eine Frau, die sie als Häftling im Lager gekannt hatte. Diese vielleicht nur eingebildete Konfrontation läßt Bilder der vergangenen Tage lebendig werden. Der Film analysiert vor allem die Mechanismen der Selbstrechtfertigung Lisas. Er zeigt die KZ-Welt nicht als Wirklichkeit, sondern als alptraumhafte – und doch sehr reale – Erinnerung, widerspruchsvoll und perspektivisch gebrochen; er liefert Hypothesen, die der Weiterführung durch den Zuschauer bedürfen. Damit verwies Munk auf ein neues Entwicklungsstadium der Kinematographie. *Die Passagierin* ist darüber hinaus interessant, weil es sich hier um den einzigen Film weit und breit handelt, dem mit den Mitteln der Fiktion eine überzeugende Rekonstruktion der Welt des Konzentrationslagers gelang.

Jerzy Kawalerowicz (geb. 1922) drehte nach *Prawdziwy koniec wielkiej wojny* (*Das wahre Ende des großen Krieges*, 1957) und *Pociag* (*Nachtzug*, 1959) seinen vielleicht bedeutendsten Film 1961: *Matka Joanna od aniolow* (*Mutter Johanna von den Engeln*). Der Film lieferte ein interessantes Beispiel dafür, wie ein historischer Stoff, ohne diesem etwas von seiner Authentizität zu nehmen, im Lichte moderner Fragestellungen behandelt werden kann (darin ist der Film mit Tarkowskijs *Andrej Rubljow* verwandt). *Mutter Johanna von den Engeln* behandelt einen historischen Fall von »Besessenheit« und Exorzismus, der sich im 17. Jahrhundert in einem französischen Nonnenkloster zugetragen haben soll und den Kawalerowicz nach Polen transponierte. Der Jesuitenpater Suryn wird zum Kloster der Mutter Johanna geschickt, deren Nonnen sich wie toll gebärden und allen Anstrengungen der dort schon tätigen Exorzisten widerstehen. Suryn verliebt sich in die Äbtissin, ist darüber verzweifelt, weil er diese Liebe (wie sie) für Sünde hält, und tötet schließlich zwei unschuldige Knechte, um die Dämonen von Mutter Johanna weg auf sich selbst zu lenken.

Kawalerowicz drehte keinen oberflächlichen antireligiösen Agitationsfilm. Er geht den Zeitumständen nach, analysiert das Fühlen und Denken der beteiligten Personen, wobei er der Unterhaltung Suryns mit einem Rabbi (beide werden vom gleichen Schauspieler dargestellt) besonderes Gewicht gibt. Die katholische Kirche reagierte auf den künstlerisch ungewöhnlich verdichteten, in seiner Fotografie manchmal expressionistischen Film mit gereizter Ablehnung.[32] Dabei geht die Argumentation des Films über eine Auseinandersetzung mit dem Katholizismus weit hinaus. »Gezeigt wird nicht mehr und nicht weniger, als daß in einer totalitären Weltanschauungsgesellschaft christlicher Glaube zum Werkzeug einer falschverstandenen Seelsorge werden kann. Diesen Aspekt anvisiert zu haben, und zwar in einer artistischen, an Carl Theodor Dreyer und Robert Bresson geschulten, aufs Seelische angespannten filmischen Erzählweise, das macht die spezifische ästhetische Bedeutung dieses Films aus.« (Theodor Kotulla)[33]

Kawalerowicz' folgende Filme standen nicht mehr auf der Höhe seiner früheren Werke. *Faraon (Pharao*, 1965), wenn auch intendiert als Parabel über die Macht am Beispiel der Auseinandersetzungen zwischen einem ägyptischen Pharao (Ramses XIII.) und seinen konspirierenden Priesterministern, blieb in den Klischees des historischen Monumentalfilms stecken; *Gra* (»Das Spiel«, 1968) ist eine Dreiecksgeschichte um eine berühmte Architektin; sie gehorcht einem konventionellen Grundmuster. Schließlich drehte Kawalerowicz 1969 einen Film in Italien, *Maddalena*, der von der Kritik als »erotisch-ekklesiastische Kuriosität«[34] eingestuft wurde.

Aufschlußreicher ist die Entwicklung Andrzej Wajdas (geb. 1927), der in den fünfziger Jahren mit Filmen debütierte, die das Bild der ›Polnischen Schule‹ entscheidend bestimmten (*Kanal*, 1956; *Popiol i diament – Asche und Diamant*, 1958; *Lotna*, 1959), der aber auch in den sechziger und siebziger Jahren Filme drehte, die zum Besten der polnischen Kinematographie gehörten. Wajdas Werk bildet von *Asche und Diamant* bis *Die Hochzeit* stilistisch wie thematisch eine unauflösbare Einheit.

Niewinni czarodzieje (*Die unschuldigen Zauberer*, 1960) war ein erster Versuch für Wajda, sich von der Kriegsthematik seiner vorangegangenen Filme zu befreien: eine ironisch erzählte, kammerspielartige Liebesgeschichte aus dem Milieu junger Leute (am Drehbuch arbeitete Jerzy Skolimowski mit), ohne besondere »soziale Bedeutung«. *Samson* (1961) kehrt noch einmal zur Thematik früherer Wajda-Filme zurück und erzählt die Geschichte eines Juden aus dem Warschauer Ghetto, in dessen Schicksal sich das des biblischen Samson seltsam zu wiederholen scheint. Obwohl in diesem Film auch die kommunistische Widerstandsbewegung eine Rolle spielt, sind die stärksten Momente des Films doch jene, die Einsamkeit, Verzweiflung und Deformation des Helden zum Ausdruck bringen, der aus dem Ghetto flieht und sich einen ganzen Winter lang versteckt hält. Von geradezu traumhafter Intensität ist jene Szene, als der Protagonist beschließt, noch einmal ins Ghetto zurückzukehren, aber auf der anderen Seite einer Mauer nur eine endlose Steinwüste erblickt. 1962 verfilmte Wajda in Jugoslawien eine Novelle des russischen Autors Nikolaj Ljeskow, »Die Lady Macbeth des Mzensker Landkreises«: der Film hieß *Sibirska Ledi Magbet* (»Lady Macbeth von Sibirien«, deutscher Verleihtitel: *Blut und Leidenschaft*). Obwohl das Klima von Verhängnis und Düsterkeit, das die Novelle erfüllte, Wajda entgegenzukommen schien, blieb seine Inszenierung akademisch, äußerlich; die um stilvolle Schauerlichkeit bemühten Bildkompositionen nehmen im Verlauf des Films opernhaftes Pathos an. Eigenwilliger und charakteristischer für Wajda ist dagegen sein Beitrag zu dem französischen Episodenfilm *L'amour à vingt ans* (*Liebe mit zwanzig*, 1962): Wajda stellte in seiner Episode einen ehemaligen Widerstandskämpfer (Zbigniew Cybulski) der neuen Generation von Jugendlichen gegenüber, die den Krieg nur vom Hörensagen kennen.

1965 war in Polen das Jahr der Superproduktionen. Annähernd gleichzeitig erschienen Kawalerowicz' *Pharao*, Wojciech Has' *Die Handschrift von Saragossa* und Andrzej Wajdas *Popioly* (»Asche«, deutscher Verleihtitel: *Legionäre*); wenig später folgte in der UdSSR *Krieg und Frieden*. An *Legionäre* arbeitete Wajda zwei Jahre. Dem Film lag ein Roman von Stefan Zeromski aus dem Jahre 1904 zugrunde, der ein breites Panorama der Lage Polens zur Zeit Napoleons entwirft. Der Vorlage des Romans folgend beschreibt der Film insbesondere die Aktionen und Feldzüge jener polnischen Legionen, die mit der

Armee Napoleons nach Italien und Spanien zogen, Saragossa einnahmen und Napoleon bis nach Rußland folgten. Was Wajda an dieser Thematik interessierte, war klar: er wollte den Entstehungsprozeß des polnischen Nationalbewußtseins verfolgen. Der Film ist kein rosenfarbenes Heldengemälde; Wajdas Legionäre sind Desperados, die rauben und vergewaltigen; ihrerseits werden sie wieder von Napoleon verraten. Wajda sagte: »Ich bin nicht an der Literatur der nationalen Übereinstimmung, an der Literatur allgemeiner Versöhnung interessiert. Ich interessiere mich für Zeromski, der voller Bitterkeit ist, voller Widersprüche.«[35] Diese ambivalente Schilderung der polnischen Beteiligung an napoleonischen Feldzügen trug Wajda denn auch in Polen selbst herbe Kritik von Historikern ein.[36] *Legionäre* war in der ursprünglichen Fassung 3 Stunden 53 Minuten lang; im Ausland kam eine auf 2 Stunden 49 Minuten gekürzte Fassung in den Verleih. Der Film selbst ist eine Mischung aus konventioneller Historienmalerei und visionären Szenen, in denen sich das Wajdasche »Barocke« Bahn bricht. Der Film wirkt überladen, vielfach theatralisch, dennoch läßt er nicht indifferent.

Nach dem mißglückten Experiment einer englischen Produktion, die in Jugoslawien gedreht wurde und einen Kinderkreuzzug des 13. Jahrhunderts behandelte, *Gates to Paradise* (*Die Pforten des Paradieses*, 1967), drehte Wajda 1968 und 1969 zwei Filme zeitgenössischer Thematik, die als Übergang zu einer späteren Schaffensperiode erscheinen mögen. *Wszystko na sprzedaz* (*Alles zu verkaufen*, 1968) ist ein subtiles, mehrschichtiges Werk, in dem Wajda viel über sich selbst und über seine Auffassungen von der Filmarbeit mitteilt. Die Idee zu dem Film kam Wajda durch den unerwarteten Tod des Schauspielers Zbigniew Cybulski im Januar 1967 – Cybulski spielte die Hauptrolle in *Asche und Diamant*; seine Erscheinung symbolisiert eine ganze Epoche des polnischen Films. In *Alles zu verkaufen* läßt Wajda einen Film im Film drehen. Als die Szene eines Eisenbahnunfalls gedreht werden soll (analog der, bei welcher Cybulski ums Leben kam), fehlt der Hauptdarsteller; Suchaktionen ergeben schließlich, daß er tot ist; der Film wird mit einem anderen Hauptdarsteller zu Ende gedreht, der nicht nur die Nachfolge des Verstorbenen antritt, sondern fast dessen Identität annimmt. In *Alles zu verkaufen* überlagern sich mehrere Themen: die Hommage an den verstorbenen Cybulski, die Suche nach der Identität eines verschwundenen Menschen, die Mechanik des Filmemachens und die Reflexion über diese Mechanik (der ironische Titel spielt auf die Austauschbarkeit aller Dinge und Personen an). »Dies ist ein Film über die Unmöglichkeit, einen Menschen zu definieren, der abwesend ist. Es ist eine Geschichte über verschwindende Konturen und Gestalten, deren Umrisse, kaum entstanden, schon in der Unendlichkeit vergehen.«[37] *Polowanie na muchy* (»Die Fliegenjagd«, 1969) ist eine Komödie über einen gescheiterten Dichter, der dem erstickenden Familienalltag entfliehen möchte. Der Film war für Wajda ein Versuch, sich vorübergehend von seinen Obsessionen zu befreien, einen Ausflug in ein anderes stilistisches Genre zu unternehmen.

Die fünf Filme, die Andrzej Wajda zwischen 1970 und 1975 drehte – *Landschaft nach der Schlacht, Der Birkenwald, Pilatus und andere, Die Hochzeit, Das gelobte Land* –, bilden in gewisser Weise wieder eine Einheit; sie konstituieren in Wajdas Werk eine Spätphase, die den Filmen der Frühzeit (1957 bis 1961) mindestens ebenbürtig ist. Man kann die späten Filme Wajdas zwar nicht auf einen exakten thematischen Nenner bringen. Was sie jedoch übereinstimmend auszeichnet, ist eine Hinwendung zu literarischen, geschichtlichen oder mythologischen Stoffen. Auch in den Filmen dieser späteren Periode ist Wajdas bevorzugtes Thema die Frage nach dem »Polentum«: so in *Krajobraz po bitwie* (*Landschaft nach der Schlacht*, 1970) und *Wesele* (*Die Hochzeit*, 1973). *Landschaft nach der Schlacht* führt in die unmittelbare Nachkriegszeit zurück, in ein polnisches Vertriebenenlager im Deutschland des Jahres 1945, das unter Aufsicht der Amerikaner steht. Der Protagonist, ein junger Schriftsteller, sieht sich der gleichen Frage konfrontiert wie alle anderen Lagerinsassen: soll er nach Polen zurückgehen oder die Emigration wählen? Er verliebt sich in ein jüdisches Mädchen aus dem Lager, das jedoch von einem amerikanischen Wachsoldaten versehentlich erschossen wird. Darauf entschließt sich der Held zur Rückkehr nach Polen. Hintergrund der privaten Handlung ist eine ambivalente und teilweise karikaturistische Schilderung des Lagerlebens, das als polnischer Mikrokosmos erscheint: es finden Gebete und sinnlose militärische Paraden statt; einen makabren Höhepunkt setzt am Schluß die Aufführung eines patriotischen Schauspiels von grandioser Lächerlichkeit. Die Grundkonstellation des Films gleicht der von *Asche und Diamant:* ein zerreißendes persönliches Drama verbindet sich mit einer Schilderung zeitgeschichtlicher Hintergründe aus dem Blickwinkel des Absurden. Der Film löste in Polen scharfe Kontroversen aus und wurde teilweise als Affront gegen das »Polentum« verstanden.[38]

Wajdas zwiespältiges Verhältnis zur polnischen Tradition zeigte sich auf andere Weise in *Die Hochzeit.* Dieser Film basierte auf einem populären (in Versen geschriebenen) Bühnenstück des Dramatikers Stanislaw Wyspianski, das 1901 zum ersten Mal aufgeführt wurde. In einem Dorf findet ein Hochzeitsfest besonderer Art statt: ein Dichter hat ein Mädchen vom Lande geheiratet; das Fest soll »die Einheit der Intelligenz und des Bauerntums«[39] besiegeln. Zeitpunkt der Handlung ist etwa das Jahr 1900, als es »kein Polen auf der Landkarte gab«, wie einmal im Film vermerkt wird. Auf dem Fest kommen Leute der verschiedensten Herkunft zusammen, immer neue Begegnungen, Gespräche und Auseinandersetzungen ergeben sich, die Wajda in einer Folge virtuoser Kamerabewegungen und Montagesequenzen erfaßt; zwischendurch treten neben den realen Figuren aber auch imaginäre Gestalten aus der polnischen Geschichte auf, so ein »Schwarzer Ritter«, der blutbefleckte Geist eines Verräters sowie ein Repräsentant des nationalen Sendungsbewußtseins, bewaffnet mit einer Trompete, der eine geheimnisvolle Botschaft an die Bauernschaft überbringt. Diese mythologischen Personen mischen sich auf selbstverständliche Weise in das furiose Treiben der Hochzeitsgesellschaft. Gegen Morgen versammeln sich die Bauern mit geschulterten Sensen, bereit zum Aufstand; sie erhalten aber kein Signal und tanzen daraufhin mit den Hochzeitsgästen einen marionettenhaften Tanz. Wajda läßt den hypnotischen Wirbel der Hochzeit mit seinem Hin und Her zwischen komischen und pathetischen, realen und visionären Momenten als eine Allegorie der polnischen Geschichte erscheinen – dabei gleichzeitig hebt er das Drama der Intelligenz hervor, die den Kontakt zur Bevölkerung, zum realen Leben sucht, aber in einer Welt der Mythen und Phantasien gefangen ist. In gewisser Weise zieht Wajda in *Die Hochzeit*, einem Schlüsselfilm, die Quersumme seines bisherigen Schaffens. Der Tanz der Hochzeitsgäste am Schluß hat eine ähnliche Funktion wie das Historienschauspiel in *Landschaft nach der Schlacht* oder die Polonäse am Schluß von *Asche und Diamant.* In seiner Auseinandersetzung mit dem Polentum bewegt sich Wajda, wie Boleslaw Michalek nachgewiesen hat[40], auf den Spuren der romantischen polnischen Dichter des 19. Jahrhunderts, die das Thema des »polnischen Wesens« nicht einer kühlen intellektuellen Analyse unterzogen, sondern es mit einer Mischung aus Haß und Liebe, Affirmation und Kritik beschworen.

Brzezina (*Der Birkenwald*, 1970) drehte Wajda im gleichen Jahr wie *Landschaft nach der Schlacht.* Der Film kann als eine existentialistische Abhandlung über die Omnipräsenz des Todes im menschlichen Leben angesehen werden. Die Handlung des Films, obwohl in den dreißiger Jahren situiert, ist eigentlich zeitlos. Wajda übersetzte sie in eine intensive visuelle Sprache, die diesmal auf wenige Grundmotive gestimmt war und auf alles »Barocke« verzichtete: zwei Brüder, der eine todkrank an Tuberkulose, der andere eben Witwer geworden, rivalisieren um die Gunst eines jungen Mädchens; Schauplatz ist ein Haus in einem kleinen Birkenwald. Noch weniger als sonst bei Wajda ist in diesem

Film die Thematik – der Konflikt zwischen Eros und Thanatos, Lebens- und Todestrieb[41] – ablösbar von ihrer filmischen Erscheinungsform, ihrer Artikulation in Farben und Bildern. *Pilatus und andere* (1972), eine Produktion des westdeutschen ZDF, war der nicht ganz geglückte Versuch, mit experimentellen Stilmitteln einen Christusfilm zu realisieren, der auf Motive des Romans »Der Meister und Margarita« des sowjetischen Autors Michail Bulgakow zurückging.

Mit *Ziemia obiecana* (»Das gelobte Land«, 1975) kehrte Wajda noch einmal in die Geschichte Polens zurück. *Das gelobte Land* beschreibt die Entstehung des modernen Kapitalismus in der Stadt Lodz zu Beginn unseres Jahrhunderts. Noch unter russischem Regime erlebt diese Stadt ihre »Gründerjahre«. Repräsentiert wird die neue Generation unternehmungslustiger Industriekapitäne durch drei Freunde, einen polnischen Aristokraten, einen Juden und einen Deutschen. Um sie herum entfaltet der Film Wajdas das Panorama einer vom Geld und vom Erfolg besessenen Bürgergesellschaft. Viele Figuren des Films sind karikaturistisch angelegt, und die Maßlosigkeit, die den drei Protagonisten bei ihren Unternehmungen eigen ist, macht auch Wajda zu seiner künstlerischen Methode: immer wieder werden Szenen apokalyptisch oder gleichnishaft auf die Spitze getrieben. Der episch ausufernde Film schließt mit dem Brand einer Fabrik, wirtschaftlichem Ruin und moralischem Verfall auf seiten der Industrieherren und mit einer Arbeiterrevolte – der Ausblick geht in das Jahr 1905. Wenn Wajdas Regie diesem Film zwar immer noch großes Format gibt, so spürt man doch des öfteren einen übertriebenen Hang zur naturalistischen Ausschmückung, und auch die altväterliche Erzählweise der Romanvorlage scheint im Film nicht ganz überwunden.

1976 entstand die Bearbeitung eines Romans von Joseph Conrad, gedreht als polnisch-englische Koproduktion: *Smuga cienia – The Shadow Line (Die Schattenlinie)*; Wajda selbst qualifizierte diesen Film, der auf einem Segelschiff des 19. Jahrhunderts spielt (das in einer Flaute liegt, während sich an Bord die Malaria ausbreitet), als »nüchtern, kühl und distanziert im Gegensatz zur Frenesie von *Das gelobte Land*«.[42] Auf besondere Schwierigkeiten in Polen stieß Wajdas folgender Film, *Czlowiek z marmuru* (»Der Mensch aus Marmor«, 1977), denn dieser setzt sich mit der Periode des Stalinismus auseinander, anhand der Geschichte eines Films im Film, den eine Studentin der Filmhochschule in Lodz unter Verwendung von Wochenschaumaterial über die Figur eines Stachanow-Arbeiters der fünfziger Jahre drehen möchte. *Der Mensch aus Marmor*, ein Meisterwerk, das für die Kinematographie der sozialistischen Länder neue Maßstäbe setzt, wird in Polen offenbar als stark kontrovers oder subversiv empfunden; nachdem der Film zunächst überhaupt nicht gezeigt werden sollte, gab es dann doch begrenzte öffentliche Aufführungen; erst mit Verspätung durfte der Film »exportiert« werden.

Regisseure der sechziger Jahre

Außer Wajda waren es vor allem die Regisseure Wojciech Has und Kazimierz Kutz, die die Kontinuität des polnischen Films in den sechziger Jahren aufrechterhielten (neben Konwicki, Majewski, Nasfeter, Morgenstern und einigen anderen). Wojciech Has (geb. 1925) wird oft im Zusammenhang mit der ›Polnischen Schule‹ genannt. Dennoch verkörpert er eher einen Gegentrend zu Wajda. Zwar interessiert auch Has sich für die Vergangenheit, aber seine Filme sind individualistischer, literarischer konzipiert; charakteristisch ist für sie die Rückblenden-Dramaturgie. Has' erster Film, *Petla* (»Die Schlinge«, 1957), nach einer Erzählung von Marek Hlasko, beschrieb die Einsamkeit eines Alkoholikers. *Wspolny pokoj* (*Das gemeinsame Zimmer*, 1960) schildert das abgekapselte Leben Warschauer Bohemiens zwischen den Kriegen. *Jak byc kochana* (»Die Kunst, geliebt zu werden«, 1963) entrollt in Rückblenden die Geschichte einer Schauspielerin, die ihren Geliebten vor der deutschen Besatzung versteckt, später als Kollaborateurin verdächtigt wird und Auftrittsverbot erhält. Ein exzeptionelles Werk gelang Has mit *Rekopis znaleziony w Saragossie* (*Die Handschrift von Saragossa*, 1964). Äußerlich gesehen ein historischer Ausstattungsfilm, gehört *Die Handschrift von Saragossa* in Wirklichkeit zu den großen Klassikern des phantastischen Films. Basierend auf dem gleichnamigen romantischen Roman des Polen Jan Potocki, erzählt der Film die seltsamen Abenteuer eines wallonischen Hauptmanns, der auf dem Wege nach Madrid in einem einsamen Wirtshaus der Sierra Morena einkehrt und dort zwei mohammedanischen Prinzessinen begegnet, die ihn entführen und auf die verschiedensten Proben stellen. Nicht nur erlebt der Held absonderliche Begegnungen mit Gespenstern, Teufeln und Dämonen, Aussätzigen, Mönchen, Magiern und Angehörigen der heiligen Inquisition; der Film vermischt auch Phantastik mit Ironie, indem er immer wieder die Ebene der Erzählung wechselt, Halluzination und Wirklichkeit sich überlagern läßt. In der zweiten Hälfte des über drei Stunden langen Epos verschachtelt Has so viele Rückblenden ineinander, daß den Zuschauer Schwindel ergreift; die Erzählarchitektur wird zum Labyrinth, die Dramaturgie zum Drahtseilakt des gerade noch Möglichen; obwohl der Film auch als philosophisches Traktat vom Kampf des Rationalismus gegen den Aberglauben betrachtet werden kann, verliert er nie seine geschliffene Eleganz, seine subtile Vergnüglichkeit. Auch Has' nächste Filme waren Variationen über das Thema der Vergangenheit: in *Szyfry* (*Chiffre*, 1966) kehrt ein Emigrant nach zwanzigjähriger Abwesenheit nach Polen zurück, um das Schicksal seines im Kriege verschwundenen Sohnes aufzuklären; *Lalka* (»Die Puppe«, 1968) erzählt eine Fin-de-siècle-Geschichte von der Liebe eines Parvenüs zu einer Aristokratin. Aber den Rang eines Filmes wie *Die Handschrift von Saragossa* erreichte Has erst wieder mit *Sanatorium pod klepsydra* (»Sanatorium zur Todesanzeige«, 1973), nach Prosaerzählungen des von den Nazis ermordeten Dichters Bruno Schulz. Dies ist ein Film des surrealistischen Hinabtauchens ins Unbewußte, Imaginäre, in dem die Zeit sich nicht nur verlangsamt, sondern auch rückwärts läuft. Das Sanatorium, in das der Held versetzt wird, ist nur eine Metapher für die Suche nach dem Vater, nach der eigenen Identität. Im Zentrum des Films stehen Erinnerungen an eine jüdische Gemeinde aus einem galizischen Dorf der dreißiger Jahre. Seltsame Personen tauchen auf, Riten werden zelebriert, die an Kafka erinnern (der Held muß unter dem Bett des Vaters schlafen). Has hat das in einer Folge außerordentlicher Bildvisionen inszeniert, die jedoch nie stabil bleiben, sondern in einem ständigen Prozeß der Verwandlung, des Gleitens und Fließens stehen.

Kazimierz Kutz (geb. 1929) debütierte 1959 mit einem Episodenfilm, der noch im Zeichen der Kriegsthematik der ›Polnischen Schule‹ stand: *Krzyz walecznych* (»Tapferkeitsmedaille«). 1960 erschien *Nikt nie wola* (»Niemand ruft«), eine psychologische Studie, die sich neuartiger formaler Mittel bediente und von der Kritik mit Antonioni verglichen wurde. In den nächsten Filmen formierte sich Kutz' Talent als das eines nüchternen, distanzierten Beobachters; Landschaften, Räume und Objekte spielen in seinen Filmen eine große Rolle. Eine eigenwillige, auch im Ausland beachtete Leistung gelang Kutz mit *Milczenie* (*Die Schuld*, 1963). Der Film spielt 1945 und erzählt die Geschichte eines Pfarrers, der wider besseres Wissen dem Gerücht nicht widerspricht, ein Junge habe einen Anschlag auf sein Leben unternommen; der Junge ist in Wirklichkeit durch die Explosion eines Sprengkörpers verletzt worden und liegt nun erblindet im Krankenhaus. Kutz beschreibt in strengen und kühlen Bildern eine Atmosphäre des Schweigens und der Kommunikationslosigkeit, der er einen historischen und gesellschaftlichen Hintergrund gibt. Niemand wird in diesem Film vorschnell verurteilt; der Film geht auch auf die Motive des Priesters ein, sein Schweigen nicht zu brechen. *Ktokolwiek wie . . .* (*Wer kennt diese Frau,* 1966) war der interessante Versuch, Erscheinungsformen entfremdeten Daseins in der Großstadt zu untersuchen – anhand der Recherchen eines Journalisten nach einer Frau, die plötzlich spurlos verschwunden ist; der Film kam in einem Moment heraus, als im polnischen Kino ansonsten Stagnation herrschte. Später wandte sich Kazimierz Kutz von den psychologischen Sujets seiner früheren Filme ab und verfertigte mit *Sol ziemi czarnej* (»Das Salz der schwarzen Erde«, 1970) und *Perla w koronie* (»Perle in der Krone«, 1972) zwei historische Epen aus der Geschichte Schlesiens zu Anfang des Jahrhunderts, die sich auf Auseinandersetzungen zwischen Deutschen und Polen (in *Salz der schwarzen Erde*) sowie auf dramatische Formen des Klassenkampfes (in *Perle*) konzentrieren. Wegen ihres Pathos und ihrem Hang zur Darstellung des »Monumentalen« hinterlassen diese Filme allerdings einen zwiespältigen Eindruck. 1975 drehte Kutz einen Film über einen Parteisekretär mit dem Titel *Linia* (»Die Linie«).

Anfang der sechziger Jahre erschien in Polen eine Wende zum »Autorenfilm« oder »Literatenfilm« als möglicher Ausweg aus der Stagnation. Ein Vertreter dieser Tendenz war der Schriftsteller Tadeusz Konwicki (geb. 1926). Konwicki schrieb Romane und Drehbücher (unter anderem verfaßte er zusammen mit Kawalerowicz das Drehbuch zu *Mutter Johanna von den Engeln*). 1958 debütierte er mit einem ersten eigenen Film, *Ostatni dzien lata (Der letzte Sommertag),* darauf folgte 1961 *Zaduszki (Allerseelen).* Beide Filme sind psychologische Studien, bestimmt von einem pessimistischen Grundgefühl. *Allerseelen* führt zwei Liebende in einer tristen Kleinstadtherberge zusammen und läßt sie an vergangene Kriegserlebnisse zurückdenken. Der Film ist von kunstvoller Konstruktion, verliert sich aber bald in stilisierter Düsterkeit. Konwicki drehte nur in großen Abständen Filme; auf *Salto* (1965) folgte zwar im gleichen Jahr die Episode *Matura (Das Abitur)* für den deutsch-französisch-polnischen Fernsehfilm *Der Augenblick des Friedens,* dann aber erst wieder 1972 *Jak daleko stad, jak blisko (Wie fern, wie nah . . .).* Der Held dieses Films sieht sich mit seiner Vergangenheit und mit der polnischen Geschichte (Kriegs- und Partisanenzeit, dem alten jüdischen Ostpolen) konfrontiert, die in Form von »banalen oder alltäglichen Beobachtungen, Anspielungen auf Ereignisse, Karikaturen und philosophischen Metaphern, autobiographischen Details oder Obsessionen« erscheint.[43]

Unter den polnischen Regisseuren der sechziger Jahre sind weiterhin zu nennen: Witold Leszynski (geb. 1933), der 1964 einen poetischen, kontemplativen Film in stilisierten Bildern drehte: *Zywot Mateusza* (»Das Leben des Matthäus«), und später in Dänemark, Belgien und Schweden arbeitete; Janusz Majewski (geb. 1931) mit *Sublokator* (»Der Untermieter«, 1967), dem ironisch-romantischen Horrorfilm *Lokis* (1970) und *Zaklete rewiry* (»Hotel Pacific«, 1976). Mehr an Tagesaufgaben orientierten sich Witold Lesiewicz, Janusz Nasfeter, Janusz Morgenstern, Ewa und Czeslaw Petelski, Bohdan Poreba, Stanislaw Rozewicz (er drehte neben der patriotischen *Westerplatte,* 1967, allerdings auch den originellen Film *Drzwi w murze* (»Die Tür in der Mauer«, 1974, in welchem ein Schriftsteller in eine Provinzstadt kommt und dort ungewollt Dramen des Alltags miterlebt), sowie Jan Rybkowski und Jerzy Passendorfer.

Polanski, Skolimowski, Borowczyk

Die wichtigsten neuen Talente des polnischen Films zu Anfang der sechziger Jahre waren ohne Zweifel Roman Polanski und Jerzy Skolimowski. Angehörige der gleichen Generation (der nach 1930 Geborenen), gut miteinander bekannt (Skolimowski war Drehbuchmitautor bei Polanskis Spielfilm *Das Messer im Wasser*), eröffneten sie dem polnischen Kino neue Perspektiven; ihre Filme reflektierten das veränderte, skeptischer gewordene

Lebensgefühl einer neuen Generation. Roman Polanski (geb. 1933) entwickelte zunächst in seinen Kurzfilmen widerborstige, ironische Parabeln, die surrealistische Einfälle methodisch durchspielten, um soziale Abläufe zu simulieren. In *Dwaj ludzie z szafa* (*Zwei Mann und ein Schrank*, 1958) entsteigen zwei Männer dem Meer und schleppen einen Schrank mit sich, Symbol ihres Andersseins; niemand will sie jedoch mit dem Schrank akzeptieren. *Le gros et le maigre* (*Der Dicke und der Dünne*, 1961) porträtiert die wechselnden Beziehungen zwischen einem Herrn und seinem Knecht, die drei Phasen durchlaufen, eine feudale, eine kapitalistische und eine »ideologische«.[44] *Ssaki* (*Säugetiere*, 1962) zeigt zwei Männer, die auf einem Schlitten eine Schneewüste durchqueren, zunächst einander helfen (indem sie sich abwechselnd ziehen), dann die Gutmütigkeit des jeweils anderen ausbeuten; als sie ihren Schlitten verloren haben, beginnt das Spiel von vorn, nur daß sie sich jetzt gegenseitig tragen. In dem Film mischte sich Skepsis (die Unveränderlichkeit menschlicher Verhaltensweisen) auf dialektische Weise mit Hoffnung (die Menschen geben einander nicht auf). Die glasklare Struktur, der musikalische Ablauf, die doppelbödigen Pointen machten aus den Polanskischen Kurzfilmen Meisterwerke ihres Genres. Auch Polanskis erster Spielfilm, *Noz w wodzie* (*Das Messer im Wasser*, 1962) war eine Parabel, freilich konkreter bezogen auf die polnische Gesellschaft von heute. Ein trampender Student wird von einem arrivierten Sportredakteur und dessen Frau im Auto zu einer Segelpartie auf den masurischen Seen mitgenommen. Auf dem Boot kommt es zu Auseinandersetzungen zwischen den beiden Männern: die Rollenverteilung zwischen dem Arrivierten und dem Studenten verschiebt sich plötzlich, ein Zweikampf der Gesten, Worte und Reaktionen findet statt, die Selbstsicherheit des Bootsbesitzers gerät ins Wanken, während der Student sich der neuen Situation anzupassen versteht. Das Spiel der wechselnden Beziehungen zwischen den drei Personen ist von Polanski ebenso konsequent wie stilsicher in Szene gesetzt. Der Student erscheint nicht etwa als die moralisch bessere Persönlichkeit gegenüber dem Etablierten: »Du wirst auch so werden wie er«, sagt die Frau des Journalisten einmal zu dem Jungen. »Jeder, der einem in den Weg tritt, hat die gleichen Chancen, die man so gerne für sich allein reserviert sehen möchte. Das ist, auf die kürzeste Formel gebracht, Polanskis Sozialismus, ist die Überzeugung, die wir bereits aus den *Säugetieren* kennen. Ebenso wie dort zeigt er, daß Stärke und Schwäche, oben und unten keine Positionen sind, die sich konservieren lassen. So, wie etwas ist, wird es nicht bleiben.« (Wilfried Berghahn)[45]

1963 verließ Roman Polanski Polen – er drehte zunächst in Amsterdam die niederländische Episode des internationalen Gemeinschaftsfilms *Les plus belles escroqueries du monde* (*Die Frauen sind an allem schuld*, 1963) und dann in England *Repulsion* (*Ekel*, 1964). Von England ging Polanski in die USA; sein letzter Film entstand in Frankreich. Schwierige Arbeitsbedingungen in Polen[46], großzügige Angebote westlicher Produzenten, verbunden mit neuen und größeren künstlerischen Möglichkeiten, mögen für Polanskis Entschluß, Polen zu verlassen, maßgebend gewesen sein. Polanski hat sich in einem Gespräch mit Wajda positiv über die Arbeitsmöglichkeiten in den USA ausgesprochen und betont, wie wichtig für ihn von Anfang an die Assimilation ausländischer kultureller und filmischer Einflüsse gewesen sei.[47] Polanskis im Westen entstandene Filme setzten zunächst Ansätze seiner polnischen Filme fort: die Dramaturgie der Parabel, die Demonstration von Machtverhältnissen, wobei Terror und Einschüchterung eine Rolle spielen, und die plötzliche Umschichtung dieser Machtverhältnisse *(Wenn Katelbach kommt)*; später tritt ein Horrorelement bei Polanski auf, wobei er diesen Horror mit Vorliebe aus den banalen Aspekten der Wirklichkeit ableitet *(Ekel, Der Mieter)*. Diese Filme beginnen vielfach im Stil einer Satire auf kleinbürgerliche Lebensverhältnisse; unversehens tun sich dann jedoch Abgründe des Entsetzlichen und Grausigen auf.

In *Repulsion* (*Ekel*, 1964) entwickelte Polanski zum ersten Mal sein Modell des psychoanalytischen Horrorfilms. Ein junges Mädchen bricht unter dem psychischen Terror ihrer Umwelt (die eigentlich ganz »normal« erscheint) aus den Normen des sozial üblichen Verhaltens aus, verbarrikadiert sich zu Hause und bringt zuerst ihren Freund, dann den Hausbesitzer um, als diese bei ihr einzudringen suchen. Polanskis Kunst der Inszenierung, der Bildkomposition und der Montage bewährt sich daran, den Zuschauer in die Welt des Unterbewußtseins und der Halluzinationen einzuführen, die Reaktionen des Mädchens als begreiflich darzustellen, die Aggressionen fühlbar zu machen, denen sie im »normalen« Leben ausgesetzt ist. Ein besonderes Anthologiestück ist die Schlußsequenz, als die Kamera auf ein Kindheitsfoto des Mädchens zufährt und groß ihr Auge fixiert – als ob die Spur späterer entsetzlicher Ereignisse bereits in diesem Kinderblick angelegt sei. *Cul-de-sac* (*Wenn Katelbach kommt*, 1966) ist Polanskis polnischen Filmen am ähnlichsten, weil hier die gegenseitige Abhängigkeit im Rahmen einer Machtstruktur vorgeführt wird. Zwei angeschossene Gangster geraten zu einem spießbürgerlichen Ehepaar, das einsam auf einem Schloß lebt. Der eine der Gangster stirbt, der andere versucht (vergebens) mit seinem Boß Katelbach Kontakt aufzunehmen und terrorisiert das Ehepaar, bis der Mann in einem Akt der Rebellion den Gangster erschießt. Mit Raffinesse und viel Realismus in Typenzeichnung und Milieuschilderung werden die verschiedenen Nuancen von Terror, Unterwürfigkeit, Komplizenschaft in den gegenseitigen Beziehungen der drei analysiert. Die einsame Umgebung des Schlosses betont den Aspekt der Parabel; das Zusammensein der drei Menschen erscheint als gesellschaftliche Konstellation in nuce.

The Vampire Killers (*Tanz der Vampire*, 1967) ist eine intelligente Parodie des Vampirfilmgenres, die sämtliche bekannte Stereotypen der Gattung beschwört; freilich stand hier weniger der Horroreffekt im Mittelpunkt, sondern das spielerische Vergnügen an der Variation schon bekannter Motive.

Auch *Rosemary's Baby* (*Rosemaries Baby*, 1968) knüpft an filmische Vorbilder (und erneut an Motive des Vampirfilms) an, ist jedoch vielschichtiger und kühner in der Entwicklung seiner Geschichte. Da zieht ein junges Ehepaar in eine Wohnung ein, vor der man es gewarnt hatte. Allmählich scheint es der jungen Frau, als ob die Nachbarn mit dem Teufel im Bunde seien. Durch schlimme Hexenkünste kommt es dazu, daß die Protagonistin ein Kind vom Teufel zur Welt bringt, ein Monsterwesen, das sie trotzdem wie ihr wirkliches Kind pflegt. Eine Verwandtschaft dieses Films mit *Ekel* (in der Figur der Protagonistin) ist offenkundig, nur bleibt in *Rosemaries Baby* die Ambivalenz bestehen, daß all das Entsetzliche vielleicht nur neurotische Einbildung ist. Auch dann allerdings kann man in dem Film eine Umkehrung amerikanischer Stereotypen und Neurosen erblicken, bis hin zu einer ketzerischen Abwandlung des Mythos von der Unbefleckten Empfängnis. Bewundernswert an dem Film ist seine Ausführung, die Architektur eines allmählich sich ausbreitenden Schreckensgefühls, das aus Phänomenen des Alltags aufsteigt und vielleicht auch weiter nichts ist als eine phantasmagorisch verzerrte Seite eben dieses Alltags.

Polanskis Shakespeare-Bearbeitung *Macbeth* (1971) legte den Akzent auf schauerliche Äußerlichkeiten; Polanski bemühte sich um eine neue Interpretation des Stückes, indem er den Anteil der »Mittäter« am Geschehen hervorhob und alle Rollen mit sehr jungen Darstellern besetzte. In *Was?* (1973), einer deutsch-italienisch-französischen Koproduktion, gerät ein Mädchen in eine sonderbare Villa, die von exzentrischen Personen bewohnt wird; mit perversen Spielen und bizarren Ritualen vertreiben sich diese Gestalten, Gespenstererscheinungen einer untergehenden Welt, die Zeit. Dramatisch stärker profiliert war *Chinatown* (1974), eine perfekt gemachte Variante der »schwarzen« Filme aus den USA der vierziger Jahre. Ein Detektiv in Los Angeles kommt aus Zufall einer Korruptionsaffäre auf die Spur, die mit dem Bau eines Staudamms und mit Grundstückspekulationen zu tun hat (man schreibt das Jahr 1937). Diesem Handlungsstrang überlagert sich ein anderer, in dem es um eine verheimlichte inzestuöse Beziehung geht. Protagonisten sind neben dem Detektiv eine geheimnisvolle Frau mit Garbo-Appeal und ein gottgleicher Patriarch (dargestellt von John Huston). Mehr noch als auf die sozialkritischen Untertöne des Films scheint es Polanski auf den dramaturgischen und visuellen Aufbau seines Films anzukommen, auf die raffinierte Konstruktion der Handlung. Wie hier zugleich mit der Entwicklung der Personen schrittweise Herrschafts- und Abhängigkeitsverhältnisse aufgedeckt werden, wie sich ein Klima der nicht lokalisierbaren Bedrohung ergibt, wie mit kunstvoller Verworrenheit Nebenthemen ausgesponnen werden – darin scheint Polanski fast einem l'art-pour-l'art-Prinzip zu huldigen. Sosehr man die hochprofessionelle Machart des Films goutieren mag, so haftet ihm doch das Merkmal der Industrieproduktion Hollywoods an, die Perfektion wird zur Glätte, es ist, als ob Polanskis Individualität sich über so viel Kalkulation von Details aufgelöst habe. Auch in Polanskis letztem, in Frankreich entstandenem Film *Le locataire* (*Der Mieter*, 1976) wird diese Gefahr deutlich. Hier handelt es sich um das Drama eines Kleinbürgers, der in ein Zimmer einzieht, dessen Vormieterin sich das Leben genommen hat; allmählich wird der Mieter durch eine merkwürdige Konspiration der Hausnachbarn in die Rolle der Vormieterin hineingezwungen. Der »realistische« Teil des Films, die Karikatur einer Kleinbürgerwelt, ist ausgezeichnet gelungen (Polanski selbst spielt den schüchternen jungen Protagonisten); wenn dann der Film aber seine Horrorthematik gefunden hat, verflacht er zusehends. Auf einem hohen Niveau handwerklich perfekter Ausführung gerät Polanski in Gefahr, einer gewissen Routine zu erliegen.

Ein bemerkenswertes Talent im polnischen Film der sechziger Jahre war auch Jerzy Skolimowski (geb. 1936). Dichter, Szenarist, Schauspieler, Boxer, bevor er die Filmausbildung an der Hochschule in Lodz absolvierte, zunächst Mitarbeiter von Wajda und Polanski, demonstrierte Skolimowski eine Position des Filmemachens, die ihn in die Nähe anderer junger Filmautoren aus westlichen Ländern wie Godard, Bertolucci oder Bellocchio rückte – eine Position, die die eigene Erfahrung als das wichtigste Rohmaterial der Erfindung betrachtet; eine Methode, die nicht mehr vorgefaßte Inhalte in Film umsetzt, sondern die Kamera als Seismographen benutzt, um Empfindungen im Stadium des Entstehens festzuhalten. Was Skolimowski wiederum von westlichen Filmemachern unterscheidet (jedenfalls in seinen polnischen Filmen), ist ein besonderes Ethos der Wahrhaftigkeit, das seinen Ausdruck findet in Skepsis, Bitterkeit, Illusionslosigkeit.

Skolimowskis Diktum »Mein Film erzählt keine Anekdote oder eine Folge besonderer Ereignisse, sondern versucht, Aufschluß zu geben über die geistige Landschaft des Helden«[48], gilt sowohl für seinen Erstlingsfilm *Rysopis* (*Besondere Kennzeichen: keine*, 1964) als auch für *Walkover* (1965). *Rysopis* beschreibt einige Stunden im Leben eines jungen Mannes, der von der Universität kommt, wo er ein ihm sinnlos erscheinendes Studium absolvierte, und nun auf die Abfahrt zum Militärdienst wartet, ziellos herumschlendert, verschiedene Leute trifft, einen Unfall beobachtet und schließlich gerade eben noch seinen Zug bekommt. *Walkover* zeigt den gleichen Helden einige Zeit später, offenbar nach Beendigung des Militärdienstes. Er begleitet eine Studienkollegin, die einen Posten annimmt; er selbst hat aber keine Lust, seine Studien fortzusetzen, sondern läßt sich statt dessen für einen Boxkampf anwerben (wobei er einmal infolge Nichterscheinens seines Partners durch »Walkover« gewinnt). Beide Filme beeindrucken weniger durch ihr manifestes Geschehen als vielmehr durch die Summe der kleinen Beobachtungen am Rande; in ihnen artikuliert sich ein Klima, ein Geisteszustand. Sie erwecken den Anschein, als ob das Leben unter unseren Augen entsteht. Die Filme bevorzugen lange, kontinuierlich durchgedrehte Sequenzen – *Walkover* besteht nur aus ungefähr 30 Einstellungen[49]; auch hierin drückt sich die Verweigerung gegenüber einer traditionellen Erzählweise aus.

Skolimowskis weitere in Polen realisierte Filme lassen einen starken Stilwandel in Richtung auf ein symbolisch-poetisches Kino erkennen, das zur Realität eine gewisse Distanz einnimmt. *Bariera* (*Barriere*, 1966) ist nicht mehr in so unmittelbarem Sinne autobiographisch wie die beiden vorangehenden Filme. Die Personen des Films leben in einer Welt der Rituale, aus denen Todessehnsucht spricht, der Versuch einer Befreiung oder eine von vornherein aussichtslose Rebellion gegen die Wirklichkeit. So üben Studenten, von einem Tisch zu kippen, der Vater vermacht dem Sohn einen Säbel, den dieser immer mit sich führt und mit dem er ein Auto bekämpft; in einer anderen Szene rutscht der Held auf einem Koffer von einer hohen Skischanze herab, seinen Säbel in der Hand, zusammen mit einer Straßenbahnschaffnerin. Der Säbel ist vermutlich ein Symbol für die polnische Vergangenheit und eine Anspielung auf Filme Wajdas *(Lotna, Legionäre)*. Die symbolischen Szenen des Films schlagen wiederholt ins Unwirkliche um; so hat die französische Kritik angesichts von *Barriere* auch an Cocteau erinnert.[50] Die »Barriere« des Films war die zwischen Leben und Tod, die der Protagonist mehrfach zu überspringen sucht (der Film spielt am Ende der Karwoche), vielleicht aber auch die zwischen den Generationen. Skolimowski selbst gab an, er sei bei *Barriere* von Godards *Pierrot le fou* beeinflußt worden.[51] Skolimowskis vierter polnischer Film, *Rece do góry* (»Hände hoch«, 1967) – er entstand nach dem bereits in Belgien gedrehten *Le départ* – hatte in Polen Schwierigkeiten, kam erst verspätet zur Aufführung und wurde nicht für den Export freigegeben. In diesem Film unternehmen vier Ärzte in einem mit Gipssäcken gefüllten Güterwagen eine imaginäre Reise; im Verlauf dieser Fahrt werden ihre wahren Persönlichkeiten freigelegt. Der polnische Kritiker Boleslaw Michalek schrieb über den Film: »Von einer fast unerträglichen dramatischen Dichtheit, zugleich seltsam und realistisch, bizarr und pathetisch, voller Sarkasmus und Zärtlichkeit, erscheint diese Vision als das reifste und wichtigste Werk des jungen polnischen Regisseurs. Vielleicht ist es auch der größte polnische Film seit *Asche und Diamant*, dem er durch seinen leidenschaftlichen Tonfall und durch die moralischen Dimensionen gleicht, die einer fast banalen Geschichte mitgeteilt werden.«[52]

Skolimowskis Laufbahn im Westen verlief nicht so spektakulär wie die von Roman Polanski. Zwar ließ noch der in Belgien entstandene Film *Le départ* (*Der Start*, 1967) mit Jean-Pierre Léaud in der Hauptrolle, die Geschichte eines autosüchtigen Friseurlehrlings, der unbedingt mit einem Porsche ein Rennen fahren möchte, es schließlich aber doch nicht tut, die starke Identifikation mit dem Protagonisten und die unkonventionelle, mit Ausschnitten, Kurzformen und Chiffren operierende filmische Erzählweise erkennen, die auch frühere Skolimowski-Filme charakterisierte. *Deep End* (1970), wiederum ein Film über einen Jüngling, diesmal im Milieu einer englischen Badeanstalt spielend, irritierte durch eine gewisse Glätte und einen melodramatischen Schluß; *König, Dame, Bube* (1972) schließlich, eine westdeutsch-amerikanische Koproduktion, war der mißglückte Versuch einer Gesellschaftskomödie, der in vordergründigen Effekten steckenblieb. 1972 schrieb Skolimowski, wieder in Polen, das Drehbuch zu dem Film *Poslizg* (»Im Schleudern«) von Jan Lomnicki.

Ein anderer polnischer Regisseur, der aus Polen emigrierte, zehn Jahre in Frankreich arbeitete, um dann doch wieder einen Film in Polen zu drehen, ist Walerian Borowczyk (geb. 1923). Borowczyk trug Ende der fünfziger Jahre zusammen mit Jan Lenica (der später gleichfalls Polen verließ und nach Westdeutschland ging) zum Entstehen einer polnischen Schule des Experimentalfilms bei – mit Animationskurzfilmen parodistischer oder surrealistischer Thematik, die nach dem Collagenprinzip konstruiert waren. Dem Kurzfilmgenre blieb Borowczyk zunächst auch in Frankreich treu, wo er *Les astronautes* (1959) drehte, eine ironische Raumfahrtphantasie, und *Renaissance* (1963), einen gespenstischen Trickfilm, in welchem das zerstörte Inventar einer bürgerlichen Wohnstube sich Stück für Stück zusammensetzt, um dann doch wieder zu zerfallen. Der makabre Humor der Borowczyk-Kurzfilme scheint eine spezifisch polnische Eigenart zu sein und findet sich in anderer Form auch bei Polanski und Skolimowski. Zu Borowczyks wichtigsten Kurzfilmen gehören *Les jeux des anges* (»Engelsspiele«, 1964), »das *Nuit et brouillard* des Trickfilms«[53], *Le dictionnaire de Joachim* (1966), *Rosalie* (1966), *Diptyque, Gavotte* (1967). Einen bereits 1962 realisierten Zeichenfilm, *Le concert*, erweiterte Borowczyk von 1965 bis 1967 zu einem abendfüllenden Animationsfilm: *Le théâtre de Monsieur et Madame Kabal* ist die alptraumhafte Studie eines Kleinbürgerehepaares, das in einer total zur Chiffre erstarrten Welt einen mechanischen Alltag lebt; das Parodistische steht in diesem Film neben dem Unheimlichen, das sich vor allem durch die zeichnerische Form vermittelt: »Madame Kabal scheint aus Eisenteilen zusammengesetzt. Ihr Gesicht ist wie abgeschnitten, nur ein gefährlicher spitzer Haken, die Nase, ragt heraus.« (Dietrich Kuhlbrodt)[54] Nach diesem Werk, das man als Kulminationspunkt in Borowczyks Trickfilmschaffen ansehen kann, wandte sich der Regisseur mit *Goto, île d'amour* (*Goto – Insel der Liebe*, 1968) dem »realen« Kino zu. Auf einer seltsamen abgeschnittenen Insel, wo die Zivilisation auf dem Stande von 1887 stehengeblieben ist, regiert die Willkür eines sadistischen Königs, der von einem Untertan durch eine Intrige ausgeschaltet und ermordet wird; aber auch der Usurpator scheitert am Ende. Borowczyk beschreibt eine surreale, beklemmende Welt verschobener Proportionen, die einem Konzentrationslager gleicht, in der Requisiten, Objekte zu Fetischen von Liebe, Eifersucht und Aggression werden, in der das Fürchterliche immer auch einen Aspekt des Lächerlichen besitzt, das Lachen aber zur Grimasse erstarrt. Von ähnlichen Prämissen geht auch *Blanche* (1971) aus, mittelalterliches Schloßdrama und Tragikomödie (frei nach dem romantischen Drama »Mazeppa« von Juliusz Slowacki), in welcher ein ältlicher Schloßherr sich in rasende Gefühle der Eifersucht gegen einen Pagen des Königs hineinsteigert und darüber sich selbst sowie seine Umwelt in den Untergang zieht: eine »Tragödie im geschlossenen Raum; mit ihren phantastischen Wendungen, mit ihren Hekatomben und Vergiftungen steigert sie sich zu einem magischen und blutigen Ritual der Leidenschaft.« (Michel Capdenac)[55]

Nach dieser sehr konsequenten Entwicklung Borowczyks erscheinen seine *Contes immoraux* (*Unmoralische Geschichten*, 1974) eher als ein Rückfall: allzu dekorativ, wohlgefällig und konsumierbar, ja kunstgewerblich fielen diese Pflichtübungen eines ästhetisch gehobenen, kunstvoll verzierten erotischen Kinos aus. Eine weitere Episode aus diesem Zyklus, *La bête* (»Das Ungeheuer«), wurde nachträglich verlängert und kam als unabhängiger Film heraus. Konnte man nach den *Unmoralischen Geschichten* meinen, Borowczyk hätte seinen Frieden mit dem Kommerz gemacht und werde diese lukrative Richtung weiterverfolgen, so zeigte sich der Regisseur mit dem in Polen realisierten *Dzieje grzechu* (»Geschichte einer Sünde«, 1975) doch wieder auf der Höhe seiner früheren Werke. Dem Film liegt ein populärer polnischer Roman zugrunde, der im 19. Jahrhundert spielt und mit vielen romantischen Ausschmückungen die Geschichte einer unmöglichen Liebe erzählt. Borowczyk scheinen hier wie in seinen früheren Filmen die surrealistischen Seiten eines Melodrams, die Untertöne und Zwischentöne des Geschehens zu interessieren – wobei auch Gesellschaftskritik mit einfließt. Unwillkürlich ergeben sich Beziehungen zu Wajdas letzten Filmen. *Geschichte einer Sünde:* das ist historisch-melodramatisches Kino, ironisch gebrochen und dabei vollendet beherrscht. *La marge* (»Der Spielraum«, deutscher Verleihtitel: *Emanuela 77 – La Marge*, 1976), eine Studie aus dem Pariser Prostituiertenmilieu (nach einem Roman des Goncourt-Preisträgers de Mandiargues), war leider ein weiterer Schritt in die schon mit *Contes immoraux* begonnene Richtung eines dekorativ ausgeschmückten, leerlaufenden erotischen Kinos, dessen Hauptziel die kommerzielle Verwertbarkeit ist.

Krzysztof Zanussi und die Regisseure der siebziger Jahre

Die siebziger Jahre im polnischen Film sind bestimmt durch das Auftauchen einer neuen Regisseurgeneration, deren Vorläufer schon Ende der sechziger Jahre Krzysztof Zanussi war. Die Regisseure dieser Gruppe zeigen eine weniger romantisch-heroische Haltung als die Vertreter der ›Polnischen Schule‹; mit einem kühlen, rationalen Blick betrachten sie die polnische Gegenwart, interessiert an ihren Widersprüchen. Andererseits fällt bei den jüngeren Regisseuren auf, daß sie die Kriegs- und Widerstands- bzw. Vorkriegszeit, wenn überhaupt, in stark subjektiver Manier schildern (Krolikiewicz, Kluba, Zulawski).

Krzysztof Zanussi (geb. 1939) studierte Physik und Philosophie, bevor er an die Filmschule nach Lodz kam. Dort drehte er 1966 einen Kurzfilm über einen jungen Mann, der in die ihm fremde Welt eines Klosters kommt: *Smierc prowincjala* (»Tod eines Provinzials«). Konfrontation von Standpunkten, kritische Befragung von Lebensweisen sollte auch das Thema von Zanussis nächsten Filmen sein. In *Struktura krysztalu* (»Die Struktur des Kristalls«, 1969) treffen zwei befreundete Wissenschaftler zusammen. Einer, der Typ des sokratischen Philosophen, ging nach seinem Studium zu einer meteorologischen Station aufs Land; der andere wählte eine wissenschaftliche Karriere, die ihm Ruhm und Erfolg einbrachte, ihn offensichtlich aber auch zu Kompromissen nötigte. Zanussi verzichtet in dem Film fast ganz auf Handlung, er konzentriert sich allein auf die Auseinandersetzung der beiden Protagonisten, an deren Ende der »Erfolgreiche« erkennt, daß seine Art zu leben nicht die einzig mögliche ist. Der Film nötigt dem Zuschauer kein fertiges Urteil auf; er beobachtet und hört geduldig auf Argumente. Zanussi teilte seinem Film Durchsichtigkeit und Präzision mit. Bis auf zwei Schauspieler spielen bei ihm nur Laien. »Ich bin überzeugt davon«, sagte Zanussi, »daß das Gesicht, die Erscheinung, die Art, sich zu bewegen – all das, was die Persönlichkeit eines Menschen ausmacht –, wichtiger ist als schauspielerische Routine.«[56]

Nach *Die Struktur des Kristalls* drehte Zanussi mehrere Fernsehfilme, von denen vor allem *Za sciana* (»Hinter der Wand«, 1971) bemerkenswert ist. Ein junger Wissenschaftler soll einer Kandidatin, die sich um eine Anstellung beworben hat, im Auftrag seines Professors eine Absage überbringen; wie sich herausstellt, ist sie seine Nachbarin. Der Film ist formal unprätentiös gemacht und folgt einer gradlinigen Dramaturgie; er analysiert das Verhalten der Protagonisten kühl, scharfsichtig und genau, wobei vor allem die Selbstgefälligkeit und das zunehmend schlechte Gewissen des Mannes hervorgehoben wird und alltägliche, wenn auch wenig spektakuläre Existenzprobleme zur Sprache kommen. *Zycie rodzinne* (»Familienleben«, 1971), wieder ein fürs Kino gemachter Film, war die Studie einer zerfallenden Familie, die »in der merkwürdigen Szenerie einer vernachlässigten Fabrikantenresidenz ein Leben am Rande völliger Demoralisierung und des Wahnsinns führt«.[57] Sein Meisterwerk aber lieferte Zanussi 1973 mit *Iluminacja (Illumination)*. Dies war ein Film aufsehenerregend neuartiger Formen und kühner Fragestellungen. Zwar hatte der Film noch einen Protagonisten (einen Studenten der Physik) und auch das Rudiment einer Handlung (verschiedene Stadien im Leben dieses Studenten). Tatsächlich ging es Zanussi aber um etwas anderes: der Film stellt Fragen nach der individuellen und gesellschaftlichen Wahrheit, nach dem Sinn einer Arbeit, einer Ausbildung, nach den Möglichkeiten einer Karriere, nach der Verantwortung und nach dem Tod. Der Titel des Films zitiert einen Begriff der mittelalterlichen Philosophie, der jenen Zustand der Gnade bezeichnet, in dem der Geist in einem Akt der Intuition unmittelbar die Wahrheit erfährt. (Ein Philosophieprofessor spricht in einem dokumentarischen Einschub über den Begriff »Illumination«.) Ein solches Ziel der Wahrheitsfindung hat sich auch Zanussi gesetzt. Der Held des Films wird in einem bestimmten Stadium seiner Ausbildung plötzlich von Zweifeln am Sinn seiner Tätigkeit ergriffen, am Sinn der exakten Wissenschaften. Er wechselt sein Studienfach, heiratet ein Mädchen, das ein Kind von ihm erwartet, hört überhaupt auf zu studieren, um statt dessen zu arbeiten, geht zeitweilig in ein Kloster, kehrt schließlich, am Ende eines langen Irrwegs, wieder zu Frau und Kind zurück; doch sieht er jetzt – als mögliche Folge einer Krankheit – dem Tod ins Auge. Zanussis Film ist eine Herausforderung an alle Doktrinen, die den Menschen Sicherheit und Harmonie versprechen. Er postuliert das Prinzip des ständigen Zweifels; erst die Erkenntnis seiner existentiellen Begrenzungen vermag in der Sicht des Films zu einer Neudefinition des Menschen zu führen. *Illumination* gleicht mehr einem Essay als einem erzählenden Spielfilm; Gedanken und Assoziationen entfalten sich im freien (obwohl geplanten) Wechsel zwischen Spiel und Dokumentation, Erzählung und Zitat, im Kontrast der Schauplätze und Realitätsebenen, im Kontrapunkt von Bild, Ton, Dialog und Musik, in manchmal atemraubenden Montagen. Auf seine Weise hat Zanussi in *Illumination* die Maximen von Eisensteins »Intellektueller Kinematographie« verwirklicht. Sein Film ist nicht nur konstruktive Kritik an bestimmten dogmatischen Formen des sozialistischen Kinos; er öffnet auch der westlichen Kinematographie neue Möglichkeiten. Er strebt eine neue Art der Authentizität filmischer Darstellung an. Nichts wird vermittelt, »umgesetzt«. Eine Montagefolge, ein Kontrast drücken nicht so sehr etwas unabhängig Konzipiertes aus: sie *sind* selbst dieser Gedanke.

Auch *Bilans kwartalny* (*Vierteljahresbilanz*, 1974) ist der Versuch, die existentielle Wahrheit eines Menschen zu ergründen, hier einer verheirateten und berufstätigen Frau, der sich die Frage stellt, ob sie einem anderen Mann zuliebe ihre Familie aufgeben soll, und die auf eine Krise mit allen Anzeichen einer momentanen Schizophrenie zutreibt. Zanussi inszenierte diesen Film traditioneller als *Illumination*, als ob er den Zuschauern beweisen wollte, daß er auch einen Film machen könnte, der zur direkten emotionalen Anteilnahme herausfordert. Neben seiner Spielfilmarbeit in Polen drehte Zanussi in regelmäßigen Abständen halblange Filme für das westdeutsche Fernsehen (ZDF), so *Nachtwache* (1975) mit Elisabeth Bergner als zänkische alte Dame, die eine bei ihr Dienst tuende Studentin terrorisiert, und *Anatomiestunde* (1977), ein essayistisch-politischer Film über die Möglichkeiten der persönlichkeitsverändernden Wirkung von Drogen. Zanussis letzter in Polen realisierter Film *Barwy ochronne* (*Tarnfarbe*, 1977) spielt in der Gegenwart unter Wissenschaftlern mit Studenten einer polnischen Universität; er behandelt das Problem des Kompromisses. Der Film hatte ähnliche Schwierigkeiten wie Wajdas *Mensch aus Marmor*. Die Maßnahmen, die sich gegen die Filme Wajdas, Zanussis und einiger anderer Regisseure richten (so auch gegen Krzysztof Kieslowkis Film *Blizna – Die Narbe*, 1976), scheinen einen (vorübergehenden?) Umschwung im polnischen Filmklima in Richtung auf eine Verhärtung und Dogmatisierung anzudeuten, der sicher im Zusammenhang mit übergreifenden Tendenzen der polnischen Innenpolitik der Jahre 1976/77 gesehen werden muß.

Unter den jüngeren polnischen Regisseuren sind vor allem zwei Namen zu erwähnen: Grzegorz Krolikiewicz und Antoni Krauze. Grzegorz Krolikiewicz (geb. 1939) rekonstruierte in *Na wylot* (»Durch und durch«, 1973) die Geschichte eines ungewöhnlichen Verbrechens aus dem Jahre 1933, als ein Ehepaar aus armen Verhältnissen in Galizien zwei alte Untermieter umbrachte und beraubte. Krolikiewicz eliminiert fast alle Zeitumstände, zeigt den abschließenden Prozeß ohne Richter und Zuschauer, um sich ganz auf die psychologische Situation der beiden Angeklagten zu konzentrieren, die als Opfer der

Verhältnisse, in denen sie leben, erscheinen. Der Film macht das mit den Mitteln einer asketischen und abstrahierenden Bildsprache deutlich. Auf paradoxe Weise ist das Verbrechen für die beiden Angeklagten, die am Rande der Gesellschaft vegetierten, zu einem Mittel geworden, mit dem sie ihre Würde unter Beweis stellen. Krolikiewicz' nächster Film, *Wieczne pretensje* (»Endlose Vorwürfe«, 1974) scheint »Schwierigkeiten« mit der polnischen Zensur zu haben und ist erst verspätet zur Aufführung gelangt. Seine Hauptpersonen sind ein Wirtschaftskontrolleur auf Reisen und ein Halbstarker. Der Film liefert »zwei Exegesen des Marxismus« und soll in einem stark experimentellen Stil gemacht sein.[58]

Mit der Geschichte eines Verbrechens beschäftigt sich auch Andrzej Trzos-Rastawiecki (geb. 1933) in *Zapis zbrodni* (»Geschichte eines Verbrechens«, 1974). Einige Halbstarke aus der Gegend von Lodz bringen einen Taxichauffeur um, weil sie mit dessen Wagen »ans Meer« fahren wollen. Auf ihrer Reise begehen sie noch weitere Gewalttaten, bis sie von der Polizei gefaßt werden. Im Gegensatz zu Krolikiewicz schildert Trzos-Rastawiecki seinen Fall ganz ohne tiefenpsychologische oder metaphysische Dimensionen, sondern nüchtern, konstatierend, reportagehaft, scheinbar ohne emotionale Beteiligung. Dadurch wird allerdings seine Kritik an den Verhältnissen, die solche Verbrechen hervorbringen, um so wirksamer. 1976 kam ein weiterer Film Trzos-Rastawieckis heraus: *Skazany* (»Verurteilt«).

Antoni Krauze (geb. 1940) schildert in *Palec Bozy* (»Der Finger Gottes«, 1975) die Schwierigkeiten eines jungen Mannes, der sich in den Kopf gesetzt hat, Schauspieler zu werden, aber von den verschiedensten Auswahlkommissionen wegen »Mangel an Begabung« immer wieder zurückgewiesen wird. Krause beschreibt den verbitterten Seelenzustand seines Helden mit eigenwilligen, aber intensiven Stilmitteln zwischen realistischer Milieumalerei und Expressionismus. Man muß wiederholt an Skolimowski denken, mit dessen Helden die Hauptfigur Krauses einiges gemeinsam hat. Zum besten gehören die scheinbar zufälligen Begegnungen des Films, so das Gespräch des Protagonisten mit einem Landstreicher in einem nächtlichen Wartesaal. Krauzes zweiter Film, *Strach* (»Die Angst«, 1976) geht von einem Korruptionsfall in einer Kleinstadt aus, bringt im ersten Teil gute Milieustudien, sinkt aber gegen Schluß zu einem banalen Kriminaldrama ab.

Gesellschaftskritische Ambitionen, auf die Gegenwart bezogen, zeigt Roman Zaluski (geb. 1936): in *Kardiogramm* (1971) schildert er, ausgehend von der Figur eines mit seinem Beruf unzufriedenen Landarztes, die Verhältnisse in einer Kleinstadt, wo Arzt, Priester und Parteisekretär den Ton angeben und eine Interessenverfilzung zwischen ihnen besteht. *Zaraza* (»Die Seuche«, 1972) bezieht sich auf eine Pockenepidemie, die sich 1966 wirklich in Wroclaw (Breslau) ereignete; diese Seuche ist eine soziale Bewährungsprobe, die die unterschiedlichsten Reaktionen hervorruft. Edward Zebrowski (geb. 1935) drehte 1972 mit *Ocalenie* (»Die Errettung«) einen nachdenklichen Film über einen Biologieprofessor, der plötzlich wegen einer schweren Krankheit ins Hospital kommt und sein Leben vollkommen umstrukturieren muß. Der Film ist nicht nur wegen seiner zurückhaltenden, aber intensiven Bildsprache bemerkenswert, sondern auch deshalb, weil hier das Thema des Todes anklingt, das in den siebziger Jahren in einer Reihe von Filmen aus sozialistischen Ländern auftaucht (bei Zanussi in *Illumination* oder bei Egon Günther in *Die Schlüssel*).

Henryk Kluba (geb. 1931) debütierte 1967 mit *Chudy i inny* (»Der Magere und die anderen«), einem Film über ein Arbeiterkollektiv. Im Stil einer Volksballade, aber unter Verwendung experimenteller Stilmittel (Kombination mehrerer Bilder in einem Bild) drehte Kluba im gleichen Jahr *Slonce wschodzi raz na dzien* (»Die Sonne geht nur einmal am Tag auf«); im Mittelpunkt dieses Films stand ein Dorfbürgermeister, der kurz nach dem Zweiten Weltkrieg in Konflikt mit den offiziellen Vertretern des Sozialismus gerät. Der Film wurde zunächst verboten und erst 1972 aufgeführt. Ähnlich balladenhaft, letztlich aber heroisch-pathetisch fiel *Opowiesc w czerwieni* (»Geschichte in Rot«, 1974) aus.

Andrzej Zulawski (geb. 1948) erhielt seine Ausbildung in Frankreich und studierte an der Pariser Filmhochschule IDHEC. Zulawskis Debütfilm, *Trzecia czesc nocy* (»Der dritte Teil der Nacht«, 1971), gilt als eine Art Geheimtip der Kritik. Realisiert nach einer Novelle von Zulawskis Vater, gibt der Film eine apokalyptische, stark subjektiv geprägte Darstellung von Ereignissen aus der Kriegs- und Widerstandszeit, die in das Drama einer (vielleicht nur eingebildeten) Persönlichkeitsverdopplung mündet. Zulawski drehte dann einen psychologischen Horrorfilm, *Diabel* (»Der Teufel«, 1972), der im 18. Jahrhundert spielt und »bis zum Extrem des Schocks und des Alptraums vorangetrieben ist«[59]; dieser Film verfiel einem totalen Verbot durch die polnische Zensur. Zulawski ging dann nach Frankreich; sein dort als französisch-italienisch-deutsche Koproduktion realisierter Film *L'important c'est d'aimer* (*Nachtblende*, 1975) war in mehrfacher Hinsicht ein kommerzieller Kompromiß. Inzwischen bereitet Zulawski – der zu den besonderen Lieblingen der französischen Zeitschrift »Positif« gehört –, wieder in Polen, einen utopischen Film mit dem Titel *Na srebrnym globie* (»Auf dem Mond«) vor.

Künstlerische Ambitionen verraten schließlich auch die Filme von Kondriatuk, Solarz, Piwowski und Wojciechowski. Andrzej Kondriatuk debütierte mit *Dziura w ziemi* (»Ein Loch in der Erde«, 1970), einem Film über eine Gruppe von Geologen, die nach Öl bohren, der sein Thema jedoch transzendiert und durch die Frische seiner Regie überzeugt. Kondriatuks zweiter Film, *Skorpion, Panna i Lucznik* (»Skorpion, Jungfrau, Schütze«, 1973) »stellte die existentialistische Tragödie eines Wanderfotografen, einer Prostituierten mit zarter Seele und eines gescheiterten Priesters in den Rahmen einer biblischen Metapher«. (Jerzy Plazewski)[60] Wojciech Solarz spezialisierte sich auf Gegenwartsthemen: *Molo* (»Die Mole«, 1969) und *Wezwanie* (»Der Ruf«, 1973, über eine Bauernfamilie). Marek Piwowski (geb. 1935) realisierte nach verschiedenen Kurzfilmen 1970 *Rejs* (»Die Reise« oder »Die Fahrt«), einen selten gezeigten Film, der als »verrücktes Happening, eine satirische Komödie über das moderne Leben und als Parodie auf der Ebene des reinen Nonsens« beschrieben wird[61]; *Przepraszam, czy tu bija?* (»Verzeihung, wird hier geschlagen?«, 1976) erzählt von einer Gruppe Krimineller, die einen großen »Coup« vorbereiten. Der in Milieu- und Personenschilderung expressive, verdeckt gesellschaftskritische, an manche Vorbilder amerikanischer Gangsterfilme erinnernde Film flacht nur zum Schluß zum Verfolgungsdrama zwischen Gangstern und Polizei ab. Nahe am Dokumentarfilm steht Wojciechowskis *Kochajmy sie* (»Lieben wir uns«, 1974): das Porträt eines Dorfs (Darsteller sind die wirklichen Bauern), eine Chronik alltäglicher Ereignisse aus einer traditionsgebundenen Gemeinschaft, in der die privaten Bauern und die Angestellten einer landwirtschaftlichen Genossenschaft sich mißtrauisch gegenüberstehen. *Rodzina* (»Die Familie«, 1976), ein langer Dokumentarfilm über die Probleme einer landwirtschaftlichen Genossenschaft, litt allerdings unter zu vielen folkloristischen Abschweifungen.

Ungarn

Die ungarische Kinematographie gehört zu den profiliertesten der sozialistischen Länder. Ihr Produktionsumfang beträgt etwa 20 Filme pro Jahr. Abgesehen von Zoltán Fábri, dessen Produktion bis in die fünfziger Jahre zurückreicht, sind die meisten Regisseure, die dem ungarischen Film internationales Ansehen verschafft haben, erst in den sechziger Jahren hervorgetreten: Miklós Jancsó, András Kovács, István Szabó, Márta Mészáros. Die neue Filmbewegung, die sich Mitte der sechziger Jahre anbahnte – man hat auch von einer ungarischen ›Neuen Welle‹ gesprochen –[62], beschäftigte sich besonders intensiv mit Fragen der nationalen Geschichte und des ungarischen Selbstverständnisses; sie holte das an nationaler Identitätsfindung nach, was der polnische Film bereits Ende der fünfziger Jahre geleistet hatte. »Die Geschichte, wie sie in den ungarischen Filmen erscheint, ist kein Zeichen des üblichen Eskapismus, sie resultiert nicht aus dem Bedürfnis nach Mythen, sondern sie ist eher im umgekehrten Sinne ein Mittel zur Zerstörung von Mythen. *Die Hoffnungslosen, 20 Stunden* und *Vater* haben eins gemeinsam: sie streben nach einer endlich wahrhaftigen, obwohl schmerzlichen Selbsterkenntnis. Die Geschichte erscheint in diesen Werken als ein kollektives Selbstporträt.« (Yvette Biro)[63]

Die Generation der fünfziger Jahre

Die größte Kontinuität im ungarischen Nachkriegsfilm kann Zoltán Fábri (geb. 1917) für sich beanspruchen. Fábri begann schon in den fünfziger Jahren zu arbeiten und realisierte 1955 und 1956 zwei Filme, die zu den mutigsten und neuartigsten der damaligen Zeit gehörten: *Karussell* und *Professor Hannibal.* Wie der letztere Film waren auch *Két félidö a pokolban* (*Zwei Halbzeiten in der Hölle,* 1961) und *Nappali sötétség* (*Dunkel bei Tageslicht,* 1963) politische Parabeln, die Stoffe aus der Vergangenheit aufgriffen, um die in ihnen angelegte politisch-moralische Dialektik zu untersuchen: in *Zwei Halbzeiten in der Hölle* soll ein ungarisches Fußball-Team in einem Straflager während des Krieges gegen die deutschen Bewacher spielen, was mit einem Desaster endet; *Dunkel bei Tageslicht* ist die Geschichte einer Gewissenserforschung: ein Schriftsteller erinnert sich, wie er gegen Ende des Krieges durch seine »unpolitische« Gutwilligkeit sowohl seine Tochter als auch seine Geliebte verriet. Fábris ohne Zweifel bedeutendstes Werk, das nicht nur für die Kinematographie Ungarns, sondern für die sozialistischen Länder allgemein ein Signal setzte, war *Húsz óra (Zwanzig Stunden, 1965).* Der Film war deshalb so bedeutsam, weil hier zum ersten Mal eine rigorose politische Kritik bestimmter Irrtümer, die im Zeichen des »Personenkultes« begangen wurden, sowie eine kritische Darstellung des Aufstandes von 1956 stattfand. Man kann *Zwanzig Stunden* als einen der wichtigsten Filme der Entstalinisierung bezeichnen; vergleichbar ist er mit dem sowjetischen Film *Der Vorsitzende* (der übrigens im gleichen Jahre entstand). Zoltán Fábri stellt seinen Film in einen doppelten erzählerischen Rahmen. Einmal debattiert man in einer dörflichen Kooperative über ein Entwässerungsprojekt: während am Anfang Uneinigkeit herrscht und Ressentiments aufeinandertreffen, kommt man am Ende doch zu einer Entscheidung. Zur gleichen Zeit trifft ein Journalist ein, um eine Reportage über die Vergangenheit dieses Dorfes zu schreiben; aber nachdem er eine Menge Material gesammelt hat, gelangt er zur Einsicht, daß er die Reportage nicht schreiben kann. In diesen doppelten Rahmen eingeschachtelt sind Rückblenden, aus denen sich nicht nur die Geschichte von vier Bauern aus dem Dorf, sondern die Ungarns nach 1945 zusammensetzt. Fábri zeigt in *Zwanzig Stunden*, wie die Kollektivierung der Landwirtschaft mit administrativem Zwang durchgesetzt wurde, wie Ressentiments gegen die Kollektivwirtschaft weiterbestehen und wie 1956 der Volkszorn gegen den Vorsitzenden der örtlichen Genossenschaft aufflammt. Später kehrt der Parteisekretär, eine Tyrannennatur, aus den Wäldern wieder ins Dorf zurück und verübt im Namen der »Arbeitermacht« Repressalien. Er erschießt einen Bauern durch die geschlossene Tür seines Hofes. Wichtig sind in *Zwanzig Stunden* aber auch die Nebenfiguren – etwa der Gutsbesitzerssohn, der nicht die Universität besuchen durfte, 1956 als »Provokateur« verhaftet wurde und nun nach Verbüßung einer neunjährigen Gefängnisstrafe voller Verbitterung und Rachsucht wieder ins Dorf zurückkehrt; oder der skeptisch resignierende Baron, der das menschliche Leben mit dem sinnlosen Hin- und Hergehaste von Ameisen vergleicht. Auffallend sind die immer wiederkehrenden Leitmotive, deren Bedeutung sich erst im Verlauf des Films erschließt: so die von Schüssen durchlöcherte Tür, hinter der ein Bauer 1956 starb. Das Streben nach Differenzierung der politischen Perspektive äußert sich bei Fábri nicht zuletzt in der Komplizierung der Erzählform. Die schwierige Form des Films entspricht der Schwierigkeit einer Suche nach der Wahrheit.

In *Utószezon* (»Nachsaison«, 1967) unternahm Fábri noch einmal den Versuch eines Films politischer Reflexion, diesmal über die Frage der Verantwortung an der Deportation von Juden; aber der Film wirkte weniger einheitlich als *Zwanzig Stunden. Isten hozta, örnagy úr* (»Die Tot-Familie«, 1969) und *Hangyaboly* (»Ameisennest«, 1971) waren sorgfältig gemachte Literaturverfilmungen. Einer kunstvollen Technik der verschachtelten Zeitebenen bediente sich Fábri in seiner Bearbeitung eines Romans von Tibor Déry, *141 perc a Befejezetlen mondatbol* (»141 Minuten über den unvollendeten Satz«, 1974). Das erzählerische Material des Romans wurde von Fábri in zahlreiche kurze Fragmente zerlegt und neu geordnet zur Struktur eines inneren Monologs, der Dinge vorwegnimmt, andere nachliefert, mit Wiederholungen und Variationen arbeitet. Im Mittelpunkt steht die Figur eines jungen Mannes aus der reichen Bourgeoisie, der von seinem Milieu degoutiert ist und sich dem Proletariat zuwenden möchte, von dort jedoch zurückgewiesen wird. Wichtigstes Stilmittel Fábris in *141 Minuten über den unvollendeten Satz* ist die Montage; in seinen besten Momenten bedient sich der Film einer atemberaubend kühnen Technik des filmischen Assoziierens. *Az ötödik pecsét* (»Das fünfte Siegel«, 1977) ist ein sorgfältig, aber etwas akademisch gemachter Film, der im Jahre 1944 spielt und das unterschiedliche Verhalten einiger Kleinbürger angesichts der Repression durch faschistische »Pfeilkreuzler« zeigt.

Zu den älteren ungarischen Regisseuren, deren Schaffen in den sechziger und siebziger Jahren noch Bedeutung hat, gehört auch Károly Makk (geb. 1925), der schon in den fünfziger Jahren hervortrat und 1961 für *Megszállottak* (»Die Besessenen«), einen Film über Ingenieure, die in der ungarischen Ebene nach Wasser bohren und dabei illegale Methoden anwenden, den Preis der ungarischen Filmkritik erhielt. Nach verschiedenen eher konventionellen Filmen gelang Makk 1971 mit *Szerelem (Liebe)* wieder ein herausragendes Werk. Der Film geht auf zwei Novellen von Tibor Déry zurück und schildert das Warten einer alten bettlägerigen Frau auf ihren Sohn, den sie in Amerika wähnt, während er in Wirklichkeit »als Verurteilter eines ungesetzlichen Prozesses zur Zeit des Personenkults seine Strafe verbüßt«.[64] Makk konzentrierte sich vor allem auf die Beziehungen zwischen der alten Frau und ihrer Schwiegertochter; die meisten Szenen des Films spielen in einem engen Zimmer und sind trotz des Fehlens einer dramatischen Handlung von außerordentlicher psychologischer Verdichtung; die Regie arbeitet mit Geräuschen, Kamerabewegungen, mit dem Spiel von Licht und Schatten.

János Herskó (geb. 1926), der ebenfalls schon in den fünfziger Jahren Filme drehte, realisierte 1963 *Párbeszéd (Dialog)*, ein Werk, von dem eine ähnliche kulturpolitische Signalwirkung ausging wie von *Zwanzig Stunden. Dialog* erzählt die Geschichte eines Mannes, der im Verlauf des Rajk-Prozesses unschuldig verurteilt wird, und seiner Frau. Als der Mann 1954 rehabilitiert und entlassen wird, scheint zwischen den beiden keine Beziehung mehr möglich; erst der Aufstand von 1956 läßt sowohl im Privaten wie im Gesellschaftlichen neue Hoffnungen aufkeimen. Herskós Film war bemerkenswert in seinem Mut zur Abrechnung mit den Fehlern der Vergangenheit, in der Entschiedenheit seiner Dialoge und der Personenzeichnung; es wurde sogar gesagt, daß *Dialog* zusammen mit Jancsós *Cantata* »den Wendepunkt im ungarischen Filmschaffen markiert«.[65] 1969 verließ Herskó Ungarn und ging nach Schweden; daraufhin wurde sein letzter Film zurückgezogen.[66]

Der ungarische Film der sechziger Jahre: Jancsó, Kovács, Szabó

Die wichtigsten Impulse erhielt der ungarische Film in den sechziger Jahren durch das Werk dreier Regisseure: Miklós Jancsó, András Kovács und István Szabó.

Miklós Jancsó (geb. 1921) ist ein Regisseur unverwechselbarer Handschrift, ein Autorenfilmer reiner Ausprägung, der viele Jahre hindurch in fast manischer Besessenheit an der Vervollkommnung eines einzigen stilistischen Entwurfs gearbeitet hat. Auch thematisch bilden seine Filme eine scharfumrissene Einheit. Die meisten Filme Jancsós haben zu tun mit Krieg, Verfolgung, Unterdrückung Andersdenkender, subtilen oder offenen Formen von Terror. *Die Hoffnungslosen, Die Roten und die Weißen, Stille und Schrei, Schimmernde Winde* und *Schirokko* bilden eine »Tetralogie« über das Thema »Der Mensch und die Macht«.[67] Jancsós Filme spiegeln die Erfahrung des Ausgeliefertseins an repressive Mächte, die plötzliche, absurde Umschichtung von Machtverhältnissen, schildern Mechanismen von Korruption, Anpassung, Revolte. Aber sie werden von ihrer Form fast noch mehr als von ihrem Inhalt bestimmt. Jancsó hat in seinen Filmen einen Stil expressionistischer Bildkomposition (metapherngleiche Landschaften wie bei Bergman tauchen auf, gebildet aus weiten Flächen und harten Schwarzweißkontrasten) und ständiger, choreographischer Kamerabewegungen entwickelt. Er betreibt in seinen Filmen eine »Montage innerhalb des Bildes«, ersetzt Schnitte durch fließende Bewegungen der Kamera, denen die Bewegungen der Darsteller korrespondieren. Dieser Stil bewirkt eine starke Abstrahierung des Inhalts. Alle Momente des Geschehens werden bruchlos miteinander verflochten, erscheinen als Manifestationen ein und derselben geschichtlichen Bewegung, sie bilden eine »Geometrie des Schicksals«.[68] Es gibt bei Jancsó keine Helden im traditionellen Sinne mehr, nur noch Beziehungen zwischen Personen.

Miklós Jancsó kam erst verhältnismäßig spät zum Film; er studierte zunächst Ethnologie, Jura und Kunstgeschichte. Dann arbeitete er als Wochenschau- und Dokumentarfilmregisseur. Aufsehen erweckte bereits sein zweiter Spielfilm *Oldás és kötés (Cantata profana*, 1962), die Bewußtseinsanalyse eines jungen Arztes, der sich in der Stalinzeit allzusehr seiner Karriere widmete und dem seine Vergangenheit mit einemmal fragwürdig erscheint; in dem darauffolgenden *Igy jöttem* (»So kam ich«, 1964) erzählte Jancsó die Geschichte der paradoxen Freundschaft zwischen einem versprengten jungen Ungarn und einem etwa gleichaltrigen russischen Soldaten bei Kriegsende. Jedoch schenkte man diesen Frühwerken erst Aufmerksamkeit, als sich Jancsós *Szegénylegények* (*Die Hoffnungslosen*, 1966) als ein Werk internationalen Formats herausstellte. *Die Hoffnungslosen* spielt in den sechziger Jahren des vergangenen Jahrhunderts: die Teilnehmer des Kossuth-Aufstandes von 1848/49 werden von österreichischer Gendarmerie verfolgt. Um einer Gruppe solcher »Banditen« habhaft zu werden, treibt man Bauern in einer gefängnisartigen Festung mitten in der Puszta zusammen; durch eine raffinierte Mischung von physischem und psychischem Terror verstehen es die Bewacher, die Gefangenen zu demoralisieren und Aussagen aus ihnen herauszupressen. Obwohl Jancsó seinem Film einen präzisen historischen Hintergrund gab, treibt er die Fabel durch die Strenge der Inszenierung über ihren historischen Kontext hinaus und verwandelt sie zu einer Parabel über die konzentrationäre Welt und die Korrumpierbarkeit der Opfer unter extremen Bedingungen. Auffallend ist die Gesichtslosigkeit der meisten Personen – den Gefangenen werden bei ihren Rundgängen im Hof der Festung weiße Kapuzen übergestülpt; auch die Gendarmen wirken in ihren schwarzen Uniformen und Federhüten eigenartig gesichtslos. Jancsós Bildgestaltung, die harte, symbolische Schwarzweißkontraste bevorzugt, Architektur und Landschaft zwingend zueinander in Beziehung setzt, gibt dem Film einen hohen Grad von Abstraktion. Die weite Puszta-Ebene um das Gefängnis herum hat etwas Metaphorisches: sie repräsentiert die Freiheit, aber auch Einsamkeit, Verlorenheit, Ausgeliefertsein. Viele Bilder des Films sind in einem Eisensteinschen Sinne graphisch komponiert. Sie weisen darauf hin, daß hier nicht nur eine einzelne historische Situation gemeint ist. Die Strenge, Konsequenz und Schärfe dieses Films hinterließen einen starken Eindruck sowohl in Ungarn als auch im Ausland; Zoltán Fábri bezeichnete *Die Hoffnungslosen* als »den vielleicht besten ungarischen Film, der je gedreht wurde«[69], und ebenso enthusiastisch äußerte sich die ausländische Kritik, die Dante und Kafka als Vergleich heranzog.[70] Zum ersten Mal hatte der ungarische Film seine Isolation durchbrochen und sich mit einem Werk weltweit durchgesetzt.

In Jancsós späterer Produktion kann man eine »Hauptphase« und eine manieristische Spätphase unterscheiden. Zu seinen wichtigsten Werken, im Range mit *Die Hoffnungslosen* mehr oder minder ebenbürtig, gehören *Csillagosok, katonák* (eigentlich: »Sternenträger und Soldaten«, bekanntgeworden unter dem Titel »Die Roten und die Weißen«, 1967), *Csend és kiáltás* (*Stille und Schrei*, 1968) sowie *Fényes szelek* (*Schimmernde Winde*, 1968). *Die Roten und die Weißen* sowie *Stille und Schrei* sind eng miteinander verwandt. Beide spielen in den Jahren 1918/19, *Die Roten und die Weißen* irgendwo in Rußland zu Beginn des Bürgerkrieges in einer Region, die zwischen der Roten Armee (zu ihr gehören auch Ungarn) und zaristischen Truppen umkämpft ist, *Stille und Schrei* in Ungarn nach dem Sturz der Räterepublik auf dem Lande, wo sich ein ehemaliger Rotarmist bei Bauern versteckt hält, die selbst unter der Aufsicht eines Gendarmeriekommandanten stehen. *Die Roten und die Weißen* schildert vor allem die Abruptheit des Machtüberganges zwischen den politischen Lagern, die erbarmungslose Grausamkeit der Kriegführung, wobei der Unterschied zwischen den Fronten letztlich gering ist. Versprengte Internationalisten sammeln sich in einer Kirche und werden dort plötzlich von den Weißen überrascht; gefangene Rotarmisten versuchen ihr Leben zu retten, indem sie die Palisadenzäune eines Dorfes überklettern; ein Lazarett, in dem sowohl rote als auch weiße Verwundete gepflegt werden, wird erst von den Roten, dann von den Weißen übernommen, wobei jede Seite Terror ausübt. Jancsó gelingt es, den makabren Situationen seines Films zwingenden optischen Ausdruck zu geben; was sich dem Zuschauer einprägt, sind visuelle Archetypen, Ursituationen, Landschaften, Elemente von Architektur, Gesten, Bewegungen. Vor allem die Bewegung spielt eine dominierende Rolle in diesem Film. Kamera und Personen stehen niemals still; permanent sind sie auf Flucht oder Verfolgung, müssen ihre Verfolger ausspähen oder sich verstekken. Gelegentlich tragen die Aktionen in diesem und anderen Jancsó-Filmen den Charakter des Rituals, so, wenn am Schluß der einzig übriggebliebene Rotarmist angesichts der nahenden Weißen seinen Säbel küßt. Individuelle Motivationen spielen in diesem expressionistischen und zugleich metaphysischen Kino keine Rolle. In *Stille und Schrei* belauern sich die Menschen gegenseitig, eine Bäuerin und ihre Schwester bringen den Bauern langsam durch Gift um, der Kommandant spielt mit dem entdeckten Rotarmisten ein Katz-und-Maus-Spiel, bis dieser schließlich die Waffe nicht gegen sich selbst, sondern gegen ihn richtet. *Schimmernde Winde* vollzieht eine kritische Auseinandersetzung mit der jüngsten ungarischen Geschichte: 1947 dringen »Volkskollegisten« in ein katholisches Internat ein, um die Insassen mit Methoden des Terrors und der Einschüchterung in kürzester Frist »umzuerziehen«. Der Film distanziert sich deutlich von den Gewaltmaßnahmen eines Teils der Kollegisten. Das hochaktuelle ideologische Drama inszenierte Jancsó mit choreographischen Methoden, die Kollegisten singen Revolutionslieder und schließen sich zu Tanzreihen zusammen, wobei in dieser Choreographie die Ambivalenz der Bewegung der Jungen zum Ausdruck kommt, ihr Enthusiasmus, aber auch ihre Gewalttätigkeit.

Miklós Jancsós folgende Filme definieren sich mehr und mehr aus formalen Elementen. *Sirokkó* (*Schirokko*, 1969) trieb die von Jancsó schon immer bevorzugte Technik der »Sequenzeinstellung«, bei der die Kamera ohne Schnitt den Bewegungen der Darsteller folgt, auf einen Extrempunkt – der ganze Film bestand nur mehr aus neun Einstellungen; auch *Stille und Schrei* kam schon mit elf Einstellungen aus. *Schirokko* spielt in den dreißiger Jahren unter jugoslawischen Terroristen, die von Ungarn aus ihre Aktionen vorbereiten. »Was mich bei meiner Arbeit am meisten interessiert und begeistert, das ist die Frage der Macht und der Unterdrückung und die Beziehungen der Menschen zur Macht und zur Unterdrückung«, schrieb Jancsó zu diesem Film. »Ich konstatiere mit tiefer Bitterkeit, daß man die Macht höchst selten oder praktisch nie zum Besten der anderen ausübt und zwar so, daß die Freiheit dabei respektiert wird.«[71]

Égi bárány (»Agnus dei«, 1970), *Még kér a nép* (*Der rote Psalm*, 1971) und *Szerelmem Elektra* (»Liebe Elektra«, 1974) sowie die in Italien gedrehten Filme *La tecnica ed il rito* (»Die Technik und der Ritus«, 1971, über die Gestalt Attilas) und *Roma rivuole Cesare* (»Rom wünscht Cäsar zurück«, 1973) behandeln geschichtliche und mythologische Themen in Form folkloristischer Schauspiele mit stark metaphorischem Einschlag, zumeist eindrucksvoll in der optischen Lösung, jedoch ebensooft dunkel, was die Bedeutung einzelner Details anlangt. Die Filme unterliegen in zunehmendem Maße einer Verselbständigung des Formalen. Gelegentlich versucht sich Jancsó auch in ganz naiver (vielleicht ironisch gemeinter, aber nicht so wirkender) Symbolik, etwa, wenn er am Ende von *Elektra* einen roten Hubschrauber als Verkörperung der Revolution auftauchen läßt. Die Auseinandersetzung um Jancsó ist inzwischen zu einer Frage des »Prinzips« geworden. Jancsó behielt einen Klan von Anhängern, die ihm bedingungslos folgten – bis zu seinem letzten Film, einer preziös-geschmäcklerischen Ausmalung von Dekadenz am Hof des österreichisch-ungarischen Kaisers und speziell in der Umgebung des Thronprinzen, *Vizi privati, pubbliche virtú* (»Private Laster, öffentliche Tugenden«, deutscher Verleihtitel: *Die große Orgie*, 1976), der in Details todgeweihter artifizieller Schönheit schwelgt, das Dekadente aber höchst attraktiv, wenn nicht spekulativ ins Bild setzt.

András Kovács (geb. 1925) ist ein anderes Temperament als Jancsó. Seine Filme sind weniger vom Bild, sondern vom Gedanken her konzipiert, sie sind rationale, kritische Analysen gesellschaftlicher Vorgänge aus Geschichte oder Gegenwart; sie wollen Denkanstöße für die Zuschauer vermitteln. Kovács wurde nach seiner Ausbildung an der Budapester Akademie für Bühnen- und Filmkunst 1951 zunächst Leiter der Drehbuchabteilung der ›Hunnia‹ Filmstudios und leistete dort bis 1957 dramaturgische und theoretische Arbeit. Erst 1960 begann er eine Laufbahn als Regisseur. *Zápor* (»Sommerregen«, 1960) schilderte die Ehescheidung eines Bauernpaares; 1964, nach einem längeren Paris-Aufenthalt, angeregt von der damals gerade florierenden Bewegung des ›Cinéma-vérité‹, realisierte Kovács den Dokumentarfilm *Nehéz emberek* (»Schwierige Leute«), in welchem er – selbst mit dem Mikrophon vor der Kamera auftretend – den Schwierigkeiten von fünf Erfindern nachspürte, ihre Erfindungen einem gesellschaftlichen oder technologischen Nutzen zuzuführen. 1966 entstand der vielleicht bedeutendste Film von András Kovács: *Hideg napok (Kalte Tage).* In diesem Film geht es um die Aufhellung einer dunklen Episode aus Ungarns Vergangenheit: 1942 wurden in der jugoslawischen Grenzstadt Novi Sad von ungarischem Militär und Gendarmen auf das Gerücht hin, Partisanen hätten das Dorf infiltriert, über 3000 unschuldige Menschen umgebracht. Die Leichen wurden in Löcher geworfen, die man in das Eis der zugefrorenen Donau gehackt hatte. Kovács rollt diesen Fall in Rückblenden à la *Citizen Kane* auf, indem er vier Beteiligte des Massakers 1946 in einem Gefängnis zusammenführt. Jeder hat seine eigene Erinnerung und seine private Entschuldigungstheorie; der Ungeheuerlichkeit der Vorgänge ist sich keiner bewußt. Der Film schildert die Atmosphäre der Hysterie und der Angst, die systematisch von den Befehlshabern geschürt wurde. Durch die Überlagerung der vier Erzählperspektiven, über die sich noch die Schicht von 1946 legt, wird die Frage nach der Verantwortung des Individuums besonders eindringlich. Die Vorgänge erscheinen zugleich wie im Zeitpunkt ihres Entstehens und aus der Distanz der Reflexion. Doch nicht nur die intelligente Struktur des Films, die gedankliche Durchdringung des Themas (die Durchleuchtung des Mythos vom Faschismus als angeblich irrationaler Kraft) ist bemerkenswert an *Kalte Tage* – ebenso ist es die filmische Intensität, die Kovács erreicht, die Suggestionskraft seiner Regie, die Verwendung der winterlichen Landschaft als Ausdrucksmittel, die Verfremdung durch den abweichenden Inszenierungscharakter der Rahmenerzählung. Kovács hatte seinen Film als einen Beitrag zur nationalen Selbsterkenntnis konzipiert. Im Resultat ging der Film aber über diese Zielsetzung hinaus und machte den Faschismus als eine »menschliche Erscheinung« bewußt.[72]

András Kovács' nächste Filme waren reine Diskussionswerke in dem Sinne, daß sie ihre Spannung hauptsächlich der Brisanz ihrer Ideen, erst in zweiter Linie der künstlerischen Umsetzung verdankten. In *Falak* (*Wände,* 1968) steht ein höherer Industriefunktionär vor dem Dilemma, sich entweder auf die Seite eines jüngeren Mitarbeiters zu schlagen, der Fehler und Mißstände in seinem Betrieb aufgedeckt hat, oder zusammen mit dem Direktor des Betriebes den unbequemen Mitarbeiter mundtot zu machen. Der Film nimmt eine mutige Analyse – und mehr als das, eine Anprangerung – von Mißständen im sozialistischen Wirtschaftssystem vor. Protagonistin von *Staféta* (*Die Stafette,* 1970) ist eine Studentin der Erziehungswissenschaft, die eine kritische Materialsammlung über die Zustände an den Schulen ihres Landes veröffentlichen will, wodurch sie große Kontroversen auslöst. Die Titel beider Filme sind metaphorisch zu verstehen: »Wände« sind jene Grenzen der Entscheidungsfreiheit, die oftmals nur in der Einbildung desjenigen existieren, der meint, sich ihnen anpassen zu müssen; mit der »Stafette« ist die Weitergabe von Impulsen von der älteren an die jüngere Generation gemeint. Die Schwäche beider Filme (besonders von *Die Stafette*) ist freilich, daß sie sich allzusehr auf Positionen reduzieren lassen, die von den Personen der Filme verbal ausgedrückt werden. Später zog sich Kovács wieder mehr auf historisches Terrain zurück – *A magyar ugaron* (»Ungarisches Brachland«, auch *Niemandsland,* 1972) ist eine Beschreibung der Konterrevolution von 1919; im Zentrum des Films steht ein Lehrer, der ursprünglich mit der Räterepublik sympathisiert, nun aber im Zeichen der Restauration zur Anpassung gezwungen ist.

In *Bekötött szemmel* (*Den Tod vor Augen,* 1974) befaßt sich Kovács, bemerkenswert für den Film eines sozialistischen Landes, mit dem Problem der Religion und der Dialektik von Glauben und Zweifel. Im Zweiten Weltkrieg soll ein Feldgeistlicher wider besseres Wissen mithelfen, eine Legende um den angeblichen Wundertod eines Soldaten zu verbreiten, der als Deserteur hingerichtet werden sollte. Der junge Geistliche – in manchen Momenten erinnert seine asketische Figur an Bressons Landpfarrer aus *Journal d'un curé de campagne* – entscheidet sich nach inneren Kämpfen für das Recht am Zweifel, gegen die Staats- oder Kirchenräson, obwohl die Machthaber alle möglichen Druckmittel gegen ihn anwenden. Es geht Kovács nicht so sehr um eine Polemik gegen das Religiöse schlechthin (bezieht nicht der Priester seine Widerstandskraft gerade aus seinem Glauben?), die Religion wird jedenfalls von dem Film durchaus ernst genommen und nicht vordergründig verteufelt; vielmehr richtet sich das Plädoyer des Films gegen die blinde Form des Glaubens, gegen jenen Glauben, der sich nicht mehr selbst in Frage stellen kann. »Solche Erscheinungen wie der Mao-Kult u. a. lösen in einem – insbesondere im Lichte des mit dem XX. Parteitag der KPdSU begonnenen selbstkritischen Prozesses – Verblüffung darüber aus, daß der blinde Glauben in der Welt wieder einmal im Aufkeimen ist«, äußerte Kovács anläßlich dieses Films.[73] Kovács' letzter Film *Labirintus* (*Labyrinth*, 1976) behandelt ein ähnliches Problem: hier wird ein Filmregisseur unter Druck gesetzt (unter anderem von einem Minister), einen Selbstmord (der jedoch in der Realität seine Entsprechung hat) aus dem Film wegzulassen, den er gerade vorbereitet, wegen dessen »demoralisierender« Wirkung. Kovács gab *Labyrinth* eine komplizierte, vielfältig ins Private sich verästelnde Struktur. Auch dieser Film bestätigt Kovács' Rang als bedeutender Moralist und Gesellschaftskritiker des ungarischen Films.

Neben Miklós Jancsó und András Kovács ist István Szabó der wichtigste Erneuerer des ungarischen Kinos in den sechziger Jahren. István Szabó (geb. 1938) gehört einer jüngeren Generation an als die beiden anderen Regisseure. Das macht sich auch in der Eigenart seiner Filme bemerkbar. Sie sind zwar auch gegenwarts- und ideologiekritisch angelegt (besonders *Vater*), aber subjektiver in der Erzählweise, impressionistisch in ihrer Assoziationstechnik, stark bezogen auf die Analyse von Empfindungen, Erinnerungen, oft autobiographischer Natur. Szabó begann mit mehreren Kurzfilmen – der erfolgreichste war *Te* (»Du«, 1963), das Porträt eines Mädchens –, um dann 1964 seinen ersten langen Spielfilm zu drehen, *Álmodozások kora (Das Alter der Träumereien)*. In ihm stellt Szabó zunächst vier Ingenieure vor, die gerade ihr Studium abgeschlossen haben und nun in ihrem Beruf auf den Dogmatismus und die Privilegien der älteren Generation stoßen. Dann konzentriert sich der Film auf einen der vier und entwickelt eine Liebesgeschichte zwischen dem Ingenieur und einer Juristin; beide haben jedoch, wie sich zeigt, ganz unterschiedliche Auffassungen vom Leben, von der Politik, von der Verwirklichung ihrer Persönlichkeit. In einer Schlüsselszene sehen sich die beiden einen Dokumentarfilm mit Aufnahmen vom Aufstand des Jahres 1956 an und diskutieren über die auf der Leinwand dargestellten Ereignisse. Die Personen des Films repräsentieren keine festumrissenen Positionen, sondern entwickeln, verändern sich. Der Film ist in einer lockeren, mosaikartigen Erzählweise konstruiert, er beschreibt die individuelle Lebenssphäre einzelner Personen, nimmt Bezug auf ihre Erinnerungen, Komplexe, Träume; und doch stellt er entscheidende und tiefgehende Fragen, vollzieht er ein Stück gesellschaftlicher und geschichtlicher Analyse. Die kleine Gruppe wird zum Spiegelbild einer Generation. Der einzelne Regieeinfall findet Resonanz im Ganzen des Films, der letztlich das Thema der Emanzipation und der Persönlichkeitsfindung behandelt: das gilt auch für die Schlußszene des Films, als Telefonistinnen in einer Schaltzentrale immer wieder einen Weckruf durchgeben. Zwischendurch hat Szabó in seinen Film auch eine versteckte Hommage an Truffaut und Fellini eingefügt.

Weit über den zunächst individualistischen Ansatz von *Das Alter der Träumereien* hinaus gingen die Implikationen von Szabós folgendem Film *Apa* (*Vater*, 1966). Dieses Werk kann als einer der großen aufklärerischen, selbstkritischen Filme des Ostblocks aus den sechziger Jahren, der Epoche der Entstalinisierung, gelten. Auch hier ging Szabó zunächst von einem sehr persönlichen Handlungskern aus: ein Junge macht sich verschiedene Vorstellungen von seinem kurz nach Kriegsende gestorbenen Vater. Er stellt ihn sich vor (und schildert ihn anderen) als berühmten Partisan, als bedeutenden Arzt. Er sammelt Gegenstände, die an ihn erinnern, einen Füllfederhalter, eine Uhr. Der Vater erscheint als Held, der seine Gegner mit dem Motorrad verfolgt, ein andermal sieht der Junge ihn wie in einer Vision, als er nach dem Krieg die erste Straßenbahn in Gang setzt – erst schiebt der Vater allein den Straßenbahnwagen, dann schließen sich immer mehr Menschen an, die den Wagen mit unzähligen Zetteln (Suchanzeigen nach Verwandten) bekleben. Diese Traumvision (eine der schönsten, die bei Szabó vorkommen – und eine Vorwegnahme des Hauptmotivs seines späteren Films *Budapester Märchen*) gehört allerdings schon in die zweite Phase des Films, in welcher der Protagonist versucht, sich von dem mythisch vergrößerten Vaterbild zu befreien. Durch eine geniale Klammer verbindet Szabó in *Vater* den Emanzipationsprozeß seines Helden – der wesentlich beeinflußt wird vom Erlebnis des Aufstandes von 1956, bei welchem er unter großer Gefahr eine schließlich überflüssige Fahne besorgt – mit der Entwicklung einer ganzen Nation, die ebenfalls bestrebt ist, sich von ihrem Vaterbild zu emanzipieren. Aufschlußreich ist die Szene, in welcher bei einem Mai-Umzug der noch kindliche Protagonist unzählige Bildtafeln erblickt, auf denen immer wieder sein Vater abgebildet ist; kurz darauf folgt eine Szene mit vielen Stalinbildern. Hier wird das Phänomen des Personenkultes anvisiert, dem Szabó mit seinem Film eine interessante tiefenpsychologische Deutung gibt. Deutlich wird in dieser und anderen Szenen des Films, wie schwer es ist, sich von einem Mythos zu befreien, wie ein Mythos unter Umständen sogar über die Wirklichkeit triumphieren kann. Szabó reflektiert in *Vater* auch über den Rollentausch (er fügt Dreharbeiten zu einem Film im Film ein, bei denen der Held erst ein jüdisches Opfer, dann einen SS-Mann spielen muß) sowie über die paradoxe Situation, in die Kinder des früheren Adels geraten sind (eine weitere Variante des Rollentausches). Am Schluß findet der Held in einer symbolhaften Handlung zu sich selbst: er durchschwimmt die Donau. Aber auch hier widerlegt der Film die Legende von der heroischen Einzeltat: die Kamera fährt zurück und man sieht zahlreiche andere junge Leute, die hinter dem Helden ebenfalls die Donau durchschwimmen. Der individuelle Akt ist in Wirklichkeit ein gesellschaftlicher. Szabó erklärte zu seinem Film, dessen Untertitel »Die Geschichte eines Glaubens« lautet, dieser sei »auch die Autobiographie einer Generation«[74] und: »Wie Jancsós Film *Die Hoffnungslosen* oder der Film von András Kovács *Kalte Tage* das wahre – das heißt, von jeder Illusion freie – Bild zweier Epochen der ungarischen Geschichte zeigen, genau so möchte auch mein Film diesen Prozeß der Zerstörung der Mythen und zur gleichen Zeit des Aufbaus der Wirklichkeit unterstützen.«[75]

Auch die nächsten beiden Filme Szabós waren Erforschungen der Vergangenheit, die in ihnen allerdings mehr als erlebte Gegenwart erscheint. In *Szerelmesfilm* (*Ein Liebesfilm*, 1970) fährt ein junger Mann – gespielt vom gleichen Hauptdarsteller András Bálint wie in *Vater* – von Ungarn nach Frankreich, um seine frühere Freundin zu besuchen, die 1956 aus Ungarn emigriert ist. In der Erinnerung tauchen noch einmal Episoden der gemeinsam durchlebten Vergangenheit auf, die sich vor allem um das Jahr 1945 und den Aufstand von 1956 kristallisieren. Am Ende stellen die beiden fest, daß sie sich auseinandergelebt haben. Szabó erzählt diese Geschichte mit viel Filigranarbeit, aber ohne Resignation. Am Schluß bringt eine poetische Metapher noch einmal die Grundidee des Films zum Ausdruck, das Zusammengehörigkeitsgefühl der Ungarn: in einem Telefonamt werden pausenlos Ferngespräche vermittelt und die Namen ferner Städte gerufen.

1971 drehte Szabó verschiedene Dokumentarfilme über Budapest, von denen besonders *Álom a házrol* (»Traum von einem Haus«) berühmt wurde – es waren poetische Liebeserklärungen an eine Stadt, aufgeladen mit Details einer individuellen, manchmal surrealen Phantasie und Erinnerung. Als Weiterentwicklung dieses Kurzfilms kann man den Spiefilm *Tüzoltó utca 25 (Feuerwehrgasse 25*, 1973) betrachten. Dramaturgisch gesehen, ist dies Szabós bisher anspruchsvollstes Werk. Im Mittelpunkt steht die Geschichte eines Hauses und seiner Bewohner; zugleich werden dreißig Jahre ungarischer Vergangenheit rekapituliert, wechselnde Herrschaftsverhältnisse, die Geschichte von Krieg, Bedrohung, Drangsalierung, Emigration, aber diese Geschichte ist zersplittert in kleine Bruchstücke, in symbolisch, zeichenhaft oder surreal überhöhte Ereignisse, über die Fakten legt sich die Subjektivität des Erinnernden, so daß Geschichte hier erfahrbar wird als ein kollektiver innerer Monolog. Da ist der alte Uhrmacher, dessen Tochter sich über das Geländer in den Hof stürzte, die Näherin, die ihren invaliden Mann pflegt, die Hausmeisterin und der Kaufmann, da sind (im Zentrum des Films) ein junger Mann und seine Mutter, da ist die Bäckersfrau, die auf dem Dachboden Menschen versteckte. Den Rahmen des Films bildet eine Nacht, in der die Bewohner des Hauses träumen, sich erinnern, mit Gestalten der Vergangenheit in einen Dialog treten. Es ist schwer, eine Szene, ein Bild dieses Films herauszulösen aus dem Kontext; das Schlußbild allerdings prägt sich besonders stark der Erinnerung ein: nachdem zuvor alle Bewohner das Haus verlassen und die verschiedensten Utensilien ihres Alltags um sich herum abgestellt haben, drehen sie sich noch einmal zu dem Haus um (von dem man zu Beginn erfahren hat, daß es abgerissen werden soll); der Blick, den sie nun auf das Haus richten (und zugleich auf das Objektiv der Kamera, auf die Zuschauer also), ist von zerreißender Intensität. Bewundernswert ist die Kunst des Films, die unzähligen Fragmente des Geschehens miteinander zu verknüpfen, als Momente eines großen Kontinuums erscheinen zu lassen, andererseits auch jedes Stück »Geschichte« als Partikel aus dem Lebensgewebe einer einzelnen Person schmerzhaft bewußt zu machen. Dazu bedient sich Szabó einer virtuosen Technik der Kamerabewegungen, Montagen und Überblendungen.

In *Budapesti mesék* (»Budapester Märchen«, 1977) summieren sich Bilder, Gedanken und Motive aus allen früheren Szabó-Filmen (so das schon in *Vater* präsente Straßenbahn-Motiv); auf der anderen Seite ist dieser Film nicht impressionistisch angelegt, sondern besitzt die Form einer strengen Parabel. Nach »dem« Krieg finden Flüchtlinge am Ufer eines Flusses einen halbumgestürzten Straßenbahnwagen. Sie machen ihn wieder flott, stellen ihn auf die Geleise. Der Wagen bietet ihnen willkommene Unterkunft; sie beschließen, alle ihre Besitztümer in ihm unterzubringen und ihn bis zu ihrem nächsten Ziel zu schieben, der Stadt. Mehr und mehr Flüchtlinge schließen sich ihnen an, immer abenteuerlicher wird der Straßenbahnwagen ausstaffiert. Auch ein Fluß kann sie nicht aufhalten: die Straßenbahn wird in Einzelteile zerlegt und auf einem Floß über Wasser transportiert. Als sie nach Überwindung vieler Hindernisse, mancher Querelen und Auseinandersetzungen endlich in die Nähe der Stadt kommen, sehen sie – ein charakteristisches Szabó-Finale –, wie aus anderen Richtungen viele Menschen andere Straßenbahnwagen schieben. Verschiedene Möglichkeiten der philosophischen Deutung dieses Films bieten sich an, aber man muß nicht unbedingt nach einem »Schlüssel« suchen, denn der Zuschauer wird zunächst einmal mit der sehr realen, konkreten, physisch greifbaren Qualität der unzähligen Wirklichkeitsfragmente konfrontiert, aus denen dieser Film besteht, mit der Menschlichkeit und Evidenz von Verhaltensweisen – selbst wenn dieses und jenes Motiv eine metaphorische Qualität besitzt (der Vogel, der mit seinem Käfig davonfliegen will; der Fisch, dessen Aquarium im Wasser schwimmt). Szabó entfaltet in *Budapester Märchen* – man möchte diesen Film eine abgewandelte »moralische

Geschichte« nennen – ein Panorama menschlichen Hoffens und Planens, menschlicher Initiative selbst unter den Bedingungen der Absurdität, der Unerkennbarkeit des Schicksals.

Die jüngere Generation: Engagierte und Ästheten

István Gaál (geb. 1933) erhielt seine Ausbildung zum Teil in Italien und arbeitete zunächst an Dokumentarfilmen und Wochenschauen. Sein Debütfilm *Sodrásban (Im Strudel*, 1964) mutet wie eine Variante von Antonionis *L'Avventura* an: eine Gruppe von Jungen und Mädchen amüsieren sich sorglos am Ufer eines Flusses, als plötzlich einer der Jungen unter mysteriösen Umständen verschwindet; er ist, wie sich bald ergibt, beim Tauchen ertrunken. Der Film geht den Veränderungen nach, die der Tod des Jungen in den Beziehungen der übrigen untereinander bewirkt. *Zöldár* (»Grüne Flut«, 1965) und *Keresztelö* (»Die Taufe«, 1968) zeigten sich mehr an konkreter Gesellschaftskritik interessiert: *Grüne Jahre* erzählt die Geschichte eines Studenten aus den fünfziger Jahren, in *Die Taufe* sieht sich ein erfolgreicher Bildhauer plötzlich mit den Idealen seiner Jugend konfrontiert, von denen er sich inzwischen entfernt hat; die widerrechtliche Verhaftung eines Protagonisten in der Stalinzeit spielt in dem Film eine wichtige Rolle. Gaáls Ansehen leitet sich vor allem von seinen beiden letzten Filmen her, *Magasiskola* (»Die Falken«, 1970) und *Holt vidék* (»Tote Landschaft«, 1971). *Die Falken* sind eine Parabel: ein junger Ornithologe kommt aufs Land zu einer Station, wo von Spezialisten Raubvögel dressiert werden (die fischfressende Vögel töten sollen). Er erlebt dort ein quasi faschistisches Regime: die Beziehungen der Menschen untereinander sind dumpf und von absoluter Disziplin geregelt, um die Falken wird ein irrationaler Kult getrieben. Der Chef der fanatischen Equipe ist eine Art Weltverbesserer. Es ging Gaál darum, anhand dieser seltsamen Geschichte Grundmuster einer autoritären Ordnung herauszuarbeiten. Das gelang ihm durch die Benutzung der Landschaft als Ausdrucksmittel (ähnlich wie bei Jancsó), durch die Verwendung des Lichts, durch graphische Stilisierung des Bildes. Auch *Tote Landschaft* entwirft ein negatives gesellschaftliches Modell: in einem von seiner Bevölkerung verlassenen Dorf, das gerade administrativ von der Landkarte gestrichen wurde, versucht eine Familie dennoch weiterzuleben. Sie scheitert schließlich an der Isolation, an der Angst, an der fehlenden Kommunikation.

Ende der sechziger und Anfang der siebziger Jahre trat eine weitere Gruppe ungarischer Regisseure und Regisseurinnen mit ihren ersten Werken hervor. Zu ihnen gehören Péter Bacsó und Márta Mészáros. Péter Bacsó (geb. 1928) drehte eine Reihe sozial engagierter Filme, die in ihrem dokumentarischen Realismus, in ihrer Ausrichtung auf aktuelle gesellschaftliche Probleme in der Tradition von András Kovács stehen. In *Nyár a hegyen* (»Sommer auf dem Berge«, 1967) stößt ein junger Maler auf der Suche nach einem geeigneten Arbeitsgelände auf ein ehemaliges, nun verödetes Internierungslager der Stalinzeit; er lernt auch einen früheren Häftling und den Lagerleiter kennen; in einer idyllischen Umgebung brechen alte Konflikte wieder auf. Bacsó verzichtet freilich auf Rückblenden (denen er auch sonst abhold ist) und läßt seinen Film ausschließlich in der Gegenwart spielen. In einem engeren Zusammenhang stehen Bacsós spätere Filme *Kitörés* (»Ausbruch«, 1970), *Jelenidö* (*Gegenwart*, 1971) und *A Harmadik nekifutas* (*Der dritte Anlauf*, 1973): alle drei behandeln spezifische Probleme der Arbeitswelt, man könnte sie sogar in Beziehung setzen zu den westdeutschen »Arbeiterfilmen«. *Ausbruch* schildert den Aufstieg des jungen Arbeiters Laci, der sich eines Tages in seinem Betrieb unbeliebt macht, als er im Fernsehen gegen die korrupte leitende Clique des Betriebs polemisiert; vorübergehend versucht der Protagonist sein Glück mit individualistischer

Schweinezucht. In *Gegenwart* gerät ein Gütekontrolleur mit der Betriebs- und Gewerkschaftsleitung in Konflikt, weil er es mit seinen Aufgaben zu genau nimmt. Und in *Der dritte Anlauf* ist ein Generaldirektor, der früher einmal Schweißer war, mit den Zuständen in seinem Betrieb derart unzufrieden, daß er zurücktritt und wieder Schweißer wird. Kennzeichen der Bacsó-Filme ist ihre stark auf dem Drehbuch und auf Dialogen beruhende Konzeption. Dafür zeigen sie Mut und Konsequenz in der Aufspürung sozialer Probleme, die auch im Sozialismus bestehen; es gibt in ihnen keine Schematisierung oder oberflächlich harmonisierende Lösungen. Nach seinen »Arbeiterfilmen« drehte Bacsó 1974 eine musikalische Komödie, *Szikrázo lányok* (»Funkensprühende Mädchen«), die unter den Arbeiterinnen einer Konservenfabrik spielte, sowie zwei Komödien, *Ereszd el a szakállamat!* (»Laß meinen Bart los!«, 1975) und *Zongora a levegöben* (»Klavier in der Luft«, 1977).

Márta Mészáros (geb. 1931) studierte an der Moskauer Filmhochschule WGIK. Sie drehte zunächst populärwissenschaftliche und Dokumentarfilme. In ihrer Spielfilmproduktion (ab 1968) hat sie sich stets mit der Situation von Mädchen und Frauen beschäftigt. Ihre Filme sind kühl, aber intelligent konstruiert; sie sind von einer besonderen Menschlichkeit, die nicht viele Worte macht und keine pathetischen Gesten benötigt; aus ihnen spricht eine Haltung der Solidarität gegenüber ihren Hauptpersonen, oft auch Skepsis und Bitterkeit. Ihre Protagonistinnen sind meistens wortkarg, weil die Indifferenz der Umwelt für sie zur Grunderfahrung wurde. So im Falle von *Eltávozott nap* (»Der vergangene Tag«, deutscher Fernsehtitel: *Das Mädchen*, 1968): ein junges Mädchen, Arbeiterin, beschließt, ihre Mutter zu besuchen, deren uneheliches Kind sie ist und mit der sie kaum noch Kontakt hat; die Mutter hat ihrem jetzigen Mann die Existenz der Tochter verheimlicht. Später begegnet sie einem Mann, der (vermutlich) ihr Vater ist. Bei ihrer Begegnung mit der Elterngeneration erfährt das Mädchen wenig Zuneigung, eher Verlegenheit und schlechtes Gewissen. Sie nimmt das kühl auf, ohne sichtbare Bewegung, und verarbeitet diese Erfahrungen im Prozeß ihrer eigenen Emanzipation. In *Holdudvar* (»Die Aura des Mondes«, deutscher Fernsehtitel: *Gewitterwolken*, 1969) sucht eine schon ältere Frau sich nach dem Tod ihres Mannes, eines anerkannten Ökonomen, von ihrer Vergangenheit und der Welt der Privilegien zu lösen, in der sie bislang zu Hause war; dabei gerät sie in Konflikt mit ihrem Sohn, dem einstigen Rebell, der jetzt das Erbe des Vaters wahren möchte. Auch hier verzichtet Márta Mészáros auf melodramatische Zuspitzungen. Aus einer ironischen Distanz betrachtet sie die Welt der Konventionen und der Privilegien. Nach einem Musikfilm über Jugendliche, *Szép lányok, ne sirjatok* (*Schöne Mädchen, weinet nicht*, 1970), griff Márta Mészáros in *Szabad lélegzet (Freier Atem*, 1973) wieder einen interessanten sozialen Konfliktfall auf: eine junge Arbeiterin freundet sich mit einem Studenten an, dessen Eltern es im Ungarn von heute »zu etwas gebracht« haben und ein eigenes Haus bewohnen. Als die Eltern des Jungen jedoch vom sozialen Status des Mädchens erfahren, kehren sie ihre Reserven hervor, denen sich auch der Sohn nicht zu widersetzen vermag. Der Film hat den Mut, einen sozialen Konflikt (eigentlich einen Klassenkonflikt) konsequent herauszuarbeiten und ihm kein harmonisches Finale anzufügen. Die Selbstgefälligkeit einer neuen Bourgeoisie, das bezeichnende, sehr unterschiedliche Verhältnis des Mädchens und des Jungen zu den jeweiligen Eltern, die Atmosphäre am Arbeitsplatz des Mädchens, einer großen, lärmerfüllten Textilfabrik, das alles wirft der Film mit skizzenhaften, aber scharfen Strichen hin. Als Teil der Vorarbeiten zu dem Film entstand ein kurzer Dokumentarstreifen, *A lörinci fonóban* (»In der Spinnerei von Lörinc«, 1971).

In *Örökbefogadás* (*Adoption*, 1975) geht es um Freundschaft und Solidarität zwischen zwei Frauen, einer Vierzigjährigen, die allein lebt und sich ein Kind wünscht, und einem achtzehnjährigen Mädchen aus einem Erziehungsheim. Der Film beschreibt das konfliktreiche Verhältnis der beiden Frauen zu ihrer Umwelt, zu ihren männlichen Partnern, und das allmähliche Entstehen einer Atmosphäre des Vertrauens zwischen ihnen. Dabei werden auch bestimmte Aspekte der Diskriminierung der Frau in der Gesellschaft gezeigt (Entsetzen und Entrüstung bei männlichen Gästen eines Restaurants, als die beiden Frauen an einem Tisch sitzen und sich ausgelassen benehmen). Die beiden Frauen »halten sich in gewisser Weise das Spiegelbild des gleichen Kampfes entgegen; sie glauben an das Glück, aber nicht an das Glück des Herzens aus ›Frauenromanen‹; ihnen gemeinsam ist ein selteneres Gefühl, geboren aus der Einsamkeit, gespeist vom leidenschaftlichen Bedürfnis nach Anteilnahme.« (Louis Marcorelles)[76] *Adoption* ist einer der sensibelsten, realistischsten, parteilichsten »Frauenfilme«, die bislang gedreht wurden.

In *Kilenc honap* (»Neun Monate«, 1976) beschäftigt sich Márta Méczáros mit den Problemen einer alleinstehenden arbeitenden Frau. Juli, die Protagonistin, arbeitet in einem Stahlwerk; sie hat eine Beziehung zu Janos, einem Werkmeister der Fabrik, von dem sie ein Kind erwartet (ein anderes hat sie schon aus einer früheren Beziehung). Schon bald erweist sich, daß Janos nur daran denkt, sein eigenes Haus zu bauen, daß er Julis Emanzipationsbestrebungen (ihr Abendstudium) mit Mißtrauen betrachtet, zudem ihr uneheliches Kind vor seiner Familie verheimlicht. So entschließt sich Juli, wieder allein zu leben und auch ihr zweites Kind allein zur Welt zu bringen. Gegenüber *Adoption* ist *Neun Monate* stärker emotional, auch dramaturgisch einfacher konstruiert, bleibt mehr im Bereich einer privaten Fabel; erst gegen Schluß gibt Márta Mészáros der Geschichte eine Wendung ins Allgemeine, Beispielhafte. Zu den Qualitäten des Films gehört auch hier das starke Engagement der Regisseurin, die realistische Milieubeschreibung (Fabrik, Siedlung) und Typenzeichnung (die Familie von Janos), vor allem die ambivalente, keineswegs oberflächliche Charakterbeschreibung des männlichen Protagonisten.

Neben Bacsó und Márta Mészáros gibt es einige jüngere ungarische Regisseure, die besonderen Wert auf formale Schönheit und ästhetisches Raffinement ihrer Filme legen. Diese »kalligraphische« Tendenz, die in gewissem Umfang den gesamten ungarischen Film der siebziger Jahre charakterisiert (sie signalisiert einen Rückzug aus der Wirklichkeit in die Gefilde der Kunst), gilt in besonderem Maße für Sándor Sára, Ferenc Kósa und Zoltán Huszárik. Sándor Sára (geb. 1933) war zunächst Kameramann in Spiel- und Dokumentarfilmen (u. a. bei Gaál, Ferenc Kósa und István Szabó); in eigener Regie inszenierte er den Film *Feldobott kö* (*Der geworfene Stein*, auch bekannt unter dem Titel »Wie der Kies fällt«, 1969). Dies ist die Geschichte eines jungen Mannes, der wegen der bürgerlichen Vergangenheit seines Vaters nicht zum Studium an der Filmhochschule zugelassen wird; als Landvermesser kommt er in die Provinz, wo er Zeuge wird, wie rücksichtslos die staatlichen Organe mit Bauern (bei der Zwangskollektivierung) und Zigeunern (bei aufgezwungenen Gesundheitsaktionen) vorgehen. Nicht allein der selbstkritische Aspekt ist bemerkenswert an diesem Film, sondern die Artikulation der Erzählung in expressiven Bildern, die mehr als alles andere in der Erinnerung haftenbleiben: so die Aufnahmen aus großer Höhe, während viele Menschen sich über die Felder verteilen – eine poetisch eindringliche Darstellung des Vorgangs der Landvergabe; oder die Großaufnahmen der Zigeunergesichter, während sie gewaltsam der Desinfektion unterzogen werden. 1974 drehte Sára *Holnap lesz fácán* (»Morgen wird es Fasan geben«), eine Satire, in deren Verlauf eine idyllische Flußinsel in ein überorganisiertes Ferienlager verwandelt wird; der Film zeigte Ansätze zur sozialen Parabel. Die intensive Bildsprache gehört auch zur Charakteristik von Ferenc Kósas (geb. 1937) *Tizezer nap* (»Zehntausend Sonnen«, 1967). Der Film, der einen (durchaus kritischen) Querschnitt durch 30 Jahre ungarischer Geschichte auf dem Lande gibt, wurde durch soziologische Forschungs- und Umfragearbeiten vorbereitet, »eine Konzeption, wie sie Bartók und Kodály beim Sammeln der Volksmusik angewandt hatten«. (Kósa)[77] Faszinierend wirkte der Film durch seinen balladesken Tonfall, durch die geometrische Stilisierung der Bilder, die Verfremdung mancher Einstellungen bis ins Visionäre. Auch in seinen folgenden Spielfilmen bewährte Ferenc Kósa sein Talent zur epischen Erzählweise: In *Nincs idö* (»Jenseits der Zeit«, 1972), dem Bericht eines Hungerstreiks kommunistischer Gefangener in einem ungarischen Gefängnis der Vorkriegszeit, einem Film, der eine wahre Obsession vom Thema »Gefangenschaft« erkennen läßt; *Hószakadás* (»Schneefall«, 1974) wurde dagegen im Dekor von Bergen, Wäldern und Schneelandschaften gedreht und erzählt von einem Soldaten des Zweiten Weltkriegs, der von einem übereifrigen faschistischen Offizier als vermeintlicher Deserteur ertappt wird.

Der dritte große Kalligraph des neueren ungarischen Films ist Zoltán Huszárik (geb. 1931), der 1966 erstmals mit einem surrealistischen Kurzfilm über Pferde, *Elegie*, hervortrat. Huszáriks Hauptwerk *Szindbád (Sindbad*, 1972) ist das extreme Beispiel einer Kinematographie, die scheinbar nur noch dem Kult überirdisch verklärter Bilder huldigt. Die Raffinesse einer Fotografie (Sándor Sára), die sich auf die impressionistischen Reize von Farben und Formen, auf die schöne, kulinarisch genießbare Oberfläche der Dinge konzentriert, scheint kaum noch zu überbieten: dies ist – im buchstäblichen wie im übertragenen Sinne – ein Film der Feinschmecker für Feinschmecker. Nach Novellen des ungarischen Autors Gyula Krudy konzipiert, beschreibt er die melancholischen Erinnerungen eines gealterten Bonvivants und Don Juans an frühere Abenteuer und Begegnungen. Freilich kommt zum optischen Raffinement des Films noch eine Doppeldeutigkeit der Perspektive hinzu: die Exaltation des Augenblicks ist vermischt mit der Vorahnung des Todes. Durch eine eigenwillige Montagetechnik fügt Huszárik immer wieder faszinierende Mikroansichten der Natur ein, die den Akzent auf ihre Stofflichkeit legen und ein Gegenelement zur Erzählung bilden. Dennoch ist ein Film wie *Sindbad* ein Indiz für den im ungarischen Film der siebziger Jahre um sich greifenden Kult des Preziösen, der immer zunehmenden formalen Verfeinerung, der parallelgeht mit einer Hinwendung zu historischen und literarischen Sujets. Künstlichkeit, Manierismus sind die Gefahren, denen der ungarische Film heute zu begegnen hat, jedenfalls im Bereich der ambitionierten Produktion. Die Kritikerin Yvette Biro wies schon 1967 auf diese Tendenz hin:

»Seelenvolle, herzbewegende Landschaften, schwarze Silhouetten der gegen Himmel strebenden Pyramidenpappeln, enge Bauernküchen, müde, alte, durch übermenschliche Arbeit geaderte Hände, schwarze Kopftücher und demütige Schultern tauchen in unserem Gedächtnis in schier unendlicher Reihe auf. Wie schön! – sagen wir mit Andacht. Wieviel edler Glanz, reine Poesie. (...) Eine ganze Generation sucht in ihr ihre ›reinen Quellen‹. (...) Aber warum dieses gemütserregende Pathos, die Rührseligkeit des Wiederfindens?«[78]

Auch einige weitere ungarische Regisseure der jungen Generation, die nicht zu den »Kalligraphen« gehören, verdienen Aufmerksamkeit. Pál Gábor (geb. 1932) drehte eine Reihe realistischer Gegenwartsfilme: *Tiltott terület* (»Verbotenes Gebiet«, 1969), über den Brand einer Fabrik und die Suche nach den Schuldigen; *Horizon* (»Horizont«, 1971), die Geschichte eines jungen Mannes, der gegen das Schulleben rebelliert und Bürobote wird, mit seinem neuen Dasein aber auch nicht zufrieden ist; und *Utazás Jakabbal* (*Reise mit Jakob*, 1972), die Chronik zweier junger Leute, die als Kontrolleure für Feuerlöscher durch das Land reisen. Oder Zsolt Kézdi Kovács (geb. 1936), ein ehemaliger Assistent Miklós Jancsós, der 1970 mit *Mérsékelt égöv* (»Gemäßigte Zone«) begann, einer Auseinandersetzung mit Überbleibseln stalinistischer Mentalität. *Romantika* (»Romantik«, 1972) beschreibt die Beziehungen eines Adeligen und eines Wegelagerers im 17. Jahrhundert; in seiner Thematik bescheiden, aber von sympathischer Aufrichtigkeit und Frische in der Personenzeichnung ist Kézdi Kovács' letzter Film *Ha megjön József* (»Wenn Joseph zurückkommt«, 1976), in dem eine junge Frau zusammen mit ihrer wenig geliebten Schwiegermutter auf die Rückkehr des zur See fahrenden Ehemannes wartet (einer der wenigen unprätentiösen, aber realistischen Gegenwartsfilme der letzten Zeit aus Ungarn). Judit Elek (geb. 1937) drehte bereits 1969 einen Spielfilm, *Sziget a szárazföldön* (»Insel im Festland«, auch bekannt als: »Die Dame aus Konstantinopel«), in dessen Mittelpunkt eine alte Dame stand, die ihre Wohnung wechseln muß; dann aber realisierte sie 1974 und 1975 das zweiteilige dokumentarische Porträt eines ungarischen Dorfes und seiner Bewohner: *Istenmezején 1972–1973* (Istenmezején ist der Name des Dorfes) und *Egyszerü történet* (»Eine einfache Geschichte«); im Mittelpunkt dieser beiden langen Filme, die man mit dem Genre des ›Cinéma-vérité‹ in Verbindung bringen könnte, standen zwei Mädchen, die Judit Elek mit der Kamera über längere Zeit hinweg verfolgte. Die beiden Filme geben ein ungeschminktes, eindringliches Bild der sozialen und psychologischen Verhältnisse in der ungarischen Provinz; sie repräsentieren eine bedeutende Leistung des zeitgenössischen Dokumentar- oder Non-fiction-Films. Gyula Maár (geb. 1934) machte mit einem vielversprechenden Erstlingsfilm auf sich aufmerksam: *Végül* (»Am Ende«, 1974) ist das differenzierte Porträt eines alten Mannes, der nach der Verstaatlichung vorübergehend an der Spitze eines Betriebes steht, dann aber abgelöst und schließlich pensioniert wird. Er überdenkt seine Situation, setzt sich mit seinem Sohn auseinander, der eine andere Einstellung zu den Dingen hat, besucht seine Schwester auf dem Land (dorthin unternimmt er jene Reise in die Vergangenheit, die auch viele andere ungarische Filme abhandeln). Maárs darauffolgender Film, *Déryné, hol van?* (»Wo sind Sie, Frau Dery?«, 1976), das Porträt einer großen Schauspielerin zu Beginn des 19. Jahrhunderts, fiel mehr in die Kategorie des formal angestrengten, nostalgischen Kunstfilms. János Rózsa (geb. 1937) drehte 1974 einen sensiblen und handwerklich gutgemachten Film nach der Autobiographie des Filmtheoretikers Béla Balazs, *Almodo ifjusag* (»Die Jugend eines Träumers«); *Pókfoci* (»Spinnenfußball«, 1977) ist eine Satire: in einer Berufsschule wird das schlechte Ergebnis einer offiziellen Überprüfung vertuscht. An der Grenze zum Dokumentarischen steht Pál Zolnays *Fotográfia* (»Fotografie«, 1972), ein Film über zwei herumziehende Fotografen, die Bauern auf dem Lande fotografieren und sich dabei deren Leben erzählen lassen. Hier verschmolz Erfindung mit Dokumentarischem; auch dieser Film ist ein weiteres Zeugnis für das Interesse an der dokumentarischen Methode, das in der ungarischen Kinematographie einen Gegentrend zum »Kalligraphismus« bildet. István Dárday (geb. 1940) schildert in *Jutalomutazás* (»Wer fährt nach England?«, 1974), wie ein Junge für eine Reise nach England ausgewählt wird, dann aufgrund des Einspruches seiner Eltern doch nicht fahren kann – Verhältnisse, die den von Judit Elek dokumentarisch festgehaltenen stark ähneln. Danach drehte Dárday im Béla-Balázs-Studio (wo junge Regisseure auf kollektiver Grundlage unter Bedingungen weitgehender Freiheit Filme machen können) mehrere lange Dokumentarfilme unter dem Titel *Nevelésügyi sorozat* (»Serie über die Erziehung«, auch: »Die sozialistische Erziehung«). Ferenc Kardos (geb. 1937) begann 1965 mit *Gyerekbetegségek* (»Kinderkrankheiten«, Koregie János Rózsa); *Ünnepnapok* (»Festtage«, 1967) erzählt von den Schwierigkeiten eines alten Csepel-Arbeiters, Verständnis für die Generation seiner Söhne und Enkel aufzubringen, deren Auffassungen dem Alten oberflächlich vorkommen. Der Film enthält interessante Parallelen mit Maárs später gedrehtem *Am Ende.* 1972 drehte Kardos *Petöfi 73*, ein stilisiertes Porträt des Dichters und Revolutionärs, gesehen durch die Augen der jüngeren Generation. *Hajdúk* (»Die Heiducken«, 1975), ein historischer Ausstattungsfilm, fiel dagegen konventionell aus.

Unter den Debütfilmen des Jahres 1976 ist *Identifikation* von László Lugossy zu nennen (auch bekannt als »Der Mann ohne Namen«, 1976), die Geschichte eines Mannes, der nach 1945 unter falschem Namen aus sowjetischer Kriegsgefangenschaft zurückkehrt und nun Schwierigkeiten hat, seine alte Identität wiederzugewinnen, sowie *Vörös rekviem* (»Requiem für einen Revolutionär«, 1976) von Ferenc Grunwalsky. Grunwalsky, der auch aus dem Béla-Balász-Studio hervorgegangen ist, erzählt in nichtchronologischem, aber heroisch-monumentalem Stil die Geschichte eines ungarischen Revolutionärs, der 1932 zum Tode verurteilt und hingerichtet wird.

Pal Sandor (geb. 1939) berichtet in *Herkulesfürdöi emlék* (»Merkwürdige Rolle«, 1976) die Geschichte eines Kommunisten, der sich nach dem Ende der Räterepublik von 1919, als Frau verkleidet, in einem Damen-Sanatorium versteckt – der Film schwelgt in subtilen Bildkompositionen und nostalgischer Stimmungsmalerei; Rezsö Szörény beschäftigt sich in *Tükörképek* (»Spiegelbilder«, 1976) mit der Schizophrenie einer jungen Frau; bemerkenswert ist auch *Amerikai anzix* (»Amerikanische Ansichtskarte« oder »Amerikanischer Torso«, 1976) von Gábor Bódy (geb. 1946), eine Studie über den amerikanischen Sezessionskrieg, in deren Mittelpunkt ein ungarischer Landvermesser steht. In steter Verflechtung mit der Entwicklung von Handlung und Situation untersucht der Regisseur systematisch die Ausdrucksmöglichkeiten der Filmsprache, so daß *Amerikai anzix* zu den wenigen Beispielen eines authentischen Experimentalfilms im Bereich des Kinos der sozialistischen Länder gehört.

Der tschechoslowakische Film erlebte in den sechziger Jahren die fruchtbarste Periode seiner bisherigen Geschichte. Schon Ende der fünfziger Jahre gab es einzelne Versuche der Emanzipation des Kinos von allzu starren Doktrinen, die jedoch die Situation nicht grundlegend veränderten. Der tschechoslowakische Film dämmerte, von Ausnahmen abgesehen, in akademischer Routine dahin; repräsentiert wurde er um 1960 von bewährten Regisseuren wie Vávra, Krejčík, Weiss, Kachyňa, Kadár und Klos. Änderungen machten sich ab 1962 bemerkbar, als eine Generation jüngerer Filmemacher, die die renommierte Prager Filmschule FAMU absolviert hatten, selbst zur Filmregie drängten. Eine zunehmende Liberalisierung des kulturpolitischen Klimas (bis hin zum »Prager Frühling« 1968) begünstigte die Arbeit der jungen Filmemacher. Miloš Forman, Jiří Menzel, Jaromil Jireš, Věra Chytilová, Jan Němec und Evald Schorm waren die wichtigsten neuen Regisseure, die zwischen 1962 und 1965 den tschechoslowakischen Film revolutionierten. Man sprach nun von einer tschechoslowakischen ›Neuen Welle‹ – es konnte nicht verborgen bleiben, daß die Filme der französischen ›nouvelle vague‹ auch in der ČSSR ein Echo gefunden hatten, ebenso wie in Ungarn oder Polen. Der neue tschechoslowakische Film formierte sich vor allem aus der Opposition gegen die herrschende Filmpraxis der fünfziger Jahre mit ihrem Dogmatismus und ihrer Schönfärberei. Zu den Merkmalen der tschechoslowakischen ›Neuen Welle‹ gehören: offene oder verschlüsselte Kritik am Stalinismus oder »Personenkult«; ein Streben nach Authentizität in der Darstellung von Erfahrungen, das sich bis in die Ästhetik der Filme fortsetzt; ein scharfer Blick für die Oberfläche der Wirklichkeit, für Details und Atmosphäre, die Entwicklung eines »pointillistischen Realismus«; ein Sinn für das Groteske und Skurrile, Karikaturistische sowie, bei einigen Regisseuren, eine ausgeprägte Neigung zur Parabel, zur Allegorie. Mitte der sechziger Jahre konnten die Filme der tschechoslowakischen ›Neuen Welle‹ eine überdurchschnittliche Zahl von Preisen auf internationalen Festivals erringen.

Abrupt beendete der Einmarsch der Truppen des Warschauer Pakts in die ČSSR am 21. August 1968 das Experiment des Prager Reformkommunismus und damit auch die Blütezeit der tschechoslowakischen Kinematographie. Zwar konnte das Kino der jungen Regisseure auch unter der Okkupation etwa noch ein Jahr ein verstecktes Dasein führen, manche Filme wurden noch gedreht und sogar exportiert, bis Ende 1969 die Entwicklung zu einem endgültigen Stillstand kam. Fast alle Regisseure des neuen tschechoslowakischen Kinos erhielten Arbeitsverbot; ihre früheren Filme wurden nicht mehr gezeigt. Einige Regisseure emigrierten: so Jasný, Kadár und Klos, Jiří Weiss, Miloš Forman, Ivan Passer. Die blieben, konnten zunächst jahrelang keine Filme mehr drehen. Kirchhofsruhe beherrschte den tschechoslowakischen Film, der in Provinzialität und politischen Dogmatismus versank. Jireš und Menzel durften schließlich gegen Mitte der siebziger Jahre wieder erste, wenn auch schüchterne und unverfängliche Filme machen.

Bis 1967 betrug die tschechoslowakische Filmproduktion etwa 40 Spielfilme pro Jahr.

Welche Motive bewegten die jungen tschechoslowakischen Regisseure, die 1962 ihre ersten Filme drehten?

Darauf gibt der tschechische Kritiker Jan Žalman in einer 1968 erschienenen Broschüre Auskunft: »Wo soll man die Wurzeln dieser Rebellion suchen? Zehn Jahre, einerseits erfüllt von einem messianischen Glauben an den Sozialismus und vom Aufbaufieber, andererseits vom kalten Krieg, von Isolation, von der Drohung einer Atomkatastrophe und den Praktiken des Dogmatismus, brachten eine ›Erschütterung über den Verlust der Werte‹. (...) Die alten Formen waren morsch geworden. Die normative Ästhetik von gestern kodifizierte im wesentlichen die künstlerische Lüge und kompromittierte die realistische Kunst eher, als sie zum Siege zu führen. Aug in Aug dieser Kunst, die in ihrer eigenen Ratlosigkeit nicht von der Stelle kommt, halten die Jungen nach anderen Normen Ausschau. Sie sind hingerissen vom ›Leben, wie es ist‹ ... Die persönliche Erfahrung wird rehabilitiert. Sie wird zu einem unerläßlichen Kriterium in dem Meer von Ungewißheiten, die uns umgeben.«[79]

Die Arbeit der jungen tschechoslowakischen Regisseure war stark den Maximen »Realismus« und »Wahrheit« verpflichtet; deswegen ließen sie sich in ihrer ersten Entwicklungsphase vom französischen ›Cinéma-vérité‹ und seiner Interviewtechnik beeinflussen, wobei ihr Wahrheitsbegriff sich polemisch absetzte von einer vorfabrizierten Pseudowahrheit und statt dessen eine Wahrheit der individuellen Erfahrung anstrebte.

1962 und 1963 kamen die ersten Werke des jungen tschechoslowakischen Films heraus. Věra Chytilová, Miloš Forman und Jaromil Jireš waren die »Schrittmacher« der Bewegung. Bei den Filmen Věra Chytilovás und Miloš Formans ist die Inspiration vom ›Cinéma-vérité‹ besonders deutlich. Hier werden Vorgänge inszeniert, die so nahe an der Wirklichkeit stehen, daß sie kaum von ihr zu unterscheiden sind. Das Bekenntnis zur Subjektivität des Filmautors und die Bemühung um authentische Wirklichkeitserfassung sind, strenggenommen, zwei gegensätzliche Tendenzen; sie sind in ihrer Widersprüchlichkeit in den Werken einiger tschechischer Filmemacher zu beobachten. Věra Chytilová (geb. 1929) begann 1962 mit dem Kurzfilm *Strop* (»Die Decke«), ihrer FAMU-Examensarbeit, dem Bericht über die Krise eines Mädchens, dem ihr Beruf als Mannequin plötzlich zu schal vorkommt, einem Film sehr persönlichen, wenn nicht autobiographischen Charakters. *Pytel blech* (*Ein Sack Flöhe,* 1962) war dagegen ein filmsoziologischer Essay, der jungen Textilarbeiterinnen aus einem Internat das Wort erteilte; er kann als »gespielte Reportage« gekennzeichnet werden. Eine Kombination von dokumentarischen und inszenierten Teilen zeichnete Věra Chytilovás nächsten Film aus, *O něčem jiném* (*Von etwas anderem,* 1963). Darin konfrontierte die Regisseurin ohne vordergründige Parteinahme den Alltag zweier Frauen – einer bekannten Sportlerin, deren Leben mit rastlosem Training ausgefüllt ist, und den einer Hausfrau und Mutter, die unter der Leere ihres Daseins leidet; während das Training der Sportlerin dokumentarisch gezeigt wird, ist die zweite Handlungslinie fiktiv. Die beiden Geschichten berühren sich nie, aber spiegeln sich aneinander, jedes Leben stellt das andere in Frage; aufgrund seiner originellen Konzeption löst der Film Gedanken und Fragen aus, auf die Věra Chytilová jedoch keine Antwort liefert (der Film läßt sogar gegensätzliche Interpretationen zu), mit denen der Zuschauer vielmehr selbst fertig werden muß. Nach einer Episode zu dem Gemeinschaftsfilm *Perličky na dně* (»Perlen auf dem Meeresgrunde«, 1965), an dem auch Jaromil Jireš, Evald Schorm, Jan Němec und Jiří Menzel mitwirkten, einem wahren Anthologiefilm der tschechoslowakischen ›Neuen Welle‹, realisierte Věra Chytilová 1967 ihren vielleicht schönsten und eigenwilligsten Film: *Sedmikrásky (Tausendschönchen*

– *kein Märchen).* Er handelt (oder gibt vor zu handeln) von zwei unzertrennlichen jungen Mädchen, die beide Marie heißen (offensichtlich ist die eine die Doppelgängerin oder das tiefenpsychologische Spiegelbild der anderen) und eines Tages beschließen, angesichts der Pervertiertheit der Welt selber ein »pervertiertes« Leben zu führen. Sie ersinnen zahlreiche Tricks, um die Gesellschaft hinters Licht zu führen; sie stiften Verwirrung in einem Nachtklub, düpieren reiche Spießbürger, stehlen Geld aus Schubladen. Sie führen ein Leben des reinen Parasitentums; ihre Hauptbeschäftigung besteht im Essen. Am Schluß sieht man beide, in Zeitungstitelseiten eingeschnürt, wie hilflose Pakete auf einem Tisch liegen. Věra Chytilová nannte ihren Film ein »burleskes philosophisches Dokument«. Tatsächlich ist der Film ebenso vergnüglich wie tiefsinnig und vieldeutig. Er ist sicherlich kaum als Angriff auf den Anarchismus der beiden Mädchen zu verstehen; eher halten diese durch ihre Aktionen einer in Selbstzufriedenheit erstarrten Welt den Spiegel vor. Wie alle bedeutenden Filme ist *Tausendschönchen* auch ein Beitrag zur Selbstreflexion des Mediums Film; was der Film sagen will, drückt er in seiner Form aus, im Durchbrechen der eigenen Logik, dem Durcheinanderwürfeln von Dramaturgie und Bildstruktur. *Tausendschönchen* war einer der radikalsten und modernsten Filme, die in der ČSSR entstanden. Stärker symbolisch verschlüsselt gab sich der Film, den Věra Chytilová 1968 als tschechoslowakisch-belgische Koproduktion drehte, der aber erst 1970 im Westen aufgeführt wurde: *Ovoce stromů rajských jíme* (»Die Frucht des Paradieses«). Äußerlich geht der Film von der Geschichte des Sündenfalls aus, dessen Protagonisten hier Eva und Joseph heißen; die Schlange erscheint in Gestalt eines bärtigen, ganz und gar in Rot gekleideten Verführers namens Robert. Es geht um die Frage des Weiterlebens nach der Erkenntnis der Wahrheit; zwischen den Zeilen sind symbolisch-allegorische Anspielungen auf die Besetzung der ČSSR 1968 zu erkennen. Erst 1976/1977 konnte die Regisseurin wieder einen Film drehen: *Hra o jablko* (»Spiel um den Apfel«), eine Komödie, die in einer Entbindungsstation spielt und deren Protagonisten ein Arzt und eine Krankenschwester sind. Obwohl an der Oberfläche in einem scheinbar unverbindlichen Stil angelegt, offenbart der Film zwischen den Zeilen Věra Chytilovás besonderes Temperament, ihre Sensibilität und Phantasie; deutlich ist der Film von der Perspektive der Heldin aus erzählt.

Der pointillistische, skurrile Realismus, wie er den tschechoslowakischen Film der sechziger Jahre zum großen Teil charakterisiert, fand seine erste (und prägnanteste) Ausprägung im Werk von Miloš Forman (geb. 1932). *Černý Petr (Der schwarze Peter,* 1964) schildert mit großer Detailgenauigkeit den Alltag eines 16jährigen Lehrlings in einem Einzelhandelsgeschäft, dem seine Eltern zu Hause wohlmeinende Belehrungen erteilen. Der Film geht nirgendwo über die Sphäre banaler Durchschnittsereignisse hinaus; aber er bringt es durch die Präzision der Beobachtung, durch die gelungene Typenzeichnung und das spontane Spiel der Darsteller zu einem Grad von Realismus, der das scheinbar dokumentarische (in Wirklichkeit weitgehend inszenierte) Zufallsbild des Alltags zu einer exemplarischen Studie werden läßt. Der Film ist von einer versteckten Komik, die sich aus der Diskrepanz zwischen der Form und dem tatsächlichen Gehalt von Gesten und Worten ergibt. Hauptsächliches Verdienst dieses Films war es, den »künstlerischen Wert der Banalität« entdeckt zu haben[80] und ihren Mechanismus bloßzulegen. In Formans nächsten Filmen ließ seine künstlerische Methode der Rekonstruktion des Banalen jedoch Abnutzungserscheinungen erkennen: *Lasky jedné plavovlasky* (*Die Liebe einer Blondine,* 1965) schildert die Begegnung zwischen einer Arbeiterin aus einer Schuhfabrik und einem Jazzpianisten, die kläglich endet, mit starker Betonung anekdotischer Elemente, die dem Film streckenweise etwas Oberflächliches geben; *Hoří, má panenko* (»Feuer, meine Puppe«, auch bekannt als »Feuerwehrball«, deutscher Verleihtitel: *Anuschka – es brennt, mein Schatz,* 1968) sank vollends zu einer Aneinanderreihung komischer und vielfach alberner Effekte ab. In ähnlichem Stil realisierte Forman in den USA 1971 *Taking off*, einen ironischen (aber in Wirklichkeit eher grobschlächtigen) Film über amerikanische Eltern, die ihre von zu Hause fortgelaufenen Kinder suchen. Mit *One Flew over the Cuckoo's Nest* (*Einer flog über das Kuckucksnest*, 1976) drehte Forman, nunmehr in Hollywood schon fest verwurzelt, einen der erfolgreichsten US-Kommerzfilme der letzten Jahre, eine Komödie in einem Irrenhaus, die zunächst nach Formanscher Manier drastische Späße treibt, um dann unvermittelt zur bitteren Tragödie umzuschlagen. Der Film ist ein Stück routinierter, professionell gemachter Hollywood-Unterhaltung; »tschechische« Ingredienzien sind in ihm kaum noch wahrzunehmen.

Auch Jaromil Jireš' (geb. 1935) *Křik* (*Der erste Schrei*, 1963) gehört zu jenen Werken, die den Ruf der tschechoslowakischen ›Neuen Welle‹ etablierten. Der Film erzählt einen Tag des Jahres 1963 und verwebt drei Handlungslinien miteinander: eine junge Frau steht vor der Geburt ihres ersten Kindes; ihr Mann, ein Fernsehmechaniker, geht in verschiedenen Wohnungen seiner Arbeit nach; die dritte Linie besteht aus eingeblendeten Wochenschauaufnahmen, die einen Hintergrund von Geschichte und Zeitereignissen liefern. Der Film war von großer Beweglichkeit und Sensibilität, gleichzeitig auch von deutlicher Alltagsnähe, in seiner Erzählweise erinnerte er an französische Vorbilder der ›Neuen Welle‹. Danach stieß Jireš auf unerwartete Schwierigkeiten, verschiedene seiner Drehbücher wurden abgelehnt; sein nächster Film *Žert (Der Scherz)* kam erst 1968 zustande: er ist einer der schärfsten und bittersten Filme gegen das stalinistische Regime der fünfziger Jahre, besonders in der Schilderung von Straflagern der damaligen Zeit (diese Episoden sind als Rückblenden in eine zeitgenössische Handlung hineingestellt). 1969 filmte er eine »surrealistische Vampirgeschichte«[81], *Valerie a týden divů* (»Valerie und die Woche der Wunder«). Als einziger aus dem Kreis der »Neuerer« des tschechoslowakischen Films durfte Jireš auch weiterhin im Film arbeiten; 1971 entstand *A pozdravujte vlaštovičky* (»Grüßt mir die Schwalben«), und 1974 der Episodenfilm *Menschen in der Metro.*

Der künstlerisch bemerkenswerte tschechoslowakische Film der sechziger Jahre läßt sich, abgesehen von den schon besprochenen Regisseuren, in drei Hauptrichtungen einteilen: da ist einmal die »Forman-Schule«, dann eine Schule der Allegorie und der intellektuellen Konstruktion, einen dritten Komplex bildet schließlich das Werk der älteren Regisseure. Eigene Erwähnung verdienen die Filme von Evald Schorm sowie die Arbeit der slowakischen Regisseure.

In die Nähe von Forman mit seinem pointillistischen, aber manchmal oberflächlichen Realismus gehören Jiří Menzel und Ivan Passer. Jiří Menzel (geb. 1938) realisierte mit *Ostře sledované vlaky* (»Scharf beobachtete Züge«, deutscher Verleihtitel: *Liebe nach Fahrplan*, 1966) eine Komödie um einen Bahnbeamtenanwärter auf einem tschechischen Provinzbahnhof gegen Ende des Zweiten Weltkrieges, ein Werk intelligenter und ironischer Regie, allerdings auch nicht frei von ausgewalzten Effekten und Derbheiten. Dem Film war außergewöhnlicher Erfolg beschieden; in den USA erhielt er einen Oscar. *Rozmarné léto* (*Launischer Sommer*, 1968) war dagegen ein literarischer Ausflug in die Zeit der Jahrhundertwende; der Film beschreibt die komischen Abenteuer dreier alternder Freunde. 1969, im Jahr, als »alle verbotenen Drehbücher verfilmt wurden und alle Filme im Safe endeten«[82], entstand *Skřivánci na nitích* (»Lerchen auf Fäden«), Antonin Liehm zufolge der beste Film Menzels, »eine Liebesgeschichte, deren Protagonisten Outlaws der fünfziger Jahre, politische Gefangene und Zigeuner sind«.[83] Nach einiger Wartezeit durfte Menzel schließlich wieder unverfängliche Komödien drehen, so *Kdo hleda zlate dno* (»Wer den goldenen Boden sucht«, 1975); schärfer pointiert war *Na samote u lesa* (»Einsamkeit am Waldesrand«, 1976), eine Satire auf Bürger, die unbedingt ein Ferienhaus »in der Natur« erwerben wollen.

Ivan Passer (geb. 1933) war als Szenarist an allen (tschechoslowakischen) Filmen Miloš Formans beteiligt. In eigener Regie drehte er zunächst den Kurzfilm *Fádní odpoledne* (»Ein fader Nachmittag«, 1965), die Studie eines Sonntagsnachmittags in einer Fußballerkneipe; dem Film lag eine Novelle von Bohumil Hrabal zugrunde, einem Schriftsteller, der als Inspirator des tschechoslowakischen Films in den sechziger Jahren eine wichtige Rolle gespielt hat (von Hrabal stammte auch das Drehbuch zu dem Episodenfilm *Perlen auf dem Meeresgrunde* sowie zu Menzels Film *Scharf beobachtete Züge*). Passer drehte in der ČSSR einen einzigen langen Film, dem er den programmatischen Titel *Intimní osvetlení* (*Intime Beleuchtung*, 1966) gab. Dies war vielleicht das beste Werk des tschechoslowakischen Intimrealismus. Zu einem Musikschuldirektor in einer Kleinstadt kommt an einem Wochenende ein alter Schulfreund mit seiner Geliebten. Der Film ist die Chronik weniger Tage, die die Freunde zusammen verbringen, die Beschreibung banaler Ereignisse – Feiern, Essen, Trinken, Spazierenfahren im neuen Auto, Musizieren bei einem Begräbnis. Aus der Beobachtung vieler Einzelheiten ergibt sich ein Röntgenbild kleinbürgerlicher Verhaltensweisen; auch dieser Film ist komisch pointiert, aber der Humor ist nicht so schulterklopfend und effektbewußt wie manchmal bei Forman oder Menzel. Hinter der pittoresken Oberfläche des Films zeigen sich Leere, Abstumpfung, Selbstzufriedenheit, Beschränktheit. Insofern ist *Intime Beleuchtung* trotz zunächst gegenteiligen Anscheins kein »liebenswerter«, sondern eher ein grausamer Film. Nach 1969 verließ Passer die ČSSR; 1971 drehte er in den USA einen Film mit dem Titel *Born to Win* und 1975 in der Bundesrepublik Deutschland eine kriminalistische Horrorkomödie, *Frankensteins Spukschloß*.

Ähnlich den späteren Filmen Věra Chytilovás zeigt das Werk von Němec, Juráček und Jakubisko eine Orientierung in Richtung auf das Phantastische, Symbolische. Jan Němec (geb. 1936) war von Anfang an ein besonderer Parteigänger des »schwierigen« Films. Sein künstlerisches Credo formulierte er in einem Interview mit der Filmzeitschrift »Film a doba« (»Film und Zeit«): »Die Filme scheinen mir bisher überwiegend nur reproduktive Kunst zu sein. Es werden Begebnisse und Tatsachen festgehalten, und der Film zeigt sie nur auf eine Art, die z.B. in der Literatur, im Theater, ebenso erfolgreich wäre. Doch der reine Film – und nach diesem würde ich gerne streben – sollte nur durch sich selbst deutbar sein; er sollte seine eigene Ästhetik und Poetik haben.«[84] Stilistisch eigenwillig und avantgardistisch, beschäftigen sich die Filme Němecs mit einem immer wiederkehrenden Motiv: der Dialektik von Flucht und Verfolgung, Herrschaft und Unterdrückung. In seinem an der Filmhochschule entstandenen Diplomfilm *Sousto* (»Der Bissen«, 1960) entwenden zwei KZ-Flüchtlinge ein Brot aus einem von SS-Leuten bewachten Wagen. *Demanty noci* (*Diamanten der Nacht*, 1964) erzählt in surreal überbelichteten Bildern, wie zwei Häftlinge während des letzten Krieges aus einem deutschen Transport fliehen, sich eine Zeitlang im Wald verstecken, von einer Bäuerin Nahrung erhalten, schließlich von einer Art lokaler Volkssturmtruppe gejagt und gefangengenommen werden. Unter Anwendung experimenteller Stilmittel trieb Němec die Erzählung über ihren konkreten Rahmen hinaus und verwandelte sie in einen vielfältig deutbaren filmischen Alptraum. Einerseits erscheinen die Bilder des Films durch die Fotografie, die sich an einzelnen Objekten förmlich festsaugt, konkret und real; andererseits gibt es keine feste Grenze zwischen Wirklichkeit und Halluzination; Träume und Rückblenden werden eingeschaltet, es entsteht eine Geographie der Zeit, ein Nebeneinander von Erinnerung und Phantasie, das unwillkürlich an Resnais' *Marienbad* erinnert. *O slavnosti a hostech (Vom Fest und den Gästen)*, 1966 gedreht, aber erst 1968 aufgeführt, ist ebenfalls eine Parabel: von einer großen Festgesellschaft, die in einem Wald unter Bäumen tafelt, entfernt sich »unerlaubt« ein Gast, worauf die übrigen sich eifrig an einer Treibjagd auf den Außenseiter (er wird gespielt von dem Regisseur Evald Schorm) beteiligen. Die Inszenierung, die Dialoge und der Schnitt verleihen der Erzählung Intensität, obwohl man den Sinn der Allegorie schon bald durchschaut: das opportunistische Verhalten einer Gruppe zu zeigen, die sich wechselndem Druck anpaßt und ideologische Zwänge alsbald verinnerlicht. *Mučedníci lásky* (»Märtyrer der Liebe«, 1967) ist ein nostalgischer Episodenfilm aus dem Prag der zwanziger Jahre: drei junge Leute träumen vom Erlebnis der großen Liebe. Němec kam es auf die Beschwörung von Atmosphäre, auf das kalkulierte Zusammenspiel von Dekoration, Kostümen, Bewegungen und Gesten an. 1968 verließ Němec die ČSSR; nach zwei Dokumentarfilmen drehte er 1975 in der Schweiz wieder einen Spielfilm, *Das Rückendekolleté*, ein angestrengt bedeutsames Werk über »Egoismus, Indifferenz und Grausamkeit«.[85]

Ebenso berühmt wie Němecs *Diamanten der Nacht* wurde Pavel Juráčeks (geb. 1935) *Postava k podpírání* (»Eine traurige Gestalt«, deutscher Verleihtitel: *Josef Kilian*, 1963, Koregie Jan Schmidt). Obwohl der mittellange Film sich als eine surrealistische Parabel ohne direkten Wirklichkeitsbezug präsentiert, sind die Anspielungen auf die politische Realität der jüngsten Vergangenheit, namentlich auf den Stalinismus, unübersehbar. Der Protagonist des Films gerät bei der Suche nach einem verschwundenen Katzenverleihinstitut in das labyrinthische Gewirr einer kafkaesk anmutenden Bürokratie. Ein Signalcharakter im Kontext des Films besitzt das Stalin-Bild in einem Kellergewölbe, ebenso wie der Sockel des ehemaligen Stalin-Denkmals in Prag; auf dem Höhepunkt des Geschehens wirft der Held einen unförmigen Badeofen ein Treppenhaus hinab, der Ofen stürzt polternd in die Tiefe – auch dies eine deutliche Metapher auf die Beseitigung einer Autoritätsfigur. *Josef Kilian* wurde in der ČSSR kaum gesehen[86], im Westen dagegen als wichtiges Beispiel für die thematische und ästhetische Neuentwicklung des tschechoslowakischen Kinos rezipiert, obwohl (oder gerade weil) der Film dem Verständnis zunächst starke Schwierigkeiten entgegensetzt. *Každý mladý muž* (»Jeder junge Mann«, 1966) ist ein zweiteiliger Film mit Beobachtungen aus dem Alltag von Soldaten; auch dieses Werk schult den Blick der Zuschauer für das Absurde in der »normalen« Umwelt. *Případ pro začínajícího kata* (»Fall für einen neuen Henker«, 1969), eine Verfilmung von Swifts »Gullivers Reisen«, wurde nach kurzer Laufzeit zurückgezogen und verschwand von der Bildfläche.

Während Věra Chytilová, Němec und Juráček ihre Allegorien rational entwickeln und ihren Filmen ein intellektuelles Konzept zugrunde legen, sind die Filme des slowakischen Regisseurs Juraj Jakubisko (geb. 1938) ganz im Bereich des Phantastischen und Visionären beheimatet; sie haben eine gewisse Verwandtschaft mit den Filmen Sergej Paradshanows.

In seinem Erstlingsfilm *Kristove roky* (»Das Christusalter«, 1967) beschreibt er mit gefühlvoller Identifikation und großem Aufwand an Stilmitteln den Reifeprozeß eines Dreißigjährigen. Jakubiskos Hauptwerk, *Zbehovia a pútníci* (»Deserteure und Nomaden«, 1968) schildert in drei Episoden das Wirken des Todes, der zugleich als mythologische und reale Figur gezeigt wird. Der Tod steht im Hintergrund, als 1918 Deserteure erschossen werden, und ebenso 1945, als Russen und Deutsche sich gegenseitig umbringen. In der letzten Episode ist der Tod arbeitslos geworden, weil die Menschheit sich durch einen Atomkrieg inzwischen selbst ausgerottet hat. Weniger die Geschichtsphilosophie dieses Films ist bemerkenswert, sondern seine formale Gestaltung, die von einem ständigen Delirium der Kamera bestimmt wird. *Vtáčkovia, siroty a blázni* (»Vögel, Waisen und Narren«, 1968) ist ein Film »über die jungen Leute von heute, die nicht erwachsen werden wollen und durch ihre Verrücktheit, ihren Wahnsinn die eigene Unsicherheit überdecken.« (Jakubisko)[87] Der bedeutendste slowakische Regisseur neben Jakubisko ist Štefan Uher (geb. 1930), der mit seinem Film *Slnko v sieti* (»Sonne im Netz,«, 1962) durch die Unkonventionalität seiner Gestaltung dem ČSSR-Film insgesamt neue Impulse gab;

dieser Film leitete 1962 die tschechoslowakische »Neue Welle« ein. Später drehte Uher weitere Filme, unter denen vor allem *Organ* (»Die Orgel«, 1964) erwähnenswert scheint. Štefan Uher wurde nach dem Einmarsch der Warschauer-Pakt-Staaten in die ČSSR nicht vom Berufsverbot betroffen und konnte auch 1971 und 1972 weiterarbeiten.

Das wahrscheinlich bedeutendste Talent des tschechoslowakischen Films in den sechziger Jahren war Evald Schorm (geb. 1931). Seine Filme zeigen ein düsteres, ja verzweifeltes Bild der Welt, geben dem Zuschauer keine Hoffnungen, fordern ihn aber zum Nachdenken auf.

Das gilt vor allem für Schorms erste Spielfilme *Každý den odvahu* (*Mut für den Alltag*, 1964) und *Návrat ztraceného syna* (*Die Rückkehr des verlorenen Sohns*, 1966). Vor diesen Spielfilmen hatte Schorm bereits eine Reihe von Dokumentarfilmen gedreht; dazwischen stand eine Episode für *Perlen auf dem Meeresgrund*. Beide Filme Schorms sind radikale Versuche, durch die Destruktion von Mythen, Legenden und ideologischen Wunschbildern zur Erkenntnis der wirklichen Lage des Menschen zu gelangen. Der Protagonist von *Mut für den Alltag* ist Jarda Lukas, ein dreißigjähriger Musterarbeiter aus einem Betrieb, der gerade als »Held der Arbeit« gefeiert werden soll. Dem Aktivisten kommen jedoch Zweifel an seinen Idealen, als er den Zynismus eines Zeitungsredakteurs kennenlernt, während er für die Kaninchenzucht werben muß und einen qualvollen »bunten Abend« auf dem Lande durchmacht. Jardas Freundin versteht seine Empfindungen nicht. Jarda rebelliert, provoziert Arbeiter und Polizei, wird verhaftet; am Schluß des Films ist er wieder in der Fabrik. Zu Beginn und am Ende wird aus dem »off« Kafkas Fabel »Der Geier« verlesen. Schorm sagte über seinen Film: »Wer es über sich bringt, das Suchen bis zum Ende durchzuhalten, der ist auch reif, die Wahrheit zu ertragen ... Erst wenn unser Filmheld alles verloren hat, kann er alles gewinnen. Hier ist seine innere Kraft verborgen und hier ist auch die optimistische Note unserer Arbeit zu suchen.«[88] Mit rückhaltloser Entschiedenheit prangert Schorm alle »Verzerrungen«, alles Lügenhafte und Heuchlerische im Alltag der sozialistischen Gesellschaft an, wie er sie sieht und erlebt, dem Zuschauer wird kein Rettungsanker, keine »positive Figur« angeboten. Der Film schildert den Prozeß der Desillusionierung eines Menschen, der bisher nur auf Parolen und Plakate reagierte, nun aber nachzudenken beginnt, der feststellt, daß er betrogen wurde. Die Fragen, die Schorm vorbringt, werden »gestellt im Namen einer tieferen Menschlichkeit, der Wahrheit, einer stark empfundenen gesellschaftlichen Verantwortung«.[89] *Die Rückkehr des verlorenen Sohns* ist gleichzeitig Variante und Fortsetzung von *Mut für den Alltag*. Auch hier bricht ein Mensch scheinbar ohne Motivation von heute auf morgen aus der Gesellschaft aus: ein Ingenieur unternimmt einen Selbstmordversuch und landet in einer psychiatrischen Klinik. Frau, Tochter, Freunde, Arbeitskollegen können seine Reaktion nicht begreifen. Der Protagonist macht immer wieder Anstrengungen, aus der Isolation, der universellen Entfremdung, in der er sich befindet (sie ist vielleicht verursacht durch den Zusammenbruch eines Ideals), herauszukommen. Diese Versuche präsentiert der Film als ein Geflecht von Einzelszenen, Bildern und Reflexionen. Im Verlauf des Films wird deutlich, daß in der Gesellschaft offenbar kein Mensch auf den anderen hören kann, jeder nur in präfabrizierten Phrasen denkt. Obwohl *Die Rückkehr des verlorenen Sohns* weniger gesellschaftskritisch aggressiv ist als *Mut für den Alltag*, wird auch hier einigermaßen deutlich, daß den Helden nicht eine existentielle Krankheit befallen hat, sondern daß er am gegenwärtigen Zustand der Welt leidet, an ihrer Indifferenz und Gleichgültigkeit, ihrer Selbstzufriedenheit. Er ist ein »verlorener Sohn« der Gesellschaft, der jedoch vorerst nicht zurückkehrt, ebenso wie dem Protagonisten des vorigen Films der »Mut für den Alltag« abhanden gekommen ist. Beide Filme Schorms sind faszinierend in ihrem Realismus, in der Treffsicherheit ihrer Polemik gegen Heuchelei, Selbsttäuschung und Egoismus; sie sind ein starker Appell an den Zuschauer, seine eigene Situation zu überdenken; sie sind auch Hilferufe des Filmemachers selbst. Die Filme enthalten aber keine »Botschaft« im Sinne einer abstrahierbaren These. Ihre Unruhe, ihr Fragen artikuliert sich in der Mikrostruktur des Films, in seinen Bildern, im akustisch-visuellen Kontrapunkt, in der Montage, der Gestik der Darsteller.

In seinen nächsten Filmen schlug Schorm eine mehr komödiantisch-satirische Tonart an. *Pět holek na krku* (»Fünf Mädchen auf dem Hals«, 1967) berichtet, wie ein junges Mädchen in einer Liebesangelegenheit von ihren Freundinnen getäuscht und zu einem Selbstmordversuch getrieben wird; die eigentlich tragische Handlung versieht Schorm als Kontrapunkt mit Passagen aus Webers »Freischütz« und rückt den Film dadurch in eine leicht parodistische Perspektive. In *Farářův konec* (»Das Ende des Priesters«, 1968) gibt sich ein Kirchendiener als Priester aus und entfaltet in einer abgelegenen Gemeinde eine segensreiche Tätigkeit; als seine wahre Identität entdeckt wird, nimmt er sich das Leben. Der Film ist streckenweise als Farce angelegt, wenn sich auch in die Satire der rivalisierenden weltlichen und kirchlichen Instanzen Untertöne von Bitterkeit mischen. Der Film enthält »nebenbei« eine kritische Analyse des politischen Systems der Novotny-Ära, und Antonín Liehm rechnet *Das Ende des Priesters* zu den Filmen, die eine Analyse des Stalinismus betreiben – »neben Formans *Feuerwehrball*, Jasnýs *Alle meine guten Landsleute*, Jireš' *Scherz* (und vielleicht Němecs *Vom Fest und den Gästen*, Juráčeks *Josef Kilian* und Trnkas *Die Hand*)«.[90] 1969 drehte Schorm *Den sedmý, osmá noc* (»Der siebte Tag, die achte Nacht«), eine »groteske Parabel über die Angst, die Unsicherheit und das Gefühl der Bedrohung unter den Menschen, reich an politischen Anspielungen«[91]; der Film wurde jedoch nach kurzer Laufzeit zurückgezogen und verboten. Nachdem Schorm noch 1970 einen von Vojtěch Jasný (der inzwischen das Land verlassen hatte) begonnenen Film fertiggestellt hatte, *Psi a lidé* (»Hunde und Menschen«), wurde er von der Filmarbeit entfernt und konnte sich zunächst nur noch dem Theater widmen.

Im Zusammenhang mit der tschechoslowakischen ›Neuen Welle‹ müssen auch die Regisseure Hynek Bočan, Antonín Máša und Juraj Herz erwähnt werden.

Hynek Bočan (geb. 1938) debütierte 1965 mit *Nikdo se nebude smát (Niemand wird lachen)*, einer Satire mit kafkaesken Untertönen über einen Kunsthistoriker, der sich weigert, ein Gutachten zu erteilen, und dadurch in unwahrscheinliche Verwicklungen gerät. Darauf folgte *Soukromá vichřice* (»Privater Sturm«, 1967), eine erfolgreiche Komödie. *Čest a sláva* (»Ehre und Ruhm«, 1968) war ein historischer Kostümfilm über die Situation Böhmens im Dreißigjährigen Krieg; Bočan selbst hält ihn für sein bestes Werk.[92] Antonín Mása (geb. 1935) schrieb das Drehbuch für Schorms *Mut für den Alltag*. Sein erster eigener Film, *Bloudeni* (»Irrwege«, 1966) unternahm eine scharfe Analyse des Generationenkonflikts zwischen einem opportunistischen Schriftsteller, der in sentimentalen Erinnerungen an die Partisanenzeit schwelgt, und seinem Sohn, der gegen diese Haltung rebelliert. *Hotel pro cicince* (»Hotel für Fremde«, 1967) tendiert dagegen zur Allegorie: im Jahre 1905 sucht ein Dichter ein rätselhaftes Hotel auf, in dem die Gäste überwacht und terrorisiert werden, in dem Heuchelei den Umgangston bestimmt. Offensichtlich ist die nostalgisch geschilderte, verschnörkelte Welt des Hotels als Allegorie der gegenwärtigen Gesellschaft gemeint; deshalb wurde der Film auch erst 1968 verspätet zur Aufführung freigegeben. Mášas letzter Film *Ohlednuti* (»Rückschau«, 1969) versucht sich an einer politischen Auseinandersetzung mit der tschechoslowakischen Nachkriegsgeschichte.[93] Juraj Herz (geb. 1934) schließlich drehte nach zwei früheren Filmen den makabren *Spalovac mrtvol* (*Der Leichenverbrenner*, 1969), in welchem der Direktor eines Krematoriums in Prag 1938 aus Sympathie für die Nazis beschließt, den Wirkungsgrad seines Krematoriums zu steigern, und sogar seine Frau und Kinder verbrennt, weil sie jüdisches Blut haben. In der Vorliebe für phantastische Übertreibung und fürs Makabre war dieser Film typisch für einen gewissen Trend der tschechoslowakischen ›Neuen Welle‹, gleichzeitig hatte er aber auch eine politische Komponente, insofern er die Attraktionskraft nazistischer Ideen für das tschechische Kleinbürgertum hervorkehrte. *Petrolejové lampy* (*Petroleumlampen*, 1972), die Geschichte einer unglücklichen Ehe zu Beginn unseres Jahrhunderts, mag bei flüchtiger Betrachtung als nostalgische Stilübung erscheinen; tatsächlich jedoch treibt Herz durch seine sensible Regie und Bildgestaltung in Verbindung mit einer genauen Milieubeschreibung der literarischen Vorlage alle Konventionalität aus und verwandelt den Film zu einer bitteren Parabel. *Den pro mou lasku* (»Ein Tag für meine Liebe«, 1977) ist dagegen der konventionell geratene Bericht über die Krise eines Ehepaares, hervorgerufen durch den Tod ihres Kindes.

Die Übersicht über das tschechoslowakische Kino der sechziger Jahre wäre unvollständig, ginge man nicht auch auf das Werk einiger älterer Regisseure ein, die schon im Film der fünfziger Jahre tätig waren, also nicht eigentlich Teil der tschechoslowakischen ›Neuen Welle‹ sind, aber auch in den sechziger Jahren einzelne wichtige Werke realisierten. Fast schon zur Generation der »Veteranen« gehören Vávra, Krejčík, Weiss sowie das »Tandem« Kadár und Klos.

Otakar Vávra (geb. 1911) drehte nach vielen akademischen Historienfilmen und Literaturbearbeitungen in den sechziger Jahren, vielleicht beeinflußt vom neuen Filmklima, wieder zwei persönliche Werke: *Zlatá reneta* (»Die goldene Reinette«, 1965) und *Romance pro křídlovku* (»Romanze für Flügelhorn«, 1966). Jiří Krejčík (geb. 1918) zeichnete in *Vyšši princip* (»Das höhere Prinzip«, 1960) das differenzierte Porträt einer tschechischen Kleinstadt unter der deutschen Besetzung. Jiří Weiss (geb. 1913) gehörte in den fünfziger Jahren mit *Vlčí jama* (»Die Wolfsfalle«, 1957) zu den Vorläufern der späteren Erneuerung; bis 1968 drehte er noch weitere Filme, so eine Koproduktion mit England, *Trícet jedna ve stínu* (»90 Grad im Schatten«, 1965) und *Vražda po našem* (*Mord auf heimische Art*, 1966), die auf handwerklich hohem Niveau standen, jedoch weder thematisch noch formal neue Wege einschlugen. Jan Kadár (geb. 1918) und Elmar Klos (geb. 1910), die ihre Filme seit den fünfziger Jahren gemeinsam realisierten, stellten ihre Arbeit seit *Tři přáni* (»Drei Wünsche«, 1958) unter gesellschaftskritische und publizistisch-moralische Aspekte. Ihre Filme besaßen Mut, Aktualität und künstlerische Kraft. In *Smrt si říká Engelchen* (»Der Tod heißt Engelchen«, 1963) läßt ein schwerverwundeter Partisan noch einmal alle Ereignisse, deren Zeuge er wurde, an sich vorbeiziehen. Der Film (nach einer Novelle von Ladislav Mnacko) stellt die Berechtigung und Zwangsläufigkeit historischer Legendenbildung in Frage; er bediente sich zum ersten Mal im tschechoslowakischen Film einer avantgardistischen Erzähltechnik. Zu Kadár/Klos' Hauptwerk wurde *Obžalovany* (*Der Angeklagte*, 1964): der Direktor eines Elektrizitätswerkes, ehemaliger Arbeiter mit »mustergültigem« Lebenslauf (Spanien, spätere KZ-Haft), ist angeklagt, beim geforderten Ausbau des Werkes das Prämiensystem zu weitherzig gehandhabt zu haben. Tatsächlich hätte er sonst den Ausbau nicht plangerecht abschließen können. Aus den verschiedenen Rückblenden des Films ergibt sich, daß der Direktor keine andere Wahl hatte, als so zu verfahren, wie er verfuhr; andernfalls wäre er der Sabotage angeklagt worden. Kadár und Klos vollziehen in ihrem Film eine scharfe und kritische Analyse des stalinistischen Wirtschaftssystems; aus dieser Analyse bezieht der Film seine Dramatik. Für die Entwicklung der tschechoslowakischen und der sozialistischen Kinematographie hatte dieser »Diskussionsfilm« große Bedeutung. Fragen der individuellen und gesellschaftlichen Moral stellten Kadár und Klos ebenfalls in *Obchod na korze* (*Das Geschäft in der Hauptstraße*, 1965). Hier geht es um die Verfolgung der Juden in der Slowakei 1942. Ein Kleinstadttischler wird dazu ausersehen, einen jüdischen

Laden zu »arisieren« (d.h. dessen Besitzerin zu verdrängen). Der Tischler erkennt das Unrecht, zu dessen Komplizen er wird, kann auf dem beschrittenen Weg aber nicht mehr umkehren. Der Film gab ein eindrucksvolles Bild sich ausbreitender faschistischer Gesinnung in einem kleinstädtischen Milieu; künstlerisch überzeugte er durch seine genaue Atmosphäre und durch seine hervorragenden Darsteller (Ida Kaminska in der Rolle der alten Jüdin).

Jan Kadár emigrierte 1969 aus der ČSSR. In Kanada drehte er 1975 *Lies My Father Told Me (Geliebte Lügen)*, eine Geschichte aus dem jüdischen Emigrantenviertel im Montreal der Zwanziger Jahre.

Auch Karel Kachyňa (geb. 1924) drehte mit *At žije republik* (*Es lebe die Republik*, 1965) und *Kočár do Vídně* (*Der Wagen nach Wien*, 1966) zwei bemerkenswerte Filme, die Ereignisse vom Ende des letzten Krieges schilderten und dabei heroische Geschichtslegenden demontierten. Zbyněk Brynych (geb. 1927) bewegte sich in ähnlichen thematischen Bereichen: *Transport z ráje* (»Transport aus dem Paradies«, 1963) spielte während des Krieges im Internierungslager Theresienstadt, *A pátý jezdec je strach* (*Der fünfte Reiter ist die Angst*, 1964) im Prag der Widerstandszeit. Brynych bemüht sich um eine expressionistische Filmsprache, um Atmosphäre – aber im Grunde passen seine Filme mehr in die fünfziger als in die sechziger Jahre. Eine gewisse Mittelstellung zwischen den Älteren und der ›Neuen Welle‹ nimmt schließlich Vojtěch Jasný ein (geb. 1925), der schon in den fünfziger Jahren Dokumentar- und Spielfilme realisierte, dann jedoch 1963 durch einen märchenhaften Ballettfilm mit politischen Implikationen auf sich aufmerksam machte: *Až přijde kocour (Wenn der Kater kommt)*. Hier vermag der Kater einer Schaustellertruppe vermittels seiner Zauberbrille die Menschen zu entlarven und das moralische Chaos zu durchdringen, in dem sich die Menschen selbst nicht mehr zurechtfinden. Enttäuschend durch seinen groben und vordergründigen Humor fiel dagegen der in Koproduktion mit der BRD produzierte *Dýmky* (*Pfeifen, Betten, Turteltauben*, 1966) aus. In *Všichni dobří rodáci* (»Alle meine guten Landsleute«, 1968) zog Jasný die Bilanz von »20 Jahren stalinistischer Exzesse bei der Kollektivierung der Landwirtschaft«.[94] Später emigrierte Vojtěch Jasný in die Bundesrepublik und drehte dort erfolgreiche Filme wie *Ansichten eines Clowns* (1976, nach dem Roman von Heinrich Böll).

Das Phänomen der tschechoslowakischen ›Neuen Welle‹ zwischen 1962 und 1969 steht auch im Kontext der sozialistischen Länder einzig da: nirgendwo sonst konnte sich eine so umfangreiche Gruppe junger Filmemacher unter Bedingungen einer relativ großen Freiheit über einen so langen Zeitraum hinweg entfalten wie in der Tschechoslowakei.

Die abrupte Liquidierung einer ganzen Schule wie die der ›Neuen Welle‹ in der ČSSR durch administrative Eingriffe nach 1969 ist ein einmaliger Vorgang in der Filmgeschichte; natürlich aber war dies nur eine Folge anderer, viel schwerwiegenderer Ereignisse. Es verdient festgehalten zu werden, daß der progressive tschechoslowakische Film auch nach der Besetzung der ČSSR durch die Staaten des Warschauer Pakts keineswegs gleich zum Schweigen gebracht wurde. Noch 1969 liefen auf den Filmfestspielen von Cannes beispielsweise Chytilovás *Frucht des Paradieses*, Jireš' *Der Scherz* und Jasnýs *Alle meine guten Landsleute.* Im Zuge der »Normalisierung« 1969 mußte man daher schon zu anderen Maßnahmen greifen: verfügt wurde die Entlassung des Generaldirektors der tschechoslowakischen Kinematographie, Alois Polednak, die Auflösung der Produktionsgruppen in den Studios und des gesamten Verbandes der Film- und Fernsehschaffenden.[95] Schon vorher hatte in der sowjetischen »Komsomolskaja Prawda« ein W. Boltschakow am 27. 12. 1968 gegen die tschechoslowakische Kinematographie gewettert: »Sein (Formans) pathologischer Haß auf die kleinen Leute ist nicht Misanthropie; seine Wut hat ein Ziel: das Objektiv seiner Kamera richtet er auf die tschechische Arbeiterklasse, die er nie anders zeigt denn als Ansammlung von häßlichen, stumpfsinnigen und raffgierigen Personen. Seine Filme sind eine vielsagende Illustration des konterrevolutionären Programms der ›2000 Worte‹ . . . Jiří Menzels Film *Ein launischer Sommer* wurde deshalb soviel Lob zuteil, weil hier die Auflösung der Persönlichkeit . . . als typisch für die sozialistische Gesellschaft erklärt wurde.«[96]

Die Filmproduktion in der Deutschen Demokratischen Republik – sie liegt in den Händen der staatseigenen Produktionsgesellschaft DEFA (Deutsche Film AG) – ist ähnlich wie die Produktion anderer sozialistischer Länder von übergreifenden kulturpolitischen Richtlinien der Parteiführung (mit ihren spezifischen Schwankungen) abhängig. Zumindest in den sechziger Jahren wurde der Spielfilm in der DDR nur in geringem Maße von künstlerisch starken Regiepersönlichkeiten bestimmt und laborierte zudem an der Überwindung innerer Krisen; viele Filme orientierten sich allzu eng an einer Umsetzung bestimmter aktueller Maximen der Tagespolitik. Diese Faktoren mögen unter anderem erklären, warum die Produktion der DEFA – von Einzelleistungen abgesehen – bislang kaum den Rang des polnischen, ungarischen, tschechoslowakischen oder auch sowjetischen Films erreichen konnte.

Zu Beginn der sechziger Jahre dominierte im DEFA-Film noch immer die geschichtliche und antifaschistische Thematik; die wichtigsten Regisseure dieser Periode waren Kurt Maetzig, Frank Vogel, Frank Beyer, Joachim Kunert, Konrad Wolf; ihre Filme bemühten sich teilweise um Differenzierung und formale Modernität. Auch die Thematik des Berliner Mauerbaus 1961 und die Ost-West-Spannungen wurden von mehreren Filmen behandelt, allerdings weitgehend unter propagandistischen Vorzeichen. Einer stärker um sich greifenden Kritik am »sozialistischen Alltag« in den Filmen setzten administrative Maßnahmen von Partei und Regierung im Jahr 1965 ein abruptes Ende. Schon vorher waren Einflüsse der tschechoslowakischen ›Neuen Welle‹ auf den DEFA-Film unterbunden worden, indem man unerwünschte Filme (wie Kadar-Klos' *Der Angeklagte*) gar nicht erst in die DDR importierte oder in der Presse Widerstand gegen sie mobilisierte. Nach einer Periode der Unsicherheit setzte sich gegen Ende der sechziger und zu Beginn der siebziger Jahre im DEFA-Film aber doch eine stärkere Betonung der Gegenwartsproblematik durch, die einherging mit einer formalen Lockerung der Filme und einer teilweisen Überwindung des bisher bestehenden Schematismus, so daß die DEFA zwischen 1970 und '74 eine verhältnismäßig fruchtbare Periode erlebte; der bedeutendste Regisseur dieser Periode ist Egon Günther, daneben sind Lothar Warneke und Siegfried Kühn zu erwähnen. Zu interessanten Resultaten gelangte auch der Dokumentarfilm der DDR. Die Spielfilmproduktion der DEFA ist nach dem Modell anderer sozialistischer Länder in einzelnen Produktionsgruppen organisiert; pro Jahr werden zwischen 15 und 20 Filme für den Kinoverleih und etwa 25 Spielfilme für das Fernsehen hergestellt. Die Besucherzahlen sind auch in der DDR durch den Einfluß des Fernsehens zurückgegangen, und zwar von 309 Millionen (dem Höchststand) 1955 auf 85,1 Millionen 1972; damit liegen sie prozentual aber immer noch höher als in der Bundesrepublik.

Die Zeit bis 1965

Betrachtet man die Spielfilmproduktion der DEFA zwischen 1960 und 1965, so fällt auf, daß die historisch-antifaschistische Thematik gegenüber dem »Gegenwartsfilm« zwar nicht statistisch, wohl aber im Hinblick auf die Qualität der Filme dominiert. Die Filme über historische Themen sind ganz einfach im Resultat besser und überzeugender als die über die Gegenwart. Hierin setzte sich ein Zustand fort, der bereits für die Filme der fünfziger Jahre kennzeichnend war – nicht nur in der DDR, sondern auch in anderen sozialistischen Ländern.

Ein formal richtungweisender Film glückte Gerhard Klein (1920–1970), der sich schon 1957 durch *Berlin – Ecke Schönhauser* qualifiziert hatte, mit *Der Fall Gleiwitz* (1961). Klein untersucht die Hintergründe jenes angeblich polnischen Überfalls auf den Rundfunksender Gleiwitz, den Hitler 1939 als Kriegsvorwand benutzte und der in Wirklichkeit von SS-Männern in polnischen Uniformen ausgeführt wurde. Die Geschichte dieses Unternehmens wird in einem ganz auf optische Details reduzierten Stil erzählt, in dem die Montage als Strukturelement eine wichtige Rolle spielt. Die Personen gewinnen kaum Profil, sondern erscheinen als Marionetten, als Handlanger eines Systems. Die besondere Machart des Films verhindert die emotionale Identifizierung des Zuschauers, verschafft dafür Einsicht in das Funktionieren einer politischen Mechanik.

Auch in den Filmen von Frank Beyer (geb. 1932) spielt die Beschäftigung mit Themen der Geschichte eine wichtige Rolle. *Fünf Patronenhülsen* (1960) war ein Film über den spanischen Bürgerkrieg, der die Odyssee von fünf Interbrigadisten schildert, wobei sich »Abenteuerlichkeit und Pathos die Waage halten«.[97] *Königskinder* (1962) erzählt mit großem Aufwand an formalen Kunstmitteln und verschachtelter Dramaturgie die Geschichte eines Liebespaares, das 1933 durch die politischen Ereignisse auseinandergerissen wird, wobei die Lebensläufe der beiden bis in den Zweiten Weltkrieg (und bis zum Engagement für den antifaschistischen Widerstandskampf) verfolgt werden. Besonderes Renommee erwarb sich Beyer mit *Nackt unter Wölfen* (1963), der Verfilmung eines Romans von Bruno Apitz. Beyer ging hier mit Schlichtheit und Zurückhaltung ans Werk: es kam ihm weniger auf die konkrete Beschreibung der Zustände im KZ-Lager Buchenwald an, sondern auf den grundsätzlichen Konflikt zwischen menschlichem Mitgefühl und politischem Verstand, in den sich die Mitglieder der illegalen Lagerorganisation gestürzt sehen, als sie erfahren, daß ein Kind ins Lager eingeschmuggelt wurde. Die Figur des SS-Führers Zweiling, eines kleinbürgerlichen Rückversicherers, ist die profilierteste und eigentlich auch interessanteste des ganzen Films. Mit *Karbid und Sauerampfer* (1964) rückte Beyer etwas näher an die Gegenwart: im Stil einer Komödie werden die Irrfahrten des Arbeiters Kalle Blücher beschrieben, der 1945 von Dresden nach Wittenberge reist, um sieben Fässer Karbid zu organisieren. Frank Beyers nächster Film, *Spur der Steine* (1966), ein gegenwartskritischer Stoff nach einem Roman von Erik Neutsch, der in der DDR zum Bestseller wurde, geriet in eine Welle von Verbots- und Restriktionsmaßnahmen der Partei gegen allzu kritische Filme und wurde kurz nach seiner Uraufführung zurückgezogen, weil der Film »ein verzerrtes Bild von unserer sozialistischen Wirklichkeit gibt«, wie es im »Neuen Deutschland« hieß.[98] Viel später kehrte Beyer noch einmal in die Themenwelt von Nazizeit und Judenverfolgung zurück: *Jakob der Lügner* (1975, nach dem Roman von Jurek Becker) spielt 1943 in einem polnischen Ghetto, wo ein alter Jude Hoffnung verbreitet, weil er Radiomeldungen bekanntgibt, die er in Wirklichkeit erfunden hat. Der Film ist mit Engagement, Takt und formaler Beherrschung gemacht, huldigt ansonsten aber einem traditionellen Erzählstil.

Der dritte bedeutende DEFA-Film antifaschistischer Thematik in der ersten Hälfte der sechziger Jahre (neben *Der Fall Gleiwitz* und *Nackt unter Wölfen*) war Joachim Kunerts *Die Abenteuer des Werner Holt* (1964). Joachim Kunert (geb. 1929), der zuvor den wenig überzeugenden Kriminalfilm *Seilergasse 8* (1960) drehte, zeigt in seinem dreistündigen Film eine Gruppe von Gymnasiasten bei Ausbruch des Zweiten Weltkriegs, beschreibt ihren exaltierten und romantischen Geisteszustand, analysiert auch die Einflüsse, denen sie unterliegen, und verfolgt dann den Weg eines von ihnen, der durch verschiedene

Erlebnisse im Krieg und in der Etappe den wahren Charakter nazistischer Herrschaft erkennen lernt. Obwohl nicht alle Figuren und Episoden des Films geglückt sind, fesselt er doch durch seine ungewöhnliche erzählerische Struktur, die eine große Menge disparaten Materials, verschiedenster Eindrücke und Erinnerungen in den Rahmen einer einzigen großen Rückblende stellt, die die letzte Entscheidung des Werner Holt (sich »5 Minuten vor 12« gegen den Nazismus zu stellen) verständlich machen soll. 1968 verfilmte Kunert Anna Seghers Roman »Die Toten bleiben jung«, einen Stoff, der die Rolle des deutschen Proletariats in einem historischen Bogen von 1918 bis in die letzten Momente des Zweiten Weltkriegs verfolgt – eine Variante und Ergänzung zu *Die Abenteuer des Werner Holt.*

Die sechziger Jahre des DEFA-Films wurden vor allem durch das Schaffen Konrad Wolfs bestimmt.

Konrad Wolf (geb. 1925), Sohn des Schriftstellers Friedrich Wolf, verbrachte seine Jugend in der sowjetischen Emigration und kehrte erst 1945 mit der Roten Armee wieder nach Deutschland zurück. In seinen teilweise autobiographisch geprägten Filmen verbindet sich die geschichtliche und antifaschistische Thematik mit der Gegenwartsdarstellung. Wolf debütierte mit den bemerkenswerten, der Analyse deutscher Vergangenheit verpflichteten Filmen *Lissy* (1957) und *Sterne* (1959), die zum Besten der damaligen DEFA-Produktion gehören. In *Leute mit Flügeln* (1960) ließ sich Konrad Wolf auf ein schwieriges Unterfangen ein: den Versuch einer umfassenden Ableitung der in der DDR herrschenden gesellschaftlichen Ordnung aus der Tradition antifaschistischen Kampfes. Der Film spielt auf zwei Ebenen: einmal in der Gegenwart in einem Flugzeugwerk der DDR, zum anderen evozieren Rückblenden verschiedene Stationen deutscher Vergangenheit, wobei die Freundschaft zweier Männer (deren einer Kommunist ist), die sich nach dem Kriege in dem Flugzeugwerk wiedertreffen, das dramaturgische Verbindungsmotiv abgibt. Die Analogien zwischen dem Gestern und Heute, die der Film konstruiert, sind aber meist nur formaler Natur, zudem kranken Handlung und Personenzeichnung an Schematismus. *Professor Mamlock* (1961) drehte Konrad Wolf nach dem gleichnamigen Bühnenstück seines Vaters, das dieser 1933 unter dem Eindruck der ersten Judenverfolgungen in Deutschland schrieb. Im Mittelpunkt von Film (und Stück) steht der jüdische Mediziner Mamlock, der auch nach 1933 noch an die Fairneß der Nationalsozialisten und sogar an das »Gute in der Bewegung« glaubt, und der erst erkennt, was die Stunde wirklich geschlagen hat, als er grausam gedemütigt wird. Wolf bemühte sich um eine formal hochgetriebene filmische Ausdrucksweise, um Doppelbelichtungen und ausgeklügelte Kameraperspektiven, die das Geschehen »überhöhen«, hielt sich andererseits aber genau an den Rahmen des Stückes, so daß der Film – vielleicht gewollt – einen abstrakten und didaktischen Charakter erhielt.

Konrad Wolfs Hauptwerke sind *Der geteilte Himmel* (1964) und *Ich war neunzehn* (1968) – ein Essay über politisch-menschliche Konstellationen im geteilten Deutschland und ein autobiographischer Bericht über den Zusammenstoß des Neuen und des Alten im Jahre 1945. In beiden Filmen vermied Wolf jeden Schematismus, sprach auch unbequeme Wahrheiten aus und experimentierte mit ungewöhnlichen formalen Mitteln. *Der geteilte Himmel* behandelt das Motiv der deutschen Spaltung. Ein junger Chemiker geht kurz vor dem Mauerbau aus der DDR nach West-Berlin. Der Film forscht seinen Motiven nach: eine von ihm vorgeschlagene neue technische Vorrichtung wurde abgelehnt; er hat die Verständnislosigkeit der Parteiorgane und den Gesinnungsterror der Dogmatiker erfahren; er hat erlebt, wie sein Vater von der SA zur SED hinüberwechselte, hat aber auch die Engstirnigkeit »bürgerlicher« Wissenschaftler kennengelernt. Die Freundin des Chemikers geht aber nicht mit ihm, sondern bleibt in der DDR, weil »man im Westen auf schreckliche Weise in der Fremde ist«. Der Film liefert eine außerordentlich differenzierte Beschreibung der inneren Situation der DDR, wobei nichts beschönigt wird und die »Republikflucht« des Chemikers aus seiner Sicht sogar verständlich erscheint. Zwar ist die in West-Berlin spielende Episode des Films mißlungen, jedoch fesselt *Der geteilte Himmel* durch die Modernität und Eigenwilligkeit seiner filmischen Gestaltung, die gegenüber der Romanvorlage von Christa Wolf neue Zeit- und Raumverbindungen herstellt. Wolf erfand viele optische Motive, die im ursprünglichen literarischen Entwurf nicht gegeben waren: »Mit diesen Assoziationsbildern möchte ich mehr dem Unterbewußtsein der Zuschauer Nahrung geben als zu konkreten Deutungen herausfordern.«[99]

Ich war neunzehn wurde vielleicht zu Konrad Wolfs persönlichstem Film. Hier rekapitulierte der Regisseur eigene Erfahrungen, denn wie er selbst, so kehrt auch der Held dieses Films, der 19jährige Leutnant der Roten Armee Gregor Hecker, 1945 in das Land zurück, in welchem er geboren wurde, aus dem er aber während des Hitler-Regimes mit seinen Eltern in die Sowjetunion emigrierte. Nach der Einnahme des Städtchens Bernau bei Berlin wird der Protagonist als Kommandant der Stadt eingesetzt; aus unmittelbarer Anschauung lernt er jetzt die widersprüchliche deutsche Nachkriegsrealität kennen: er begegnet einem deutschen Flüchtlingsmädchen, das voller Mißtrauen ist; dem sich anbiedernden, rasch umschwenkenden deutschen Intellektuellen; einer jungen Russin, die alles Deutsche haßt; Vertretern der Besatzungsmacht, die unterschiedslos schuldige und unschuldige Deutsche liquidieren möchten; deutschen Antifaschisten, die aus dem Zuchthaus befreit wurden und bei einer offiziellen Feierstunde vor Erschütterung über das Wort »Genossen« nicht hinauskommen. Der Film ist wie ein persönliches Tagebuch aufgebaut, eingeteilt in Szenen und Beobachtungen mit Orts- und Datumsangabe. Die Schwierigkeit und das Bemühen des Protagonisten, die Szenerie des Deutschlands von 1945 zu verstehen, reflektiert sich in der Art, wie dieses oft bruchstückhafte und elliptische Material präsentiert wird: es ist geprägt von der lebendigen Erfahrung, noch nicht umgeben und abgetötet von der Kruste historischer Einordnung und »Bewältigung«. In die Fiktion fügt Konrad Wolf mitunter auch Dokumentarmaterial ein, so Wochenschau-Aufnahmen vom Vormarsch der Roten Armee und einen Ausschnitt aus dem Dokumentarfilm *Todeslager Sachsenhausen.* So ergibt sich ein vielseitiger, widersprüchlicher dramaturgischer Aufbau, reich an Brüchen und Umschlägen, Momentaufnahmen und Einblicken, der die Realität auf einer quasi dokumentarischen Ebene präsentiert, in ihren tragischen, absurden, aber auch komischen Aspekten.

Goya (1971), als ostdeutsch-sowjetische Koproduktion nach einem Roman von Lion Feuchtwanger gedreht, geriet keineswegs, wie man vermuten mochte, zum aufwendig-rhetorischen Historiendrama; vielmehr untersuchte Konrad Wolf an der Person Goyas den Konflikt zwischen Künstlertum und Macht. In den Mittelpunkt des Films stellt er die Auseinandersetzung zwischen Goya und dem Großinquisitor, der den Maler zuerst höflich und dann immer dringlicher darauf hinweist, daß eine so düstere, anklagende Malerei wie die seine von der Kirche nicht geduldet werden könne. Durch seine Konflikte mit dem spanischen Hof und die Auseinandersetzung mit der Inquisition gerät Goya auf den »argen Weg der Erkenntnis«, entkommt schließlich knapp der Verhaftung und geht nach Frankreich ins Exil. Konrad Wolfs *Goya* erinnert von fern an Tarkowskijs *Andrej Rubljow.* Nicht alle Teile von *Goya* sind in gleicher Weise gelungen, aber die Szenen mit dem Großinquisitor sind brillant inszeniertes, dialektisches Kino; der Film als Ganzes plädiert für die Unabhängigkeit der Kunst von staatlicher Bevormundung.

Auch in *Der nackte Mann auf dem Sportplatz* (1974) ging Wolf auf Probleme der Beziehungen des Künstlers zur Gesellschaft ein, diesmal am Beispiel eines Bildhauers aus der DDR von heute, der mannigfache Schwierigkeiten in seinem Verhältnis zur Umwelt überwinden muß. Ein Arbeiter wünscht von ihm einen Springbrunnen für sein Kaminzimmer; ein Fußballklub ist geniert angesichts der unbekleideten Statue eines

Sportlers, und ein Relief über die Bodenreform wird in einen Abstellraum verbannt, weil es nach Meinung der Auftraggeber zu wenig Optimismus zeigt. Der Bildhauer muß hart ringen, um selbst in seiner nächsten Umgebung minimales Verständnis für seine künstlerische Tätigkeit zu finden. Wolf gelingt es, sehr »prinzipielle« Fragestellungen aus Szenen des Alltags abzuleiten, die unprätentiös und unrealistisch gefilmt werden, dann aber unverhofft eine satirische Pointe erhalten.

Mit *Mama, ich lebe* (1976) griff Konrad Wolf noch einmal auf den Themenbereich »Antifaschismus« zurück. Der Film beschreibt das Schicksal von vier Kriegsgefangenen in der UdSSR, die eine antifaschistische Sonderschule besuchen, um sich für den Einsatz gegen die Hitlerwehrmacht ausbilden zu lassen. Konrad Wolf interessiert sich vor allem für die inneren Schwierigkeiten der vier Deutschen, sich in ihre neue Rolle hineinzufinden, und für ihr Verhältnis zu den Sowjets. In seiner ersten Hälfte rollt der Film interessante Fragen auf, hier gelingen ihm auch einige gute Personenporträts, der Erzählrhythmus ist eigenwillig und zupackend. Dann allerdings schiebt sich eine von Sentimentalität nicht freie Drehbuch-Logik in den Vordergrund und läßt den Film schließlich in konventionellen Formeln erstarren.

Kurt Maetzig (geb. 1911), schon jeher bei der DEFA Spezialist für aufwendige und »offizielle« Filme, verarbeitete das Thema der »Republikflucht« auf sehr klischeereiche Weise in *Septemberliebe* (1961): hier verhindert eine fortschrittlich gesinnte DDR-Bürgerin mit Gewalt, daß ihr Geliebter nach West-Berlin flüchtet. Mit der Spionage des Westens gegen die Sowjetunion beschäftigte sich Maetzig in *Der Traum des Hauptmann Loy* (1962). Anlaß zur Verwunderung bietet, daß ausgerechnet Maetzig 1965 mit *Das Kaninchen bin ich* in Schwierigkeiten geriet: der Film wurde scharf kritisiert und dann verboten. Der Regisseur rehabilitierte sich jedoch mit *Die Fahne von Kriwoj Rog* (1967), einem Film über das Thema der Arbeiterfreundschaft zwischen Deutschland und der UdSSR. Frank Vogel erzählte in *Und Deine Liebe auch* (1962) von einem sozialistisch denkenden Amateurfunker und seinem in West-Berlin taxifahrenden und am »Schwindelkurs« verdienenden Bruder, der nach dem Mauerbau in ein »Besserungslager« kommt; Vogels nächster Film *Auch Julia lebt* (1963) ist die Geschichte eines braven Grenzsoldaten, der sich nicht zwischen zwei Mädchen zu entscheiden weiß. Große Kontroversen löste Vogels *Denk bloß nicht, ich heule* (1965) aus, ein Film über einen ehemaligen Oberschüler, »der nicht heucheln möchte«;[100] der Film wurde verboten, seine Autoren kritisiert. Dennoch blieb Vogel der Gegenwartsthematik treu und realisierte 1969 *Das siebente Jahr* über die Eheschwierigkeiten einer Chirurgin und eines Schauspielers, die aus der starken beruflichen Belastung der beiden abgeleitet werden; der Film »versuchte zu beweisen, daß es die emanzipierte Frau immer noch wesentlich schwerer hat als der ihr beruflich gleichgestellte Mann«,[101] wurde jedoch in seiner Realisierung dem Thema nicht ganz gerecht. Zu den relativ besten Gegenwartsfilmen vom Anfang der sechziger Jahre gehörten Ralf Kirstens *Auf der Sonnenseite* (1962), ein publikumswirksamer Unterhaltungsfilm mit dem populären Schauspielersänger Manfred Krug, und *Beschreibung eines Sommers* (1963), die Erzählung von einer Liebe, die auf den Protest von FDJlern und Genossen stößt, weil sie angeblich das Vertrauensverhältnis auf einer Jugendbaustelle gefährdet. Von der DDR-Kritik als beispielhaft herausgestellt[102] wurde schließlich Günther Rückers *Die besten Jahre* (1965); anhand der Geschichte eines Lehrers, der (trotz seiner nie ausreichenden Qualifikation) auf immer verantwortungsvollere Posten berufen wird und schließlich zum Minister avanciert, berichtet dieser Film gleichzeitig 20 Jahre Geschichte der DDR. Zwei weitere Produktionen, die sich keiner Richtung zuordnen lassen, verdienen ebenfalls Erwähnung: die Brecht-Verfilmung *Mutter Courage und ihre Kinder* (1961) von Peter Palitzsch und Manfred Wekwerth, die an nicht gelösten (und nicht lösbaren) Widersprüchlichkeiten zwischen theatralischer und filmischer Methode krankte, aber dennoch eine eindrucksvolle Wiedergabe des Bühnenstückes lieferte, und *Der fliegende Holländer* (1964) von Joachim Herz, die Verfilmung einer Wagner-Oper.

Nach 1965: Die Entdeckung des Alltags

Ende 1965 und 1966 brach zunächst, ausgehend von dem 11. Plenum des Zentralkomitees der SED, das Mitte Dezember 1965 stattfand, ein Scherbengericht von Kritik und Anklage über einen nicht unerheblichen Teil der DEFA-Produktion herein. Offensichtlich hatten sich im Spielfilm der DDR, vielleicht angeregt von der Kinematographie sozialistischer Nachbarländer (der ČSSR), gegenwartskritische Tendenzen ausgebreitet, die den maßgebenden Gremien der Partei gefährlich erschienen. So begann eine scharfe Meinungskampagne gegen solche Filme, die »nicht das Bedürfnis (der Zuschauer) nach positiven Aspekten zur Bewältigung der Lebensprobleme der modernen sozialistischen Menschen befriedigen«.[103] In vielen Diskussionen wurde gegen den Begriff »Entfremdung« polemisiert – eine Erscheinung, die wohl auf die kapitalistische, nicht aber auf die sozialistische Gesellschaft passe und die die »kritischen« Filme unzulässig verallgemeinert hätten. Scharfe Angriffe richteten sich gegen *Der Frühling braucht Zeit* (1965) von Günter Stahnke, einen Film, der überholte Leistungsmethoden in einem Betrieb kritisierte, gegen Kurt Maetzigs *Das Kaninchen bin ich* (1965), nach einem Roman von Manfred Bieler, dessen »Grundtendenz gegen den Sozialismus und seine Lebenswirklichkeit gerichtet ist« (Alexander Abusch)[104] – im Mittelpunkt dieses Films steht das Mädchen Maria, das nicht zum Studium zugelassen wird, weil ihr Bruder wegen politischer Äußerungen zu einer mehrjährigen Zuchthausstrafe verurteilt wurde; gegen den bereits erwähnten *Denk bloß nicht, ich heule* (1965) von Frank Vogel und schließlich gegen Frank Beyers *Spur der Steine* (1966), der kurz nach seiner Uraufführung wieder zurückgezogen wurde. Die vier erwähnten Filme verfielen einem Verbot. In einer Diskussion bekannte der zuständige Stellvertreter des Ministers für Kultur: »Den Kern der Kritik sehe ich darin, daß in der DEFA-Spielfilmproduktion eine Tendenz entstand, die geeignet ist, schädliche ideologische Erscheinungen des Skeptizismus und der Entfremdung ... zu fördern.«[105] Auch eine Reihe von Gegenwartsfilmen, die gerade in der Produktion waren, mußten abgebrochen werden.

Als Folge dieser Maßnahmen verschwanden Gegenwartsfilme zunächst weitgehend von den Produktionsplänen, man widmete sich 1966 und 1967 verstärkt anspruchslosen Unterhaltungsfilmen, Kinderfilmen sowie einem neuen Genre, das sich auf Anhieb als sehr populär herausstellte: dem »Indianerfilm«, einer DDR-Abart des Western. Die ersten »Indianerfilme« waren *Die Söhne der großen Bärin* (Josef Mach, 1966) und *Chingachgook – die Große Schlange* (Richard Groschopp, 1967).

Trotzdem entwickelte sich um 1970 doch wieder eine Schule des realistischen Gegenwartsfilms, vertreten durch jüngere Regisseure wie Ingrid Reschke, Lothar Warneke, Siegfried Kühn und Egon Günther, die bedeutendste Figur des DEFA-Films in den siebziger Jahren. Die jüngere Regisseurgeneration begann das Phänomen des »Alltags« in den Mittelpunkt ihrer Überlegungen und praktischen Bemühungen zu stellen. Roland Gräf erklärte: »Der Alltag unserer Gesellschaft ist für mich Grundlage und Gegenstand aller Bemühungen ... auch aus gewichtigen politischen Gründen: wenn ich davon ausgehe, daß wir nur das für den Sozialismus als gewonnen betrachten können, was an Haltungen und Aktivitäten in den Alltag der Menschen eingeht, dann sehe ich eine dringende und notwendige Aufgabe unserer Filme darin, diesen Prozeß zu stimulieren.«[106] Lothar Warneke begründete seine Hinwendung zum Alltag damit, daß er fasziniert sei »von wirklichen Menschen, überhaupt von der Wirklichkeit, in der ich lebe. Die Erlebnisse und Begegnungen mit den Menschen, die um mich herum leben, sind oft ungeheuer erregend. Manchmal bin ich überwältigt von der Lebendigkeit eines Charakters«.[107]

Die ersten Werke dieser Stilrichtung erschienen 1970 und 1971 in den Kinos der DDR. Lothar Warneke (geb. 1936) drehte *Dr. med. Sommer II* (1970); dies war kein konventioneller »Arztfilm«, sondern der Bericht über die Erfahrungen eines jungen Mediziners, der nach dem Studium an eine Kleinstadtklinik kommt und sich dort zurechtfinden muß. *Es ist eine alte Geschichte* (1972), ein dokumentarisch inszenierter Spielfilm, schilderte den Alltag einer Gruppe von Medizinstudenten. *Leben mit Uwe* (1974) schließlich liefert eine Studie über die Ehe zwischen einem Biologen und einer Dolmetscherin, die durch mancherlei Schwierigkeiten des Miteinanderauskommens bis an den Rand des Zusammenbruchs gerät. Warneke untersucht vor allem die Konflikte, die sich aus dem hohen beruflichen Engagement der beiden ergeben; er führt diese Untersuchung resolut auf der Ebene der »Alltäglichkeit«. Zu sehr auf theoretische Probleme fixiert wirkte dagegen *Die unverbesserliche Barbara* (1977), ein Film über die Schwierigkeiten einer ehemaligen Schwimmsportlerin, sich in ihr neues Tätigkeitsfeld in einer Spinnerei hineinzufinden. Warneke gelang es jedoch in diesem Film, eine gewisse Härte der Menschen im Umgang miteinander kritisch bewußt zu machen. Roland Gräf zeichnet in *Mein lieber Robinson* (1971) die Figur eines Achtzehnjährigen, der in einer Phantasiewelt lebt, plötzlich Vater wird und erst dadurch zur Erkenntnis seiner selbst gelangt; in *Bankett für Achilles* (1975) schildert er die Situation eines Arbeiters, der das Pensionsalter erreicht hat und nun plötzlich vor der »Leere« steht. Ingrid Reschke läßt in ihrem besten Film, *Kennen Sie Urban?* (1971), einen straffällig gewordenen Jungen im Krankenhaus einen Vermessungsingenieur kennenlernen, dessen Freund er wird. Alle diese Filme haben miteinander gemeinsam, daß sie spektakulären Ereignissen aus dem Wege gehen, »gewöhnliche« Vorkommnisse und Menschen beobachten; Charaktere werden in ihrem alltäglichen Umfeld von Arbeit und Familie beschrieben. Und doch wird man das Gefühl nicht los, daß die »Lockerheit« und »Spontaneität«, auch der Humor dieser Filme das Ergebnis einer großen Kraftanstrengung sind, daß zwischen ihnen und der Wirklichkeit eine Membrane, ein Schleier liegt, daß es Tabus gibt, denen sie ausweichen.

Mit den »Leistungsproblemen« in Industrie und Wissenschaft beschäftigten sich Siegfried Kühn in *Im Spannungsfeld* (1970) und Horst Seemann mit *Zeit zu leben* (1969) sowie *Liebeserklärung an G.T.* (1971). Seemann drehte nach zwei weniger gelungenen Gegenwartsfilmen, *Reife Kirschen* (1972) – ein Brigadier wird an die Ostsee versetzt, seine Frau stirbt unerwartet – und *Suse, liebe Suse* (1974) – auf einer Großbaustelle verliebt sich eine Arbeiterin in einen sowjetischen Ingenieur –, einen dramaturgisch lebendigen biographischen Film, *Beethoven* (1976), der das spannungsreiche Verhältnis des Komponisten zu seinen Mitmenschen und zur Gesellschaft seiner Zeit in den Mittelpunkt stellt und Beethoven zu einem Vorläufer der sozialrevolutionären Bewegung erhebt. Siegfried Kühn realisierte 1972 einen in seiner Machart ungewöhnlichen Film über einen alten Eisenbahner, der, anstatt sich pensionieren zu lassen, Kurse zur Qualifikation in Elektrotechnik besucht: *Das zweite Leben des Friedrich Wilhelm Platow*. Der Charakter des Eisenbahners wird durch Rückblenden in seine Vergangenheit erhellt, in denen er gegen die verschiedensten Dinge aufbegehrt, immer wieder mit der umgebenden Wirklichkeit zusammenstößt. Der Film ist als eine Komödie angelegt, distanziert den Zuschauer aber durch eigenwillige Stilmittel wie betonte Brüche und die Verwendung eines epischen Erzählrhythmus. 1975 drehte Kühn eine umstrittene Bearbeitung von Goethes *Wahlverwandtschaften*. Heiner Carow (geb. 1929), der schon in den fünfziger Jahren mit *Sie nannten ihn Amigo* (1958) auf sich aufmerksam machte, fand nach einer Reihe weniger erwähnenswerter Filme in den sechziger Jahren einen neuen Anfang mit *Die Legende von Paul und Paula* (1973); dieser Film wurde zu einer der erfolgreichsten DEFA-Produktionen seit vielen Jahren. Das Drehbuch zu dem Film schrieb der Dramatiker Ulrich Plenzdorf – er verfaßte auch die Drehbücher zu *Kennen Sie Urban?* und *Weite Straßen – Stille Liebe* (Hermann Zschoche, 1969). Carow und Plenzdorf erzählen eine Liebesgeschichte aus dem heutigen Berlin in Form eines Melodrams, aber ihre Protagonisten sind »gewöhnliche Menschen«: eine allein lebende Arbeiterin mit zwei Kindern, die sich in ihrem Alltag abrackern muß, und ein Held, der eine moderne Spielart des Kleinbürgers ist; beide verteidigen ihre Liebe bedingungslos gegen die Umwelt. Eben diese Bedingungslosigkeit der Gefühle macht, zusammen mit einer gleichermaßen realistisch-drastischen wie phantasievollen Beschreibung der Wirklichkeit, das Besondere des Films aus. Allerdings enthält der Film auch konventionelle Bestandteile, er läßt Wendungen des Geschehens eintreten, die der Motivation ermangeln (Paula muß am Schluß des Films sterben). Er scheut sich auch nicht vor dem Abrutschen in den Kitsch; aber er besitzt eine dramatische Kraft, die den übrigen »Alltagsfilmen« der DEFA total ermangelt. Obwohl der Film die schwierigen Lebensbedingungen der Heldin ziemlich realistisch beschreibt, fand die (West-)Berliner Zeitschrift »Frauen und Film«, *Die Legende von Paul und Paula* vereinige »viele Klischees der Frauenverachtung«.[108] 1975 drehte Heiner Carow *Ikarus*, einen sensiblen Film über einen neunjährigen Jungen, der zwischen seinen geschiedenen Eltern hin- und herpendelt und dem Wunschtraum nachgeht, einmal fliegen zu dürfen.

Alle Tendenzen der bisher besprochenen, auf Gegenwartskritik und Wiedergabe des »Alltags« zielenden Filme sind auch präsent im Werk des Romanciers und Filmregisseurs Egon Günther (geb. 1927). Sein Erstlingsfilm *Lots Weib* (1965) war ein Beitrag zum Thema Emanzipation der Frau in der DDR: eine Mutter von zwei Kindern will sich von ihrem Mann, einem Offizier der Volksmarine, scheiden lassen (und setzt dies gegen alle Widerstände auch durch), weil zwischen den beiden keine Liebe mehr besteht; für ihre Handlungsweise findet sie zunächst nur Unverständnis. Der Film übt Kritik an manchen Aspekten der DDR-Realität, so in der Szene einer karikaturistischen Lehrerversammlung, die über die Protagonistin zu Gericht sitzen soll. *Abschied* (1968), nach dem Roman von Johannes R. Becher, ist die Darstellung einer Jugend im kaiserlichen Deutschland, die Geschichte einer Bewußtwerdung, eines Aufbegehrens, schließlich einer Befreiung, wenn der Sohn eines reaktionären bayerischen Staatsanwalts sich 1914 weigert, in die Kriegsbegeisterung einzustimmen. Günther exzellierte in der satirischen Beschreibung eines kleinbürgerlichen Milieus, arbeitete allerdings, zur Charakterisierung von Traumszenen, auch mit phantastischen und surrealen Stilmitteln.

Einen neuen Ton in die DDR-Kinematographie brachte Egon Günther mit *Der Dritte* (1972). Auch dieser Film stand im Kontext der neuen Bemühungen um Wiedergabe des »Alltäglichen«, aber er übertraf die Filme verwandter Richtung an Brillanz, Leichtigkeit und Treffsicherheit der Inszenierung. Günther nahm in *Der Dritte* das Frauenemanzipationsthema von *Lots Weib* wieder auf, präsentierte es allerdings in schärferer Form. Die Protagonistin des Films ist eine Frau Mitte Dreißig, Mathematikerin, zweimal geschieden, mit zwei Kindern, ihr Arbeitsgebiet ist der Computer; von sich selbst sagt sie: »Ich arbeite und denke und fühle in Übereinstimmung mit den sozialistischen Bedingungen der wissenschaftlich-technischen Revolution.« Aber es bereitet ihr fast unüberwindliche Schwierigkeiten, dem ausersehenen »Dritten« mitzuteilen, daß er ihr gefällt. Der Film geht dieser schwer zu überwindenden Routine des anerzogenen Rollenverhaltens nach. In Rückblenden verfolgt er die Lebensgeschichte der Heldin, ihre Kindheit im Diakonissenhaus, ihre Beziehungen zu den beiden ersten Ehemännern. Er zeigt auch die Etappen schrittweiser Annäherung an den auserwählten »Dritten« bis zum Happy-End. Dabei kommt in kleinen Einzelheiten ganz unaufdringlich, aber gut beobachtet sehr viel

DDR-Alltag ins Bild. Die Tonart des Films ist humorvoll-satirisch, die Erzählweise pointiert, zugeschliffen, sie bietet vielfältige Möglichkeiten der Assoziation, des Einhakens, Vergleichens. Allerdings bleiben einige Figuren des Films schematisch, ja unglaubhaft (der zweite Ehemann der Heldin soll ein blinder Musiker gewesen sein, der ausgerechnet »in den Westen« ging). Manche Szenen sind sehr auf Effekte hin angelegt. Nichtsdestoweniger war dieser Film mehr als eine kinematographische Umsetzung von Standpunkten, er entfaltete Dynamik, besaß Ausstrahlungskraft, ließ nicht indifferent.

Solche Eigenschaften treffen auch zu auf *Die Schlüssel* (1974 – beide Filme leben übrigens in starkem Maße von der schauspielerischen Präsenz Jutta Hoffmanns). Dieser Film handelt, auf seiner ersten Ebene betrachtet, vom deutsch-polnischen Verhältnis; ferner schildert er, wie sich die Realität durch ein unerwartetes Ereignis, den Tod einer Person, verwandelt; schließlich geht es in ihm auch um die Kommunikationsschwierigkeiten eines jungen Paares, einer Arbeiterin (die Arbeiterin bleiben möchte) und eines Intellektuellen (der will, daß sie sich qualifiziert, worauf sie mit Ablehnung reagiert). Beide fahren nach Polen, um dort einen Urlaub zu verbringen; dabei händigt ihnen ein gänzlich unbekanntes polnisches Ehepaar die Schlüssel zu einer Wohnung in Krakau aus. Im Verlauf des Aufenthalts in Krakau demonstriert der Film gegensätzliche Varianten deutsch-polnischer Beziehungen (auf der einen Seite steht die Episode mit den Schlüsseln, auf der anderen werden die beiden nachts als Deutsche von Rowdys terrorisiert). Gleichzeitig wird das Profil der zwei Protagonisten deutlicher. Dann, ganz plötzlich und scheinbar ohne Motivation, läßt Günther das Mädchen einem Unfall zum Opfer fallen. Fassungslos steht der junge Mann vor der Situation, daß die Freundin nicht mehr lebt, er muß mit bürokratischen Stellen den Rücktransport der Leiche in die DDR regeln. Plötzlich wandelt sich, auch für den Zuschauer, die Perspektive auf den ersten Teil der Geschichte; man beginnt die Geschehnisse aufmerksamer, hellhöriger abzuklopfen und zu überdenken. Nachträglich gewinnt der Monolog des Mädchens in der Straßenbahn (sie spricht über ihre eigene Situation) eine große Bedeutung; die Intensität des Erlebens und Wahrnehmens der Umwelt wird für den Protagonisten wie für den Zuschauer schmerzhaft verstärkt. (Die Auseinandersetzung mit dem Tod ist in den siebziger Jahren in einer ganzen Reihe von Filmen aus sozialistischen Ländern feststellbar, so in Iosselianis *Es war einmal eine Singdrossel*, in Wassilij Schukschins *Kalina Krasnaja*, in Krzysztof Zanussis *Illumination* und in Carows *Die Legende von Paul und Paula*.[109]) Auch der Held selbst verändert sich. In der Begegnung mit einer alten Frau auf der Brücke will er keinen Trost annehmen, so daß diese selbst zu weinen beginnt. In *Die Schlüssel* befreite sich Egon Günther vom dekorativen Rankenwerk und vom kabarettistischen Humor, den es noch in *Der Dritte* gab; die Fragestellungen psychologischer und soziologischer Art, die der Film aufwirft, werden über die Unverbindlichkeit hinausgetrieben und erhalten etwas von existentiellem Ernst – durch den plötzlichen Umschlag des Films in der Mitte, der nicht wenige Zuschauer zunächst verstören und irritieren mag. *Die Schlüssel* sind nicht nur einer der persönlichsten, sondern auch künstlerisch konsequentesten Filme der neuen DEFA-Produktion. Günther demonstrierte auch hier die Fruchtbarkeit seiner Methode der Vermischung von Dokumentarischem und Gestaltetem, des Erzählens mit elliptischen Ausschnitten. Leider durfte *Die Schlüssel* aufgrund des Einspruchs offizieller polnischer Stellen, die das Polen-Bild des Films für zu »negativ« befanden (eine unsinnige Argumentation) bisher auf keinem Festival und auch nicht außerhalb der DDR gezeigt werden.

Egon Günthers folgender Film, die Thomas-Mann-Bearbeitung *Lotte in Weimar* (1975), zog sich leider zurück auf die Position einer handwerklich routinierten, aber akademischen Literaturbearbeitung. Von einigen profilierten Darstellerleistungen (z. B. Jutta Hoffmann) abgesehen, schwelgte der Film in der Ausmalung von Zeitkolorit sowie in romantischen Rückblenden in die Jugend Goethes; der erwachsene Goethe wird dagegen als ein autoritäres Monster vorgestellt; Äquivalente für die Mannsche Ironie vermag die Regie kaum zu finden. Nach *Lotte in Weimar* realisierte Günther in einem ganz ähnlichen dekorativ-ornamentalen Stil *Die Leiden des jungen Werthers* (1976, nach dem Roman von Goethe). Günther äußerte in einem Interview[110], daß er sich jetzt »eine gewisse Zurückhaltung gegenüber Gegenwartsstoffen« auferlegt habe, weil sein Film *Die Schlüssel* »nicht besonders gut behandelt wurde«, und weil (gegen seinen Film ebenso wie gegen *Die Legende von Paul und Paula*) »Meinungen geäußert wurden, die ... darauf hinzielten, gewisse Entwicklungslinien abzubrechen«.

Eine verhältnismäßig starke Entwicklung erlebte die Schule des Dokumentarfilms in den sechziger und siebziger Jahren in der DDR. Als Regisseure kurzer und längerer Filme über die verschiedensten Aspekte der DDR-Wirklichkeit traten Karl Gass, Winfried Junge, Jürgen Böttcher, Volker Koepp und Gitta Nickel hervor. Besonders bekannt als Vertreter des kämpferisch-publizistischen Dokumentarfilms wurde das »Tandem« Walter Heynowski (geb. 1927) und Gerhard Scheumann (geb. 1930), die sich im »Studio H & S« organisierten und eine große Zahl von Dokumentarfilmen zu aktuellen politischen Themen herstellten, meistens im Auftrag des DDR-Fernsehens. Berühmtheit erlangten Heynowskis und Scheumanns Filme *Der lachende Mann* (1966) über einen in der Bundesrepublik lebenden Afrika-Söldner, *Piloten im Pyjama* (1968), eine vierteilige Folge mit Interviews in Nordvietnam gefangengehaltener amerikanischer Piloten, sowie die Chile-Reportagen *Der Krieg der Mumien, Ich war, ich bin, ich werde sein* (beide 1974) und *El golpe blanco* (*Der weiße Putsch*, 1975). Die Filme von Heynowski und Scheumann zeichnen sich aus durch formale Beherrschung ihres Mediums, raffinierte Methoden der Montage und der Bild-Text-Gegenüberstellung, geschickten Umgang mit interviewten Personen, die notfalls über den Zweck des Interviews im unklaren gelassen bzw. überlistet werden (so in *Der lachende Mann*). Im allgemeinen zielen die Filme von H & S gegen die Bundesrepublik oder engagieren sich im »anti-imperialistischen Kampf«. Ihre Filme sind schlagkräftig und agitatorisch wirksam, aber sie haben zwei Begrenzungen: sie bringen ihr Bildmaterial selten wirklich zum Sprechen, sondern arrangieren es, um nachträglich bestimmte Thesen zu illustrieren; sie bringen über den Kommentar eine allwissende Position in die Filme hinein: der Kommentar ist immer im Recht, vertritt immer die bessere Position, formuliert für den Zuschauer alle Denkresultate im voraus.

Die bulgarische Spielfilmproduktion umfaßte in den sechziger Jahren ein relativ kleines Volumen, etwa zehn Filme entstanden im Jahr. Trotz einiger Werke herausragender Qualität vermochte das bulgarische Kino Ende der sechziger Jahre kaum internationale Anerkennung zu gewinnen. Zu den Regisseuren dieser Epoche gehörte Rangel Waltschanow (geb. 1928), der schon 1958 mit *Na malkia ostrow* (»Auf der kleinen Insel«) hervortrat, dem wohl besten bulgarischen Film der fünfziger Jahre. Eigenwillige Wege beschritt Waltschanow auch in *Parvi urok* (»Die erste Lektion«, 1960), einer Liebesgeschichte zwischen zwei jungen Leuten verschiedener sozialer Herkunft, die im Zweiten Weltkrieg spielt, und *Slanzeto i siankata* (»Sonne und Schatten«, 1966), einer poetischen Meditation über die Gefährdung einer Liebe durch die Angst vor dem Atomkrieg. Der Film besaß die Struktur eines »visuellen Poems«[111] und war die bisher gelungenste Ausprägung eines bulgarischen Autorenkinos. Waltschanows spätere Filme vermochten weniger zu überzeugen. 1970 verfilmte er die Fabeln Äsops, 1973 entstand ein Musical, *Bjagstwo w Ropotamo* (»Flucht nach Ropotamo«, 1975) ein psychologischer Kriminalfilm, *Sledowateljat i gorata* (»Der Untersuchungsrichter und der Wald«), der die Motive eines Mordes aufdeckt, den ein junges Mädchen begangen hat.

Im Kontext der frühen sechziger Jahre war ebenfalls *Kradezat na praskowi* (»Der Pfirsichdieb«, 1964) von Walo Radew (geb. 1923) bemerkenswert, die atmosphärisch dicht erzählte Liebesgeschichte zwischen der Frau eines Obersten und einem Kriegsgefangenen aus den letzten Tagen des Ersten Weltkriegs. Walo Radew (manchmal wird sein Vorname auch Veulo geschrieben) drehte in den sechziger Jahren noch weitere Filme überwiegend historischer Thematik, darunter *Zar i general* (»Der Zar und der General«, 1966), sowie zwei Widerstandsdramen aus der Zeit der deutschen Besatzung, *Nai dalgata noscht* (»Die längste Nacht«, 1967) und *Tschernite angeli* (»Die schwarzen Engel«, 1970). In *Osadeni duschi* (»Verdammte Seelen«, 1975) beschreibt Radew einen dramatischen Konflikt aus der Zeit des Spanienkrieges.

Während die bisher genannten Filme sich vor allem durch ihr handwerkliches Niveau auszeichneten, thematisch aber nicht über den Umkreis schon oft behandelter Stoffe hinausgingen, leiteten Todor Stojanow (geb. 1930) und Grischa Ostrowski (geb. 1918) mit *Otklonenije* (*Der Umweg*, auch: »Abweichung«, 1967) eine neue Epoche des bulgarischen Films ein. Ein Mann und eine Frau, die in den ersten Nachkriegsjahren miteinander befreundet waren, begegnen sich nach fast zwanzig Jahren durch Zufall wieder. Sie erinnern sich an die damals gemeinsam verbrachte Zeit und stellen fest, daß sie inzwischen Kompromisse geschlossen haben, daß aber auch viele Überzeugungen ihrer Jugend von heute aus falsch, ja gefährlich erscheinen. Der Film reiht aber nicht einfach Rückblenden aneinander, sondern schickt diese durch den Filter des gegenwärtigen Bewußtseins. Neuartig war *Der Umweg* für das bulgarische Kino nicht nur durch seine skeptischen Einsichten und durch die Kritik an der Epoche des »Personenkults«, sondern vor allem durch seinen formalen Aufbau, der bisher gültige Konzeptionen von Realismus relativierte.

Um 1970 konnte der bulgarische Film einen qualitativen und quantitativen Aufschwung verzeichnen – es wurden jetzt bereits 14 Filme im Jahr produziert, die Zahl sollte sich bis 1975 auf 19 Filme jährlich steigern. Gleichzeitig traten neue Regisseure hervor. Schon 1969 erschienen drei bemerkenswerte Filme: *Das weiße Zimmer, Die Altarwand* und *Vögel und Windhunde.* Metodi Andonow (geb. 1932) debütierte mit *Bjalata staia* (»Das weiße Zimmer«, 1969), einem Film über einen Wissenschaftler, der in einem Krankenzimmer liegt und wie in einem inneren Monolog Stationen seines Lebens an sich vorüberziehen läßt, wobei der Kampf des Wissenschaftlers gegen Bürokraten, die sich dem Erscheinen seines Buches entgegensetzen, im Zentrum der Handlung steht. Andonows nächster Film, *Kosiat rog* (»Das Ziegenhorn«, 1972) spielt vor dreihundert Jahren unter der ottomanischen Diktatur und erzählt die blutige und schicksalhafte Geschichte eines Hirten, der seine Tochter als Jungen erzieht, damit sie die Ermordung ihrer Mutter rächen soll. Die Poetik des Films »steht zwischen der eines Volksepos und dem epischen Theater Brechts«.[112]

Ikonostasat (»Die Altarwand«, 1969) von Christo Christow und Todor Dinow ist auch als der »bulgarische *Andrej Rubljow*« bezeichnet worden – der Vergleich bezog sich auf die besonders expressive Bildgestaltung des Films und auf seine thematische Konzeption, die einen Künstler (den Holzschnitzer Raffé Klinché) in einen Konflikt mit seiner Umwelt bringt. Dieser Holzschnitzer erhält den Auftrag, eine Altarwand herzustellen, die seinen Auftraggebern jedoch nicht gefällt; Hintergrund ist das Bulgarien des 19. Jahrhunderts und das türkische Unterdrückungsregime. Die Konflikte, in die der Künstler sich hineingestellt sieht, entbehren nicht der modernen Analogien; die Regisseure des Films, der renommierte Trickfilmer Todor Dinow (geb. 1919) und der Debütant Christo Christow (geb. 1926) erklärten: »Es hat keinen Sinn, historische Filme herzustellen, wenn sich nicht die Probleme unserer Zeit darin widerspiegeln.«[113] Christo Christow entfaltete nach *Die Altarwand* eine ziemlich rege Produktion: in Koproduktion mit der UdSSR und der DDR drehte er einen dreistündigen Film über Georgi Dimitrow, *Nakovalnija ili tschuk* (»Amboß oder Hammer sein«, 1972); *Posledno ljato* (»Der letzte Sommer«, 1973) schilderte die hoffnungslose Situation eines Mannes, der sich der Evakuierung eines Dorfes im Namen des Fortschritts widersetzt, wobei Christow auch surreale Stilmittel zur Kennzeichnung der Träume und Ängste seines Helden verwendet. Auf *Darwo bes koren* (»Baum ohne Wurzel«, 1974) folgte 1976 mit *Ziklopat* (»Der Zyklop«) ein besonders ungewöhnlicher Film, in dessen Mittelpunkt ein U-Boot-Kommandant steht. Der Film verbindet Erinnerungen, Reflexionen und Angstvorstellungen des Kapitäns zu einer komplexen Struktur; im Endeffekt wirkte der Film allerdings prätentiös und künstlich.

Zu den profilierten Regisseuren des neuen bulgarischen Films gehört ebenfalls Georgi Stojanow (geb. 1939). Er debütierte 1969 mit *Ptizi i chratki* (»Vögel und Windhunde«), einem Drama über den Widerstand 16jähriger Gymnasiasten gegen das faschistische Regime in einer Kleinstadt während des letzten Krieges. Der Film beschreibt, teilweise im Tonfall einer Groteske, wie sich der spielerische Widerstand der Jungen plötzlich in Ernst verwandelte, wie das scheinbar idyllische und friedliche Kleinstadtleben unversehens ein korruptes und repressives Gesicht zeigt. Georgi Stojanows nächster Film *Schturez w uchoto* (»Fixe Idee«, 1976) war dagegen mehr satirischer Natur: zwei Burschen vom Land wollen, mit lebenden Hühnern und Schlafdecken ausgestattet, per Anhalter in die Stadt reisen, um dort etwas zu erleben. Das Vorhaben glückt nicht, dafür aber begegnen die beiden vielen Menschen und machen einen Lernprozeß durch; am Ende fahren sie wieder in ihr Dorf zurück.

Eher akademisch sind die Filme Ljudmil Staikows: *Obitsch* (»Liebe«, 1972), die modernistisch erzählte Geschichte eines Mädchens, das sich von seinen Eltern zu lösen sucht, und das zweiteilige Historiendrama *Dopalnenie kam sakona sa saschtita na darschawata* (»Ergänzung zum Staatsverteidigungsgesetz«, 1976) über Kommunistenverfolgungen des Jahres 1925. Näher an der realistisch-satirischen Hauptströmung des neueren bulgarischen Films stehen die Filme von Eduard Sacharijew: *Prebrojawane na diwite saizi* (*Die Zählung der wilden Hasen*, 1973) berichtet über eine sinnlose bürokratische Aktion der Hasenzählung in einem bulgarischen Dorf, die natürlich ohne Ergebnis bleibt; *Wilna sona* (»Das Villenviertel«, 1975) ist das satirische Porträt einer Spießergesellschaft. *Silna voda* (»Starke Wasser«, 1975) von Iwan Terzijew schildert die Situation in einer Kleinstadt ohne Wasserleitung und die zähflüssigen Bemühungen einer »Prospektionsbrigade«, die eine Wasserquelle ausfindig machen soll. Von satirischen Tendenzen ist auch *Samodiwsko choro* (»Elfenreigen«, 1976, Regie Iwan Andonow) bestimmt: hier erregt sich die Bevölkerung eines Städtchens über das Gemälde eines Malers. Alle diese Filme leben von der realistischen Beobachtung, der originellen Typenzeichnung, von ihrer Freimütigkeit und ihrem Mut zur Persiflage. Weitere aktive Regisseure des bulgarischen Films sind Binka Scheljaskowa (auch Binca Ganeva – sie gehörte mit *A biachme mladi*, »Wir waren jung«, 1961, zu den Mitbegründern des ›Neuen bulgarischen Kinos‹; *Poslednata duma* [»Das letzte Wort«, 1973], schildert das Gefängnisdasein zum Tode verurteilter Kommunistinnen im letzten Krieg; *Das Schwimmbad*, 1977, ist ein Gegenwartsstoff – beide Filme bemühten sich um die Verwendung moderner, ungewöhnlicher Stilmittel) sowie Ljudmil Kirkow, Assen Chopow, Todor Andreikow, Wesselina Gerinska.

Rumänien verfügt nicht über ein so lebendiges und vielseitiges Filmschaffen wie das Nachbarland Bulgarien. Zwar werden auch in Rumänien pro Jahr etwa 20 Spielfilme hergestellt. Aber die meisten dieser Filme sind Variationen etablierter Genres, Historienfilme, Kriminal- oder Kriegsdramen. So gibt es im rumänischen Film der sechziger Jahre eigentlich nur zwei Regisseure von Bedeutung.

Liviu Ciulei (geb. 1923) war ursprünglich Theaterregisseur und Schauspieler und hatte schon eine erfolgreiche Karriere auf der Bühne hinter sich, als er 1959 seinen ersten Film *Eruptia* (»Die Eruption«) drehte; darauf folgte 1963 *Valurile Dunarii* (»Donauwellen«). Zu einem bedeutenden Werk geriet ihm *Padurea spinzuratilor* (*Der Wald der Gehenkten*, 1965). An der österreichisch-ungarischen Grenze des Ersten Weltkriegs soll ein rumänischer Artillerieleutnant 12 Bauern, die befehlswidrig ihre Felder bestellten, zum Tode verurteilen und hinrichten. Er versucht zum Feind überzulaufen, wird aber gefaßt und selbst hingerichtet. Ciulei versuchte die Gewissenskonflikte des Protagonisten im Detail und in der Spiegelung an zahlreichen Nebenepisoden sichtbar zu machen. Inszenierung und Fotografie ergeben einen epischen Stil, der sich sowohl Abweichungen in Richtung aufs Dokumentarische, Reportagehafte als auch stilisierte Bildkompositionen erlaubt und gelegentlich Wirkungen düsterer Größe erreicht.

Der zweite bedeutende rumänische Regisseur ist Lucian Pintilie (geb. 1933). Auch er hatte schon eine jahrelange Praxis der Bühnenregie absolviert, als er mit *Duminica la ora sase* (*Sonntag um sechs*, 1965) im Film debütierte. Äußerlich gesehen, ist auch dies ein Kriegs- und Widerstandsfilm, der die letzten Stunden eines jungen Widerstandskämpfers schildert, bevor er als Opfer eines Verrats von den Faschisten umgebracht wird. Der Film konzentriert sich jedoch vor allem auf die Gedanken und Empfindungen seines Helden. So sind die äußeren Ereignisse in diesem Film eigentlich nur der Vorwand für die filmisch eindringliche Beschreibung eines Seelenzustandes.

In seinem zweiten Film, *Reconstituirea* (»Die Rekonstruktion«, 1968–1970) ging Pintilie wesentlich über diesen ersten Versuch hinaus. Dies ist ein »Gegenwartsfilm« und doch sehr viel mehr als das. Zwei Studenten haben in trunkenem Zustand einen Kneipenwirt niedergeschlagen und im Lokal Schaden angerichtet. Nun werden sie dazu verurteilt, für einen »Erziehungsfilm« das »Delikt« noch einmal vor der Kamera nachzuspielen. Das geschieht auch; aber ein Schlag fällt zu realistisch aus, und der eine der beiden jungen Leute stirbt. *Die Rekonstruktion* gibt ein kritisches Bild von der Situation und vom Bewußtsein eines Teils der rumänischen Jugend; zugleich aber transportiert der Film eine Reflexion über das Kino, das nicht nur als »Spiegel« der Wirklichkeit erscheint, sondern seine eigene Realität erschafft, die über die empirische hinausgeht. Auf dieser Ebene kritisiert der Film das Verfahren eines konventionellen Realismus, der meint, mit Hilfe »typischer« Fälle der Wirklichkeit habhaft zu werden. »Zwischen uns und die Wirklichkeit schieben sich oft verzerrende Spiegel«, sagte Pintilie. »Heute muß die Losung lauten: diese Spiegel gilt es mit allem Zorn zu zerbrechen. Dann kann man der Realität gegenübertreten.«[114]

Erwähnenswerte rumänische Produktionen sind ebenfalls: *Diminitele unui baiat cuminte* (»Der Morgen eines vernünftigen Jungen«, 1966) von Andrej Bleier, *Golgota* (*Gol-*

gatha 1929, 1966) sowie *Columno lui Trajan* (»Der Tyrann«, 1968) und *Explozia* (*Explosion*, 1973) von Mircea Dragan, *Dincolo de nisipuri* (»Jenseits des Sands«, 1973) von Radu Gabrea, *Felix und Otilia* (1972) von Iulian Mihu, *Nunta de paitra* (»Die steinerne Hochzeit«, 1972) von Mircea Veroiu und Dan Pita.

Zu den bekanntesten Vertretern des rumänischen Films gehört auch Ion Popescu-Gopo (geb. 1923), der sich in den fünfziger Jahren auf Animationsfilme spezialisierte, in den sechziger Jahren jedoch auch Fiktionsfilme mit Darstellern drehte, meist über Märchen- oder Science-fiction-Themen: *Furat o bomba* (»Man hat eine Bombe gestohlen«, 1961), *Fi harap alb* (*Der weiße Mohr*, 1965), *Faustus XX* (1966).

Der jugoslawische Film trat 1961 in das Stadium seiner eigentlichen Geschichte ein – die fünfziger Jahre, in denen zwar auch schon produziert wurde, kann man nur als »Vorgeschichte« werten. 1961/62 erschienen die ersten neuartigen und persönlichen Filme von Hladnik und Petrović; etwas später, etwa um die Mitte der sechziger Jahre, meldete sich eine Gruppe Filmschaffender zu Wort, die man auch als die ›Belgrader Schule‹ bezeichnet hat: Makavejev, Pavlović, Djordjević, Slijepčević. Die Filme dieser Schule waren rauh, gesellschaftskritisch, manchmal provokativ, vor allem düster; diese Düsterkeit, zusammen mit einer polemischen Grundhaltung, scheint der dominierende Trend der jugoslawischen Kinematographie in den sechziger Jahren zu sein. Durch seine künstlerische Kraft konnte sich der jugoslawische Film auch im Ausland und auf Festivals Renommee erobern. Zwischen 1969 und 1971 kamen noch zwei weitere Regisseure hinzu, die in den provokativen Eigenschaften ihrer Filme womöglich noch über das von ihren Kollegen bereits Erreichte hinausgingen: Žilnik und Čengić.

1971/72 setzte ein Wandel des innenpolitischen Klimas in Jugoslawien ein, der für die Filmproduktion äußerst negative Folgen hatte. Während in den sechziger Jahren in Jugoslawien relativ liberale Zustände geherrscht hatten, wurden Filmemacher und Produktionsfirmen nun in zunehmendem Maße diszipliniert. Filme wurden verboten, neue Produktionen inhibiert, Regisseure und Produzenten von wichtigen Funktionen entbunden. Die Regisseure Makavejev und Petrović reagierten darauf, indem sie das Land verließen; nach 1973 breitete sich im jugoslawischen Film ein Klima künstlerischer Stagnation aus.

Die Filmproduktion in Jugoslawien besitzt sowohl kapitalistische als auch sozialistische Organisationsformen; Produktionszentren bestehen in allen größeren Städten, die wichtigsten Produktionsfirmen sind Avala in Belgrad, Neoplanta in Novisad, Jadran in Zagreb. Die Produktionszentren sind voneinander unabhängig. Die sechs jugoslawischen Teilrepubliken gewähren den Firmen Subventionsmittel für einzelne Projekte, jedoch in Abhängigkeit von der kommerziellen Rentabilität der Filme. Die jährliche Produktion stieg von 15 Spielfilmen 1960 auf 31 Filme 1967 an, sank in den 70er Jahren als Folge der restriktiven Filmpolitik aber wieder ab.

1961 debütierten im jugoslawischen Film zwei Regisseure, die einen neuen Ton in die bis dahin eher traditionsorientierte Kinematographie des Landes brachten: Boštjan Hladnik und Aleksandar Petrović; beide plädierten in ihren Filmen für ein Autorenkino und für die Verwendung von Methoden der französischen ›Neuen Welle‹. Boštjan Hladnik (geb. 1924) hatte an der Pariser Filmhochschule IDHEC studiert und bei Chabrol und de Broca assistiert. *Ples w dežju* (»Tanz im Regen«, 1961) und *Peščeni grad* (»Das Sandschloß«, 1963), zwei Filme symbolschwerer Fotografie, vollzogen einen Bruch mit dem bisherigen jugoslawischen Kino; der letztere Film beschäftigte sich mit den Erinnerungen einer Frau, die durch die Naziverfolgung ein Trauma davongetragen hat. Hladnik fand später allerdings in Jugoslawien keine Arbeit mehr und mußte in die Bundesrepublik Deutschland gehen, wo er mittelmäßige Kommerzfilme drehte.

Aleksandar Petrović (geb. 1929) erzählte in *Dvoje* (*Das Paar*, 1961) die individualistisch angelegte Geschichte der Liebe zwischen einem jungen Architekten und einer

Musikstudentin. Der lyrisch-symbolische Stil dieses Films mag heute datiert erscheinen, damals stellte er eine wichtige neue Position des Filmemachens dar. Schon in diesem und erst recht in seinem zweiten Film *Dani* (»Tage«, 1963) zeigte Petrović besondere Aufmerksamkeit für Details des Alltagslebens, für die Sphäre des »Banalen«. *Tage* beschreibt 24 Stunden aus dem Leben einer Frau, ist aber gleichzeitig eine Meditation über Entfremdung, Einsamkeit, Glück, Tod, wobei der Film seine Reflexion in Bildfolgen und Beobachtungen formuliert. *Tri* (*Drei*, 1966) schildert drei Episoden aus dem Widerstandskampf des letzten Weltkriegs, die besonders die Kehrseite jenes Heroismus zeigen, den konventionelle Widerstandsfilme oft genug in den Mittelpunkt stellten; hier geht es um die Ohnmacht eines Beobachters, der in die Ereignisse, deren Zeuge er wird, nicht eingreifen kann.

Zu einem internationalen Erfolg wurde Petrovićs folgender Film, *Skupljači perja* (»Federnsammler«, Verleihtitel: *Ich traf sogar glückliche Zigeuner*, 1967). Petrović umgab ein Melodram aus dem Zigeunermilieu mit viel folkloristischen Details und pittoresken Ausschmückungen. Regielich und optisch verstand der Film, sein Milieu und die Menschen dieses Milieus mit Verve und Leidenschaft ins Bild zu setzen. Auf der anderen Seite war nicht zu verkennen, daß hier ein mythologisch verbrämtes Bild vom Dasein der Zigeuner entworfen wurde – eines angeblich archaisch-primitiven, von »urtümlichen« Triebkräften gesteuerten Volkes; die Farbgestaltung des Films hat man wegen einer Tendenz zur Romantisierung mit der von Lelouch verglichen. Eine ähnliche Tendenz zur Ausmalung von Exotik manifestierte sich in *I dodje propast sveta* (*Es regnet auf mein Dorf*, 1969). Auch hier gibt ein Melodram den Handlungskern ab; periodisch eingeblendete Zigeunerlieder rhythmisieren das Geschehen. Allerdings ist die dokumentarische Seite des Films stärker ausgebildet; eine Revolte von Dorfbewohnern gegen die Privilegien der »roten Bourgeoisie« gibt dem Film ein Moment politischer Aktualität und stellt die Verbindung zu anderen jugoslawischen Filmen der gleichen Zeit her. 1972 drehte Petrović als italienisch-jugoslawische Koproduktion *Il Maestro i Margarita (Der Meister und Margarita)*,eine Bearbeitung des gleichnamigen sowjetischen Romans von Bulgakow (Petrović verfilmte nur jenen Teil des Geschehens, der sich auf die Sowjetunion der zwanziger Jahre bezog; den anderen Teil des Romans, die Christuslegende, bearbeitete Andrzej Wajda in *Pilatus und andere*). Wegen seiner Kritik an der sowjetischen Bürokratie wurde der Film in Jugoslawien – ein Indiz des mittlerweile verhärteten Kurses – nach kurzer Laufzeit zurückgezogen; Petrović verlor sein Lehramt an der Filmhochschule. In der Bundesrepublik verfilmte Petrović 1976 in äußerst konventionellem Stil Heinrich Bölls Roman »Gruppenbild mit Dame«.

In das von Hladnik und Petrović erkundete Terrain stießen 1965 weitere Regisseure der ›Belgrader‹ oder ›Jugoslawischen Schule‹ mit eigenwilligen und neuartigen Filmen vor. Die wichtigsten Filme dieses Jahres – gleichzeitig die Debüts zweier Regisseure – waren Dušan Makavejevs *Der Mensch ist kein Vogel* und Živojin Pavlovićs *Der Feind* sowie *Mädchen* von Puriša Djordjević. Vorausgegangen war 1964 schon ein Versuch im Stil des ›Cinéma-vérité‹ von Vladan Slijepčević (geb. 1930), *Pravo stanje stvari* (»Der wahre Sachverhalt«); 1965 trat der bereits renommierte Trickfilmer Vatroslav Mimica mit seinem Spielfilm *Prometheus auf der Insel Visevica* hervor, und 1966 folgte Zvonimir Berković mit seinem experimentellen *Rondo* – mit einem Schlag hatte sich die Landschaft des jugoslawischen Films vollkommen verändert und war nun auch für die ausländische Kritik interessant geworden.

Das stärkste Aufsehen erregte Dušan Makavejev (geb. 1932) mit seinem ersten Film. *Čovjek nije tica* (*Der Mensch ist kein Vogel*, 1965) basiert auf der Montage paralleler Vorgänge, auf dem collageartigen Zusammenprall scheinbar zufällig gefundener Realitätsfragmente, die teils in groteskem Widerspruch zueinander stehen. In *Der Mensch ist kein Vogel* treffen drei Handlungslinien zusammen: die Demonstration eines Hypnotiseurs, die Montage eines neuen Schmelzwerks und die Liebesaffäre zwischen einem verdienten Obermonteur und einer hübschen Friseuse des Ortes, in den der Monteur abkommandiert ist. Makavejev ist vor allem interessiert an der Diskrepanz zwischen rhetorischen Äußerungen aus dem Bereich von Politik und Ideologie einerseits, der Realität zurückgebliebener Verhältnisse und menschlicher Unzulänglichkeit andererseits; diese Gegensätze läßt er schockartig aufeinanderprallen. Makavejev äußerte: »Unser Kino muß zugleich didaktisch und destruktiv sein . . . nur durch Destruktion können wir die Menschen erziehen, durch Destruktion aller Illusionen, aller demagogischen Slogans . . ., das heißt, wir müssen die Slogans nicht so sehr zerstören, als ihren menschlichen Gehalt aufdecken.«[115] Makavejevs Film war konstruktivistisch, insofern er die Bestandteile der Realität in kühne Relationen zueinander setzte. Auf der anderen Seite wurden diese Bestandteile nie aus ihrem Kontext herausgelöst, dieser blieb vielmehr dokumentarisch-realistisch, wie überhaupt die Milieuschilderung der frühen Makavejev-Filme stark an den italienischen Neorealismus erinnert, der als Inspirationsfaktor im jugoslawischen Film der sechziger Jahre eine wichtige Rolle gespielt hat.

Ljubavni slučaj ili tragedija službenice PTT (*Ein Liebesfall* oder »Die Tragödie einer Telefonistin«, 1967) hat als dramaturgische Hauptsubstanz wiederum eine aus Bereichen des Banalen emporwucherndes Melodram: die Liebesgeschichte einer Telefonistin und eines mohammedanischen Rattenvertilgers, deren unglückliches Ende durch eine makabre Szene im Leichenschauhaus vorweggenommen wird; eingeschachtelt in diese Geschichte sind die Vorträge eines Sexualwissenschaftlers und eines Kriminologen. Schon diese (zunächst scheinbar unverbundenen) Nebenkomplexe schaffen neue Bezugspunkte, legen Provokationen und Perspektiven in den Film; denn die Geschehnisse des Dramas und das Verhalten der Personen widersprechen den Behauptungen der Wissenschaftler. Ebenso provokative Kontraste ergeben sich, wenn Makavejev idyllisch-intime Szenen aus dem Kleinbürgerleben mit dem von Ernst Busch gesungenen Eisler/Majakowski-Lied »Vorwärts die Zeit!« zusammenbringt oder wenn er zwischendurch eine Sequenz aus Dsiga Wertows *Donbass-Sinfonie* einschaltet. Diese Kontrastmomente durchbrechen den Realismus und die Melodramatik der Hauptgeschichte, verwandeln sie in Rohmaterial, das der Interpretation des Zuschauers vorgelegt wird.

Ein besonders raffinierter Beitrag zur Selbstreflexion des Kinos war Makavejevs folgender Film *Nevinost bez zaštite* (*Unschuld ohne Schutz*, 1968): er liefert das weitgehend dokumentarische Porträt eines sechzigjährigen serbischen Akrobaten (»Porträt eines authentischen Übermenschen« ist der Film im Untertitel benannt), indem er diesen sowie seine Mitarbeiter vor die Kamera holt und indem er einen Film (im Film) vorführt, den der gleiche Artist 1942 zu seinem eigenen Ruhm selbst gedreht hat – ein naives und sentimentales Melodram, jedoch versehen mit dokumentarischen Aufnahmen aus der damaligen Zeit. Dieses alte Filmmaterial hat Makavejev bearbeitet (koloriert und mit weiteren Dokumentarszenen versehen); er unterstreicht den Widerspruch zwischen der komischen Illusionswelt dieses Films und der Realität der damaligen Zeit, konfrontiert den Artisten selbst mit diesem Problem. Der Artist steht »für die kaum spürbare Veränderbarkeit naiven Bewußtseins auch in Zeiten radikaler äußerer Umbrüche. Hier wird ein Grundwiderspruch unserer Gesellschaften bloßgelegt, der zwischen praktischem Gefühl und praktischer Politik. Auf eigenwillige Weise evoziert der Film aufklärerisches Vergnügen.« (Heinz Ungureit)[116]

In *WR – Misterije organizma* (*WR – Mysterien des Organismus*, 1971), einem Film, der dem österreichischen Sexualwissenschaftler Wilhelm Reich gewidmet ist und teilweise in den USA entstand, behandelte Makavejev das Verhältnis zwischen Sexualität und Politik, das bereits in allen seinen früheren Filmen eine Rolle spielte. Aus einer Folge von Interviews entwickelt der Film Reichs Lebensgeschichte und Theorien, die auf eine Befreiung der menschlichen Sexualität zielen (an gewissen Punkten allerdings auch in Mystizismus umschlagen). Dazu führt er eine Spielhandlung um ein jugoslawisches Mädchen ein, das sich für sexuelle Freiheit im Marxismus einsetzt und eine Liebesaffäre mit einem sowjetischen Eisläufer beginnt, der ihr jedoch aus Versehen den Kopf abschneidet. In die jugoslawischen Sequenzen montiert Makavejev Dokumentar- und Spielfilmmaterial über Josef Stalin ein: Stalin, einen Raum durchschreitend; Stalin beim Pflanzen eines Baums. Dieser Teil des Films, der die ideologische Auseinandersetzung mit dem Marxismus führt, ist brillant und faszinierend; in seiner Mischung aus surrealen, fiktiven und dokumentarischen Stilmitteln trifft er exakt den Zusammenhang zwischen sexueller Unterdrückung und politischem Dogmatismus; aber Makavejev stellt diesen nicht als formulierte Erkenntnis, sondern eher als eine Art Eisensteinsche »Montage der Attraktionen« dar. Die Filmteile, die Reich selbst gewidmet sind, wirken in das Ganze nicht recht integriert und sind auch filmisch weniger originell. Wegen der »subversiven« Argumentation des Films, der Verletzung von Tabus und der satirischen Spitzen gegen die Sowjetunion erregte der Film bei den jugoslawischen Zensoren Anstoß und wurde verboten. Makavejev zog es vor, seinen nächsten Film, *Sweet Movie* (1974), im Ausland zu drehen. Leider wurde dieser Film eine Enttäuschung. Makavejevs Methode (als ob sie außerhalb Jugoslawiens des Widerstands entbehrte) degenerierte zum politischen Kabarett, zur augenzwinkendern Präsentation von Skandalbildern; dies war kein Film der Argumentation, sondern der Konfusion, der am Ende unfreiwillig albern wirkte.

Vom Dokumentarfilm her kam Puriša Djordjević (geb. 1924). Er drehte schon zwischen 1953 und 1961 mehrere Spielfilme, die aber keine Resonanz fanden. Eine neue Phase seiner Entwicklung begann Djordjević jedoch 1965 mit einer Serie von vier Filmen, die von einem lyrisch-poetischen Blickpunkt aus, unter Verwendung ungewohnter surrealer Stilmittel verschiedene Etappen jugoslawischer Geschichte aus Kriegs- und Nachkriegszeit beschrieben: *Devojka* (»Das Mädchen«, 1965), *San* (*Der Traum*, auch: *Ein serbischer Traum*, 1966), *Jutro* (*Ein serbischer Morgen*, 1967) und *Podne* (*Ein serbischer Mittag*, 1968). In diesen Filmen, die ihren Ausgang von dramatischen und tragischen Ereignissen des Partisanenkampfes nehmen, durchbricht Djordjević die Chronologie des Erzählens. Er dringt in die Bereiche des Imaginären vor, entwickelt neue Darstellungsformen, die der wirklichen Tragweite der historischen Ereignisse eher gerecht werden als der Naturalismus bisher üblicher Kriegsfilme. In *Das Mädchen* wird der Kampf einer Partisanengruppe gegen die Deutschen als alptraumartige Vision dargestellt, gesehen aus der Erinnerung einer Partisanin, die in diesem Kampf den Tod findet. In *Der Traum* stellen sich während des Krieges, als die Deutschen gerade abgezogen sind, die Bewohner zweier (eigentlich verfeindeter) Dörfer vor, wie es in einem zukünftigen Sozialismus einmal zugehen könnte. Dann bricht der Partisanenkampf erneut los, ein Mädchen träumt von der Zukunft mit ihrem (bereits toten) Geliebten, ehe auch sie ums Leben kommt; am Ende transportiert ein Zug lauter Tote. Traum und Wirklichkeit, Utopie und Tragik stehen nebeneinander, wobei das »Poetische« durchaus keine verklärende Funktion hat.

Dieser Ansatz wird weitergeführt und zugespitzt in *Der Morgen:* hier soll nach 1945 eine ehemalige Partisanin erschossen werden, weil sie Verrat beging; mit der Hinrichtung wird ausgerechnet der frühere Geliebte des Mädchens beauftragt, der solcher Parteidisziplin nur durch eine List auszuweichen vermag. Die Polemik des Films gegen eine politisch erzwungene, sinnlose Grausamkeit löste in Jugoslawien starke Diskussionen aus. *Der Mittag* spielt 1948 und führt einige Figuren früherer Filme des Zyklus (von denen Djordjević sogar Ausschnitte zitiert) wieder ein. Hintergrund des Geschehens ist der

Bruch der jugoslawischen Kommunisten mit der Sowjetunion 1948 und die dadurch bewirkte Umorientierung, der zunächst eine Phase allgemeiner Ratlosigkeit vorausging. Diese Ereignisse geben Djordjević Gelegenheit zu sarkastischen Kommentaren über den Konformismus von Funktionären und Dorfältesten, über die Auswechselbarkeit von Glaubensbekenntnissen, über das Auseinanderklaffen von Ideal und Wirklichkeit. *Cross Country* (*Querfeldein*, 1969), ein Film verschlüsselter politischer Botschaften, berichtet von einem Popen und seiner Tochter, einer leidenschaftlichen Dauerläuferin. *Biciclisti* (»Radfahrer«, 1971) war ein weiterer Film der Kriegs- und Widerstandsthematik, diesmal aber in mehr humoristischer Tonart. *Pavle Pavlović* (1975) schließlich enthält wieder eine starke gesellschaftskritische Polemik: ein Arbeiter deckt im Fernsehen Korruptionserscheinungen in seiner Fabrik auf und wird daraufhin von seinen Kollegen verprügelt; schließlich wird er wegen der Verletzung von Privateigentum sogar erschossen.

Živojin Pavlović (geb. 1933), ursprünglich Maler, bevor er – zunächst als Amateur – zum Film kam, wurde besonders oft mit der Schule des »schwarzen« jugoslawischen Films in Verbindung gebracht und sogar zum Hauptrepräsentanten dieser Richtung erklärt; in der Tat sind Pavlovićs Filme im allgemeinen von prononcierter Bitterkeit und pessimistischer Düsternis erfüllt. Nach Beiträgen zu zwei Episodenfilmen realisierte er 1964 *Povratak* (»Heimkehr«), einen Film, der jedoch auf Schwierigkeiten stieß und erst 1966 zur Aufführung kam; seine Hauptfigur ist ein aus dem Zuchthaus entlassener Jugendlicher. *Sovražnik* (*Der Feind*, 1965) ist eine Darstellung aus dem zeitgenössischen Arbeiterleben, vermischt mit der Thematik von Dostojewskis »Doppelgänger«: ein militanter Arbeiter, den seine Kollegen wegen der Strenge seiner Prinzipien verlachen, verkauft seine Seele an einen satanischen Doppelgänger, durch den er schließlich das Leben verliert. Der realistisch inszenierte Film verlangte auf seiner zweiten Ebene nach »Entschlüsselung«: Pavlović wollte untersuchen, welche Chancen ein Idealist in der heutigen Gesellschaft hat; die Antwort auf diese Frage fiel niederschmetternd aus. Noch bitterer und desillusionierter gab sich Pavlović in *Budjenje pacova* (*Die Ratten erwachen*, 1967): in einem heruntergekommenen Mietshaus wohnt ein ehemaliger Parteifunktionär, der wegen seiner stalinistischen Neigungen abgesetzt wurde und jetzt mühsam sein Leben fristet, indem er Krawatten näht; von seinem Freund, der mit pornographischen Fotos handelt, wird er wegen früherer Verwicklungen erpreßt. Pavlović fixiert systematisch die trüben oder hoffnungslosen Aspekte der Realität, die er jedoch nicht metaphysisch, sondern eher dokumentarisch einfängt; gleichzeitig durchsetzt er seinen Film mit bitterem Humor, der den Zuschauer von der Geschichte und ihren Personen Distanz gewinnen läßt. Mit den »Ratten« meinte Pavlović die Unterdrückten, Zukurzgekommenen, die Opfer der sozialistischen Gesellschaft, die für sich auch den »hellen Strahl der Sonne« beanspruchen. *Kad budem mrtav i beo* (»Wenn ich tot und bleich bin«, 1968) spielt in einem gorkischen Nachtasyl-Milieu. Der Held ist ein Wanderarbeiter, der gelegentlich vom Diebstahl lebt, in Streit mit einem Betriebschef gerät und schließlich auf absurde Weise erschossen wird. »Mit dissonanten Akkorden vollzog Pavlović eine giftige Kritik bestimmter Aspekte der jugoslawischen Realität.«[117] *Zaseda* (»Der Hinterhalt«, 1969) beschreibt die Befreiung des Landes von der Hitler-Okkupation, legt den Akzent aber auf die von Jugoslawen selbst begangenen Gewalttaten; so wird ein junger Kommunist irrtümlich erschossen, weil man ihn für einen Faschisten hält. In seinen letzten Filmen, *Crveno klasje* (»Roter Weizen«, 1971) und *Let mrtve ptice* (»Der Flug des toten Vogels«, 1974) analysiert Pavlović die Zustände auf dem Lande; er konstatiert Brutalität und Rückständigkeit vor allem im privaten Verhalten der Menschen.

Vatroslav Mimica (geb. 1923), ursprünglich ein Spezialist des Zeichentrickfilms, näherte sich mit seinen »Real«-Filmen *Prometej sa otoka Viševice* (»Prometheus auf der Insel Visevica«, 1965) – über die erfolglosen Bestrebungen eines Expartisanen, 1945 auf einer Insel die Elektrizität einzuführen – und *Ponedeljak ili utorak* (»Montag oder Dienstag«, 1966) – das Porträt eines Journalisten – ebenfalls der realistisch-sozialkritischen Hauptströmung des jugoslawischen Films. Mimica wandte sich allerdings später mit *Anno domini 1573* (1976) dem Genre des historischen Ausstattungsfilms zu. Zvonimir Berković brachte 1967 mit *Rondo* einen nach musikalischen Prinzipien konstruierten, kühlen, aber brillanten Film heraus, die psychologische Analyse einer Dreiecksbeziehung, deren formales Hauptmotiv das Schachspiel ist und die auch politische Aspekte nicht ausspart.

Etwas später als Djordjević und Pavlović debütierten zwei weitere jugoslawische Sozialkritiker und Pamphletisten: Žilnik und Čengić. Želimir Žilnik (geb. 1942) läßt in *Rani radovi* (*Frühe Werke*, 1969) eine Gruppe junger Revolutionäre den Versuch unternehmen, den Marxismus unter der Landbevölkerung Jugoslawiens zu verbreiten. Ihre Anführerin ist das Mädchen Jugoslawia, das durch die Lektüre der frühen Schriften von Marx zu revolutionärer Begeisterung entflammt wurde und ihre Mitmenschen nun im buchstäblichen Sinne »befreien« möchte. Natürlich scheitern die jungen Leute bei ihrem Vorhaben an der Lethargie des Landvolks und an ihren eigenen, zu hochgespannten Erwartungen, sie müssen Prügel, Abfuhren und Erniedrigungen einstecken. Žilniks Film verarbeitete auch Motive der Studentenrevolte von 1968 und versuchte, sie auf jugoslawische Realitäten zu übertragen; als Motto setzte er einen Spruch von St. Just: »Wer die Revolution nur halb macht, schaufelt sich sein eigenes Grab.« Žilniks Film, der letztlich eine Position der Aggression und Verzweiflung spiegelt, in seiner Grundhaltung aber ehrlich ist, wurde in Jugoslawien als subversiv empfunden; sein nächstes Werk, *Das Kapital* (1971), verbot man kurzerhand. Vorübergehend arbeitete Žilnik in der Bundesrepublik.

Bata Čengić bewies besonderes Talent zur politischen Satire in *Uloga moje porodice u svetskoj revolucii* (»Die Rolle meiner Familie in der Weltrevolution«, 1971): eine kleinbürgerliche Familie hat den Stalinismus vollkommen in ihrem Alltagsleben assimiliert, als plötzlich eine Konterrevolution ausbricht; die Familie hat nun große Mühe, sich auf die veränderte Situation einzustellen. Dem Film lag eine populäre Kabarettshow zugrunde. *Slike iz života udarnika* (*Szenen aus dem Leben eines Aktivisten*, 1972) blendet in die Aufbauphase der sozialistischen Gesellschaft nach dem Kriege zurück, als man die sowjetischen Methoden des »Stachanowismus« auch in Jugoslawien einzuführen suchte. Čengić schildert das Dasein eines solchen Modellarbeiters der damaligen Zeit, der ununterbrochen seiner Heldenrolle gerecht werden muß, in einer Mischung aus einfühlsamem Realismus (manche Bilder erinnern an naive Malerei) und Satire; in einem Epilog zeigt er, was aus den Akkordarbeitern 25 Jahre später geworden ist.

Filme wie dieser waren die letzte Manifestation des kritisch-satirischen jugoslawischen Kinos, das eine rückhaltlose Kritik an der Gegenwart übte, von der auch die »Grundlagen« der Gesellschaft nicht ausgenommen wurden und das manchmal eine »Poesie des Häßlichen« kultivierte. Nach 1972 hatte dieses Kino infolge der sich verschärfenden Zensurmaßnahmen in Jugoslawien keine Chance mehr. 1973 erhielt Krsto Papić auf dem Nationalfestival von Pula für seinen gleichfalls kritischen Film *Predstava Hamleta u Mrduši Donjoj* (»Die Aufführung von Hamlet auf dem Dorfe«) zwar noch eine Auszeichnung, jedoch fügte die Jury hinzu, daß dies »eine polemisch-kritische Einstellung zum Inhalt des Films keineswegs ausschlösse«.[118] Weitere Regisseure, die 1972 noch mit kritischen Filmen debütierten, dann aber – zumindest im Bereich des Spielfilms – vorerst nicht weiterarbeiten konnten, waren Miloš Radivojević, Miroslav Antić und Vuk Babić.

VI. Lateinamerika, Afrika, Asien, Australien

Lateinamerika

Zu Anfang der sechziger Jahre stellte sich Lateinamerika, kinematographisch betrachtet, noch als schlafender Kontinent dar. Bis zu diesem Zeitpunkt bestand eine nennenswerte Filmproduktion allein in Argentinien, Brasilien und Mexiko. Der kubanische Film befand sich nach dem Sieg der Revolution zunächst in einer Aufbauphase und beschränkte sich vornehmlich auf Dokumentarfilme. So kannte man das lateinamerikanische Kino zu diesem Zeitpunkt im Grunde nur durch das Werk der argentinischen Regisseure Leopoldo Torre Nilsson und Rodolfo Kuhn.

Erste Zeichen einer Erneuerung des lateinamerikanischen Kinos ließen sich in Brasilien beobachten. 1962 kann als Geburtsjahr des ›Cinema nôvo‹ gelten, einer Bewegung, die in Opposition zu dem bis dahin in Brasilien dominierenden Kommerzkino stand und zum ersten Mal den Versuch unternahm, aus dem Rückgriff auf nationale Traditionen ein spezifisch brasilianisches, volkstümliches und gesellschaftskritisches Kino zu entwickeln; die wichtigsten Werke des ›Cinema nôvo‹ entstanden 1963 und 1964, zu seinen Repräsentanten gehörten Nelson Pereira dos Santos und Glauber Rocha.

Wie mit einem Paukenschlag veränderte sich die Situation des lateinamerikanischen Kinos durch das Erscheinen des dreiteiligen argentinischen Dokumentarfilms *La hora de los hornos (Die Stunde der Hochöfen)* von Fernando Solanas im Jahre 1968. Dieser Film lieferte eine leidenschaftlich orchestrierte filmische Analyse der Situation Lateinamerikas als eines Kontinents der Unterentwicklung, der Ausbeutung und der krassen sozialen Gegensätze. *La hora de los hornos* war das Manifest einer neuen Kinematographie; der Film löste außerordentlich starke Wirkungen in Lateinamerika, aber auch in Europa aus.

Etwa zur gleichen Zeit verzeichnete die Kinematographie verschiedener anderer lateinamerikanischer Länder einen sprunghaften Aufschwung. Mit einfachen Mitteln gemachte, aber ausdrucksstarke, dicht an der Realität stehende Dokumentarfilme erschienen in Uruguay (Mario Handler drehte 1967 den Wahlfilm *Elecciones* und 1968 die politische Chronik *Me gustan los estudiantes – Ich mag die Studenten* – sowie den analytischen *El problema de la carne – Das Problem des Fleischs*, 1969; Handler gründete 1969 die ›Cinemateca del Tercer Mundo‹, die ›Kinemathek der Dritten Welt‹) und Venezuela (hier hatten Carlos Rebolledo sowie Jorge Solé bereits eine gewisse Kontinuität des Dokumentarfilms entwickelt; Solés Hauptwerk ist *T-Venezuela*, 1969, eine Untersuchung über die politische Funktion des Fernsehens), etwas später auch in Kolumbien (Carlos Alvarez, Jorge Silva/Marta Rodríguez); auch in Argentinien selbst verbreiterte sich die Basis der neuen Filmarbeit. Schließlich hatte das brasilianische ›Cinema nôvo‹ sich mit den Werken Glauber Rochas, Ruy Guerras und anderer Regisseure entfaltet, und die Kubaner (Espinosa, Alea, Alvarez, Solas, Gomez) lieferten mittlerweile brillante Beispiele eines nicht nur inhaltlich, sondern auch formal revolutionären Dokumentar- und Spielfilmschaffens.

In diesen Jahren der Blütezeit des lateinamerikanischen Kinos, die etwa von 1968 bis 1973 dauerte, hatte sich der europäische Beobachter daran gewöhnt, den lateinamerikanischen Film quasi als eine Einheit zu begreifen. Zu diesem synthetischen Eindruck eines gesamtlateinamerikanischen Kinos trugen auch die Spielfilme des Bolivianers

Jorge Sanjines bei – *Ukamau* (1966), *Yawar mallku* (*Das Blut des Kondors*, 1969) und *El coraje del pueblo* (*Der Mut des Volkes*, 1971), exemplarische Beispiele eines politisch-didaktischen Kinos großer künstlerischer Kraft. Auch der chilenische Film trat nach dem Amtsantritt Allendes in eine neue, fruchtbare Phase seiner Entwicklung; die Filme Miguel Littins und Helvio Sotos befestigten den Ruf der chilenischen Kinematographie. Man kann sagen, daß in diesen Jahren zwischen 1968 und 1973 der lateinamerikanische Film als Avantgarde der progressiven Welt-Kinematographie erschien.

In dieser Zeit entstanden auch wichtige, für das lateinamerikanische Kino allgemein verbindliche Texte. Fernando Solanas und Octavio Getino, die Autoren von *La hora de los hornos*, prägten in einem 1969 erschienenen Aufsatz (»Hacia un tercer cine« – »Für ein Drittes Kino«)[1] den Begriff eines ›Dritten Kinos‹, den sie auf eine supranationale Bewegung bezogen. Das ›Erste Kino‹ ist, dieser Darstellung zufolge, das des Konsums, der präfabrizierten Formen, der Kontrolle durch die mächtigen Konzerne. Das ›Zweite Kino‹ ist der individuell konzipierte Autorenfilm; es bedeutet schon den Versuch einer »kulturellen Dekolonisation«, aber es denkt oft nur über sich selbst nach und ist für ein elitäres Publikum gedacht. Das »Dritte Kino« dagegen ist »ein Instrument, um unsere Wahrheit mitzuteilen, gründlich, objektiv, subversiv, das . . . den unmündigen und unterdrückten Menschen befreien will«.[2] Solanas und Getino präzisierten ihre Anschauungen in einem Programm: »Der Mensch des DRITTEN KINOS . . . stellt der Filmindustrie ein Filmhandwerk entgegen:

einem Kino der Individuen eines der Massen
einem Autorenkino ein Kino der Arbeitskollektive
einem Kino der neokolonialen Desinformation ein Kino der Information
einem Kino der Ausflucht ein Kino der Wahrheit
einem passiven Kino ein Kino der Aggression
einem institutionalisierten Kino ein Kino der Guerrillas
einem Kinospektakel einen Kinoakt, eine Kinoaktion
einem Kino der Destruktion ein Kino gleichzeitiger Destruktion und Konstruktion
einem Kino, das für den alten Menschen gemacht wurde, ein Kino nach dem Maßstab des neuen Menschen, nach der Möglichkeit, daß jeder von uns der ist, der er ist.«[3] Der kubanische Regisseur Julio García Espinosa plädierte unter der Überschrift »Für ein nichtperfektes Kino« für eine Filmkunst, die vor allem »die Barriere zwischen einem ›gebildeten‹ und einem ›minoritären‹ Gesprächspartner zu überspringen sucht«.[4] Glauber Rocha verfaßte sein Manifest »Eine Ästhetik des Hungers«.[5]

Die »heroische« Phase des lateinamerikanischen Films ging jedoch Anfang der siebziger Jahre wieder zu Ende; der Umschwung der politischen Verhältnisse in den meisten lateinamerikanischen Ländern schob der Produktion unabhängiger Filme, die die Machthaber als »subversiv« betrachten konnten, einen Riegel vor. Bereits 1964 wurde in Brasilien ein Militärregime errichtet, dessen wachsender Druck die Freiräume des ›Cinema nôvo‹ immer mehr einengte und einen Regisseur wie Glauber Rocha 1969 zur Auswanderung nötigte. In Bolivien zwang der Militärputsch des Generals Banzer Jorge Sanjines 1972, das Land zu verlassen; in Kolumbien war der Filmemacher Carlos Alvarez von 1972 bis 1974 ohne Prozeß inhaftiert. Die Filmemacher Chiles wurden nach dem faschistischen Militärputsch 1973 entweder verhaftet oder mußten das Land verlassen; der chilenische Film findet heute nur noch in der Emigration statt. Selbst in Argentinien, wo noch 1972/73 günstige Bedingungen der Filmarbeit herrschten, ist nach dem Militärputsch vom März 1976 eine politische oder gesellschaftskritische Filmarbeit unmöglich geworden; nur der Kommerzfilm hält sich noch am Leben. So befindet sich das Kino Lateinamerikas gegenwärtig in einer Phase der Regression. Allein in Mexiko (wo das Filmwesen staatlich finanziert, allerdings auch kontrolliert wird) und in Venezuela (wo infolge der Erdöl-Einkünfte eine hochentwickelte Filmindustrie besteht, deren aufwendige Produkte vornehmlich auf kommerzielle Verwertbarkeit zielen), mit gewissen Einschränkungen auch in Kolumbien und Peru (wo die einheimische Kurzfilmproduktion staatlich protegiert wird) herrschen momentan Bedingungen, unter denen die Herstellung ambitionierter Filme in gewissen Grenzen möglich ist. Beispiele für anspruchsvollere Produktionen, die neuerdings im filmwirtschaftlichen System dieser Länder entstanden, sind *El cine soy yo* (»Der Film, das bin ich«, 1977) von Luis Armando Roche (Venezuela), die abenteuerlich-phantastische Geschichte eines Kino-Wandervorführers, und *Los perros hambrientos* (*Die hungrigen Hunde,* 1976) von Luis Figueroa (Peru), die sozialkritische Schilderung von Auseinandersetzungen zwischen Banditen (die aus Not in die Illegalität gingen), armer Landbewohner und der Polizei, oder (ebenfalls aus Peru) *Kuntur wachana – Un dia regresaran los condores* (»Eines Tages werden die Kondore zurückkehren«, 1977) von Federico Garcia und *Muerte al amanecer* (»Tod im Morgengrauen«, 1977) von Francisco José Lombardi. Der kubanische Film schließlich ist aus seiner »romantischen« Phase herausgetreten und scheint sich momentan vor allem auf innenpolitische Aufgabenstellungen zu konzentrieren, setzt jedoch seine künstlerischen Traditionen fort.

Mit 240 Millionen Kinobesuchern im Jahr ist Brasilien der fünftgrößte Absatzmarkt für Filme auf der Welt (noch vor England, Frankreich und der Bundesrepublik).[6] Von allen lateinamerikanischen Ländern hat Brasilien (neben Mexiko) die am stärksten entwickelten filmwirtschaftlichen Strukturen (Produktion, Verleih, Kinos), und es ist daher nicht überraschend, daß die Erneuerungsbewegung des brasilianischen Films in den sechziger Jahren, das ›Cinema nôvo‹, (»Neues Kino«) sich im Rahmen des bestehenden filmwirtschaftlichen Systems herausbildete und auf eine Reform dieses Systems von innen im Sinne des Autorenfilms zielte. Zu Beginn der sechziger Jahre formierte sich das ›Cinema nôvo‹ als eine von jungen Regisseuren getragene Bewegung, die in Opposition zum bisher vorherrschenden Kommerzkino stand; die neue Strömung strebte Realismus und Volkstümlichkeit an, Widerspiegelung sozialer Realitäten, Aktivierung der Zuschauer, obgleich eine wirklich verbindliche Plattform der Bewegung nie formuliert wurde. Zwischen 1962 und 1964 konnten brasilianische Filme auf verschiedenen Festivals Erfolge verzeichnen; die europäische Kritik wurde aufmerksam, als 1964 in Cannes gleich zwei bedeutende Filme des ›Cinema nôvo‹ auftauchten, *Vidas secas* von Nelson Pereira dos Santos und *Deus e o diabo na terra do sol (Gott und Teufel im Land der Sonne)* von Glauber Rocha. Zum Vertrieb ihrer Filme gründeten die Regisseure des ›Cinema nôvo‹ eine Kooperative, die ›Difilm‹, mit deren Hilfe sich die Filmemacher trotz wachsender Behinderung durch staatliche Filmstellen und durch die Zensur einige Jahre behaupten konnten. 1964 wurde das liberal-reformistische Regime des Präsidenten Goulart gewaltsam gestürzt und durch eine Militärdiktatur ersetzt. Damit verschlechterten sich auch die Produktionsbedingungen für das gerade eben entstandene ›Cinema nôvo‹. Dennoch brach die Entwicklung nicht ab; immerhin konnte Glauber Rocha noch *Terra em transe* (*Land in Trance*, 1967) und *O dragão de maldade contra o santo guerreiro* (»Der Drachen des Bösen gegen den heiligen Krieger«, *Antonio das Mortes*, 1968) drehen. Ab 1969 setzte eine neuerliche Verschärfung des innenpolitischen Klimas ein, die die Regisseure des ›Cinema nôvo‹ zum Ausweichen in die Bezirke der Historie oder der Literatur zwang. Aber selbst unter diesen schwierigen Bedingungen entstand noch ein so hervorragender und auch politisch aktueller Film wie *São Bernardo* (1972).

Inzwischen haben die Regisseure des ›Cinema nôvo‹ – von der Existenz der Bewegung kann man nach 1969 nicht mehr sprechen – sich mit Erfolg um eine Verbesserung der nationalen Kinostrukturen bemüht. Durch die staatliche Firma ›Embrafilme‹ werden seit 1969 Verleihgarantien und Produktionszuschüsse vergeben; für die Kinos ist eine Mindestspieldauer einheimischer Filme festgesetzt, so daß die jährliche Produktion brasilianischer Filme von 30 (zwischen 1962 und 1967) auf 72 (1970) und 106 (1971) anstieg.

Entstehung und Theorie des ›Cinema nôvo‹

Vor 1960 gab es neben Karneval-Musicals und Carioca-Komödien praktisch keine künstlerisch ernstzunehmende Filmproduktion in Brasilien – mit Ausnahme des Erfolgsfilms *O Cangaceiro* (1953) von Lima Barreto und zwei realistischen Filmen von Nelson Pereira dos Santos. 1961–62 begann sich jedoch ein anderes »Klima« im brasilianischen Film auszubreiten. Jüngere Regisseure, die zumeist der Studentenbewegung nahestanden, meldeten sich mit eigenen Themen und neuen stilistischen Vorstellungen zu Wort. 1962 erschien eine Gruppe von Filmen, die den sich anbahnenden Umschwung signalisierten: *O assalto ao trem pagador* (»Der Überfall auf den Postzug«) von Roberto Farias, ein Kriminalfilm mit sozialkritischen Hintergründen, dem wegen seiner populären Form ein großer Publikumserfolg zuteil wurde; *Os cafajestes* (»Die Müßiggänger«) von Ruy Guerra, die Geschichte zweier Spitzbuben, die versuchen, eine bedeutende Persönlichkeit zu erpressen; *O pagador de promesas (50 Stufen zur Gerechtigkeit)* von Anselmo Duarte, ein mystischer Film über einen armen Mann, der ein religiöses Gelübde erfüllt, aber in die Rolle eines Ketzers und Aufrührers gedrängt wird (der Film gewann 1962 die Goldene Palme des Cannes-Festivals). Ferner erschien ein kollektiv hergestellter Episodenfilm über die Armenviertel von Rio, *Cinco veces favela* (»Fünfmal Favela«), den die ›Nationale Studentenunion‹ finanzierte und an dem Pedro de Andrade, Marcos Farias, Leon Hirszman und Carlos Diegues mitarbeiteten; *Porto das Caixas* (»Hafen der Kisten«) von Paulo Cesar Saraceni, der Bericht über »gescheiterte Existenzen, die elend an einer Eisenbahnlinie leben«[7], und schließlich Glauber Rochas *Barravento*, ein sozial engagierter Spielfilm über ein Fischerdorf bei Bahia. Der Terminus ›Cinema nôvo‹ wurde gefunden, um die neue brasilianische Kinematographie zu bezeichnen; überliefert ist der Ausdruck zum ersten Mal in Glauber Rochas 1963 erschienenem Buch »Revisão critica do cinema brasileiro« (»Kritische Revision des brasilianischen Kinos«). Bald folgten dann einige Werke, die dem ›Cinema nôvo‹ stärkeres Profil gaben: *Ganga Zumba* (von Carlos Diegues, 1963), *Garrincha, allegria do povo* (»Garrincha, Freude des Volkes«, 1963) von Joaquim Pedro de Andrade, eine Reportage über den Mythos des brasilianischen Fußballs, *Vidas secas* (»Trockenes Leben«, 1963) von Nelson Pereira dos Santos, die zugleich realistische und poetisch eindringliche Schilderung vom Lebenskampf einer armen Landarbeiterfamilie, vielleicht der schönste, klarste und eindringlichste Film des ›Cinema nôvo‹ überhaupt; und Glauber Rochas großangelegte mythische Ballade *Deus e o Diabo na terra do sol* (*Gott und Teufel im Land der Sonne*, 1964), die durch ihre kühnen poetischen Formen faszinierte und besonders bei der europäischen Kritik ein starkes Echo hinterließ.

Von 1962 bis 1964 herrschte im brasilianischen Film ein euphorisches Klima der Erneuerung, verbunden mit der Vorstellung nahezu unbegrenzter Möglichkeiten. Wo lag aber der eigentliche Ursprung der Bewegung? Die Entwicklung des neuen brasilianischen Kinos ist nicht unabhängig vom allgemeinen kulturellen und zivilisatorischen Aufschwung des Landes in den fünfziger Jahren zu sehen (der allerdings nur einer Minorität von Privilegierten zugute kam). Einen wichtigen Einfluß auf den Film übte zum Beispiel das neue brasilianische Theater aus; auch in der brasilianischen Dichtung und der Musik (bis hin zum »Bossa Nova«) gab es neue Impulse. »Eine ganze Generation beginnt, sich in der öffentlichen Verwaltung und in den Universitäten, in der Industrie und in der Politik zu betätigen ... Und so war die Entstehung eines ›Cinema nôvo‹ natürlich und unvermeidlich: Es ist der Film, der vom neuen Brasilien gefordert wird.« (Alex Viany)[8] Zwar ist das Phänomen des brasilianischen ›Cinema nôvo‹ deutlich in der Sphäre des Bürgertums und der Intellektuellen beheimatet. Ideologisch kann man es in die Nähe der Doktrin des nationalliberalen »Populismus« rücken, der bis 1964 die gesamte brasilianische Linke verhaftet war. Sicherlich hatte die neue Filmbewegung in Brasilien auch etwas mit der französischen ›Nouvelle vague‹ zu tun. Aber die bürgerlich-intellektuellen Filmkünstler Brasiliens besannen sich auf ihre sozialen Aufgaben; als diese empfanden sie eine »kulturelle Entkolonisierung«, eine Rückkehr zu authentisch brasilianischen Motiven und Stilformen (für die man auch den Begriff des »Tropikalismus« prägte), eine

Aufdeckung sozialer Widersprüche, die Beförderung eines Prozesses der Emanzipation und Selbsterkenntnis in der Bevölkerung.

Der wahrscheinlich wichtigste theoretische Text des ›Cinema nôvo‹ ist Glauber Rochas Manifest »Eine Ästhetik des Hungers« – zum ersten Mal als Referat vorgetragen im Januar 1965 auf einem Festival des lateinamerikanischen Films in Genua; er wurde im gleichen Jahr in der »Revista Civilazacão Brasileira« abgedruckt und erschien später in manchen, meist gekürzten Varianten, oft auch unter der Überschrift »Eine Ästhetik der Gewalttätigkeit«.[9] In diesem Text leitet Glauber Rocha die Eigenschaften und die Zielsetzungen des ›Cinema nôvo‹ aus dem Hunger als einer Grundgegebenheit der lateinamerikanischen Gesellschaft ab. »Der lateinamerikanische Hunger ist nicht nur ein alarmierendes Symptom der sozialen Armut: er ist die Essenz einer Gesellschaft, er veranlaßt uns, unsere Kultur als eine Kultur des Hungers zu definieren. Hier liegt die tragische Originalität des ›Cinema nôvo‹ in seinem Verhältnis zur Weltkinematographie: unsere Originalität ist unser Hunger, und unser größtes Elend liegt darin, daß dieser Hunger zwar gefühlt, aber nicht verstanden wird. (. . .) Wir verstehen diesen Hunger, den der Europäer nicht verstanden hat und den nicht einmal die Mehrheit der Brasilianer verstanden hat. Für den Europäer handelt es sich um einen seltsamen tropischen Surrealismus. Für den Brasilianer handelt es sich um eine nationale Schande. Er hat nichts zu essen, aber er schämt sich, es zu sagen; und vor allem weiß er nicht, woher dieser Hunger kommt. Wir – die wir diese häßlichen und traurigen, herausgeschrienen, verzweifelten Filme gemacht haben, in denen nicht immer die Stimme der Vernunft am lautesten vernehmbar war – wir wissen, daß der Hunger nicht durch eine Planwirtschaft der Regierung beseitigt werden kann (. . .). Aber wir wissen, daß nur eine Kultur des Hungers, indem sie ihre eigenen Strukturen unterminiert, eine qualitative Veränderung herbeibringen kann: und die authentischste Manifestation des Hungers ist die Gewalt. (. . .) Eine Ästhetik der Gewalt ist nicht gleichbedeutend mit Primitivismus, sondern sie ist revolutionär: das ist der Augenblick, in welchem der Kolonialherr sich der Existenz des Kolonisierten bewußt wird. (. . .) Das ›Cinema nôvo‹ distanziert sich von der Industrie, weil der industrielle Film sich nur für die Lüge und die Ausbeutung engagiert. Die wirtschaftliche und industrielle Integration des ›Cinema nôvo‹ hängt von der Freiheit Lateinamerikas ab. Für diese Freiheit engagiert sich das ›Cinema nôvo‹ . . . Das ist eine Frage der Moral, die sich in den Filmen widerspiegeln wird, in der Zeit, die man sich nimmt, um einen Menschen oder ein Haus zu filmen, im Objekt, das im Brennpunkt steht, in der Moral, die man vertreten wird: das ›Cinema nôvo‹ ist kein Film, sondern eine Vielzahl von Filmen im Prozeß ihrer Entwicklung; es wird schließlich dem Publikum das Bewußtsein seines eigenen Elends vermitteln.«[10]

In diesem Text Glauber Rochas werden die tieferen Impulse nicht nur des brasilianischen ›Cinema nôvo‹, sondern des lateinamerikanischen Kinos insgesamt deutlich. Auf einen weiteren wichtigen Punkt hat der Kritiker Jean-Claude Bernadet hingewiesen: die Regisseure des ›Cinema nôvo‹ empfinden keinen Widerspruch zwischen dem »Autorenkino« als Hervorbringung eines individuellen Künstlers und einem »volkstümlichen« oder gar politischen Kino[11], zwischen ihrem Kampf um eine Veränderung der Kinostrukturen und dem Kampf um eine Veränderung der Realität. Diese Widersprüchlichkeit in ein Argument gegen die Filme selbst zu verwandeln (»die Filme sind teils Spektakel im Sinne des sog. Kunstkinos, teils Diskurs, werden aber weder dem einen noch dem anderen wirklich gerecht«[12]), erscheint ungerecht, denn eine solche Position verkennt die künstlerische Kraft vieler ›Cinema nôvo‹-Filme; wenn auf der anderen Seite dem ›Cinema nôvo‹ der Durchbruch zur wirklichen Popularität im Sinne großer Kassenerfolge nicht gelungen ist (mit der Ausnahme von Roberto Farias *Überfall auf den Postzug* und *Macunaima* von Pedro de Andrade), so muß man dem entgegenhalten, daß eine tatsächliche

Popularität angesichts der herrschenden kulturell-ideologischen Bedingungen wahrscheinlich nur unter Verzicht auf die ästhetische Neuartigkeit der Filme hätte erreicht werden können.

Thematisch lassen sich im ›Cinema nôvo‹ drei Hauptlinien beobachten: da ist einmal die Thematik der nordostbrasilianischen Steppenlandschaft des »Sertão«, im Zentrum stehen hier die Existenzprobleme ihrer Bewohner; dann gibt es eine psychologische Thematik, die meistens in Filmen über die Bourgeoisie der Großstädte ihren Ausdruck findet und sich oft mit einer Analyse politischer Verhältnisse verbindet; schließlich ergibt sich als ein dritter Komplex die Welt der Traditionen und Legenden, der mythischen Gestalten aus der brasilianischen Folklore, eine Thematik, die besonders bei Glauber Rocha stark ausgeprägt ist. Diese Tendenz ist nicht zu verwechseln mit Exotismus; im Gegenteil steht sie unter dem Vorzeichen einer Bekämpfung des kulturellen Kolonialismus.[13]

Die Regisseure des ›Cinema nôvo‹

Das brasilianische ›Cinema nôvo‹ verfügt über eine ganze Reihe von Regisseuren ausgeprägter Individualität, die jedoch wegen der schwierigen Arbeitsbedingungen in ihrem Land nur in unregelmäßigen Abständen Filme machen konnten (und nicht immer solche ihrer freien Wahl). Zu den bekanntesten Vertretern der Bewegung gehören Nelson Pereira dos Santos und Glauber Rocha sowie Gustavo Dahl, Carlos Diegues, Ruy Guerra, Leon Hirszman, Joaquim Pedro de Andrade und Paulo Cesar Saraceni.

Nelson Pereira dos Santos (geb. 1928) kann im Hinblick auf seine dokumentarischen Spielfilme aus den fünfziger Jahren *(Rio, 40 graus* – »Rio, 40 Grad«, 1955; *Rio, Zona Norte,* 1957) als wichtigster Ahnherr und »Vater« des ›Cinema nôvo‹ gelten. *Mandacaru vermelho* (1961) war ein Film über die »primitive und tragische Realität des brasilianischen Nordostens«[14], während es sich bei *O boca de ouro* (1963) um einen kommerziellen Kompromiß zu handeln scheint. 1963 drehte Pereira dos Santos sein Meisterwerk *Vidas secas* (»Trockenes Leben«, deutscher Verleihtitel: *Vidas secas – Nach Eden ist es weit*), das 1964 in den Kinos erschien. Obwohl dem Film ein Roman von Graciliano Ramos zugrunde lag, ist *Vidas secas* das Gegenteil eines »literarischen« Films. Mit bewundernswert einfachen, realistischen Stilmitteln, zu denen Beobachtungsgabe, Gespür für die Bedeutung von Landschaft, Dekor und Licht, vor allem aber Verständnis und Sympathie für die Protagonisten gehören, erzählt Pereira dos Santos die alltägliche Geschichte eines Viehhirten und seiner Familie aus dem »Sertão«, die sich auf der Flucht vor der Trockenheit befinden; er entwirft ein in seiner Schlichtheit bewegendes, großes und tragisches Porträt des brasilianischen »Menschen aus dem Nordosten«. Der Held der Geschichte, Fabian, marschiert mit seiner Frau und zwei Kindern durch endlose Wälder von Gestrüpp, bis er schließlich ein verlassenes Haus findet, dessen Besitzer einwilligt, ihn als Viehhirten zu beschäftigen. Auf einem Fest im nahegelegenen Dorf verliert Fabian sein letztes Geld und landet im Gefängnis. Schließlich kommen Cangaceiros und befreien ihn; aber schon bald muß die Familie vor der sich ausbreitenden Dürre auch dieses Gebiet wieder verlassen. Die Stärke des Films liegt im dokumentarischen Registrieren alltäglicher Gesten und Verhaltensweisen, in denen sich die Lebensformen einer verarmten und unterdrückten Bevölkerung kristallisieren, der es nur noch um das Überleben geht. Es gelingt Pereira dos Santos, diesen Zustand eindringlich zu beschwören, indem er die Umwelt, das karge Milieu, das Ausgeliefertsein der Protagonisten an eine gnadenlose Natur, aber auch ihre soziale Abhängigkeit von launischen Machthabern (Grundbesitzer, Polizei, Cangaceiros) in präzisen Details beschreibt. Pereira dos Santos überhöht die Wirklichkeit nicht, aber er vertieft sie; aus einer insistierenden

Beobachtung leitet er poetische Metaphern ab, so das unaufhörliche Quietschen eines primitiven Holzkarrens beim Fahren, das zugleich Bestandteil der Wirklichkeit und Schrei der Not und Verzweiflung ist. So läßt sich *Vidas secas* als ein beispielhaftes Werk für die Anwendung der realistischen Methode im Film betrachten. Der Kritiker Alex Viany bezeichnete *Vidas secas* 1963 als den »besten jemals in Brasilien hergestellten Film«.[15]

In seinen späteren Filmen schlug Nelson Pereira dos Santos eine andere Richtung ein als in *Vidas secas. El justicero* (1967) war eine Komödie über das Bürgertum, *Fome de amor* (»Hunger nach Liebe«, 1968) ein improvisiertes Drama über einen blinden, ehemals revolutionären Millionär und eine gescheiterte Pianistin, ein Film von »provokatorischem Geist«.[16] In den Bereich phantastischer und allegorischer Konstruktionen begab sich Pereira dos Santos mit *Azyllo muito Louco* (auch: *O Alienista*, deutscher Fernsehtitel *Das Irrenhaus*, 1970), einer Parabel über den gescheiterten Versuch eines Priesters, Geisteskranke in einem Asyl unterzubringen, und *Quem e Beta?* (»Wer ist Beta?« 1973), einer Art Science-fiction-Fabel über einen Bürgerkrieg zwischen »Infizierten« und »Nicht-Infizierten«. Einzig *Como era gostoso o meu Frances* (»Wie köstlich schmeckte mein kleiner Franzose«, 1971) schien wieder an die früheren Filme des Regisseurs anzuknüpfen: der Film spielt unter brasilianischen Eingeborenen des 16. Jahrhunderts und erzählt die Geschichte eines französischen Priesters, den Indianer gefangennehmen, der eine Weile bei ihnen leben darf, aber schließlich von ihnen getötet und verzehrt wird. Pereira dos Santos rekonstruierte die Lebensbedingungen der brasilianischen Ureinwohner aus dem Blickwinkel eines Anthropologen; er fügte Zwischentitel, Textzitate und Briefe in seinen Film ein, die das Desinteresse der damaligen Kolonisatoren an der Kultur der Ureinwohner Brasiliens zum Ausdruck brachten. Über seine letzten Filme insgesamt äußerte der Regisseur, daß er sich in ihnen auf eine Diskussion darüber eingelassen habe, »welches der beste Weg zur Interpretation der brasilianischen Wirklichkeit sei«.[17]

1975 drehte Pereira dos Santos *O amuleto di Ogum*, einen ziemlich reißerischen Kriminalfilm, der sich mit den Formen einer heidnischen Religion, der »umbanda«, beschäftigte. *Tenda dos milagres* (»Basar der Wunder«, 1977) ist eine kritische, auf weite Strecken satirische Untersuchung über Rassenkonflikte in der brasilianischen Gesellschaft am Beispiel der Geschichte eines farbigen Hausmeisters einer Universität, der als Autodidakt zum Wissenschaftler wird: der Film war mit Verve und Pointierung gemacht und bestätigte erneut das Talent von Pereira dos Santos.

Am häufigsten ist in Europa der Regisseur Glauber Rocha mit dem ›Cinema nôvo‹ identifiziert worden, weil seine stark auf Folklore, Mythologie und nationaler Überlieferung beruhenden Filme mit ihrer Ausweitung ins Phantastische am ehesten der Vorstellung eines Kinos exotischer Fremdartigkeit entsprachen. Glauber Rocha (geb. 1938) studierte Jura und war zunächst als Filmkritiker tätig, ehe er ab 1958 mit Kurzfilmen und 1962 mit seinem ersten Spielfilm *Barravento* hervortrat. *Barravento* (»Sturm«) ist eine Geschichte vom Klassenkampf in einem Dorf schwarzer Fischer in der Region von Bahia: die besitzlosen Fischer sind einem Ausbeuter unterworfen, dem das Fangnetz gehört. Der Film verrät den Einfluß vieler Vorbilder aus der Filmgeschichte; gleichzeitig beweist er Glauber Rochas Interesse für die Mythologie und Religion der Fischer als Bestandteil ihrer Realität. Solche Motive bestimmen auch seinen folgenden Film *Deus e o diabo na terra do sol* (*Gott und Teufel im Land der Sonne*, 1964), neben *Vidas secas* ein Hauptwerk des ›Cinema nôvo‹. *Gott und Teufel . . .* ist ein Heldenepos über den »Sertão«, ein Film kühner Phantastik und poetischer Erfindungskraft, basierend teils auf historischen Figuren und Vorfällen (er geht auf reale Ereignisse des Jahres 1940 zurück), teils auf populären Legenden, zusammengeschweißt von einer übergreifenden mythologischen Konzeption. Drei Kräfte scheinen die brasilianische Realität und das Dasein der verarmten Volksschichten des »Sertão« zu bestimmen: da ist der Mystiker Beato Sebastião, der »schwarze Gott«, der seinen Anhängern Erlösung verspricht (einen Goldregen über der Straße, die Verwandlung des »Sertão« in ein Meer), wenn sie nur genug Buße tun. Ihm gegenüber steht der blutrünstige und grausame Cangaceiro Corisco, der den Tod seines Anführers Lampião zu rächen sucht; beide werden verfolgt und schließlich getötet von Antonio das Mortes, der im Dienst der Kirche und der Reichen steht. Zwischen diesen drei Hauptfiguren befinden sich (wie im Zentrum eines Dreiecks) der verarmte Viehhirt Manuel und seine Frau Rosa, die sich erst Sebastião, dann Corisco anschließen, den Gemetzeln entgehen und schließlich dem Traum eines besseren Lebens entgegenfliehen. Begleitet wird die in ausdrucksstarke, fast expressionistische Tableaux aufgelöste Handlung von Volkssänger-Balladen, die das Geschehen noch einmal auf einer anderen Ebene reflektieren. Die Corisco-Episode basiert auf mehreren solcher »Romanceiros«. In dieser Einarbeitung von Elementen volkstümlicher Überlieferung versuchte Glauber Rocha dem Anspruch des ›Cinema nôvo‹ gerecht zu werden, eine »populäre« Kunst zu sein; es gelang ihm, Mystik und Realismus, Folklore und Sozialkritik, dokumentarische Detailtreue und opernhaftes Pathos in einem eigenwilligen Stilentwurf (einem »wütenden Sich-ineinander-Verbeißen von Primitivität und Intellekt«[18]) miteinander zu verschmelzen. In *Deus e o diabo* verwirklichte sich, was Glauber Rocha in seinem späteren Manifest die »Ästhetik des Hungers und der Gewalt« genannt hatte.

Terra em transe (*Land in Trance*, 1967) verließ die »Sertão«-Thematik zugunsten einer leidenschaftlich und konvulsivisch übersteigerten Allegorie politischer Auseinandersetzungen in dem fiktiven lateinamerikanischen Staat Eldorado. Dort bekämpfen sich der »Demokrat« Diego Viera, Kandidat der Linken, und der »Faschist« Porfirio Diaz; im Hintergrund des Intrigenspiels wirken eine ausländische Investitionsgesellschaft »Explint« und ein einheimischer Monopolkapitalist. Exemplarisch für das Verhalten der bürgerlichen lateinamerikanischen Intellektuellen ist die Figur des Dichters Paulo Martins, der früher einmal mit dem Faschisten paktierte, dann aus Erkenntnis der fundamentalen sozialen Ungerechtigkeit zur Linken überwechselt; er geht Kompromisse ein, wird am Ende von den Mächtigen fallengelassen und stirbt einen sinnlosen Tod. Die Ereignisse des Films vollziehen sich in überstürztem Tempo und in einem Klima hysterischer Exaltation; dem sind auch die Stilmittel des Films angepaßt, der viele Szenen wie barocke Visionen abbildet, extreme Kamerawinkel, pathetische Gesten und grelle Kontraste bevorzugt; das ergibt einen Stil »fulminanter Expressionswut«.[19] Das Klima von Chaos und Mystik, das den Film durchzieht, wird von Glauber Rocha bewußt eingesetzt als Mittel der Denunziation politischer Zustände: Korruptheit der Herrschenden, mangelnde Emanzipation der Bevölkerung.

Mit *Antonio das Mortes* (*O dragão da maldade contra o santo guerreiro* – »Der Drachen der Bosheit gegen den heiligen Krieger«, 1969) kehrte Glauber Rocha noch einmal zum »Sertão« und zur mythischen Personenwelt von *Gott und Teufel* . . . zurück. Antonio das Mortes wird abermals von einem Grundbesitzer beauftragt, gegen die »Beatos« (Wunderprediger) sowie gegen die Cangaceiros zu Felde zu ziehen, doch will er diesmal dafür kein Geld nehmen. Er tötet einen Cangaceiro, schließt sich dann aber den »Beatos« an und kämpft mit ihnen gegen die Armee – zusammen mit dem »Volk«, das sich in karnevalistischer Trance zu befinden scheint. Dabei wird der Grundbesitzer von einem Schwarzen zu Pferde mit einer Lanze getötet – eine Nachbildung der Legende vom heiligen Georg. Am Schluß des Films geht Antonio das Mortes nach blutigen Auseinandersetzungen (in die auf seiten des Volkes auch noch ein Lehrer eingriff) wie ein Westernheld davon; plötzlich befindet er sich in der Gegenwart, auf einer Asphaltstraße, Lastwagen fahren an ihm vorbei. *Antonio das Mortes* ist zugleich brasilianischer Western (Glauber

Rocha berief sich auf das Vorbild von *Red River, El Dorado* und *Rio Bravo*), populäre Oper, philosophisches Welttheater, Arena für legendäre Figuren (die Gestalt von Antonio das Mortes ergibt in ihrer visuellen Erscheinung einen Kinomythos par excellence) und ein Essay in moderner Kinoästhetik.

Nach *Antonio das Mortes* verließ Glauber Rocha Brasilien aus Opposition gegen das Militärregime; seine nächsten Filme entstanden im Kongo-Brazzaville (*Der Leone have sept cabecas – Der Löwe mit den sieben Köpfen*, 1970) und in Spanien (*Cabezas cortadas – Abgeschlagene Köpfe*, 1970). *Der Leone* ... ist eine Allegorie über die Revolution in der Dritten Welt und insofern mit Rochas brasilianischen Filmen verwandt, *Cabezas cortadas* stellt sich dagegen als reines Werk der Phantasie dar. Rocha sagte selbst, er habe in den beiden Filmen einen »Bruch mit den kinematographischen Codes vollzogen«.[20] Rochas spätere Werke sind komplizierte allegorische Konstruktionen, die nach »Dechiffrierung« verlangen. *Der Leone* ... versucht, den Befreiungskampf der afrikanischen Völker in ein symbolisches Darstellungssystem zu bringen, in welchem eine blonde Schönheit den Kolonialismus, der siebenköpfige Löwe dagegen die Revolution verkörpert; daneben treten ein »weißer Priester« und der Vertreter eines korrupten Neokolonialsystems auf sowie ein mystischer »Erleuchteter«; ein bärtiger Revolutionär, der Che Guevara gleicht, führt die Massen zur Revolution. Wenn sich aus *Der Leone* ... noch das rationale Modell einer Revolutionsbewegung der Dritten Welt ableiten ließ, entzieht sich *Cabezas Cortadas* dagegen der Beschreibung: in einer sehr vagen, kaum mehr erkennbaren, surrealen Form geht es Glauber Rocha hier um die Kolonisierung Afrikas durch die Spanier und die Portugiesen. Schließlich drehte Rocha 1968 *O cancer (Der Krebs)*, der jedoch erst 1972 montiert und 1974 aufgeführt wurde, eine in vier Tagen aufgenommene Improvisation mit Schauspielern, die unter anderem der Erprobung der Technik der direkten Tonaufnahme diente. Rocha beteiligte sich außerdem an einem Kompilationsfilm über die Geschichte Brasiliens; 1975 entstand in Rom der Film *Claro*, an dem Carmelo Bene als Schauspieler mitwirkte.

Glauber Rocha hat in seinen letzten Filmen entschieden für eine nicht-realistische Ästhetik optiert; er beruft sich dabei auf Brecht. In Interviews polemisierte der Regisseur immer wieder gegen die seiner Meinung nach ästhetisch rückschrittliche Form des heutigen »politischen Kinos«.[21] Rocha scheint sich seit dem Beginn seines Exils (1976 kehrte er jedoch nach Brasilien zurück) in einer ähnlichen Phase des Experimentierens und Suchens nach neuen Möglichkeiten zu befinden wie Jean-Luc Godard.

Das brasilianische ›Cinema nôvo‹ war allerdings keine alleinige Schöpfung der Regisseure Nelson Pereira dos Santos und Glauber Rocha. Wichtig war auch der Beitrag von Ruy Guerra (geb. 1931, gebürtig aus Mozambique). Nach *Os cafajestes* (*Die Skrupellosen*, 1962), einem Film über das Treiben reicher Müßiggänger, der noch von kommerziellen Kompromissen gezeichnet war, gelang Guerra mit *Os fuzis* (*Die Gewehre*, 1964) ein Hauptwerk des ›Cinema nôvo‹. Der Film spielt in der typischen Landschaft des »Sertão« und ist auch thematisch mit Glauber Rochas *Gott und Teufel* ... verwandt. In ein Dorf kommen Anhänger eines Wunderpredigers. Der Bürgermeister will die Lebensmittelvorräte des Ortes, um die er fürchtet, abtransportieren lassen, dem widersetzt sich jedoch ein Lastwagenfahrer, der die Masse vergebens zur Revolte anzustacheln sucht. Ruy Guerra beschreibt mit eindrucksvollen und leidenschaftlichen inszenatorischen Mitteln ein Klima von Elend, Unterdrückung und Mystizismus. Allerdings setzt der Film seine ästhetischen Mittel derart effektbewußt und plakativ ein, daß er streckenweise in Äußerlichkeiten steckenbleibt. *Sweet Hunters* (1969), ein Melodram, das auf einer einsamen Insel spielt, wurde in Frankreich mit amerikanischen Schauspielern gedreht; *Os deuses e os mortos* (*Die Götter und die Toten*, 1971), wieder in Brasilien entstanden, berichtet im Stil einer Oper vom spektakulären Vernichtungskampf, den zwei Kakaopflanzerfamilien gegeneinander führen; auch dieser Film beschwört ein Klima von Todesrausch und Untergang, eingebettet in eine sozialkritische Perspektive, versteht sich jedoch letztlich als irrationales Schauspiel chaotischer Wildheit.

Joaquim Pedro de Andrade (geb. 1932) drehte zu Beginn der ›Cinema-nôvo‹-Bewegung einen Beitrag zu dem Episodenfilm *Cinco vezes favela* (»Fünfmal Favela«, 1961) sowie einen Dokumentarfilm, *Garrincha, alegria do povo* (»Garrincha, Freude des Volkes«, 1963), über den brasilianischen Fußball. Nach *O padre e a moca* (»Der Priester und das Mädchen«, 1966), dem Drama einer unglücklichen Liebe in einem Dorf des »Sertão«, realisierte Pedro de Andrade seinen erfolgreichsten Film, einen der wenigen »Kassenschlager« des ›Cinema nôvo‹: *Macunaima* (1969), eine turbulente, phantastische Komödie, die Bearbeitung eines in Brasilien populären Romans, der wiederum auf eine indianische Legende zurückgeht. Im Mittelpunkt des Films steht ein imaginärer Held, eine Art domestiziertes Ungeheuer, das schwarz geboren und dann weiß wird. »*Macunaima* ist die Parabel eines wahren Brasilianers, eines Sohns der Indianer . . . Macunaima ist der ewige Rebell: er fordert die Macht der großen Städte heraus, er ist anarchisch, grausam, menschenfresserisch« (Glauber Rocha)[22] – in der Tat spielt das Motiv der Menschenfresserei in diesem Film eine zentrale Rolle. Mit seinen letzten Filmen *Os inconfidentes* (1972) und *Guerra conjugal* (»Gattenkrieg«, 1975) begab sich Pedro de Andrade in die Bahnen kommerziell gängiger Filmgenres.

Paulo Cesar Saraceni (geb. 1933) gehörte anfangs der sechziger Jahre ebenfalls zu den Verfechtern eines realistischen Kinos, sein Hauptwerk aus dieser Periode war *Porto das caixas* (»Hafen der Kisten«, 1961). Mit *O desafio* (»Die Herausforderung«, 1966) schlug Saraceni dagegen einen Weg ein, der ihn zur Untersuchung großstädtischer Probleme und des Bewußtseins der linken Intelligenz Brasiliens nach dem Militärputsch von 1964 führte. Hauptperson dieses Films skeptischer bis verzweifelter Grundstimmung ist der Chefredakteur eines Nachrichtenmagazins, der durch die Erkenntnis der veränderten politischen Verhältnisse in seinem Land in eine innere Krise gerät. Man könnte gelegentlich an Antonioni denken, wenn nicht die Handlung immer wieder nach brechtscher Manier durch politische Lieder unterbrochen würde. In späteren Jahren scheint Saraceni sich auf Kompromisse mit der Industrie eingelassen zu haben.

Gustavo Dahl (geb. 1938) drehte 1969 seinen ersten Spielfilm, den man thematisch mit *O desafio* und *Terra em transe* in Verbindung bringen kann, *O bravo guerreiro (Der tapfere Kämpfer)*: hier geht es um einen Abgeordneten der oppositionellen Partei, der zur Regierungspartei überwechselt, weil er glaubt, dort mehr ausrichten zu können, jedoch im politischen Räderwerk zermahlen wird und durch Selbstmord endet. Der Film vollzog eine klarsichtige politische Analyse, allerdings auf dem Umweg über sehr viele Dialoge; sein Held ist eine »kleinbürgerliche Gestalt, die unter ihren Zweifeln leidet und ihre Situation auf tragische Weise zu überwinden sucht«. (Dahl)[23] Während Dahl in *O bravo guerreiro* die Situation der brasilianischen Intellektuellen angesichts der korrupten politischen Verhältnisse schilderte und damit das Hauptthema des ›Cinema nôvo‹ in der zweiten Hälfte der sechziger Jahre formulierte, beschrieb er in seinem späteren Film *Uira* (1973) die Wanderung eines Indianers in eine Stadt und den Zusammenstoß zweier Kulturen. Carlos Diegues (geb. 1940) begann mit Dokumentarfilmen, drehte ebenfalls eine Episode zu *Cinco vezes favela* und trat 1963 mit *Ganga Zumba* hervor, einem Film über die Revolte von Negersklaven im 17. Jahrhundert und die Gründung einer unabhängigen Republik im Urwald, basierend auf einer volkstümlichen Legende. Es folgte 1966 *A grande cidade (Die große Stadt)*, eine Studie über das Dasein der Bewohner von Randzonen Rios, in dessen realistischen Rahmen freilich auch eine Polizeiintrige eingelassen war. *Os herdeiros* (*Die Erben der Macht*, 1969) lieferte ein großangelegtes Panorama der brasilianischen Politik der letzten dreißig Jahre anhand der Geschichte einer Familie, insbesondere eines Journalisten, der sich in den Dienst der herrschenden politischen Macht stellt. Glauber Rocha nannte es ein »Melodram in der Form eines barocken didaktischen Gedichts«.[24] 1973 drehte Carlos Diegues mit Jeanne Moreau *Jeanne la Française*, trotz einiger Konzessionen an den Starkult das filmisch originelle Porträt einer dekadenten Familie brasilianischer Großbürger.

Das wahrscheinlich bedeutendste Talent des brasilianischen Films neben Nelson Pereira dos Santos und Glauber Rocha ist León Hirszman (geb. 1937), der allerdings bisher nur drei Spielfilme drehen konnte. Nach einem Beitrag zu *Cinco veces favela* und dem Dokumentarfilm *Maioria absoluta* (»Absolute Mehrheit«, 1964), eine der besten Untersuchungen über den Analphabetismus, die das lateinamerikanische Kino aufzuweisen hat, drehte Hirszman seinen ersten Spielfilm *A falecida* (*Die Verstorbene*, 1965). Der Film ist eine Studie kleinbürgerlicher Mentalität, die mit solcher Schärfe angelegt ist, daß die Details fast surrealistische Proportionen annehmen. Die (noch junge) Protagonistin des Films lebt nur im Hinblick auf ein teures Begräbnis, das sie sich nach ihrem Tode einmal leisten will, und tatsächlich stirbt sie, fast wie durch Autosuggestion, einen raschen Tod; der arbeitslose Mann kassiert schließlich das Geld für das Begräbnis, läßt der Frau aber nur eine Armenbestattung zukommen. Der in realen Dekors gedrehte Film, der zwischen Ironie, Entsetzen und Trauer schwankt, beschreibt die triste Monotonie eines entfremdeten und perspektivelosen Lebens, das aber auch seine komischen Aspekte hat; gleichzeitig beweist er gegenüber seinen Personen Sensibilität, Verständnis, Menschlichkeit, wenngleich diese Eigenschaften nur versteckt hinter einer Haltung dokumentarischer Sachlichkeit zum Ausdruck kommen.

Nach einem Musikfilm, *Garota de ipanema* (1967) und einem Dokumentarfilm drehte León Hirszman 1972 *São Bernardo*, die Verfilmung eines Romans von Graciliano Ramos. In Form einer Konfession berichtet ein Ländereibesitzer rückblickend die Geschichte seines Lebens, er erzählt, wie er seinen Besitz zusammentrug, wie er seine Frau, eine Lehrerin, kennenlernte und heiratete, und wie die Beziehungen der beiden daran scheiterten, daß die Frau sich nicht den patriarchalischen Gewohnheiten des Ehemannes unterwerfen wollte. León Hirszman bringt es durch die ruhige, manchmal statische, aber poetisch eindringliche Bildsprache sowie durch den epischen Rhythmus seines Films zuwege, daß man das Besitzdenken des Protagonisten, seine pathologische, blinde Bindung an das Eigentum sogar nachvollziehen kann, und daß dennoch sein exemplarisches Fehlverhalten nicht nur als das eines Individuums, sondern als das einer Klasse erscheint. *São Bernardo* ist ein kritischer Filmessay über ein Kapitel brasilianischer Geschichte, gleichzeitig eine filmisch-philosophische Analyse dessen, was der Begriff »Verdinglichung« meint. Glauber Rocha schrieb über *São Bernardo:* »Der Film von León Hirszman ist ein dialektischer Diskurs über das Eigentum, über Verstand und Gefühl. Er ist zugleich der Beginn einer neuen Diskussion über die Struktur des politischen Kinos, das sich heute in einer Krise der Ausdrucksform befindet. Wichtig an diesem Film ist die Beziehung von Text und Bild, die Hirszman durch eine Montagetechnik herstellt, die auf Eisensteins Thesen vom materialistischen Kino basiert.«[25] *São Bernardo* darf man als den bisher bedeutendsten brasilianischen Film der siebziger Jahre ansehen.

Das brasilianische Kino brachte um 1970 eine bizarre Randerscheinung hervor, die Schule des sogenannten »schmutzigen« Kinos, als dessen Hauptexponent der Regisseur Julio Bressane gilt. Die Filme dieser »Schule« machten aus der totalen Stillosigkeit, aus der chaotischen Dramaturgie, aus dem Mangel an technischer Qualität einen neuen Stil, mit dem sie die Monstrosität der Gesellschaft decouvrieren wollten. Als Beispiel für diese Filme, die auf 16 mm gedreht wurden und nur im Untergrund zirkulierten, läßt sich Bressanes Film mit dem bezeichnenden Titel *Matou a familia e foi ao cinema* (»Töte die Familie und geh ins Kino«, 1970) anführen. Diese Schule verschwand jedoch wegen ihrer Perspektivelosigkeit und der Langeweile, die ihre meisten Filme auslösten, schnell wieder von der Bildfläche. In den weiteren Umkreis dieser Schule gehört auch *O jardim das espumas* (»Der Garten der Schäume«, 1970) von Luiz Rosemberg, eine politische Allegorie, ebenso wie *Na boca da noite* (*Im Abgrund der Nacht*, 1970) von Walter Lima jr.

Die Geschichte der argentinischen Filmproduktion in den sechziger und siebziger Jahren bietet ein gespaltenes Bild: auf der einen Seite stehen die Hervorbringungen der offiziellen Filmindustrie, deren prominentester Regisseur Leopoldo Torre-Nilsson ist, auf der anderen die Filme des politischen (und ästhetischen) Untergrunds. Während Torre-Nilsson seine stärkste Zeit Ende der fünfziger und Anfang der sechziger Jahre hatte, entstanden ab 1968 politisch intendierte Filme »außerhalb des Systems«, die an Bedeutung alle Erzeugnisse der Industrie weit in den Schatten stellten, insbesondere der »Klassiker« *La hora de los hornos.* Von 1968 bis 1973 vertraten die Filme der politischen Filmgruppen ›Cine Liberacion‹ und ›Cine de la base‹ das argentinische Kino im Ausland – obwohl diese Filme überwiegend nicht für die Aufführung in Kinotheatern gemacht worden waren. Das industriell produzierte argentinische Kino scheint in den späteren sechziger Jahren und nach 1970, von ein oder zwei Ausnahmen abgesehen, zur Bedeutungslosigkeit abgesunken zu sein. Nach 1973 wurde durch sich verschärfende Zensur und politische Korruption, schließlich durch bürgerkriegsähnliche Zustände die Filmproduktion jedweder Orientierung mehr und mehr behindert. Als Produktionsziffer der argentinischen Filmindustrie werden etwa 30 Spielfilme pro Jahr angegeben.

Leopoldo Torre Nilssons (geb. 1924) beste Filme entstanden zwischen 1957 und 1961. Sie übten scharfe Kritik am moralischen Verfall des argentinischen Bürgertums; beispielhaft dafür ist *Fin de fiesta* (»Das Ende des Festes«, 1960): hier läßt ein Politiker seine Gegner ermorden und bringt dann auch seinen unbequemen Leibwächter um. Als eine Allegorie der argentinischen Gesellschaft und ihrer hermetischen Abgeschlossenheit erscheint *La mano en la trampa* (*Die Hand in der Falle,* 1961): eine Studentin entdeckt, daß im Hause ihrer Mutter bereits jahrelang eine Tante versteckt wird, die von ihrem Verlobten verlassen wurde und die es vor gesellschaftlicher Schande zu bewahren gilt. *La terrazza* (»Die Terrasse«, 1963) schildert die Dekadenz wohlhabender junger Leute in eher ambivalenten Tönen. Während *El ojo de la cerradura* (»Das Schlüsselloch«, 1964) das interessante Porträt eines Jünglings faschistischer Mentalität entwirft, der zu einem terroristischen Kommando gehört und Ausländer verfolgt, die er »subversiver« Aktionen verdächtigt, ist *Monday's Child* (»Das Montagskind«, 1967) ein abgewandelter Hollywoodfilm, der dekadente Amerikaner armen Puertoricanern gegenüberstellt. In der zweiten Hälfte der sechziger Jahre drehte Torre-Nilsson mehrere Filme für amerikanische Produktionsfirmen außerhalb von Argentinien. Ab und zu tauchen in Torre-Nilssons Filmen auch heute noch gesellschaftskritische oder politische Untertöne auf, so in *Los siete locos* (»Die sieben Narren«, 1973), der Geschichte von Deklassierten, die ein ungeschicktes Komplott zum Sturz der Regierung schmieden, bis andere ihnen mit einem »professionellen« Staatsstreich zuvorkommen.

Anfang der sechziger Jahre entstanden, angeregt durch die Erfolge Torre-Nilssons, auch einige ambitionierte Filme jüngerer Regisseure, so Rodolfo Kuhns *Los jovenes viejos* (»Die jungen Alten«, 1962), die Beschreibung einer Gruppe von Jugendlichen, die dem bürgerlichen Alltag entfliehen möchten, aber nur die zwischen ihnen bestehende Kommunikationslosigkeit entdecken. Auch Lautaro Muruas kritischer Spielfilm über Buenos Aires, *Alias Gardelito* (1961), ist in diesem Zusammenhang zu erwähnen. Die Ansätze eines argentinischen Autorenkinos fanden jedoch keine konsequente Entwicklung. Manuel Antins und Rodolfo Kuhns weitere Produktion in den sechziger Jahren versandete zwischen der Imitation französischer und italienischer Vorbilder und der Anpassung an den Kommerzfilm.

Den Versuch, einen anspruchsvollen Autorenfilm »innerhalb des Systems« zu drehen, unternahm auch Hugo Santiago mit *Invasion* (1969). Nach einem Originaldrehbuch des Schriftstellers Jorge Luis Borges schildert der Film in einer metaphysischen Graufotografie, wie die Invasion einer Stadt vorbereitet wird, ohne daß man allerdings das Geringste über die Motive der Invasoren erfährt; so bleibt der Film letztlich eine kunstvolle literarische Stilübung.

Als einen Vorläufer des politischen Kinos in Argentinien kann man Fernando Birri betrachten. Er drehte 1958 einen wichtigen Dokumentarfilm, *Tire die* (»Werfen Sie einen Zehner runter«), über Kinder aus einem Elendsviertel; 1961 realisierte er seinen einzigen Spielfilm *Los Inundados* (»Die Überschwemmten«), der die verheerenden Folgen einer Überschwemmung unter den Bewohnern einer Armensiedlung zeigt und dabei neorealistischen Vorbildern folgt.

Eine völlig neue Etappe des argentinischen Films begann mit der politischen Dokumentarfilmbewegung, zu deren Manifestfilm Solanas' und Getinos *La hora de los hornos* wurde. Fernando Ezequiel Solanas (geb. 1936) arbeitete zunächst als Schauspieler und Kurzfilmregisseur und stellte von 1963 bis 1967 Werbefilme in einer eigenen Firma her; diese Arbeit diente ihm als ökonomische Basis (vielleicht auch als technisch-formales Übungsterrain) für die spätere politische Filmarbeit. 1965 gründete er die Gruppe ›Cine Liberación‹.[26] Zusammen mit Octavio Getino und Gerardo Vallejo begann er 1966 die Arbeit an *La hora de los hornos*, die bis 1968 dauern sollte. Als deutsche Übersetzung dieses Titels hat sich (in Analogie zur englischen) der Titel *Die Stunde der Hochöfen* eingebürgert; tatsächlich wäre die Übersetzung »Die Stunde der Feuer« zutreffender. Solanas entnahm den Titel einem Gedicht des kubanischen Schriftstellers José Martí vom Ende des 19. Jahrhunderts, in dem es heißt: »Es ist die Stunde der Feuer, und es wird nichts zu sehen sein als das Licht.« Che Guevara benutzte das Zitat als Motto für seine Ansprache auf der Konferenz der »Trikontinentale« in Havanna 1966. Zwei Jahre lang durchreisten Solanas und seine Mitarbeiter Argentinien und nahmen Gespräche, Interviews, Statements sowie dokumentarische Szenen aller Art mit einfachsten Tongeräten und einer 16-mm-Kamera auf; das Material brachten sie nach Italien und nahmen dort die Endmontage vor. Es ist darauf hingewiesen worden[27], daß die repressive Situation nach dem argentinischen Militärputsch von 1966 viele Intellektuelle politisiert und radikalisiert habe. Sicherlich hat diese Situation auch Solanas beeinflußt, der zur Erkenntnis kam, daß das von ihm beabsichtigte, aufklärerische, anti-kolonialistische und antiimperialistische Kino unmöglich »innerhalb« des staatlich gelenkten Filmwirtschaftssystems zu realisieren sei, sondern nur als Außenseiterproduktion im Untergrund. Nach diesem Modell, das auf viele Filmemacher beispielgebend wirkte, produzierte Solanas *La hora de los hornos*. Der Film erlebte seine Uraufführung auf dem Festival von Pesaro (Italien) im Herbst 1968 und begann dann einen Triumphzug durch Europa. In Argentinien selbst konnte er (bis 1973) allerdings nur heimlich, in illegalen Vorführungen, gezeigt werden, die meist Gewerkschaftler organisierten; jedoch soll er auch auf diesem Wege über 100000 Zuschauer erreicht haben.[28]

Die Neuartigkeit von *La hora de los hornos* lag auf mehreren Ebenen: in der Organisation des filmischen Materials, in einer neuen »Wirkungsästhetik«, im Verhältnis, das der Film zur Realität seines Landes einnahm, in der erstrebten Kommunikation mit dem Zuschauer; aber auch in dem neuartigen Produktions- und Vertriebsmodell, das Solanas vorexerzierte. Der vier Stunden und 20 Minuten lange Film, der mit blitzartig aufleuchtenden Bildern von Gewalt und Unterdrückung beginnt und die Problematik Argentiniens sofort in den Kontext der allgemeinen Situation Lateinamerikas einordnet, gliedert sich in drei Hauptteile. Der erste Teil mit dem Titel *Neokolonialismus und Gewalt* bedient sich einer hochgradig organisierten Montageform und gibt in 13 Kapiteln eine komplexe Darstellung der Geschichte und Gegenwart Argentiniens. Während Teil I eine geschlossene Form besitzt, sind Teil II *(Akt für die Befreiung)* und III *(Gewalt und Befreiung)* in ihrer Struktur offener; sie basieren weniger auf agitatorischen Bild-Ton-Montagen wie der erste Teil, sondern reihen Statements, Berichte, Zeugnisse, Beobachtungen aneinander und fordern den Zuschauer auf, von sich aus weitere Zeugnisse hinzuzufügen, den Film fortzusetzen, zu komplettieren. Thematisch ergeben der zweite und dritte Teil eine Chronik des Peronismus zwischen 1945 und 1966. In Form von einzelnen »Notizen« beschreibt Solanas die Eskalierung des Konflikts zwischen Arbeiterschaft und Armee, das Bombardement des Regierungspalastes, spätere Aktionen des Widerstands von Studenten, Gewerkschaftlern und Arbeitern. In diesen letzten Teilen des Films wird deutlich, daß Solanas eine neue Art der Kommunikation mit dem Zuschauer anstrebt: er versteht seinen Film als »Akt«, der dazu da ist, von Diskussionen unterbrochen zu werden, der den Zuschauer aktivieren und verändern möchte. Unter der Leinwand sollte Solanas zufolge ein Transparent mit dem Fanon-Zitat befestigt werden: »Jeder Zuschauer ist entweder ein Feigling oder ein Verräter.«

Auch der erste Teil des Films sucht den Zuschauer zu aktivieren, allerdings mehr in der Manier der klassischen Agitation; Vorbilder sind hier Eisenstein und Dsiga Wertow. Man kann diesen Teil allein wegen seiner brillanten Machart bewundern; kaum jemals sah man alle Möglichkeiten des Bild-Ton-Kontrapunkts phantasievoller genutzt, sah man ähnlich leidenschaftliche Montagen, in denen sich schneidend scharfe Kritik artikuliert. In gewissem Sinne setzte Solanas in die Tat um, was Eisenstein in seiner Theorie der »intellektuellen Montage« gefordert hatte. Solanas mobilisiert die Emotionen seiner Zuschauer (zum Beispiel durch die Parallelmontage einer Schlachthausszene mit Werbesymbolen – eine Hommage auf Eisensteins *Streik*), lenkt diese Emotionen dann aber in die Richtung einer Erkenntnis, wenn er Fakten über die wirtschaftliche Situation Argentiniens einstreut. Polemik wechselt mit historischer Reflexion und mit sarkastischen Beobachtungen ab (die Reportage vom Friedhof der Reichen oder von der Stierauktion); dazwischen eingesprengt sind Episoden der Bitterkeit und Verzweiflung (die Szenen vom Elend der Landbevölkerung und von den Prostituierten). Das mehrere Minuten stehenbleibende Bild des toten Che Guevara am Schluß gibt dem Film eine – vorübergehende – Wendung ins Kontemplative. Einzig fragwürdig in *La hora de los hornos* erscheinen – neben der schwer nachvollziehbaren Parteinahme für den Peronismus – gewisse nationalistische Untertöne der Argumentation, Wendungen, in denen gegen die »Dekadenz« der Kunst im Zeichen ihrer pro-westlichen Orientierung polemisiert wird. Nichtsdestoweniger hatten Solanas und sein Drehbuchautor Getino zum ersten Mal erkannt – und darin liegt ihr historisches Verdienst –, daß Film etwas grundsätzlich anderes sein kann als ein kunstbeflissenes Medium der Unterhaltungsindustrie. »Wir haben uns die Frage gestellt, was für ein Mittel der Film eigentlich ist, und wir haben entdeckt, daß er ein Mittel der Erkenntnis und der Kommunikation ist . . . Worum ging es uns? Um ein Kino der Erkenntnis, des Denkens, der Ideen, der Reflexion, ein Kino im Sinne des Essays. So haben wir unseren Film als das Modell eines ideologischen Essays angelegt.«[29] Sie lieferten ferner ein Beispiel dafür, daß revolutionäres Kino auch revolutionär in der Form sein kann und »die erstarrten Formen des bürgerlichen Kinos zertrümmert«.[30] *La hora de los hornos* war das bislang umfassendste, aktuellste und kühnste Beispiel eines sowohl formal als auch in den Zielvorstellungen neuartig konzipierten politischen Kinos; daher ist die elektrisierende Wirkung dieses Films auf Filmemacher überall in der Welt, insbesondere in Europa, zu erklären: hier wurde das neue, alternative und militante Filmverständnis vorgeführt, nachdem viele bisher nur unklar gesucht hatten.

Leider scheint Solanas in der Folgezeit in eine Krise geraten zu sein, die seine spätere Filmarbeit beeinträchtigte – von der man sich nur schwer ein Bild machen kann, weil die Filme nicht zu sehen waren. 1971 und 1972 drehten Solanas und Getino zwei lange Dokumentarfilme über Perón, die zum großen Teil aus Interviews mit dem Politiker bestanden *(Perón, la revolucion justicialista* und *Actualización politica y doctrinaria para la toma del poder* – »Aktualisierung der Politik und Doktrin für die Machtübernahme«). Solanas' nächstes Filmprojekt, der Spielfilm *Los hijos del Fierro* (»Fierros Söhne«, 1972 bis 1975), eine Auftragsarbeit des WDR-Fernsehens, wurde in der Herstellung endlos verzögert, schließlich doch fertiggestellt, aber aus unbekannten Gründen niemals aufgeführt. Wieso einen Film unter Verschluß halten, der »einen neuen Beitrag zur Kinobefreiung, einen revolutionären Filmakt« bedeuten soll, wie die argentinischen Kritiker Jorge Hönig und Jorge Olmis behaupten[31], bleibt unbegreiflich.

Im Gefolge von *La hora de los hornos* entstanden in Argentinien eine Reihe weiterer bemerkenswerter politischer Dokumentarfilme, gleichfalls für die Verwendung im Untergrund gedacht. *Argentina Mayo 1969*, eine Produktion des Kollektivs ›Realizadores de Mayo‹, stellt anhand von montiertem Wochenschaumaterial, Dokumentaraufnahmen, Interviews und Selbstdarstellungen die Entwicklung der Klassenkämpfe in Argentinien seit dem Sturz Peróns 1955 dar und hält am Schluß ein didaktisches Kapitel »Überlegungen für den Dialog zwischen den Teilnehmern der Filmveranstaltung« bereit. Gerardo Vallejo (geb. 1942), Mitarbeiter Solanas' in *La hora de los hornos*, drehte 1968 den Kurzfilm *Ollas populares (Volksküche)*, ein lakonisches, mit einfachen didaktischen Mitteln arbeitendes Zeugnis vom Elend der Bevölkerung in Tucuman, das jedoch eindringliches Bildmaterial enthielt.

1971 erschien Vallejos langer, auch mit Mitteln der Fiktion arbeitender Dokumentarfilm *El camino hacia la muerte del viejo Reales (Der Weg zum Tod des alten Reales)*. Der Film schildert das Leben einer Bauernfamilie in Tucuman und konzentriert sich besonders auf die drei Söhne des alten Reales, die als Bauer, Polizist und Gewerkschaftler verschiedene gesellschaftliche Alternativen verkörpern; interessant war der Film durch seine Vermischung von reiner dokumentarischer Beobachtung, Erfindung und Stilisierung.

In den siebziger Jahren – solange noch Bedingungen einer relativ freien Filmarbeit herrschten – ließ sich in Argentinien auch eine Wendung zum politischen Spielfilm beobachten, der größere Breitenwirkung anstrebte. Den Anfang zu dieser Entwicklung, die bewußt auf Formen des Kommerzfilms zurückgriff, machte Jorge Cedron mit *Operación masacre* (»Operation Massaker«, 1971). Hier wird eine (authentische) Episode peronistischen Widerstandes gegen das Regime, das Perón stürzte, aus dem Jahre 1956 geschildert. Der Film bedient sich teilweise vordergründiger Methoden zur Spannungserzeugung. Subtiler (und phantasievoller) in der Machart ist *Los traidores* (*Die Verräter*, 1973), ein Spielfilm des Kollektivs ›Cine de la base‹, das – von einer linksradikalen Position aus – dem Peronismus kritisch gegenüberstand. *Los traidores* rekonstruiert den Werdegang eines korrupten Gewerkschaftsführers, der mehr und mehr mit den Machthabern zum Schaden der Arbeiter paktiert und ein geschicktes Doppelspiel führt, bis er schließlich entlarvt und von Untergrundkämpfern »hingerichtet« wird. In der Schwarzweißmalerei und der starken Emotionalisierung des Zuschauers, der den Mord an dem Gewerkschaftsführer schließlich als gerechte Strafe empfinden soll, schlägt der Film allerdings eine letztlich doch fragwürdige Richtung ein. Zu der Gruppe ›Cine de la base‹ gehörte der Regisseur Raymundo Gleyzer, der schon 1970 mit dem Dokumentarfilm *Mexico – la revolución congelada (Mexiko, die gefrorene Revolution)* debütierte. Gleyzer »verschwand« 1976 in Argentinien. Es muß befürchtet werden, daß er ein Opfer der Geheimpolizei wurde.

Politische Filme, die innerhalb des kommerziellen Systems produziert wurden und in enggezogenen Grenzen eine vorsichtige politische Aufklärung zu betreiben suchten, waren *La Patagonia rebelde* (1975) von Hector Olivera, ein Film über einen Landarbeiterstreik in den zwanziger Jahren, und *Quebracho* (1975) von Ricardo Wulicher; dieser Film untersucht die Tätigkeit einer englischen Firma, die zwischen 1914 und 1940 Wälder im Nordosten Brasiliens ausbeutete. Beide Filme sind professionell gemacht und können in etwa mit den kritisch-realistischen Filmen von Petri und Rosi verglichen werden.

Eine letzte Variante der Filmarbeit in Argentinien – auch sie ist mittlerweile historisch – sind die allegorischen und ästhetischen Untergrundfilme. Hier sind mindestens drei berühmte Beispiele zu nennen: . . . (»Punkt, Punkt Punkt«, 1971) von Edgardo Cozarinsky, das Porträt eines »pittoresken, monströsen, heroischen Überlebenden der extremen Rechten alter Manier«[32], symbolisch verschlüsselt und visionär, auch als ein Porträt der heutigen argentinischen Gesellschaft angelegt; *La familia unida esperando la llegada de Hallewyn* (*Die vereinte Familie erwartet die Ankunft von Hallewyn*, 1972) von Miguel Bejo, halb ein Vampirfilm, halb ein bösartiges Porträt der klassischen Kinofamilie, die auf den mysteriösen Hallewyn wartet (einen Befreier, vielleicht Perón?) und ihrer eigenen Zerstörung entgegensieht; der Film enthält mannigfache, auch ironische Anspielungen auf die argentinische Realität, so die Darstellung einer »illegalen Filmvorführung«; er ist mit einfachsten Mitteln in Schwarzweiß und im 16-mm-Format gedreht, aber gerade das gibt ihm eine blasphemische Schärfe. Octavio Getino, der Drehbuchautor von *La hora de los hornos*, drehte in Zusammenarbeit mit dem italienischen Fernsehen *El familiar* (»Der gute Freund«, 1973), ein allegorisches Drama, das auf argentinische Volkslegenden zurückgreift und den Kampf des Volkes gegen ein satanisches Fabelwesen beschreibt, das alles Böse und Schlechte verkörpert, dem bei seiner Tätigkeit aber »Schutzengel« zur Seite stehen. Edgardo Cozarinsky ging später nach Frankreich und drehte dort *Les apprentis sorciers* (*Die Zauberlehrlinge*, 1976), ein Film über lateinamerikanische Emigranten in Paris.

Die Spielfilmproduktion Chiles zu Beginn der sechziger Jahre war kaum bemerkenswert und beschränkte sich auf etwa einen Film pro Jahr. Die Situation begann sich erst durch die Einrichtung zweier Zentren für die Produktion von Kurzfilmen zu verändern, des Filminstituts der ›Universidad Catolica‹ und des Experimentalfilm-Zentrums der staatlichen ›Universidad de Chile‹. Beide sollten zu einem Mittelpunkt der unabhängigen und politischen Filmarbeit werden. Die Geschichte des neuen chilenischen Films datiert jedoch im eigentlichen Sinne erst vom Festival des lateinamerikanischen Films in Vina del Mar im Jahre 1967, als die chilenischen Filmemacher zum ersten Mal Filme aus anderen lateinamerikanischen Ländern sehen konnten; bis dahin waren 98% der in den 337 chilenischen Kinos gezeigten Spielfilme US-amerikanischer Herkunft.[33] Die durch dieses Festival ausgelösten neuen Impulse führten zwischen 1967 und 1970 in Chile zu einer bemerkenswerten filmischen Aktivität. Vier Spielfilmregisseure drehten ihre ersten Filme: Raúl Ruiz begann mit *Tres tristes tigres* (1968), Miguel Littin mit *El chacal de Nahueltoro* (1969), dem vielleicht wichtigsten chilenischen Film der Vor-Allende-Zeit, Aldo Francia mit *Valparaiso mi amor* (1967); Helvio Soto realisierte den chilenischen »Western« *Caliche sangriente* (1969). Dies waren mit geringen Mitteln, jedoch »innerhalb« des Systems produzierte Filme, die übereinstimmend von gesellschaftskritischen Positionen ausgingen.

Der wichtigste Einschnitt in der Geschichte des chilenischen Films war der Wahlsieg Allendes und sein Amtsantritt als Präsident der Unidad-Popular-Regierung im September bzw. November 1970. Die politischen Veränderungen beeinflußten die Filmemacher sehr stark. Schon während der Wahlkampagne Allendes veröffentlichten sie 1970 ein »Manifest der Filmemacher der Unidad Popular«, in welchem sie erklärten: »Vor unserem Engagement als Filmemacher steht das politische und soziale Engagement für unser Volk, für seine große Aufgabe: den Aufbau des Sozialismus.« Die Unterzeichner des Manifests erklärten auch, »Film ist Kunst«, jedoch verstanden sie als den geschichtlichen Auftrag des chilenischen Films, »revolutionäre Kunst« herzustellen.[34] In den drei Jahren der Regierung Allendes entwickelte sich das chilenische Kino, wenn auch nicht ohne innere Konflikte, zu hoher Produktivität; zwischen 1970 und 1973 wurden 18 Spielfilme und lange Dokumentarfilme hergestellt. Zugleich vollzog sich eine bemerkenswerte dokumentarische Filmarbeit »an der Basis«. Die größte Produktionsfirma Chiles, ›Chile Film‹, wurde nationalisiert; sie litt allerdings unter chronischem Geldmangel und politischen Fraktionskämpfen, so daß sie in drei Jahren drei Direktoren verbrauchte.[35] Mit dem faschistischen Militärputsch im September 1973 brach die Entwicklung des Films in Chile auf abrupte Weise ab.

Der produktivste Filmemacher Chiles in der Allende-Zeit war Raúl Ruiz (geb. 1941). Er drehte zwischen 1970 und 1973 neben verschiedenen kurzen Dokumentarfilmen nicht weniger als sechs Spielfilme, von denen er allerdings nicht alle beendete. Raúl Ruiz' Filme sind mit geringen Mitteln, aber mit Eigenwilligkeit, subtiler Komik und manchmal brillanten Einfällen gemacht. Sie beschreiben kleinbürgerlichen Leerlauf und gesellschaftliche Widersprüche des Alltags, wobei Ruiz versteckte Ironie, Anspielungen und Symbole bevorzugt; seine Filme sind im Grunde für einen kleinen Kreis von Freunden und Kennern gemacht. Noch halbwegs an traditionellen Vorbildern orientierte sich *Tres tristes tigres* (»Drei traurige Tiger«, 1968), während der in Koproduktion mit dem italienischen Fernsehen gedrehte *Nadie dijo nada* (»Niemand sagte etwas«, 1971) eine poetische Studie aus dem chilenischen Dichter- und Intellektuellenmilieu war. *La Expropiación (Die Enteignung,* 1972) ist Raúl Ruiz' Auseinandersetzung mit den neuen Realitäten im Chile Allendes, ein nachdenklicher Film von teilweise bizarrem Humor, so, wenn ein Abgesandter der Unidad Popular, der ein Landgut übernehmen soll und dabei in Schwierigkeiten gerät, plötzlich mit einem Schädel in der Hand im Stile Shakespeares monologisiert. Der Film war »eine Synthese des politischen Augenblicks, mit all unserem Zweifel und unserer Überzeugung«[36]. Unvollendet blieb *Realismo socialista,* Ruiz konnte das kurz vor dem Putsch gedrehte Material nicht mehr aus Chile herausbringen. Auch im Exil realisierte Ruiz mehrere sehr persönliche Filme, so *Dialogos de exilados* (»Flüchtlingsgespräche«, 1975), die Darstellung verschiedener Situationen, in die politische Flüchtlinge geraten können, *El cuerpo repartido y el mondo alverez* (*Mensch verstreut und Welt verkehrt,* 1976), eine Improvisation über lateinamerikanische Themen in der Art einer verwandelten Volksdichtung, und *La vocation suspendue* (»Die aufgehobene Berufung«, 1977), eine seltsame labyrinthische Studie über Glaubensverwirrungen und Atheismus aus dem Milieu katholischer Kleriker.

Helvio Soto (geb. 1930) drehte 1969 nach mehreren Kurzfilmen und zwei Spielfilmen offenbar geringerer Bedeutung *Caliche sangriente (Der Salpeterkrieg),* ein spektakuläres Drama aus dem Krieg zwischen Chile, Bolivien und Peru 1879, das den Untergang versprengter chilenischer Soldaten in der nordchilenischen Wüste beschreibt. *Voto mas fusil* (*Stimmzettel und Gewehr,* 1971) entstand nach dem Wahlsieg Allendes und gibt sowohl eine Zusammenfassung der politischen Geschichte Chiles seit den dreißiger Jahren, die in Rückblenden entrollt wird, als auch einen Querschnitt durch politische Positionen der Gegenwart, exemplifiziert an der Person eines Altkommunisten, der aus seiner Partei ausgetreten ist, sowie an verschiedenen Mitgliedern seiner Familie. Im Grunde stellte Soto in *Voto mas fusil* die Frage nach dem politischen Verhalten des liberalen Bürgertums. Stilistisch ist der Film effektvoll und modern gemacht, er arbeitet mit Assoziationsmontagen sowie mit Wechseln zwischen Farbe und Schwarzweiß. *Voto mas fusil* war das erste über die Grenzen des Landes hinaus wirkende filmische Zeugnis des neuen Chiles. In *Metamorfosis del jefe de la policia politica* (*Metamorphose des Chefs der politischen Polizei,* 1973) befaßte sich Soto erneut mit der Rolle der bürgerlichen Schichten im ideologischen Kampf der Gegenwart; sein Protagonist ist diesmal ein hoher Polizeifunktionär, der, ehemals Soziologe, plötzlich auf diesen Posten berufen wurde. Der Film wirft viele gesellschaftliche und politische Fragen auf und formt sie zu Bestandteilen seiner Argumentation um, die manchmal etwas rhetorisch gerät, aber durch ihre starke Wirklichkeitsnähe fesselt. Der Routine erlag Helvio Soto leider in seinem als französisch-rumänische Koproduktion gedrehten *Il pleut sur Santiago* (»Es regnet auf Santiago«, 1975): der Film gibt eine Darstellung des Putsches gegen Allende, die äußerlich bleibt und sämtliche Klischees des Politthrillers strapaziert.

Der vielleicht talentierteste Spielfilmregisseur Chiles ist Miguel Littin (geb. 1942). Er arbeitete zunächst als Fernsehregisseur und als Darsteller, ehe er 1969 seinen ersten Spielfilm *El chacal de Nahueltoro (Der Schakal von Nahueltoro)* fertigstellte. Dieser greift auf die authentische Geschichte eines Asozialen aus den sechziger Jahren zurück, der nach einem Leben ständiger Entbehrungen im Rausch eine Frau mit ihren Kindern getötet hatte, im Gefängnis zu einem guten Katholiken und Patrioten erzogen worden war, dann aber nichtsdestoweniger hingerichtet wurde. Littin wollte mit seinem Film »einen typischen Fall von Klassenjustiz und von sozialer Ungerechtigkeit« aufdecken.[37] Realistisch und überzeugend, in einem halbdokumentarischen Stil porträtierte er die elenden Lebensbedingungen jener, die ohne Hoffnung am Rande der Gesellschaft vegetieren, mit scharfer Polemik arbeitete er die Mechanismen heraus, die den Gefangenen vor seinem Tode noch zu einem angepaßten Mitglied der Gesellschaft machen sollen. *Der Schakal* ... wurde zum bislang erfolgreichsten chilenischen Film. Spiegelt *El chacal de Nahueltoro* die Position des kritischen Realismus der Vor-Allende-Zeit, so ist *La tierra prometida* (*Das gelobte Land*, 1973) die episch-lyrische, von opernhaftem Pathos getragene Darstellung einer Periode der chilenischen Geschichte, die das Experiment der Unidad Popular in manchem vorwegnahm: der sozialistischen chilenischen Republik Marmaduke Groves aus dem Jahre 1932, die allerdings nur 12 Tage alt wurde. Littin nimmt diese Ereignisse als Hintergrund für die Geschichte einer Gruppe Arbeitsloser, die sich in einem Tal ansiedeln und eine landwirtschaftliche Kooperative gründen, dann in der nahegelegenen Stadt die Revolution durchsetzen wollen, was zur blutigen Vernichtung der meisten von ihnen führt. Littin hat seinem Film die Form einer volkstümlichen Legende gegeben, er macht Gebrauch von surrealen und folkloristischen Stilmitteln an der Grenze zwischen Realität und Phantasie. So erscheint die heilige Jungfrau in Person; ein roter Revolutionsflieger steigt als Sendbote des Fortschritts vom Himmel herab; viele Einstellungen ähneln Bildern naiver Malerei. Littin bringt in den meisten Passagen seines Films eine Verschmelzung der Realitätsebenen zustande: nur am Schluß, in der Ausmalung des Gemetzels unter den Revolutionären, kippt sein Pathos in Kitsch ab. Insgesamt aber kann *La tierra prometida* als die künstlerisch interessanteste filmische Leistung der Allende-Zeit gelten. Im mexikanischen Exil stellte Littin einen aufwendigen und pathetischen Historienfilm her, *Actas de Marusia* (»Briefe aus Marusia«, 1976), der die blutige Niederschlagung eines Streiks im Chile des Jahres 1907 durch die chilenische Armee schildert. Littin projizierte seinen berechtigten Haß auf die chilenische Armee der Gegenwart in die historische Epoche; jedoch macht der theatralische Stil des Films sich selbständig und entfernt ihn von der anvisierten Wirklichkeit, der historischen ebenso wie der jetzigen.

Der vierte bedeutende Spielfilmregisseur Chiles neben Ruiz, Soto und Littin ist Aldo Francia (geb. 1923). Von Beruf ursprünglich Kinderarzt, drehte er ab 1959 eine Reihe von kurzen Dokumentarfilmen für das Fernsehen. Francias erster Spielfilm war *Valparaiso mi amor* (*Die Kinder von Valparaiso*, 1969), eine bittere Chronik sozialen Elends aus einem Armenviertel Valparaisos, zugleich Anklage gegen eine Klassenjustiz, die den Vater einer Familie, weil er aus Hunger Fleisch stahl, jahrelang ins Gefängnis schickt, während die sich selbst überlassenen Kinder die Folgen tragen müssen. Francias zweiter Film, *Ya non basta con rezar* (»Beten allein hilft nicht«, deutscher Fernsehtitel: *Der Steinwurf*, 1972), beschreibt den Entwicklungsprozeß eines Priesters, der allmählich erkennt, daß er im Klassenkampf auf seiten der Ausbeuter steht. Am Schluß wirft er selbst einen Stein, wie jener unbekannte Jugendliche, mit dessen Geste der Film beginnt. Der Film, der sich einer einfachen, emotionalen Sprache bedient, schlug ein für Lateinamerika besonders wichtiges Thema an: das der möglichen Allianz zwischen katholischer Kirche und sozialrevolutionärer Bewegung. Francia – der danach keine weiteren Filme drehte – verstand sich nicht primär als Filmautor, sondern als »Moderator einer Debatte«.[38]

Vielleicht nicht die spektakulärste, jedoch die im Ansatz und Intention neuartigste Leistung brachte das chilenische Kino auf dem Gebiet des Dokumentarfilms hervor. Die »Experimentalfilmabteilung« der chilenischen Universität von Santiago begann schon 1969 mit kurzen Streifen wie *Desnutrición infantil (Unterernährung bei Kindern)* von Alvaro Ramirez oder *Herminda de la victoria* von Douglas Hübner über Obdachlose, die illegale Zeltsiedlungen errichten und diese durch Aufpflanzen der chilenischen Fahne gegen den Abriß durch die Polizei sichern. Diese Dokumentarfilme zielten direkt auf jene brennenden Realitäten, die die Spielfilme nur gelegentlich berührten. Vor allem bauten die Dokumentarfilmer ein eigenes und »paralleles« Vertriebsnetz für ihre Filme auf: sie verliehen ihre Filme an Gewerkschaften, Universitäten, Arbeiterklubs und leisteten dadurch eine politische Arbeit an der Basis der Gesellschaft. Filme wurden verschiedentlich auch mit Hilfe gewerkschaftlicher Organisationen gedreht, so *Reportaje a Lota* (*Reportage über Lota*, 1970) über die Lebensbedingungen von Bergarbeitern, hergestellt von Studenten der Filmschule von Vina del Mar im Auftrag des chilenischen Gewerkschaftsbundes. Pedro Chaskel und Héctor Rios feierten in dem Montagefilm *Venceremos!* (1970) den Sieg der Unidad Popular. Andere Filme berichteten über das Wohnungselend (*Casa o mierda – Wohnung oder Scheiße*, 1970), von der Situation der Indios (*Nutuayin mapu – Wir werden unser Land zurückerobern*, 1971), über die Reintegration von Alkoholikern (*Entre ponerle y no ponerle – Trinken und nicht trinken*, 1972), über die Organisation von »Nachbarschaftsvereinigungen« (*Unos pocos Caracoles – Zum Beispiel Caracoles*, 1973). Viele dieser Filme wurden mit tragbaren Apparaturen in den Arbeitersiedlungen, den »Poblaciones«, vorgeführt.[39] Stärkere Beachtung auch außerhalb Chiles fanden die langen Dokumentarfilme, so Patricio Guzmáns Chronik *El primer año* (*Das erste Jahr*, 1972) über das erste Jahr der Allende-Regierung, *La respuesta de Octubre* (»Die Antwort des Oktober«, 1973), ebenfalls von Guzmán, über die Streikbewegung der Rechten im Oktober 1972 und die Antwort der Arbeiterschaft sowie eine Untersuchung über die chilenische Jugend im Stil des ›Cinéma-vérité‹, *Descomedidos y chascones* (*Rabauken und Narren*, 1973) von Carlos Flores. Auch nach dem faschistischen Putsch stellten chilenische Filmemacher im Exil lange Dokumentarfilme her. Patricio Guzmán konnte sein gesamtes Material aus Chile herausbringen und montierte es in Kuba zu einem mehrteiligen Film, der die Geschichte Chiles zwischen 1970 und 1973 zusammenfaßt: *La batalla de Chile* (*Die Schlacht um Chile*, 1975/76); bis jetzt liegen zwei Teile des Films vor. *La batalla de Chile* dokumentiert die Auseinandersetzungen zwischen Unidad Popular und der Rechten sowie die inneren Konflikte der Linken anhand faszinierenden, teils noch unbekannten Materials, das die wahre Tragweite der Konflikte (die Verwurzelung, die Macht und die Uneinsichtigkeit des Bürgertums; das schwere Dilemma der Unidad Popular angesichts der radikalen politischen Strömungen im eigenen Lager) besser und unmittelbarer spiegelt, als es bisher irgendein anderer Film zustande brachte.

In Bolivien wurden vor den sechziger Jahren nur vereinzelt Filme gedreht. 1961 gründete der Drehbuchautor und Schriftsteller Oscar Soria eine neue unabhängige Filmgruppe, zu der auch Jorge Sanjinés stieß; die Gruppe gab sich später den Namen ›Gruppe Ukamau‹. Der Beginn einer politisch und künstlerisch profilierten Filmarbeit in Bolivien liegt relativ früh – Jorge Sanjinés drehte seinen Kurzfilm *Revolución* bereits 1963, als das brasilianische ›Cinema nôvo‹ erst am Anfang stand und der argentinische sowie der chilenische Film noch weit von jeder Erneuerung entfernt waren. *Revolución* von Jorge Sanjinés und Oscar Soria ist ein Dokumentarfilm mit Thesencharakter: er beginnt mit einer Bestandsaufnahme sozialen Elends unter Bettlern, Kranken, Kindern, darauf folgt ein zweiter, mehr fiktiver Teil, der den Aufstand von Arbeitern gegen die Armee schildert. Der Film »gehört zum experimentellen Genre, es ist eine Suche nach Formen, nach der Übermittlung eines Inhaltes durch die Bildsprache; er beschreibt keinen wirklichen Prozeß, sondern wurde zusammengestellt, um eine Idee zu vermitteln«. (Oscar Soria)[40]

Nach einem Umsturz im Jahre 1964 machte die neue Regierung Sanjinés zum Leiter des nationalen bolivianischen Filminstituts. Er nutzte die dadurch gegebenen Möglichkeiten zur Produktion eines weiteren Kurzfilms über Bergarbeiter, *Aysa!* (»Bergrutsch«!, 1965) sowie zur Herstellung seines ersten Spielfilms *Ukamau* (*So ist es*, 1966). *Ukamau* war der revolutionär neuartige Versuch, die Lebensbedingungen der bolivianischen Indios mit den Mitteln eines neorealistischen Filmstils darzustellen, der nahe an der Wirklichkeit blieb, zugleich aber auf Motive der Folklore zurückgriff und die gesellschaftlichen Widersprüche in einer einfachen, übersichtlichen Fabel zum Ausdruck brachte. Held des Films ist ein armer Indiobauer, dessen Frau von einem Mestizen, der gleichzeitig ein Zwischenhändler ist und die Indianer in Abhängigkeit hält, vergewaltigt und ermordet wird, worauf der Indianer sehr viel später aus Rache den Mestizen umbringt. Sanjinés' Interesse galt in diesem und auch in seinen späteren Filmen vor allem den Indianern: »Wir glauben, daß es im Indianer Werte gibt, die als verteidigungswürdig betrachtet werden können, die wahrhaft tiefen Werte unserer Völker. Wir glauben, daß es etwas gibt, was Amerika genannt werden kann, etwas, das noch nicht zerstückelt ist ... *Ukamau* ist Ausdruck des Angriffs einer Menschengruppe, repräsentiert durch den Mestizen, dessen Mentalität und Stellung in letzter Instanz die der westlichen Welt ist, gegen eine reinere Welt mit amerikanischeren Wahrheiten, die vom Indio vertreten wird.«[41] Die starke ethnologische Fixierung dieses Films auf die Indianerkultur – man hat *Ukamau* auch einen »präkolumbianischen« Film genannt – drückt sich in einer intensiven Einbeziehung der umgebenden Natur (des Titicaca-Sees und der Wüste), in einer eindrucksvollen filmischen Gestaltung des Elements der Dauer, in der Musik sowie in expressiven Großaufnahmen von Gesichtern und Händen aus. Der Film bemüht sich, ein archaisches Lebensgefühl festzuhalten, ebenso aber auch die materiellen Bedingungen dieses Daseins und die ihnen zugrunde liegenden Klassenwidersprüche sichtbar zu machen.

Obwohl Sanjinés später selbstkritisch an *Ukamau* die »Konzessionen an eine ästhetisierende Tendenz« tadelte[42] – gerade sie geben dem Film indessen seine Überzeugungskraft –, empfand die bolivianische Regierung den Film offenbar als höchst subversiv, denn sie entließ Sanjinés 1966 aus seiner Stellung als Leiter des Filminstituts und schloß dieses kurzerhand. Der Film jedoch wurde in Bolivien ein Erfolg.

Sanjinés' folgende Filme spiegeln einen Prozeß der politischen Radikalisierung; sie rufen dazu auf, »den Kampf des Volkes gegen die Ausbeutung in einer bewußt gewalttätigen Form zu führen«.[43] In *Yawar mallku* (*Das Blut des Kondors*, 1969) untersuchte er die Tätigkeit amerikanischer Entwicklungshelfer in Bolivien: diese sterilisieren Indiofrauen in einer Geburtsklinik ohne deren Wissen. Als die Indios dies herausfinden, gibt es eine Explosion des Zorns: sie rächen sich an den Nordamerikanern. Darauf erschießt die Polizei mehrere Indios, angeblich Rädelsführer; einer von ihnen, der Dorfvorsteher, der nur verwundet wurde, wird in die Stadt gebracht, kann aber nicht gerettet werden, weil sein Bruder nicht das Geld für eine Bluttransfusion aufzutreiben vermag. Am Schluß des Films sieht man metaphorisch und doch als Proklamation einer These sehr eindeutig emporgereckte Arme mit Gewehren. Die Polemik gegen die Praxis der Entwicklungshelfer geht auf Tatsachen zurück, gegen die sich die Autoren des Films um so heftiger wenden, als in Bolivien keine Bevölkerungsexplosion herrscht. Die elektrisierende, revoltierende Wirkung des Films läßt sich aus seiner im Detail streng dokumentarischen, phänomenologischen Verfahrensweise erklären, die ohne viel Worte auskommt und auch keine umständlichen Konstruktionen bemüht, vielmehr die Isolation, die Fremdheit der Indios gegenüber den Entwicklungshelfern, der großstädtischen Zivilisation sowie den Machtstrukturen des Staates auf unmittelbare Weise durch Beobachtung einfacher Tatsachen bewußt macht; auch die Rückblendenstruktur des Films reflektiert – dadurch, daß sich erst im Lauf der Zeit bestimmte Zusammenhänge ergeben – die Erlebnisperspektive der Indios, deren Sprache, das Quechua, diesen Film durchweg bestimmt. Der Film wurde von der bolivianischen Zensur zunächst verboten, dann aufgrund öffentlicher Proteste doch freigegeben.

El coraje del pueblo (*Der Mut des Volkes*, auch bekannt unter dem Titel *La notte di San Juan* – »Die Johannisnacht«, 1971) produzierten Sanjinés und die ›Gruppe Ukamau‹ für das italienische Fernsehen RAI; eigentlich war der Film jedoch für das bolivianische Publikum gedacht. Der Film rekonstruiert ein historisches Massaker, das die bolivianische Armee 1967 unter Bergarbeitern der Zinnmine »Siglo XX« anrichtete; es war nur der letzte Vorfall in einer Kette blutiger Unterdrückungsmaßnahmen verschiedener Regimes gegen die Bergarbeiter. Sanjinés nennt die Namen der Verantwortlichen, zeigt ihre Bilder. Er läßt Augenzeugen und Beteiligte zu Worte kommen. Er beginnt mit dem fast opernhaft inszenierten Schauspiel eines Massakers von 1942, das in ähnlicher Form, jetzt aber zum Triumphzug des Volkes gewandelt, auch den Abschluß des Films bildet. Im wesentlichen schildert *El coraje del pueblo* eine Folge von Situationen der Erniedrigung und Unterdrückung, deren Opfer die Arbeiter und ihre Frauen sind; der Film zeigt die Mechanik der Eskalation, die schließlich Reaktionen der Solidarität, sogar des Protestes hervorruft (den Hungerstreik der Arbeiterfrauen); er zeigt, wie ein Arbeiter, der als Gewerkschaftsführer gilt, brutal gefoltert wird. Er zeigt schließlich die Ansätze zu einer Allianz zwischen Arbeitern, Studenten und der Guerilla-Bewegung. Die veristische, detailgenaue Stimmigkeit aller Szenen des Films muß hervorgehoben werden. Wie die Wut und die Verzweiflung der Ausgebeuteten, besonders ihrer Frauen, angesichts der für sie unerreichbar gewordenen Lebensmittel, angesichts der bürokratischen Verweigerung von Auskünften dargestellt werden; wie die Situation der Unterdrückung im Tonfall und Benehmen der »Offiziellen« spürbar wird – das hat die Dichte und Gewalt großer Epen. Sanjinés strebte in *El coraje del pueblo* ein kollektiv-dokumentarisches Kino an: »Ich glaube, daß unser letzter Film das Resultat einer größeren Konsequenz auf der Suche nach einem populären Kino ist, das sowohl auf einer breiten Anteilnahme des Volkes und auf der Kommunikation mit ihm basiert . . . Von dem Augenblick an, in dem wir uns für die kollektive Darstellung auf der Grundlage von realen Fakten entschieden, die die Zuschauer nachprüfen können oder selbst erlebt haben, verwarfen wir die Fiktion zugunsten der Wahrhaftigkeit.«[44]

Während Jorge Sanjinés in dem kurzen Intervall der progressiven Regierung des Generals Torres von 1970 bis 1971 in Bolivien arbeiten und *El coraje del pueblo* drehen konnte, zwang ihn die Militärdiktatur des Generals Banzer wiederum zur Emigration. Seinen nächsten Film *El enemigo principal* (»Der Hauptfeind«, 1974) drehte er daher in Peru. Er wurde zu Sanjinés' politisch dezidiertestem Film. In einem Dorf werden die indianischen Bauern von einem Großgrundbesitzer unmenschlich unterdrückt. Er stiehlt, vergewaltigt, mordet. Die offizielle Justiz verfolgt die Untaten des Latifundisten jedoch nicht, belegt im Gegenteil die Indianer noch mit Strafen. Da kommen Guerillas in das Dorf. Sie nehmen den Grundbesitzer gefangen und stellen ihn vor ein Gericht der Dorfbewohner, die auf Todesstrafe erkennen; der Tyrann wird mit seinem Verwalter tatsächlich erschossen. Die Guerillas ziehen weiter; auf das Dorf konzentriert sich die Rache der Armee. In der Schilderung der Situation des Dorfes, in der Porträtierung des Grundbesitzers und der Beamten erweist Sanjinés wiederum seine bekannten Qualitäten ausdrucksstarker Regie, veristischer Typenzeichnung, lapidarer und eindringlicher Bildgestaltung. Auch die Rahmenstruktur – ein Indio erzählt in den Ruinen einer alten Siedlung die Geschichte, die dann als Rückblende oder Illustration seiner Worte abläuft – gibt dem Film eine interessante doppelte Perspektive. Jedoch kommt mit dem Auftreten der Guerilleros ein didaktisches Element in den Film, das sich vorzugsweise verbal äußert, im Film aber eine Art Erstarrung bewirkt; übrigens erschien der Film auch von seiner ideologischen Position her (der allzu undifferenzierten Verherrlichung von Gewalt) anfechtbar.

Fuera de aqui! (»Raus hier!«, 1977) entstand in Equador. Sanjinés variierte in diesem aus Episoden zusammengesetzten Film, dessen Titel auf die agitatorische Zielsetzung im »Kampf gegen den Imperialismus« hinweist, verschiedene Themen seiner früheren Werke (»Entwicklungshelfer« betreiben in Wirklichkeit Völkermord; Indios leisten Widerstand gegen eine Bergwerksgesellschaft, die sie von ihrem Land verjagen will). Jedoch litt der Film an allzu großer Schematisierung und Vereinfachung. Die Ereignisse, die Sanjinés zeigt, nehmen mehr und mehr einen ideologischen Thesencharakter an – sie sind positive oder negative Wunschbilder; dagegen verdünnt sich der Kontakt des Films zur Wirklichkeit.

Im Gegensatz zu Sanjinés blieben einige Mitglieder der ›Gruppe Ukamau‹ – so der Autor Oscar Soria und der Kameramann Antonio Eguino, die an allen Sanjinés-Filmen bis zu *El coraje del pueblo* mitgearbeitet hatten – auch nach 1971 in Bolivien, wo sie 1974 den Spielfilm *Pueblo chico* (»Junges Volk«) drehten, der jedoch nicht die Kraft der Sanjinés-Filme besaß.

Neben Bolivien, das durch die Filme Sanjinés' Bedeutung erlangt hat, ist auch Kolumbien zu einem wichtigen Filmland Lateinamerikas geworden – aber nicht wegen seiner sporadischen und kommerziell orientierten Spielfilmproduktion, sondern wegen der politischen Dokumentarfilme, die dort seit etwa 1970 produziert werden; Hauptvertreter dieser Bewegung sind Carlos Alvarez und das Team Marta Rodríguez/Jorge Silva. Carlos Alvarez (geb. 1943) war zunächst Filmkritiker und Hersteller von Werbefilmen; 1968 drehte er einen ersten eigenen Dokumentarfilm, *Asalto* (»Angriff«); 1970 folgte jener Film, der in seiner Einfachheit und stilistischen Schlichtheit zu den bedeutendsten Werken des lateinamerikanischen Kinos gehört: *Colombia 70*, eine nur fünf Minuten dauernde Parallelmontage zwischen Reklamebildern und Aufnahmen einer alten Bettlerin, die auf einer eleganten Straße immer denselben Platz okkupiert. Die Konfrontation der Werbebilder und der Aufnahmen von der alten Frau sind in ihrem Rhythmus und in ihrer

Bedeutung so schlagend, daß es keiner weiteren Argumentation bedarf. Formal ambitionierter gab sich dagegen der halblange Dokumentarfilm *Que es la democracia?* (*Was ist Demokratie?*, 1971). Mit Trickaufnahmen, die die Konspiration der Herrschenden und ihre Gängelung durch die USA entlarven sollen, mit Rückblenden in die Geschichte seines Landes, unter Verwendung von Dokumentar- und Faktenmaterial analysiert Carlos Alvarez das politische System Kolumbiens. Offensichtlich hatte Alvarez jedoch die Grenzen der in seinem Land zulässigen Freiheit überschritten, denn er wurde 1972 verhaftet und bis 1974 durch verschiedene Gefängnisse geschleppt. Danach drehte er *Los hijos del subdesarollo* (*Die Kinder der Unterentwicklung*, 1975) über die Lebensbedingungen kolumbianischer Kinder und die Fragwürdigkeit einer auf Dezimierung der Geburten gerichteten Bevölkerungspolitik.

Marta Rodríguez und Jorgé Silva realisierten 1971 einen Film über die Zerstörung der Indiokultur, *Planas – Testimonio de un etnocidio (Planas – Dokument einer Ausrottung)* und beendeten 1972 das Porträt einer in entsetzlicher Armut lebenden 13köpfigen Familie, die sich (bis hinunter zu den Kindern) durch Anfertigen von Lehmziegeln einen Hungerlohn verdient: *Chircales* (*Ziegeleiarbeiter* – begonnen wurde dieser Film schon 1967). Die besondere Charakteristik der Filme von Rodríguez/Silva ist die Insistenz ihrer Bildsprache, die Kraft der Beobachtung von Details, die die Prägnanz von Symbolbildern annehmen; aber auch die politische Vertiefung ihrer Themen. Ihr letzter Film, *Campesinos* (»Bauern«, 1975), der sich mit der Situation der indianischen Landarbeiter befaßt, läßt sich mit Carlos Alvarez' *Kindern der Unterentwicklung* vergleichen: beide Filme verwenden Bildmaterial, dem man genaues Recherchieren anmerkt, aber sie verbinden dieses Material mit Informationen, Reflexionen, Statements; aus der Interaktion von Bild, Schrift und Ton entwickeln sie einen komplexen Zusammenhang, ziehen Schlußfolgerungen, stellen Forderungen für die Zukunft. Man kann sagen, daß Alvarez und Rodríguez/Silva die Eisensteinsche Methode im Dokumentarfilm verkörpern, und zwar in ihrer besten Form, die trotz komplizierter Organisation den Zugang zur Konkretheit des Materials nicht abschneidet.

Durch ein neues Filmgesetz, das 1973 eingeführt wurde und die obligatorische Vorführung einheimischer Kurzfilme in den Kinos des Landes vorschreibt, stimulierte die kolumbianische Regierung plötzlich wieder die Produktion von Kurzfilmen; einige dieser Filme erregten auch auf europäischen Festivals Aufsehen, so *El oro es triste* (»Trauriges Gold«, 1973) und *Correlajas de Sincelejo* (»Stiertreiben in Sincelejo«, 1974).

Mexiko besitzt eine traditionell starke Filmindustrie, deren Produkte in den lateinamerikanischen Ländern bis in die fünfziger Jahre eine dominierende Stellung einnahmen. Filme wurden billig und schnell produziert, um sich sofort zu amortisieren. Im Lauf der Zeit begannen die Produkte des mexikanischen Kommerzkinos – folkloristische Komödien, Melodramen, pseudo-realistische »Gaucho«-Filme – sich allerdings so stark zu ähneln, daß das Publikum ihrer überdrüssig wurde und die Produktion deshalb zurückging. Die Erstarrung des mexikanischen Films wurde auch durch eine engstirnige Politik der Gewerkschaften gefördert, die über lange Zeit hinweg im Filmbereich einen totalen Mitgliederstopp verhängten, so daß keinerlei neue Talente mehr zum Film Zugang fanden. So bot der mexikanische Film in der ersten Hälfte der sechziger Jahre das Bild einer totalen Stagnation – mit alleiniger Ausnahme der Buñuel-Filme *El joven* (*Das junge Mädchen*, 1960), *El angel exterminador* (*Der Würgeengel*, 1962) und *Simon del desierto* (*Simon in der Wüste*, 1966). Der Pionierregisseur des mexikanischen Films, Emilio Fernandez, betätigte sich nur noch als Darsteller. Als einziger ambitionierter Regisseur neben Buñuel, der in dieser Zeit im mexikanischen Kino tätig war, ist Luis Alcoriza zu nennen, Szenarist berühmter Buñuel-Filme wie *Los olvidados* (*Die Vergessenen*, 1950) oder *El angel exterminador*. Luis Alcoriza (geb. 1918) debütierte als Regisseur 1960 mit der »schwarzen« Komödie *Los jovenes* (»Die Jungen«) und realisierte dann in rascher Folge Filme unterschiedlichen Niveaus, darunter den halbdokumentarischen, an Ivens und Flaherty orientierten *Tarahumara* (»Immer weiter«, 1965), der unter nordmexikanischen Indianern spielt; ferner *Mecanica nacional* (1971), eine Komödie am Rande eines Autorennens, die national typische Verhaltensweisen karikiert, sowie *Presagio* (»Das Vorzeichen«, 1974), ein Pamphlet gegen Mystizismus und Aberglauben in einem mexikanischen Dorf, »eine Parabel, über der das Gespenst von Luis Buñuel schwebt«. (Marcel Martin)[45]

Als die Stagnation des mexikanischen Films offenbar geworden war, ergriff die Filmgewerkschaft STPC selbst die Initiative und schrieb 1964/65 einen Wettbewerb für »Experimentalfilme« aus; dieser Wettbewerb erlaubte einer Gruppe jüngerer Regisseure und Filmemacher, ihre ersten Filme zu drehen und an einem »Kreuzzug für die Erneuerung des mexikanischen Films teilzunehmen«.[46] 1967 fand ein zweiter Experimentalfilmwettbewerb statt. Inzwischen war (1964) auch das ›Centro Universitario de Estudios Cinematograficos‹ (»Universitäts-Zentrum für Filmstudien«, CUEC) in Mexico City gegründet worden, das sich in der Folgezeit zu einem wichtigen Zentrum unabhängiger Filmarbeit entwickeln sollte. Vom Jahr 1965 datiert die Formierung eines neuen mexikanischen Kinos, als dessen bekannteste Vertreter sich Alfonso Arau, Alberto Isaac, Arturo Ripstein, Felipe Cazals, Paul Leduc und Alfredo Joscowicz qualifizieren sollten.

Das mexikanische Filmwesen ist nicht nur gewerkschaftskontrolliert, es ist vertikal gegliedert und befindet sich überwiegend in staatlichem Besitz – die Studios ebenso wie der Verleih und die Kinos; über allem steht die ›Nationale Filmbank‹, eine Institution, die die Produktion von Filmen finanziert. 1970 ernannte der Staatspräsident von Mexiko, Luis Echeverria, seinen Bruder Rodolfo Echeverria zum Direktor der ›Nationalen Film-Bank‹; weil man in der Filmproduktion jetzt auch ein nationales Prestigeobjekt zu sehen begann und diesbezüglich reichliche Geldmittel zur Verfügung stellte, begannen günstige Zeiten für die jungen mexikanischen Filmemacher; auch liberale, selbstkritische Filme waren erlaubt, und so entwickelte der mexikanische Film von den siebziger Jahren an neues Profil. Die mexikanische Spielfilm-Produktion in den sechziger und siebziger Jahren schwankte zwischen 50 und 100 Filmen jährlich, scheint in letzter Zeit jedoch eher nach unten zu tendieren: 1974 wurden 44 lange Filme hergestellt.

Alberto Isaac (geb. 1933), ursprünglich Maler, Karikaturist und Filmkritiker, gehört zu jenen Vertretern der jüngeren Generation, die 1965 auf dem Experimentalfilmwettbewerb debütierten: *En este pueblo no hay ladrones* (»In diesem Dorf gibt es keine Diebe«) hieß sein erster Film, in dem Luis Buñuel die Rolle eines Priesters spielt; in ihm versetzt ein Landstreicher ein Dorf in Aufruhr, indem er Billardkugeln stiehlt. Isaacs spätere Filme waren Untersuchungen über die mexikanische Provinz: *Los dias del amor* (»Die Tage der Liebe«, 1971) handelt von einem Jüngling, der von seinem Onkel erzogen wird, *El rincon de los virgenes* (»Das Jungfrauennest«, 1972) geht den Legenden über einen angeblichen Volksheiligen und Wundertäter der zwanziger Jahre nach; *Cuartelazo* (»Der Putsch«, 1976) erzählt die Geschichte eines Staatsstreiches aus dem Jahre 1913, dem sich ein Senator widersetzt. Ein besonders hohes formales Bewußtsein zeigen die Filme von Arturo Ripstein (geb. 1943), der ebenfalls 1965 mit einem eigenwillig gemachten mexikanischen Western debütierte, *Tiempo de morir* (»Zeit zum Sterben«). Ripstein drehte zunächst abseits der Industrie den experimentellen *La hora de los niños* (»Die Stunde der Kinder«, 1969), einen Film in starren Einstellungen, fast ohne Ton, über einen kleinen Jungen und seinen Babysitter, einen Clown; in diesem wie in einigen weiteren Kurzfilmen versuchte er das Konzept der »Dedramatisierung« filmisch umzusetzen. Mit weit größerem Aufwand drehte Ripstein 1972 *El castillo de la pureza* (»Das Schloß der Reinheit«), die Geschichte einer Familie, die 18 Jahre lang in einem Haus eingesperrt lebt, einen Film, der »die Totembilder der mexikanischen Gesellschaft einer leidenschaftlich bewegten Untersuchung unterzieht«. (José de la Colina)[47] *El santo officio* (»Das heilige Offizium«, 1974) war ein Film über Judenverfolgungen im Mexiko des 16. Jahrhunderts durch die Inquisition; *Foxtrot* (1976) handelt von zivilisationsmüden Europäern, die auf eine einsame Insel flüchten.

Während Ripstein mit seinen letzten Arbeiten zum Autorenfilm tendiert, schwankt Felipe Cazals (geb. 1937), der an der Pariser Filmhochschule IDHEC ausgebildet wurde, zwischen dem Untergrundfilm (*La manzana de la discordia* – »Der Apfel der Zwietracht«, 1968), großen kommerziellen Historienfilmen (*Emiliano Zapata*, 1970) und engagierten Dokumentarfilmen (*Los que viven donde sopla el viento soave* – »Die unter dem sanften Wind leben«, 1974, eine Untersuchung über Indianer auf einer Insel). Cazals ambitioniertestes Werk ist *El jardin de tia Isabel* (»Tante Isabels Garten«, 1971): schiffbrüchige spanische Konquistadoren des 16. Jahrhunderts stoßen mit der Realität des neuen Kontinents zusammen; *Canoa* (1976) schildert einen Fall von politischer Massenhysterie aus dem Mexiko unserer Tage.

Isaac, Ripstein und Cazals repräsentieren im mexikanischen Film der Gegenwart den Versuch, innerhalb des kommerziellen Systems persönliche und anspruchsvolle Filme zu machen. Eine Verbindung zwischen populären Motiven und modernen Filmformen sucht Alfonso Arau in der surrealen Komödie *El aguila descalza* (»Der barfüßige Adler«, 1969), deren Held ein proletarischer Supermann ist, und in *Calzonzin inspector* (1973), einer Transposition von Gogols »Revisor« ins heutige Mexiko. In einer ähnlichen Richtung arbeiten die Regisseure Jaime Huberto Hermosillo, Sergio Olhovich, Archibaldo Burns, Gonzalo Martinez, Juan Manuel Torres und Jorge Fons. Charakteristisch für diesen »mittleren« Bereich der mexikanischen Produktion ist *Los albañiles* (»Die Frühaufsteher«, 1976) von Jorge Fons, ein kriminalistisches Drama, angesiedelt auf einer Baustelle in Mexico City, routiniert in der Ausführung, aber doch bemüht um die Darstellung bestimmter gesellschaftlicher Realitäten.

Eine weitere Kategorie des mexikanischen Films von heute ist das ›subindustrielle Kino‹. Hier handelt es sich um Filme, die am Rande des kommerziellen Systems entstehen und nicht unbedingt dessen Normen befolgen. Diese Filme wurden zum Teil mit Eigenmitteln, zum Teil mit Hilfe des CUEC produziert und durchweg in 16 mm gedreht. Hier ist etwa Alberto Bojorquez (geb. 1938) zu nennen, der 1970 mit *Los meses y los dias* (»Die Monate und Tage«) debütierte, der Geschichte eines jungen Mädchens, das allein in einer großen Stadt lebt. Oder Alfredo Joscowicz (geb. 1939), gleichfalls am CUEC ausgebildet, der an dem politischen Dokumentarfilm *El grito* (»Der Schrei«) über die Ereignisse des Jahres 1968 mitarbeitete, 1970 seinen ersten Langfilm *Crates* drehte und in *El cambio* (»Der Umzug«, 1972) anhand einer Geschichte von jungen Leuten, die aus der Großstadt in eine idyllische Provinzlandschaft fliehen, dort aber das Opfer der Polizei werden, ein Porträt von Entwicklungen der mexikanischen Jugend nach 1968 liefert. Der Film wurde vom ›Centro Universitario de Estudios Cinematograficos‹ produziert; Joskowicz schrieb: »Wir sind der Meinung, daß ein wirklich experimentelles, klarsichtiges und engagiertes Kino nur durch Arbeitsbedingungen zustande kommen kann, die ganz außerhalb der merkantilen Pressionen liegen, unter denen fast alle Regisseure unserer Zeit arbeiten.«[48] In *Meridian 100* (»Breitengrad 100«) erzählte Joscowicz von jungen Leuten, die in den Bergen einen Guerilla-Krieg führen möchten, aber keine Unterstützung finden. Bemerkenswerte Versuche, der mexikanischen Realität mit neuen Filmformen habhaft zu werden, waren auch *En el balcon vacío* (»Auf dem leeren Balkon«, 1961) von Jomi Garcia Ascot, einem Vorläufer der späteren Erneuerung, und *La formula secreta* (»Die Geheimformel«, 1965) von Ruben Gomez, eine »grausame und leidenschaftliche Vision amerikanischer Entfremdungen«.[49]

Als bedeutendste unabhängige Produktion im Mexiko der beginnenden siebziger Jahre darf man zweifellos *Reed, Mexico insurgente* (*Reed – Mexiko im Aufruhr*, 1972) von Paul Leduc (geb. 1942) ansehen. Leduc war in Frankreich ausgebildet worden und hatte bisher Dokumentarfilme über die Olympischen Spiele 1968 hergestellt. In *Reed*, seinem ersten Spielfilm, gab er eine doppelt gebrochene Darstellung der mexikanischen Revolution von 1913/14, das »Zeugnis eines Zeugnisses« – die mexikanische Revolution, gesehen von dem amerikanischen Reporter John Reed, auf dessen Berichten dieser Film basiert, noch einmal gesehen von Leduc.[50] Mit äußerst geringen Mitteln und einem kleinen Team drehte Leduc an diesem Film unter aufreibenden Bedingungen drei Monate lang. Sein Film ist authentischer als die meisten anderen Revolutionsfilme – deshalb, weil er keine umfassende, ästhetisch perfekte Rekonstruktion anstrebt, sondern die Schwierigkeiten des Drehens zum Bestandteil des Films macht; sein Ansatzpunkt war, eine Fiktion »dokumentarisch« zu filmen, die Wahrheit der Ereignisse nicht aus der großen Konstruktion, sondern aus der kleinsten Keimzelle des Geschehens, dem unscheinbaren Detail hervorbrechen zu lassen; zwischen die Ereignisse – die wie lebendig gewordene alte Fotografien erscheinen – und die Zuschauer schiebt sich die Perspektive von John Reed und der Prozeß seiner Bewußtseinswandlung. Paul Leduc »wollte der Folklore entgehen, den Antagonismus zwischen den politischen Führern und den Militärs enthüllen und schließlich die Krise und den Bewußtseinsprozeß des Journalisten hervortreten lassen, dieses Zeugen einer Realität, die ihn überholt, seine Haltung als Beobachter und dann als engagierter Teilnehmer am Kampf«.[51] Leduc lieferte mit *Reed, Mexico insurgente* nicht nur einen Beitrag zur Geschichte der mexikanischen Revolution, zur Personenbeschreibung Pancho Villas und anderer Revolutionäre, sondern auch ein Modell, wie Historie aufgearbeitet werden kann, ohne daß das Produkt zum »Monument« gerät. *Etnocidio* (*Völkermord*, 1976), von Paul Leduc gemeinsam mit dem Ethnologen Roger Bartra als mexikanisch-kanadische Koproduktion gedreht, war eine dokumentarische Untersuchung über die Situation der Urbevölkerung in der Region »Mezquital« nördlich von Mexiko; der in Kapitel mit Überschriften von A–Z eingeteilte Film konstatiert die Zerstörung der Indio-Kultur und die Proletarisierung der Landbevölkerung.

In den Bereich des unabhängigen, politisch intendierten Kinos gehört auch Ariel Zúñigas *Apuntes* (»Notizen«, 1974), der bizarre Versuch, ein politisches Thema – den Konflikt zwischen einem anarchistischen Taxifahrer und der Gewerkschaftsbewegung – in einem avantgardistischen Stil mit starren Einstellungen und systematisch im »off« geführten Gesprächen abzuhandeln, sowie *Caminando pasos caminando* (*Schritt für Schritt*, 1976) von Federico Weingartshofer, die »entdramatisiert« und teilweise dokumentarisch erzählte Geschichte eines Lehrers, der eine Straße in ein abgelegenes Dorf bauen läßt und die unheilvollen Folgen erleben muß, die der »Fortschritt« diesem Dorf bringt.

Gustavo Alatriste (geb. 1923), Produzent mehrerer Buñuel-Filme, Herausgeber einer Illustrierten, Besitzer von Kinos und daher in den Augen mancher Kritiker Teil des »Establishments«, drehte ab 1969 eine Serie sozialer Umfragefilme, die sich der Methoden des ›Cinéma-vérité‹ bedienten und, wie immer man ihr Verfahren beurteilt, interessante Resultate über bestimmte Aspekte der mexikanischen Gesellschaft zutage förderten: *Los adelantados* (»Die auf Kredit leben«, 1969), über Agavenzüchter in Yukatan, und *Quien resulta responsable?* (»Wer ist verantwortlich?«, 1970), über eine Vorstadtzone von Mexico City. Alatriste drehte noch weitere Filme in diesem Stil, so *Humano* (»Menschlich«, 1971) oder *Victorino* (1973). Die Filme Alatristes sind wichtige Dokumente des »anderen« Mexikos.

Seit 1968 gibt es in Mexiko eine relativ stark entwickelte Produktion politischer Zielgruppen-Filme, die nur für die Vorführung in kleinen Gruppen, in Gewerkschaften und Universitäten gemacht sind, sich des 16-mm-, manchmal sogar des 8-mm-Formats bedienen und von Kooperativen hergestellt werden (die Technologie des 8-mm-Films ist in Mexiko von den USA her eingeführt und relativ verbreitet). Ausgangspunkt dieser Bewegung des ›Cinema marginal‹, des »Randkinos«, waren zwei Filme über das Massaker, das die Polizei von Mexico City kurz vor Beginn der Olympischen Spiele 1968 unter den Teilnehmern einer studentischen Demonstration anrichtete. Studenten des CUEC filmten diese Vorgänge; der Kameramann Lopéz Aretche stellte daraus den Film *El grito, Mexico 1968* (»Der Schrei, Mexiko 1968«) zusammen, der eine umfassende und von Leidenschaft getragene Darstellung der mexikanischen Studentenbewegung des Jahres 1968 gab. Über die Ereignisse von 1968 entstand ein weiterer, stärker analytisch angelegter Film: *Aqui Mexico* (»Hier ist Mexiko«), dessen zweite Hälfte in einem Gefängnis aufgenommen wurde. Ein dritter Film, *Historia de un documento* (*Geschichte eines Dokuments*, 1971/77) von Oscar Menendez analysierte schließlich – unter Verwendung zum Teil gleichen Materials – die Bedingungen, unter denen *Aqui Mexico* gedreht wurde. Dieser Film ist besonders interessant, weil er nicht nur ein Kapitel Geschichte darstellt, sondern gleichzeitig die Rolle des Films als Medium bei der Fixierung und Vermittlung historischer Informationen untersucht. Von 1971 bis 1973 bestand die Kooperative ›Cinema marginal‹, die eine Serie von politischen Gegeninformationsfilmen unter dem Obertitel *Comunicados* herausbrachte. Die *Comunicados* (von denen etwa 20 Folgen erschienen) beschäftigten sich mit Gewerkschaftskämpfen der Elektroarbeiter, mit der Situation der Landarbeiter, sie berichteten von Streiks und Kundgebungen; meistens wurden sie den Betroffenen unmittelbar vorgeführt, wobei die Kooperative auch die Vorführungen und Diskussionen organisierte. Eine weitere politische Filmgruppe, der ›Taller de Octubre‹ (»Oktober-Werkstatt«) entstand an der Filmhochschule CUEC.

Einen besonderen Platz im mexikanischen Kino nehmen die mystischen oder surrealen Filme ein, deren Übergang zur Folklore fließend ist und die zumeist im System der Filmwirtschaft entstehen. Ein Beispiel für diesen Trend lieferte Rafael Corkidi mit *Auandar anapu* (»Der vom Himmel kam«, 1974). Der Protagonist des Films ist eine Mischung aus Christus und Che Guevara; er kämpft für soziale Gerechtigkeit, vollbringt Wundertaten, verkündet und praktiziert die universelle Liebe. Der Film schwelgt in barocken Visionen, gibt sich dabei aber auch reißerisch und spekulativ; zurück bleibt ein Eindruck von Verworrenheit. Ähnlich bestellt ist es mit den Filmen von Alexandro Jodorowsky, *El topo* (*Der Maulwurf*, 1969) und *Montana sacra* (*Der heilige Berg*, 1973), die sich zwar auf einer höheren ästhetischen Ebene bewegen, jedoch aus dem mexikanischen Kontext im Grunde herausfallen, weil sie im Hinblick auf den europäischen und nordamerikanischen Kinomarkt hergestellt wurden. Beide Filme sind halluzinatorische Alpträume, ununterbrochene Folgen schockierender und monströser Visionen, kalkuliert in bezug auf ihren möglichen Skandalwert, mitunter von poetischer Faszinationskraft, durchweg blasphemisch angelegt; aber für jeden Mythos, den er zerstört oder parodiert, erfindet Jodorowsky mehrere neue. Die Hauptfigur von *El topo* ist eine Art rächender Westernheld, der ein zweites Mal als buddhistischer Mönch geboren wird und durch Selbstverbrennung endet; in *Montana sacra* begibt sich ein Bettelmönch auf den Weg der »Läuterung«, der zur Unsterblichkeit führen soll, muß am Schluß aber erkennen, daß er genarrt wurde. Obwohl die Häufung der Effekte, Greuelszenen und Visionen in den beiden Filmen nicht beliebig ist, sondern einer bestimmten Konstruktion gehorcht, kokettiert Jodorowsky besonders in *Montana sacra* allzu offensichtlich mit der Wirkung seiner Bilder und überläßt sich rückhaltlos dem Pathos des Irrationalen.

Die Geschichte des kubanischen Kinos beginnt (abgesehen von sporadischen Vorläufern) mit dem Sieg der Revolutionsbewegung Fidel Castros im Januar 1959. Zu den ersten kulturellen Maßnahmen des neuen Regimes gehört die Gründung eines nationalen Filminstituts, des ›ICAIC‹ (›Instituto Cubano del Arte e Industria Cinematograficos‹ – ›Kubanisches Institut für Filmkunst und Filmindustrie‹) im März 1959. Das Gesetz, auf dessen Grundlage das ICAIC gegründet wurde, stellt in seiner Präambel fest: »Der Film ist eine Kunst.«[52] Und der Direktor des ICAIC, Alfredo Guevara, formulierte 1962 auf dem ersten nationalen Kulturkongreß: »Die Kunst erzieht, aber wir werden niemals akzeptieren können, daß das Ziel der Kunst die Erziehung sei.«[53] Nach Überwindung einiger Anfangsschwierigkeiten erlebte die kubanische Kinematographie große künstlerische Triumphe. In der zweiten Hälfte der sechziger Jahre eroberten sich die kubanischen Filme eine führende Position in Lateinamerika; sie gehören auch heute noch zu den formal avanciertesten der sozialistischen Länder.

Die Filmproduktion in Kuba begann sogleich nach der Revolution; sie bestand zunächst aus Dokumentarfilmen, die sich mit den dringlichsten Themen der gesellschaftlichen Umwandlung beschäftigten. Noch im Januar 1959 erschien ein Film über die Agrarreform, *Esta tierra nuestra* (»Das ist unser Land«) von Tomás Gutiérrez Alea, und ein Film über das Problem der Wohnverhältnisse in Havanna, *La vivienda* (»Die Wohnung«) von Julio García Espinosa. Die Herstellung von Wochenschauen und Dokumentarfilmen ist bis heute ein Schwerpunkt des ICAIC geblieben, und die kubanische Dokumentarfilmschule, repräsentiert durch Santiago Alvarez, hat sich durch die Qualität ihrer Arbeit weltweites Renommee erobert.

Die Jahre von 1959 bis 1966 kann man als eine Zeit der Experimente und der Vorbereitungen bezeichnen. Die Spielfilme dieser ersten Periode bevorzugen einfache dramatische Formen, sind aber auch reißerischer oder spektakulärer Zuspitzung nicht abgeneigt; thematisch beschäftigen sie sich oft mit den Ereignissen des Revolutionskrieges, so bei Julio García Espinosa in *El joven rebelde* (»Der junge Rebell«, 1961), einem Film über einen jungen Bauern, der in die Rebellenarmee der Sierra Maestra eintritt, oder bei Tomás Gutiérrez Alea in *Historias de la revolución* (»Geschichten der Revolution«, 1960), einem Episodenfilm über den kubanischen Befreiungskampf. Alea drehte 1962 *Las doce sillas* (»Die zwölf Stühle«), eine brillante Satire auf die Bourgeoisie, und 1964 *Cumbite*, die Verfilmung einer französischen Romanvorlage über ein Bauerndrama auf Haiti. In den Jahren 1962 bis 1964 riefen die Kubaner einige renommierte Regisseure des Auslands nach Kuba, um hier Filme zu realisieren und auf diesem Wege den kubanischen Filmschaffenden Erfahrungen zu vermitteln. So entstanden *El otro Cristobal* (»Der andere Cristobal«, 1963) von Armand Gatti, *Para quien baila la Habana* (»Für wen tanzt Havanna«, 1963) von Vladimir Čech und *Preludio 11* von Kurt Maetzig sowie *Cuba, pueblo armado* (»Kuba – Volk in Waffen«, 1961) und *Carnet de viaje* (»Ein Reisetagebuch«, 1961) von Joris Ivens, auch *Soy Cuba* (»Ich bin Kuba«, 1964) von Michail Kalatosow. Unter den Filmen, die ausländische Regisseure in Kuba drehten (freilich nicht als Produktionen des ICAIC) sind ebenfalls Chris Markers *Cuba si* (1961) und Agnès Vardas Fotofilm *Salut les Cubains* (1963) zu erwähnen.

Santiago Alvarez (geb. 1919) wurde bereits 1959 als Leiter der Abteilung Dokumentarfilm und Wochenschau in das ICAIC berufen. In dieser Funktion entwickelte er die Wochenschau *Noticiero* und drehte ab 1961 in eigener Regie Dokumentarfilme zunehmender Brillanz und Meisterschaft. Alvarez begann 1961 mit *Escambray* und *Muerte al invasor* (»Tod den Invasoren«), einem Film über die Söldnerinvasion in der Schweinebucht. Außergewöhnliche Beherrschung aller formalen Mittel des Dokumentarfilms ließen bereits *Cyclon* (1963) sowie *Now* (1965) erkennen, ein sechsminütiger, aus Standfotos zusammengesetzter Montagefilm über die Diskriminierung der Schwarzen in den USA, rhythmisch geschnitten nach dem gleichnamigen Lied, das von der Sängerin Lena Horne gesungen wird. *Now* gehört aufgrund seiner raffinierten und höchst wirkungsvollen Machart, die durch Schnitte und Kamerafahrten die Fotos dynamisiert, zu den Klassikern des (agitatorischen) Montagefilms. Zu Meisterwerken gerieten Alvarez' *Hanoi, martes 13* (*Hanoi, Dienstag der 13.*, 1967), ein Film über den Abwehrkampf der nordvietnamesischen Bevölkerung gegen die amerikanischen Luftangriffe, sowie *79 primaveras* (»79 Lenze«, 1969), ein Film über Ho Chi Minh. In beiden Filmen war bereits die Qualität des dokumentarischen Materials an und für sich bemerkenswert, der Sinn für das treffende Detail, für den Wert einer Geste, einer alltäglichen Verrichtung; charakteristisch für den Stil von Alvarez ist aber noch mehr die Verarbeitung des Bildmaterials durch Rhythmisierung, Kontrastmontage und die Einfügung von Titeln zu einem politisch-ideologischen Diskurs, in dem sich emotionale, intellektuelle und agitatorische Momente verbinden. In *79 primaveras* verwendete Santiago Alvarez sogar Stilmittel des Experimentalfilms: er ließ einen Filmstreifen zerreißen und verbrennen, um damit ein visuelles Äquivalent für die Spaltung des »sozialistischen Lagers« und die daraus resultierenden Folgen zu geben. Freilich enthält die Methode von Alvarez auch Gefahren – nämlich die einer sich selbständig machenden Virtuosität und einer auf vordergründige Effekte abgestellten politischen Argumentation, die den Zuschauer schließlich manipuliert; diese Gefahren wurden in dem aggressiven Collagenfilm *L.B.J.* (1968) über Lyndon B. Johnson und die Rolle der Gewalt in der US-amerikanischen Politik offenbar. Später drehte Santiago Alvarez eine Reihe längerer Dokumentarfilme über die Reisen Fidel Castros, deren bekanntester der Bericht über die Begegnung Castros mit Allende in Chile ist: *De America soy hijo . . . y a ella me debo* (*Ich bin ein Sohn Amerikas, und ihm bin ich verpflichtet*, 1972). Unter den zahlreichen weiteren kubanischen Dokumentarfilmen muß man vor allem *Giron* (1972) von Manuel Herrera erwähnen, eine filmische Rekonstruktion der Invasion in der Schweinebucht; dieser Film vermischte auf neuartige und faszinierende Weise Stilmittel des Fiktions- und des Dokumentarfilms. Ein anderer wichtiger kubanischer Dokumentarfilm ist *La nueva escuela* (»Die neue Schule«, 1973) von Jorge Fraga, eine Analyse der Bildungsrevolution in Kuba.

Die eigentlich bedeutende Periode der kubanischen Kinematographie begann 1966/67 und machte sich vor allem durch einen Aufschwung im Bereich des Spielfilms bemerkbar. Die Regisseure Alea und Espinosa waren Schrittmacher dieser Entwicklung, gefolgt von Humberto Solas und Octavio Gomez. Die kubanischen Spielfilme dieser Epoche zeichnen sich aus durch ihr Engagement für die Sache der Revolution, aber auch durch ihr hohes Maß an schöpferischer Phantasie, durch formale Kühnheit, durch Witz und Selbstironie; sie nehmen auch Motive bestimmter Kinematographien des Westens auf und verarbeiten sie in eigener Weise. Einen typischen Film für das kubanische Kino dieser Periode drehte Julio García Espinosa (geb. 1926) mit *Las aventuras de Juan Quinquin* (*Die Abenteuer von Juan Quinquin*, 1967). Es handelt sich um die pikaresken Abenteuer eines jungen Mannes aus der vorrevolutionären Zeit, der nacheinander viele verschiedene Berufe innehat: Sakristan, Löwenbändiger, Toreador, Zirkusartist, Darsteller Christi, schließlich Bauer; als er Erfahrungen mit der sozialen Ungerechtigkeit gemacht hat, schließt er sich einer Guerilla-Truppe an. Der Film ist parallel auf zwei Ebenen erzählt; man erlebt Juan Quinquin einmal im Frieden, dann wieder im Krieg. Das revolutionäre Pathos ist bei Espinosa ironisch und komödiantisch durchbrochen; der Film schaltet häufig Zwischentitel ein, verwendet Sprechblasen, verfremdet den Zuschauer durch makabre Übertreibungen, läßt die Dramaturgie auseinanderbrechen und wirkt bei alledem äußerst vergnüglich. Espinosa drehte nur noch einen weiteren langen Film, einen Dokumentarbericht aus Vietnam: *Tercer mundo, tercera guerra mundial* (»Dritte Welt, dritter Weltkrieg«, 1970); er verbindet den Charakter einer Reportage mit einer Analyse von Strategien des Imperialismus.

Neben Espinosa ist Tomás Gutiérrez Alea (geb. 1928) der wichtigste kubanische Spielfilmregisseur der ersten Phase. Alea setzte in *La muerte de un burocrata* (*Der Tod eines Bürokraten*, 1966) die fröhlich-komödiantische Linie von *Die zwölf Stühle* fort. Hier dreht es sich um den Tod eines exemplarischen Arbeiters, der versehentlich mit seiner Gewerkschaftskarte beerdigt wurde, weshalb seine Witwe nun keine Rente bekommen soll; die heimliche Exhumierung des Verstorbenen stellt die Verwandten jedoch vor noch größere Probleme. Der Film enthält eine erfrischende Attacke auf die Bürokratie, scheut aber auch nicht vor deftigen Slapstick-Effekten zurück. Aleas wahrscheinlich subtilstes Werk – und einer der besten kubanischen Filme überhaupt – ist *Memorias del subdesarollo* (*Erinnerungen an die Unterentwicklung*, 1968). Protagonist dieses Films ist ein Hausbesitzer und Amateur-Schriftsteller, der 1961 nicht wie die übrigen Mitglieder seiner Familie in die USA ausreist, sondern im Land bleibt. Sein Versuch, mit der neuen Gesellschaft Kontakt zu schließen, mißlingt jedoch; er verharrt in der Attitüde des skeptischen Zuschauers, der entweder durch Ferngläser Militär auf der Straße beobachtet (Kuba mobilisiert seine Armee im Krisenjahr 1962) oder sich selbst im Spiegel betrachtet, zwischendurch eine Freundin, die er für kulturell »unterentwickelt« hält, zu erziehen versucht. *Memorias del subdesarollo* verschmilzt auf formal faszinierende Weise dokumentarisches und fiktives Material. Alea entwickelt einen differenzierten, manchmal ironischen oder sarkastischen, persönlichen Erzählstil; er erforscht die widersprüchlichen Regungen seines bürgerlichen Helden und zeigt Verständnis für seine Lage; er streut Rückblenden und Phantasiesequenzen ein und stellt durch einen inneren Monolog eine zweite Ebene innerhalb des Films her. Aleas nächstes Werk, *Una pelea Cubana contro los demonios* (»Ein kubanischer Kampf gegen die Dämonen«, 1971) ist ein Versuch, in die Historie Kubas zurückzublenden – anhand der Geschichte einer kleinen Stadt des 17. Jahrhunderts, die in Angst vor Piraten, Dämonen und vor einem diabolischen Priester lebt. Der Film zeichnet ein Bild von Mystizismus, Angst und Gewalt; er stieß außerhalb Kubas auf Verständnisschwierigkeiten. Aleas letzter Film, *La ultima cena* (»Das letzte Abendmahl«, 1976) spielt in einer kubanischen Zuckerplantage des 18. Jahrhunderts und berichtet – in einer großangelegten dramatisch-theatralischen Form, die manchmal an Buñuels *Viridiana* erinnert – vom Scheitern der Bemühungen des Plantagenbesitzers, seine Sklaven im Geiste christlicher Caritas menschlich zu behandeln.

Eine zweite Entwicklungsstufe des kubanischen Spielfilms repräsentieren die Regisseure Humberto Solas und Manuel Octavio Gómez. Humberto Solas (geb. 1942) begann 1966 mit *Manuela*, einem halblangen Film über ein Bauernmädchen, das zu den Guerillas stößt, weil es seine ermordete Mutter rächen will. Solas' bislang bedeutendstes Werk ist *Lucia* (1968). In drei Episoden berichtet der Film über die Rolle der Frau in der kubanischen Geschichte. 1895 geht eine Aristokratin einer romantischen, gesellschaftlich mißbilligten Liebe nach; Hintergrund des Geschehens, das sich in opernhaften Dekors abspielt, bildet der Unabhängigkeitskrieg Kubas gegen die Spanier. In der zweiten Episode wird 1933 eine Bürgersfrau durch den Kontakt mit einem Revolutionär selbst zur Revolutionärin; in der Gegenwartsperiode schließlich muß sich eine Landarbeiterin, die gerade Lesen lernt, mit ihrem Mann, einem Lkw-Fahrer, auseinandersetzen, der ihre Emanzipation nicht zulassen will. Während die ersten beiden Episoden visuell eindringlich, unter Aufbietung eines Vokabulars surrealer, leidenschaftlich überhöhter Bilder das Lebensgefühl der jeweiligen Epoche beschwören, ist die letzte Episode in einem relativ konventionellen Erzählstil gehalten. Enttäuschend fiel Solas' nächster Film aus, *Un dia de Noviembre* (»Ein Tag im November«, 1972), die elegische Geschichte eines Mannes, der an einer schweren Krankheit leidet und sich an sein vergangenes Leben erinnert; *Cantata de Chile* (1976) evoziert das Drama Chiles in Form eines episch-didaktischen Schauspiels mit verschiedenen Wirklichkeitsebenen.

Manuel Octavio Gómez (geb. 1934), ein ehemaliger Journalist und Filmkritiker, erregte nach zahlreichen Kurz- und zwei Spielfilmen Aufsehen mit *La primera carga al machete (Die erste Schlacht mit der Machete*, 1969), dem Bericht von einer Bauernrebellion des Jahres 1968 gegen die spanischen Kolonisatoren, verfremdet und aktualisiert durch überlegten Gebrauch von Kunstmitteln: einmal wurde der Film in künstlich übersteigerten Schwarzweiß-Kontrasten und betont grobkörnig gedreht, was vielen Szenen etwas Visionäres gab; gleichzeitig enthält der Film aber auch simulierte Reportage- und Interviewszenen, die den Zuschauer zum Zeitgenossen und Beteiligten der Ereignisse machen. *Los dias del agua* (»Die Tage des Wassers«, 1971) erzählt in einem exaltierten Regiestil die Geschichte einer Wunderheiligen des Jahres 1936, die verschiedene politische Kräfte des Landes für ihre Interessen auszunutzen versuchen. Während *Die erste Schlacht mit der Machete* sowie *Die Tage des Wassers* noch für die romantisch-überschwängliche »mittlere« Periode des kubanischen Kinos typisch sind, deutet sich in Gómez' letztem Film, *Ustedes tienen la palabra* (»Sie haben das Wort«, 1974) deutlich ein Umschwung zu neuen gesellschaftlichen Orientierungen an. Im Prozeß gegen vier Leute, die angeklagt sind, durch Sabotage einen Brand verursacht zu haben, werden verschiedene Standpunkte und Meinungen einander gegenübergestellt; dabei wird auch die Frage nach der Verantwortlichkeit des einzelnen bei der sozialistischen Umwandlung der Gesellschaft untersucht. Der Ton dieses Films ist theoretischer, trockener, es geht um Kritik und Selbstkritik, man sucht Verantwortliche, »Feinde« sollen entlarvt werden, Ankläger treten auf. Immerhin gibt sich dieser Film noch intelligenter und anspruchsvoller als *El hombre de Maisinicú* (»Der Mann aus Maisinicú«, 1973) von Manuel Pérez, wo der Kampf gegen »konterrevolutionäre Banden« im Jahre 1964 im Stil eines reißerischen Action-Films geschildert wird; ähnlich ist auch *Rio Negro* (»Schwarzer Fluß«, 1977) gemacht. Als bedeutende Leistung des neueren kubanischen Kinos verdient schließlich *El otro Franciso* (»Der andere Francisco«, 1975) von Sergio Giral genannt zu werden, ein Film über einen kubanischen Romancier, der im 19. Jahrhundert das Elend der Neger beschrieb; der Film kritisiert diesen Schriftsteller aber wegen seiner romantischen und idealistischen Auffassungen und konfrontiert die literarische Figur seines Helden Francisco mit dem wirklichen, »anderen« Francisco. Im Aufbrechen der Erzählung, der Konfrontation von Wirklichkeit und Fiktion steht Giral in einer typischen Tradition des kubanischen Kinos: der Film ist hier Mittel zur Geschichtsschreibung, aber auch Instrument zur kritischen Untersuchung von Legenden. Mit *Rancheador* (»Sklavenjäger«, 1977) versuchte sich Giral im Genre des historischen Abenteuerfilms.

Unter den neueren kubanischen Spielfilmen gibt besonders *De cierta manera* (*In gewisser Hinsicht*, 1974–77) von Sara Gómez (1943–74) über Probleme des kubanischen Alltags, vor allem auch über die Situation der Frauen in Kuba Auskunft. Der in ›Cinéma-vérité‹-Manier im 16-mm-Format gedrehte Film beschreibt den schwierigen Transformationsprozeß einiger Menschen aus der kubanischen »Randbevölkerung«. Der Film wurde zwar schon 1974 gedreht, kam aber aus technischen Gründen (er mußte auf 35 mm aufgeblasen werden) erst 1977 zur öffentlichen Aufführung.

Die Filmproduktion der jungen Nationalstaaten Afrikas ist auch heute noch kaum über erste Anfänge hinausgekommen. In den Staaten Schwarzafrikas – mit Ausnahme der Südafrikanischen Union – fehlt die filmtechnische und -ökonomische Infrastruktur. Es gibt keine Kopierwerke (das gedrehte Material muß nach Europa, meist nach Paris, zum Entwickeln geschickt werden), kaum Schneidetische. Die Zahl der Kinos ist beschränkt (in den meisten schwarzafrikanischen Staaten unter 100). Es besteht außer in Europa keine Möglichkeit, das Handwerk des Filmens zu lernen. Das Haupthindernis bei der Entwicklung einer afrikanischen Kinematographie lag jedoch bisher darin, daß in den meisten afrikanischen Staaten sich das Kino- und Verleihwesen im Besitz oder in der Kontrolle zweier französischer Gesellschaften sowie einer amerikanischen Gesellschaft befindet, die mit billig eingekauften Konsumfilmen in Afrika Geschäfte machen wollen; diese Gesellschaften verwehren den afrikanischen Filmemachern den Zugang zum Verleih und zu den Kinos ihres Landes. Es gibt in den afrikanischen Ländern bisher auch keine staatliche Filmförderung; diese Funktion nimmt, jedenfalls im »frankophonen« Afrika, das Pariser Ministerium für wirtschaftliche und kulturelle Zusammenarbeit ein, das afrikanischen Filmproduktionen Unterstützung gewährt. So sind die afrikanischen Filmemacher gezwungen, sich ihre Filme von dem Pariser Ministerium (neuerdings auch von europäischen Fernsehanstalten) finanzieren zu lassen und sie dann auf europäischen Filmfestivals zu zeigen, da im eigenen Land die Verbreitung der Filme meistens nicht möglich ist. (Etwas besser ist die Situation nur in den nordafrikanischen Ländern bzw. in Ägypten.) Bisher haben nur Guinea, Obervolta, Mali und Mozambique Schritte zur Nationalisierung ihres Filmwesens ergriffen, mußten diese Maßnahmen aber teilweise wieder rückgängig machen (so in Obervolta), weil die etablierten Verleihgesellschaften mit dem Entzug sämtlicher Filme drohten.

In den französischsprachigen Ländern Afrikas ist die Filmproduktion vergleichsweise reger als in den englischsprachigen. An der Spitze liegt mit Abstand Senegal; eine sporadische Filmproduktion gibt es auch im Staate Niger, in Kamerun, im Kongo und an der Elfenbeinküste.

Weit entwickelter ist die filmische Infrastruktur (und auch die Produktion) in den nordafrikanischen Maghreb-Staaten, vor allem in Algerien, aber auch in Tunesien und Marokko. Ägypten, das Land mit der größten Filmproduktion des afrikanischen Kontinents, gehört jedoch nicht in den afrikanischen Kontext, sondern in den der arabischen Länder.

Das aktivste Filmland Schwarzafrikas ist Senegal. Hier gibt es die meisten Filmemacher, und die senegalesische Filmtradition geht bis in die fünfziger Jahre zurück. Der Filmpionier Paulin Vieyra drehte ab 1956 mehrere Kurzfilme, die ersten authentisch afrikanischen Filme überhaupt. Der bedeutendste Filmregisseur Senegals ist jedoch ohne Zweifel Ousmane Sembène (geb. 1923).

Sembène übte viele Berufe aus und war bereits ein erfolgreicher Schriftsteller, ehe er zum Film kam; die Erkenntnis, daß er wegen des Analphabetismus in Senegal mit seiner Literatur niemals die breiten Massen erreichen könne, bewog ihn, von der Literatur zum Film überzugehen.[54] Ousmane Sembène erhielt seine Filmausbildung in Moskau bei Mark Donskoj. Wieder nach Afrika zurückgekehrt, drehte er *Borom Sarret* (1963), einen Kurzfilm über das Leben eines Kutschers aus den Vororten von Dakar, und *Niaye* (1964). Aber erst 1966 erzielte Sembène mit dem einstündigen Film *La noire de . . .* (»Die Schwarze von . . .«) einen Durchbruch bei der Kritik. Der Film erzählt die Geschichte einer jungen Afrikanerin, die eine Stelle als Kindermädchen bei einer französischen Familie antritt, sich dann aber aus Verzweiflung über die Isolation, in die sie geraten ist, das Leben nimmt. Sembène verwendet einfache Stilmittel und stützt sich auf einen gesprochenen inneren Monolog des Mädchens. Virtuoser, aber auch komödiantischer fiel *Mandabi (Die Postanweisung,* 1968) aus. Hier hat ein arbeitsloser Vorstadtbewohner aus Dakar von seinem Neffen aus Frankreich eine Postanweisung über einen geringen Geldbetrag erhalten, die er jedoch nicht in Empfang nehmen kann, weil er keinen Personalausweis besitzt. Am Ende unglaublicher und grotesker Verwicklungen steht die bittere Moral, daß der Ehrliche in dieser Gesellschaft immer nur betrogen wird. Zwischen den Zeilen des turbulenten Geschehens äußerte Sembène eine witzig pointierte Kritik an der Bürokratie und an kleinbürgerlichen Verhaltensweisen des Alltags. Sembène wollte zeigen, daß sein Held »wie viele Senegalesen dem Schicksal gegenüber nicht handelt. Das ist eine absurde Haltung, die man bekämpfen muß.«[55] In *Emitai* (*Gott des Donners,* 1972), seinem vielleicht besten Film, berichtet Ousmane Sembène eine Episode aus der Kolonialzeit: 1942 versuchen die Franzosen, in einem senegalesischen Dorf für die Armee mit Gewalt Reis einzutreiben. Die Dorfbewohner haben den Reis versteckt, es gibt blutige Auseinandersetzungen, Frauen werden von den Franzosen als Geiseln verhaftet. Der Film beschreibt mit ebensoviel Subtilität wie Schärfe die verschiedenen Stadien des Konflikts zwischen Schwarzen und Franzosen, er setzt auch ironische Akzente – so, wenn die Franzosen von einem Tag zum anderen Plakate des Generals Pétain durch solche des Generals de Gaulle ersetzen, was bei den Schwarzen Verständnislosigkeit auslöst.

Sembène sieht durchaus die Widerstand mobilisierende Kraft der Religion, stellt sie aber letzten Endes doch in Frage: »In meinem Film zeige ich, daß es an den Männern und Frauen liegt, ihr Geschick zu bestimmen, und nicht an den Göttern. In gewisser Weise richtet sich mein Film gegen die ›Négritude‹, die eine ideologische Mystifikation ist. *Emitai* ist aber auch ein Film, der eine volkstümliche Kultur verherrlicht.«[56] Mit der Genauigkeit eines Ethnologen zeigt Ousmane Sembène spezifisch afrikanische Verhaltensweisen angesichts einer Gefahr. Die Bewohner des Dorfes sind Fetischisten; ihre

Ältesten suchen in einem »heiligen Wald« von den Geistern der Vorfahren Rat zu erhalten, allerdings ohne Ergebnis.

Mit *Xala* (1975) kehrte Sembène wieder zu der satirischen Tonart von *Mandabi* zurück. Der Film ist in der Gegenwart angesiedelt. Sein Held, ein erfolgreicher Geschäftsmann, Repräsentant der neuen afrikanischen Bourgeoisie, heiratet eine dritte, jüngere Frau, wird aber alsbald von Impotenz befallen. Die Gegenwelt zu den afrikanischen Neureichen verkörpert eine Gruppe von Bettlern, die periodisch in dem Film auftauchen und den Protagonisten am Ende gräßlich bespucken. Aus vielen Randszenen seines Films entwickelte Sembène eine beißende Satire auf die Lebensgewohnheiten der Neureichen, die de facto das Erbe der Kolonialisten angetreten haben; er geißelt auch die Korruption der schwarzen Politiker (hinter denen diskret die weißen »Berater« auftauchen). Durch das Erscheinen der Bettler erhält der Film jedoch auch ein Element fast metaphysischer Bedrohung.

Ceddo (1977) beschäftigt sich mit einem wenig bekannten Kapitel afrikanischer Geschichte: der gewaltsamen Kolonisierung großer Teile Schwarzafrikas durch den Islam. Hauptfiguren dieses nur scheinbar spröden, in Wirklichkeit meisterhaft orchestrierten Films sind der »Imam«, der die Macht in einem Dorf usurpiert, und eine schwarze Prinzessin, die sich seinem Regime nicht beugt. Im Hintergrund stehen die weißen Sklavenhändler, die gleichzeitig Waffenlieferanten sind. *Ceddo* gehört zu den wenigen Filmen des schwarzen Kontinents, die ein authentisch afrikanisches Sujet behandeln und gleichzeitig den Rang großer Kunst beanspruchen können.

Mahama J. Traoré (geb. 1942) pflegt einen weniger subtilen Stil als Sembène, dafür aber sind seine Filme direkt, spontan und kritisch. Er begann mit zwei Filmen über die Situation der Frauen in Senegal, *Diankha Bi* (1969) und *Diegue Bi* (1971), wobei letzterer Film allerdings die Frauen beschuldigt, durch allzugroße Ansprüche ihre Ehemänner zu betrügerischen Spekulationen zu verleiten. 1972 folgte *Lambaaye*, eine Transposition von Gogols »Revisor« ins Afrikanische: die Potentaten eines kleinen Städtchens geraten in Aufregung, als ein rätselhafter Reisender eintrifft, den sie für einen staatlichen Kontrolleur halten; das gibt Traoré Anlaß ätzender Polemik gegen die Korruptheit der Beamten. *N'diangane* (1974) setzte sich mit den autoritären Erziehungsmethoden der Koranschule auseinander, während *Garga m'bosse* (*Kaktus*, 1975) das Drama einer Familie beschreibt, die vor der Trockenheit vom Lande in die Stadt flieht; auch in diesem Film kontrastiert Traoré wieder das Luxusdasein der »Höheren« mit den harten Lebensbedingungen der Massen und des Proletariats. Bei allem sozialen Engagement ist jedoch ein komödiantischer Grundton für Traorés Filme (wie überhaupt für viele Filme des schwarzen Afrikas) charakteristisch.

Unter den weiteren senegalesischen Regisseuren müssen Babacar Samb sowie Tidiane Aw erwähnt werden; Samb drehte 1971 *Kodou*, einen Film über ein junges Mädchen, das Symptome von Geisteskrankheit zeigt und erst von einem weißen Psychiater, dann von einem schwarzen Exorzisten behandelt wird; Tidiane Aw attackierte in *Pour ceux qui savent* (»Für die, die wissen«, 1971) das Unwesen der heiligen »Marabus«; *Le bracelet de bronze* (»Das Bronzearmband«, 1974) degenerierte dagegen von versuchter Sozialkritik zu einem reißerischen Kriminalfilm.

Eine besonders eindrucksvolle Leistung zeigte schließlich die Regisseurin Safi Faye mit ihrem Film *Kaddu beykat (Nachrichten aus dem Dorf*, 1975), einem zugleich realistischen und poetischen Bericht über die Situation in einem senegalesischen Dorf, das unter der Trockenheit leidet; einige Episoden spielen auch in der Stadt, wo ein junger Mann sich bessere Lebensbedingungen erhofft, jedoch bittere Demütigungen erfahren muß. Safi Fayes Film überzeugt durch Genauigkeit des Blicks und durch ihre unprätentiöse, einfache Erzählweise.

Der Beginn der Filmaktivität im Niger ging auf den französischen Dokumentarfilmregisseur Jean Rouch zurück, der sich zunächst als Ethnologe in Niamey aufhielt und dann zusammen mit Nigerianern in Abidjan einen Film drehte, dem er den Titel *Moi, un noir (Ich, ein Schwarzer,* 1959) gab. Die Mitarbeiter dieses Films, Oumarou Ganda und Mustapha Alassane, begannen später selbst Filme zu drehen. Oumarou Ganda (geb. 1935) debütierte 1967 mit *Cabascabo,* einem halb komischen, halb bitteren Film über die Rückkehr eines Indochina-Veteranen in die Heimat und über dessen Schwierigkeiten, sich wieder den Gepflogenheiten der Gesellschaft anzupassen. *Le wazzou polygame* (1970) war eine Auseinandersetzung mit dem Thema der Vielehe, erzählt im Tonfall einer volkstümlichen Ballade; *Saitane (Satan,* 1972) ironisiert das Treiben der Wahrsager und den verbreiteten Aberglauben. Mustapha Alassane (geb. 1942), filmischer Autodidakt ebenso wie Ganda, begann um die Mitte der sechziger Jahre mit Animationsfilmen und drehte 1966 seinen ersten (halblangen) Spielfilm, *Le retour d'un aventurier (Die Rückkehr eines Abenteurers),* eine Satire über eine Gruppe von Jugendlichen, die amerikanische Kostüme anziehen und sich die Identität von Westernhelden geben. *F.V.V.A. (Femme, villa, voiture, argent* – »Frau, Villa, Auto, Geld«, 1971) handelt von einem kleinen Beamten, der nach einer Heirat in Geldschwierigkeiten kommt und diese zu beheben sucht, indem er Gelder aus seinem Amt abzweigt. *F.V.V.A.* ironisierte die Mythologie vom raschen Erfolg. Sowohl die Filme Gandas als auch die Alassanes sind gekennzeichnet durch eine besonders lockere, humoristische, phantasiereiche Erzählweise, durch eingestreute musikalische Motive und Volkslieder. Der legendenhafte Film *Babatou, les trois conseils* (*Babatou – Die drei Ratschläge,* 1976) wurde dagegen, wenn auch unter Mitarbeit von Ganda und Alassane und als nigerianische Produktion, von Jean Rouch gedreht ebenso wie *Cocorico! Monsieur Poulet* (»Kikeriki, Herr Huhn«, 1973) und ist daher nicht unbedingt als »afrikanischer« Film zu bezeichnen.

In Paris drehte der Mauretanier Med Hondo (geb. 1936) *Soleil O* (1971) und *Les bicots-nègres, vos voisins* (»Die Neger-Kaffern, Eure Nachbarn«, 1974), polemisch-didaktische Filme über die Situation der Afrikaner in Frankreich und über die rassistischen Vorurteile der Europäer gegenüber Afrikanern, bemerkenswert durch ihre Schärfe, aber auch (besonders *Soleil O*) durch ihre eigenwillige, manchmal theaterhafte, verfremdete Dramaturgie. *Les bicots-nègres* geht auf die Rolle des Kinos in Afrika, aber auch auf die Arbeitskämpfe von Afrikanern in Paris ein. In der spanischen Sahara drehte Med Hondo *Nous aurons toute la mort pour dormir* (*Wir werden den Tod haben, um zu schlafen,* 1977), eine Reportage über den Unabhängigkeitskampf der Polisario-Bewegung, die durch die Qualität ihres Bildmaterials faszinierte und entschieden die Partei des Sahraoui-Volkes ergriff. Mit der Situation von Afrikanern in Paris befaßten sich auch zwei Filme von Sydney Sokhona: *Nationalité Immigré* (»Nationalität Einwanderer«, 1976) und *Safrana* (1977).

Die in Guadeloupe geborene Sarah Maldoror (eigentlich Ducados) realisierte 1969 in Algerien einen Kurzfilm *Monangambeee,* den Versuch einer Allegorie auf die kolonialistische Unterdrückung in der damals portugiesischen Provinz Angola. Mit Angola befaßt sich auch Sarah Maldorors Spielfilm *Sambizanga* (1972). Der Film, als französische Produktion im Kongo-Brazzaville gedreht, erzählt eine Episode aus dem Befreiungskampf Angolas: ein Traktorist wird wegen seiner Widerstandstätigkeit verhaftet und im Gefängnis zu Tode gefoltert; seine Frau sucht ihn in der Hauptstadt, indem sie von einem Gefängnis zum anderen zieht, wobei sich ihr Bewußtsein entwickelt. Der Film ist mit großer regielicher Intensität, aber auch mit einem gewissen opernhaften Pathos gemacht.

Einen bemerkenswerten Film drehte Jean-Pierre Dikongue-Pipa aus Kamerun mit *Muna-Moto* (*Der Sohn des anderen,* 1975): aus sozialen Gründen kann ein Mann eine

Frau nicht heiraten, die statt dessen einem anderen zugesprochen wird; er versucht sie mit ihrem Kind zu entführen, wird dabei aber verhaftet. Der Regisseur legt emotionalen Nachdruck auf die Schilderung einer individuell tragischen Situation, die er aber auf die zugrunde liegenden gesellschaftlichen Faktoren zurückführt und mit einem hohen Grad an Realismus ausstattet.

Äthiopien ist mit 25 Millionen Einwohnern zwar einer der volkreichsten Staaten Afrikas, aber mit 18 Kinos im ganzen Lande[57] auch eines der filmisch am wenigsten entwickelten Länder. Gerade hier jedoch realisierte der Äthiopier Haile Gerima (geb. 1946), unterstützt von einem gemischt äthiopisch-nordamerikanischen Team, einen der aufregendsten afrikanischen Filme der letzten Jahre: *Mirt sost shi amit* (*Ernte dreitausend Jahre*, 1976). Hauptperson dieses Films ist ein exzentrischer und eitler Großgrundbesitzer, der seine Bediensteten einem Regime sadistischer Grausamkeit unterwirft; ihm gegenüber steht die Gestalt eines armen Bauern, dem sein Land weggenommen wurde, der die Bevölkerung aufklären möchte und deshalb als »Irrer« bezeichnet wird. Gerima entwirft ein scharf akzentuiertes Bild sozialer Ungerechtigkeit; er macht den jetzigen Zustand der ausgebeuteten Bevölkerung als das letzte Glied in einer Kette dreitausendjähriger Unterdrückung bewußt, wobei er meisterlich Mittel der intellektuellen Montage einsetzt; er arbeitet darüber hinaus auf ungewöhnliche Weise mit dem Ton, mit langen Einstellungen und mit dokumentarischen Beobachtungen, so daß sein Film sowohl den Wert einer veristischen Alltagsschilderung als auch den einer philosophischen Verallgemeinerung hat.

Südafrika verfügt über eine entwickelte Filmindustrie und über eine nicht unbeträchtliche Produktion an Spielfilmen, die allerdings größtenteils für den Inlandkonsum gemacht sind – gemäß der »Apartheid« getrennt für weiße und schwarze Zuschauerschichten; auch für das schwarze Publikum werden in Südafrika eigene Filme hergestellt, diese dürfen manchmal sogar von schwarzen Regisseuren gedreht werden. Die Hauptsorge der südafrikanischen Filmindustrie scheint die beginnende Fernsehkonkurrenz zu sein. Außerhalb Südafrikas wurden einzig die gemeinsam gedrehten Filme des Schriftstellers Athol Fugard und des Regisseurs Ross Devenish bekannt, *Boesman & Lena* (1973) sowie *The Guest* (»Der Gast«, 1977). Es handelt sich bei diesen Produktionen um anspruchsvolle, stark literarisch beeinflußte Autorenfilme. *Boesman & Lena* ist die Bearbeitung eines Bühnenstücks von Fugard über die Situation zweier südafrikanischer »Farbiger«; *The Guest* beschreibt den Aufenthalt eines morphiumsüchtigen Schriftstellers auf einer Farm in Transvaal – er schildert ein tiefgehendes existentielles Drama, hat aber keine oder nur verschlüsselte Beziehungen zur heutigen Realität Südafrikas. In beiden Filmen spielt Fugard selbst die Hauptrolle. Bemerkenswert sind die kritischen Dokumentarfilme, die illegal in Südafrika gedreht wurden und aus dem Land herausgeschmuggelt werden konnten: *End of the Dialogue* (1970), *The Heart of Apartheid* (1969) und ganz besonders *Last Grave at Dimbaza* (1974). Letzterer Film wurde in einem Umsiedlungslager für Frauen und Kinder in einem schwarzen Bezirk Südafrikas aufgenommen und zeigt revoltierende Bedingungen des Elends und der Kindersterblichkeit, die zu dem hohen Lebensstandard der weißen Bevölkerung und den Profiten der großen Gesellschaften in Kontrast stehen.

Georgij Schengelaja
Pirosmani
1971
UdSSR

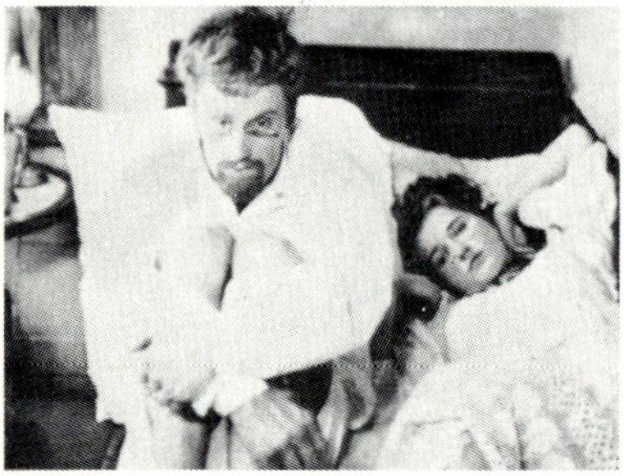

Andrzej Wajda
Wesele
(Die Hochzeit)
1973
Polen

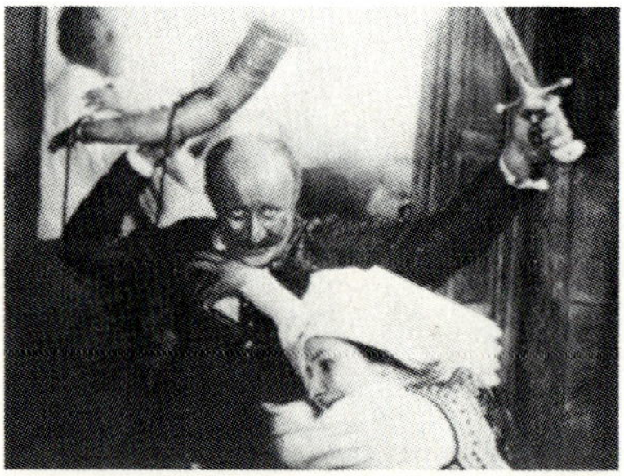
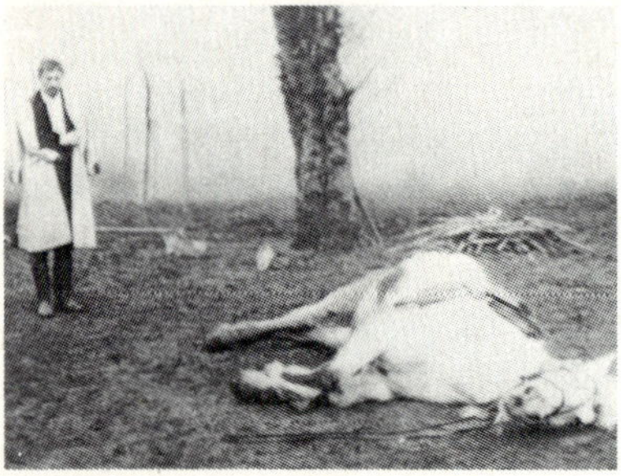

Krzysztof Zanussi

Struktura krysztalu

(Die Struktur des Kristalls)

1969

Polen

Miklós Jancsó

Szegénylegények

(Die Hoffnungslosen)

1965

Ungarn

István Szabó

Apa

(Vater)

1966

Ungarn

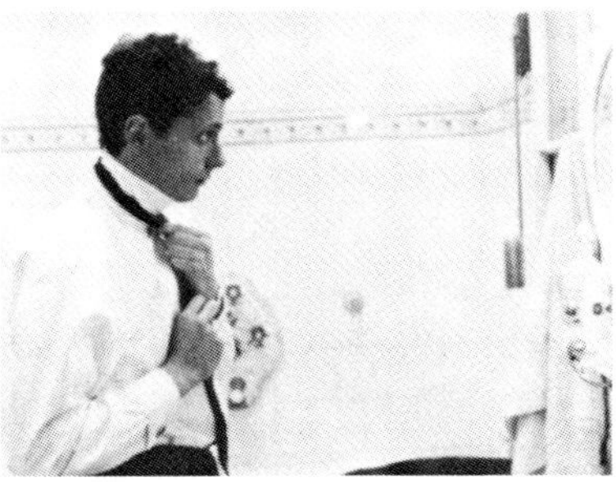

Konrad Wolf
Ich war 19
1968
DDR

Egon Günther
Die Schlüssel
1974
DDR

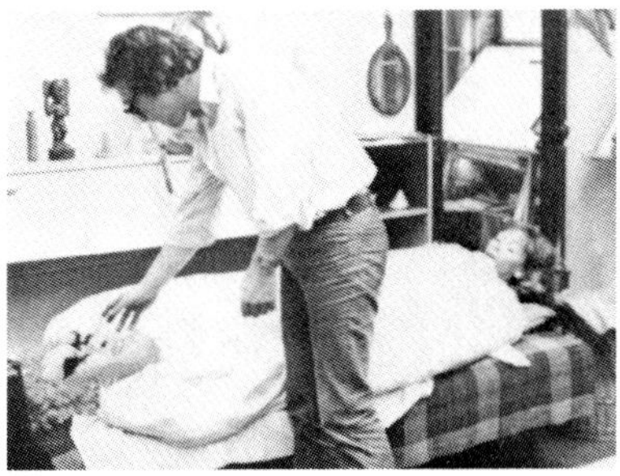

Evald Schorm
Návrat ztraceného syna
(Die Rückkehr des verlorenen Sohns)
1966
ČSSR

Die Länder des »Maghreb« – Algerien, Tunesien, Marokko

Unter den nordafrikanischen Ländern hat Algerien den relativ fortgeschrittensten filmischen Entwicklungsstand erreicht. Die Zahl der Kinos gehört mit 400 zur höchsten aller afrikanischen Staaten (nur übertroffen von Südafrika und Ägypten). Die Kinos wurden bereits 1963, kurz nach dem Ende des Unabhängigkeitskriegs, verstaatlicht. 1967 wurde die staatliche Produktionsfirma ›ONCIC‹ (›Office National pour le Commerce et l'Industrie cinématographiques‹ – ›Nationales Büro für Filmhandel und Filmindustrie‹) gegründet, die den überwiegenden Teil aller algerischen Spielfilme produziert. Die Bestrebungen der algerischen Regierung, das bestehende Monopol der amerikanischen und französischen Verleihfirmen einzuschränken, wurden von diesen zeitweilig mit Boykottmaßnahmen (Sperrung aller amerikanischen Filme) beantwortet. Dafür geht eine starke filmkulturelle Ausstrahlung von der 1965 gegründeten ›Cinémathèque Algérienne‹ aus. Die algerische Filmproduktion scheint sich in den siebziger Jahren auf etwa drei bis vier Filme jährlich einzupendeln, zu denen allerdings noch Produktionen des algerischen Fernsehens und anderer staatlicher Stellen hinzukommen.

Die algerische Filmgeschichte läßt sich in drei Perioden einteilen: die Filme, die während des Unabhängigkeitskriegs gedreht wurden, die Produktionen der ersten Nachkriegsjahre und, ab 1972, das ›Cinéma djidjid‹. In den Jahren des Unabhängigkeitskriegs (1954–1962) entstanden eine Reihe von Kurz- und Dokumentarfilmen, produziert von der Befreiungsfront F.L.N., die den ersten Ansatz zu einer eigenen algerischen Filmproduktion darstellten. Die bedeutendsten dieser Filme waren *Algérie en flammes* (»Algerien in Flammen«, 1959), realisiert von dem Franzosen René Vauthier, *Djazairouna* (»Unser Algerien«, 1960) von einem Filmkollektiv der F.L.N., *Yasmina* und *Les fusils de la liberté* (»Die Gewehre der Freiheit«, 1961), beide von Djamel Chanderli und Mohamed Lakhdar-Hamina: überwiegend technisch noch mangelhafte Arbeiten von rauhem Wochenschaucharakter, aber großer Authentizität. Nach der Konstituierung des unabhängigen Staates Algerien 1962 bestand die Filmproduktion zunächst aus kurzen Dokumentarfilmen didaktischen Charakters und aus Wochenschauen; erst 1965 folgten längere Filme. Achmed Rachedi und Mohamed Lakhdar-Hamina waren die Schrittmacher des neuen algerischen Kinos. Ersterer drehte 1965 einen Kompilationsfilm über die Geschichte Afrikas, *Fajr al mu'azabine* (*L'aube des damnés* – »Die Morgendämmerung der Verdammten«; der Titel ist eine Anspielung auf Frantz Fanon), der in der Qualität seines dokumentarischen Materials und in seiner intelligenten Montage an den argentinischen Klassiker *La hora de los hornos* erinnert. *L'aube des damnés* schließt mit einer »dreifachen Anklage: gegen den südafrikanischen Rassismus, den portugiesischen Kolonialismus und den Neokolonialismus im Kongo und anderswo«.[58] Mit seinem aufwendig inszenierten Spielfilm *El afyun wal assa* (*L'opium et le bâton* – »Das Opium und der Knüppel«, 1970), einer bilderbogenhaften Schilderung des Unabhängigkeitskriegs im Stile des Hollywoodfilms, begab sich Rachedi allerdings auf den problematischen Weg eines Kommerzkinos mit »progressiven Inhalten«, der bis heute einen Hauptstrang der algerischen Kinematographie ausmacht. Mohamed Lakhdar-Hamina (geb. 1934) wurde in Prag ausgebildet und nach der Unabhängigkeit zum Leiter des Büros der algerischen Wochenschau berufen. 1965 entstand sein erster Langfilm, zugleich eine der besten algerischen Produktionen überhaupt: *Le vent des Aurès* (»Der Wind vom Aurès«). Der Befreiungskrieg wird hier aus einem ungewöhnlichen Blickwinkel dargestellt: eine Mutter verläßt ihr Dorf, um nach ihrem Sohn zu suchen, den die Franzosen verhaftet und mit sich genommen haben. Bei ihrer Suche von Ort zu Ort und von Gefängnis zu Gefängnis führt sie ein Huhn mit sich, im naiven Glauben, ihren Sohn damit vielleicht freikaufen zu können. *Le vent des Aurès* geriet durch seine einfache, realistische, unsentimentale Erzählweise, durch die Einbeziehung von Natur und Umwelt und durch das ausgezeichnete Spiel der Hauptdarstellerin Keltoum zu einem großen, bewegenden Werk. In seinen späteren Filmen, *Hassan Terro* (1967), *Décembre* (1972) und *Chronique des années de braise* (»Chronik der flammenden Jahre«, 1975), die sämtlich dem Thema des Befreiungskriegs und der französischen Repression gewidmet sind, bediente sich Lakhdar-Hamina theatralischer, Hollywood-ähnlicher Ausdrucksmittel, um bestimmte »Botschaften« zu vermitteln. *Chronique des années de braise* entwirft das Panorama eines Vierteljahrhunderts algerischer Geschichte bis zum Beginn des Unabhängigkeitskrieges in einem spektakulären Stil, der etwa in der Mitte zwischen Hollywood und dem sozialistischen Realismus steht.

Zu den Regisseuren der ersten Periode des algerischen Kinos gehören ferner Slim (eig. Mohamed Slimane) Riad (geb. 1933), der 1968 mit *El tarik* (*La voie* – »Der Weg«) debütierte, einem eigenwilligen Film über das Dasein internierter Algerier in einem französischen Lager zur Zeit des Befreiungskrieges (Riad verbrachte selbst sechs Jahre in französischen Lagern); der Film analysiert besonders die ideologischen Auseinandersetzungen zwischen französischen Bewachern und algerischen Häftlingen. *Sanaoud* (»Wir werden wiederkehren«, 1972) berichtet in vordergründig-spektakulärem Stil vom Kampf zwischen Palästinensern und Israelis; in *Le vent du Sud* (»Südwind«, 1975) beschreibt Riad die Revolte eines jungen Mädchens gegen ihren Vater, der sie gegen ihren Willen mit dem Bürgermeister des Dorfes verheiraten will. Tewfik Farès, Drehbuchautor von *Le vent des Aurès*, drehte 1968 *El azharejun allak kanun (Les hors-la-loi* – »Die Gesetzlosen«), einen maghrebinischen Western mit vagen politischen Hintergründen, der in der Zeit vor Ausbruch des Krieges spielt.

Ab 1972 trat in Algerien eine zweite »Welle« jüngerer Regisseure mit Filmen in Erscheinung, die ihr Augenmerk auf die Probleme und Widersprüche der algerischen Gegenwart richteten und auch formal eine Abkehr vom bisher dominierenden Stil spektakulärer Ausstattungsfilme vollzogen; ausgelöst wurde diese Bewegung, für die man den Namen ›Cinéma djidjid‹ (»junger Film«) fand, von der Bodenreform 1971, die eine Veränderung des politischen Klimas im Lande mit sich brachte. Wichtigster Vertreter dieser neuen Filmrichtung ist Mohamed Bouamari (geb. 1941). In seinem ersten Spielfilm *El faham (Le charbonnier – Der Köhler,* 1962) beschreibt Bouamari den trostlosen Alltag einer Köhlerfamilie, der sich fast ohne sprachliche Kommunikation vollzieht und aus dem die Frau schließlich ausbricht, indem sie den Schleier ablegt und Arbeit in einer Fabrik aufnimmt. Bei einem Besuch des Köhlers in der Stadt zeigt Bouamari gleichzeitig die Selbstgefälligkeit der Bürokraten. Bemerkenswert an diesem Film ist nicht nur der Mut, mit dem er aktuelle Probleme der algerischen Gesellschaft aufgreift, sondern auch seine ungewöhnliche Form: vermittels einer harten Schwarzweiß-Fotografie und einer expressiv gesteigerten Geräuschkulisse wird die realistische Beobachtung des Köhler-Alltags (in den beziehungslos eine politische Rede aus dem Radio hereinbricht) zu einer symbolischen Darstellung von Entfremdung, Unterentwicklung und Versteinerung erhöht. In seinem zweiten Film *El irt* (*L'héritage* – »Das Erbe«, 1975) schildert Bouamari die allmähliche Rückgewinnung eines Mannes, der durch einen im Kriege erlittenen Schock von einem Trauma befallen wurde, für die Gesellschaft. Weitere Vertreter des

Cinema djidjid‹ sind Abdelaziz Tolbi und Sid Ali Mazif sowie Moussa Haddad. Tolbi analysiert in *Noua* (1973) das Verhalten algerischer Grundbesitzer zu Beginn des Unabhängigkeitskrieges, die sowohl mit den Franzosen als auch mit der FLN zusammenarbeiten; er unterstreicht die in der algerischen Gesellschaft damals vorhandenen Klassengegensätze. Sid Ali Mazif, der schon 1970 in *Sueur noire* (»Schwarzer Schweiß«) einen Streik unter algerischen Grubenarbeitern im Jahre 1954 rekonstruierte, untersucht in *Les nomades* (1975) die Folgen des Familienzerfalls bei den Nomaden und die Schwierigkeiten, die sich aus der Unrentabilität der Schafzucht im »alten Stil« ergeben, wobei die landwirtschaftliche Kooperative als einziger Ausweg gegenüber den Manövern skrupelloser Großunternehmer erscheint. Moussa Haddad schildert in *Sous le peuplier* (»Unter der Pappel«, 1972), wie ein individualistisch eingestellter Bauer sich seinen eigenen Brunnen bauen will und dabei beinahe umkommt. Im algerischen Kino scheint aber auch jene Strömung fortzubestehen, die das aufwendige Kommerzkino mit den Inhalten eines naiven sozialistischen Realismus verschmelzen möchte; Beispiel dafür ist *Chebka* (»Das Netz«, 1976) von Ghouti Bendeddouche, die Geschichte eines Fischers, der durch die Verlockungen einer blonden Autofahrerin auf Abwege gerät und sich erst später im Klassenkampf gegen den Besitzer einer Fischfabrik läutert.

Einen für das algerische Kino ganz neuen Ton schlug Merzak Allouache (geb. 1944) mit *Omar Gatlato* (1977) an, dem frisch und spontan erzählten Bericht aus dem Leben eines jungen Mannes, der als Funktionär im Ministerium für Schmugglerbekämpfung arbeitet, dort aber die meiste Zeit mit Nichtstun oder mit bürokratischer Routine verbringt; seine eigentliche Leidenschaft gilt einem Mini-Kassettenrecorder, der ihm unglücklicherweise von jugendlichen Gangstern gestohlen wird. Der Film entwirft ein weniger ideologisches, aber wirklichkeitsnahes und aus vielen realistischen Details zusammengesetztes Bild des algerischen Alltags; er ist überdies humorvoll, vergnüglich und satirisch gemacht; der Hauptdarsteller durchbricht wiederholt die Kino-Illusion und wendet sich von der Leinwand herunter direkt ans Publikum.

Erwähnenswert sind schließlich die in Frankreich gedrehten Filme des Algeriers Ali Ghalem (u.a. *Mektoub*, 1970); ein ausgezeichneter Dokumentarfilm über einen algerischen Arbeiter in Frankreich: *Les passagers* (»Die Reisenden«) von Annie Tresgot und verschiedene Koproduktionen des ›ONCIC‹, zu denen auch *Remparts* d'Argile (*Mauern aus Ton*, 1969) von Jean-Louis Bertuccelli gehört.

Auch Tunesien besitzt eine gewisse filmische Infrastruktur: Studios und Kopierwerke in der Nähe von Tunis, eine stark entwickelte Filmklubbewegung und das alle zwei Jahre stattfindende Festival von Karthago. Dennoch ist die tunesische Filmproduktion – ähnlich wie die marokkanische – über Ansätze noch nicht hinausgekommen. 1957 wurde die staatliche Gesellschaft ›SATPEC‹ gegründet, die die Produktion und in den siebziger Jahren zunehmend auch den Filmverleih in die Hand genommen hat. In der tunesischen Filmproduktion unterscheidet man eine »populäre« Tendenz, die hauptsächlich von Omar Khlifi (geb. 1934) mit seinen Filmen *Al Fajr* (»Die Morgendämmerung«, 1966 – Episoden aus dem Unabhängigkeitskampf), dem ersten tunesischen Spielfilm überhaupt, *El moutamarred* (»Der Rebell«, 1967 – Tunesien unter der Türkenherrschaft) und *Les fellagas* (1970 – Der Kampf gegen den französischen Kolonialismus) repräsentiert wird; ferner eine »intellektuelle« Richtung, die Sadok Ben Aicha, Ferid Boughedir, Brahim Babai und Abdellatif Ben Ammar vertreten, die einen anspruchsvolleren, realistisch-kritischen Filmstil zu entwickeln suchen. Als Reaktion gegen den allzu kommerziell-spektakulären *Al Fajr* drehte Sadouk Ben Aicha *Mokhtar* (1968), die Geschichte eines jungen Schriftstellers, der durch seinen Kontakt zur Filmindustrie alle Illusionen verliert; man hat diesen Film wegen seiner europäischen Referenzen auch den »tunesischen *Pierrot le fou*« genannt.[59] Ferid Boughedir (geb. 1944) drehte zusammen mit dem

Franzosen Claude d'Anna *La mort trouble* (»Trüber Tod«, 1969), eine Parabel vom Domestiken, dem es plötzlich gelingt, seine frühere Herrschaft zu »kolonisieren«. Als neorealistisch möchte man den Stil Brahim Babais (geb. 1936) qualifizieren, der in *Aa ghadan?* (*Et demain? – Und Morgen?*, 1972) jenseits aller Beschönigung und mit einem genauen Blick für Details die Erlebnisse eines arbeitslosen jungen Mannes schildert, der sein heimatliches Dorf verläßt; er muß erfahren, daß man in der Stadt ohne Geld und Verbindungen ebenfalls nicht leben kann. Abdellatif Ben Ammar (geb. 1943) zeichnet in *Sejnane* (1975) die Bewußtseinsentwicklung eines jungen Tunesiers zur Zeit des Kolonialregimes nach – wobei er in der Schlußsequenz des Films erstaunlich schöpferischen Gebrauch von der Technik der Montage macht. In der Entwicklung des tunesischen Films haben auch Hamouda Ben Halimas *Chlifa el agraa* (»Chlifa der Kahlköpfige«, 1969) und Rida Behis *Les seuils interdits* (»Verbotene Schwellen«, 1972) eine Rolle gespielt, weil sie auf verschiedene Weise versuchten – einmal im Stil einer Komödie, das andere Mal in der Form eines Kurzspielfilms –, »die Schablonen der sexuellen Heuchelei in der tunesischen Gesellschaft zu entmystifizieren«.[60] In neuester Zeit hat der tunesische Regisseur Naceur Ktari (geb. 1943) mit seinem Erstlingsfilm *Assoufara* (*Die Botschafter*, 1976) Aufsehen erregt, der in einem polemisch zugespitzten Stil vom Dasein arabischer Gastarbeiter in Paris berichtet, die unter den Vorurteilen militant-rassistischer französischer Kleinbürger zu leiden haben.

Marokko besitzt noch aus den Zeiten des französischen Kolonialismus bedeutende Produktionseinrichtungen, die jedoch seit der Unabhängigkeit des Landes (1956) außer für Koproduktionen mit anderen Staaten kaum genutzt worden sind, vermutlich eine Folge der »konservativen Politik der marokkanischen Behörden auf dem Gebiet des Films«.[61] Der erste bemerkenswerte marokkanische Spielfilm war *Wechma* (»Spuren«, 1970) von Hamid Benani (geb. 1942), ein zunächst vielleicht spröde erscheinendes, tatsächlich aber vielschichtiges Werk, neuartig in seiner Form und subversiv in den Erkenntnissen über die Gesellschaft, die es zum Ausdruck bringt. Der Film ist in zwei Teile gegliedert: im ersten adoptiert ein wohlhabender Bauer ein Waisenkind, aber der Junge kann den strengen Prinzipien der Koran-Erziehung nicht gerecht werden und rebelliert; im zweiten Teil bemüht sich der inzwischen erwachsen gewordene Protagonist vergebens um einen Platz in der Welt der Arbeit und schließt sich dann einer Bande krimineller Jugendlicher an. »Autorität in all ihren Erscheinungsformen – religiöse, patriarchalische, soziale, sogar rassische – wird unmerklich untergraben: auf der ebenen, glatten Oberfläche der Chronik wirken die kleinen Risse um so tödlicher, je versteckter sie angebracht sind«, schrieb ein tunesischer Kritiker.[62] Verglichen mit *Wechma* sind die Filme Souhel Ben Barkas eher konventioneller Machart: *Les mille et une mains* (»Tausendundeine Hand«, 1972), eine Geschichte von Garnfärbern, die unter elenden Bedingungen für reiche Teppichhändler arbeiten (die dokumentarischen Passagen des Films waren gelungen), *La guerre du petrole n'aura pas lieu* (»Der Ölkrieg wird nicht stattfinden«, 1974), ein routiniert (und leider klischeereich) inszenierter Politthriller, schließlich *Noces de sang* (»Bluthochzeit«, 1977), die Verfilmung des Dramas von Federico García Lorca. 1975 trat Moumen Smihi mit *El Chergui ou le silence violent* (»El Chergui oder das gewalttätige Schweigen«) hervor, der sensibel erzählten Geschichte einer Frau aus den fünfziger Jahren, die inmitten einer patriarchalischen Gesellschaft lebt und damit konfrontiert wird, daß ihr Mann sich eine zweite, jüngere Frau nimmt.

Der ägyptische Film hat eine starke industrielle Grundlage (fünf verschiedene Produktionszentren) und eine ununterbrochene Tradition, die bis in die Stummfilmzeit zurückreicht. Die Produktion ist mit Abstand die umfangreichste aller afrikanischen und arabischen Staaten: etwa 40 bis 50 Spielfilme entstehen pro Jahr. Für die ägyptischen Filme besteht starke Nachfrage im Inland, gleichzeitig sind aber auch die Exportmöglichkeiten gut, weil ägyptische Spielfilme das Fundament der Kinospielpläne aller arabischen Länder abgeben (auch der nordafrikanischen). Die ägyptische Filmproduktion ist weitgehend kommerzialisiert, es gibt ein Starsystem, das dem Hollywoods in den fünfziger Jahren entspricht. Die meisten Filme fallen in die Kategorien des Melodrams, der Komödie oder des Musicals, gehorchen den gleichen dramaturgischen Klischees, sind reichlich mit Gesang und Tänzen ausgestattet und haben kaum einen Bezug zur Wirklichkeit. Dennoch gibt es im ägyptischen Film auch Regisseure von Individualität wie Youssef Chahine, Tewfik Saleh, Chadi Abdelsalam und einige andere; es gibt auch Bestrebungen – sie haben sich besonders seit der Niederlage Ägyptens im Krieg gegen Israel 1967 verstärkt –, den Film näher an die soziale Wirklichkeit heranzuführen und ihn zu einem Instrument der Analyse und Reflexion auszubilden. 1961 wurde die Filmproduktion in Ägypten durch die Einrichtung einer ›Nationalen Filmorganisation‹ verstaatlicht; diese Verstaatlichung wurde 1971 jedoch wieder rückgängig gemacht. Der ägyptische Film erfreut sich wirtschaftlich bester Gesundheit, die Besucherzahlen steigen, und man muß neue Kinos errichten, um der Überfüllung Herr zu werden.[63]

Die ägyptische Produktion läßt sich – sofern sie überhaupt von künstlerischer Ambition ist – in die Produktion der »Altmeister« bis 1967, dem Jahr der großen Ernüchterung, und in die dann einsetzenden Filme einer Reihe jüngerer, teilweise politisierter Regisseure gliedern. Die bedeutendsten ägyptischen Regisseure der sechziger Jahre sind Salah Abou Seif (geb. 1915) und Youssef Chahine (geb. 1926); beider Produktion reicht in die fünfziger Jahre zurück und hat dort schon Schwerpunkte (so Chahines Film *Bab-el-Hadid* – »Der Hauptbahnhof«, 1958). Salah Abou Seif wird manchmal als der Begründer eines »ägyptischen Neorealismus« bezeichnet; auf der anderen Seite verkörpert er auch solide ägyptische Filmtraditionen und verweigert sich nicht dem Melodram; sein Werk ist »der lebendigste und treueste Spiegel des volkstümlichen Ägyptens«. (Claude Michel Cluny)[64] Seine wichtigsten Filme aus den sechziger Jahren sind *Al qahira thalatine* (»Kairo 1930«, 1966), *Al qadhia 68* (»Der Prozeß Nr. 68«, 1968), eine Attacke gegen die »zusammenhanglose Politik, das Gesetz der Trägheit, die soziale Erniedrigung und eine Sympathiebekundung für die Forderungen der jungen Generation«[65], sowie *Fajr el Islam* (»Morgendämmerung des Islam«, 1970), ein Film über volkstümliche arabische Legenden.

Die Produktion Youssef Chahines, alle Genres bis zum Historienspektakel (*El Naser Salah Eddin* – »Saladin«, 1963) umfassend und zahlenmäßig umfangreich (bis 1960 hatte Chahine bereits 14 Filme gedreht), stellt sich dar als ein fortlaufender Versuch, der ägyptischen Realität beizukommen, durch die Schleier der Konventionen und Stereotypen hindurchzustoßen. »Der Film ist die stärkste Waffe, die man der Ignoranz und der Mystifikation entgegensetzen kann«, sagte Chahine in einem Interview.[66] Bedeutend sind voı allem seine späten Filme *El ard* (»Die Erde«, 1969) und *Al ousfour* (»Der Spatz«, 1973). *Die Erde* ist ein Drama vom Klassenkampf auf dem Lande (situiert in den dreißiger Jahren), von Auseinandersetzungen armer Bauern mit Großgrundbesitzern und den Behörden des Faruk-Regimes, realisiert im epischen Stil; der Film ist manchmal mit den sowjetischen Klassikern verglichen worden. *Der Spatz* versucht den Gründen für die Niederlage Ägyptens im Krieg gegen Israel auf die Spur zu kommen, die für Chahine nicht nur eine militärische war. Ein Journalist führt eine Umfrage nach Wirtschaftssabotage, nach Fehlleistungen der Bourgeoisie und der Bürokratie; er will die Gegner des gesellschaftlichen Fortschritts im eigenen Land ausfindig machen. Der Film ist facettenreich angelegt, aus Fiktion, realen Ereignissen und Interviews zusammengesetzt. In *Audet al ibn al dall* (»Die Rückkehr des verlorenen Sohns«, 1976) vollzog Chahine eine Abrechnung mit dem Nasserismus, dem es, wie er darstellt, nicht gelungen ist, die ökonomischen Grundlagen der ägyptischen Gesellschaft zu verändern.

Der dritte bedeutende ägyptische Regisseur, Tewfik Saleh (geb. 1926), war bereits in den sechziger Jahren im Film tätig. Saleh ist ein engagierter Künstler, der seine Filme stets mit politischen Bedeutungen versah; deshalb konnte er auch nur wenige Filme in Ägypten drehen und lag in ständigen Kämpfen mit der Zensur. In *Al moutamarridoun* (»Die Rebellen«, 1966) schildert er das Scheitern individueller Bemühungen um die Veränderung des konservativen Krankenhaussystems; *Youmiat naib fil aryaf* (»Tagebuch eines Landrichters«, 1968) beschreibt die Klassen-Justiz und die Manipulation von Wahlen in einem ägyptischen Dorf der dreißiger Jahre. 1969 ging Tewfik Saleh angesichts der für ihn allzu schwierig gewordenen Arbeitsbedingungen nach Syrien und realisierte dort 1972 *Al makdouroun* (»Die Betrogenen«), den bitteren Bericht über das Schicksal zweier Palästinenser, die illegal über die Grenze nach Kuwait zu kommen suchen und dabei auf makabre Art den Tod finden. Obwohl der Film nicht frei von reißerischen Elementen ist, schildert er eindringlich die hoffnungslose Situation der Palästinenser, die überall als unerwünscht gelten, und gibt seinem Film einen Hintergrund von Alltagsrealismus.

Ein Sonderfall im ägyptischen Film ist Chadi Abdelsalam (geb. 1930). Er drehte bisher nur einen einzigen Spielfilm, der noch dazu in Ägypten selbst nicht aufgeführt wurde, sich jedoch durch formale Raffinesse auszeichnet und einen Beitrag zur Interpretation ägyptischer Geschichte liefert: *El mumiaa* (»Die Mumie«, auch bekannt als: »Die Nacht, in der man die Jahre zählt«, 1969). Hier wird (die Handlung spielt gegen Ende des vorigen Jahrhunderts) den Söhnen eines gerade verstorbenen Stammeschefs das Geheimnis der Königssarkophage mitgeteilt, die vor 3000 Jahren vor Grabräubern in Sicherheit gebracht wurden und nun dem Stamm durch allmählichen Verkauf der Schmuckstücke ein gutes Auskommen ermöglichen. Nach langen Gewissenskämpfen gibt der eine Sohn das Familiengeheimnis an eine Gruppe aus Kairo gekommener Archäologen weiter. *Die Mumie* ist eine Meditation über das Verhältnis der Ägypter zu ihrer Kultur und ihrer nationalen Vergangenheit; Chadi Abdelsalam faßt sie in großartige Bildvisionen, die immer wieder menschliche Silhouetten und Profile mit Überresten der Pharaonenzeit zusammenbringen. Gleichzeitig macht der Film auch den ungeheuren zivilisatorischen Abstand zwischen den Forschern aus der Hauptstadt und den einfachen Stammesmitgliedern deutlich.

Die Meinungen darüber, ob es einen ›Neuen ägyptischen Film‹ gibt, gehen stark auseinander. Immerhin wurde 1968 ein ›Kooperativer Verband des neuen Kinos‹ gegründet, dem ungefähr 50 Kritiker, Techniker und Filmemacher angehörten und der auch ein Manifest herausgab[67]; Aufgabe dieses Verbandes sollte nicht nur die Produktion von Filmen, sondern auch die Verbreitung der Filmkultur sein. Aber die in Ägypten herrschenden Zensur- und Finanzierungsschwierigkeiten konnte der Verband nicht lösen; er vermochte bisher nur zwei Filme zu produzieren, von denen auch nur einer in den Verleih kam, *Oghnia alal mamar* (»Gesang auf der Piste«, 1972) von Ali Abdel Kaletz, ein Bericht von fünf ägyptischen Soldaten, die im Sinai-Krieg eine Straße gegen israelische Panzer verteidigen. Es gibt noch einige weitere ägyptische Filme, die neue Motive erkennen lassen: Mamdouh Choukrys *Zaer el fajr* (»Der Besuch am Morgen«, 1972), Said Marzouks *El khawf* (»Die Angst«, 1972) und *Orid halla* (»Ich will eine Lösung«, 1974 – ein Film über die Problematik der Ehescheidung), unter den etwas älteren Arbeiten Hussain Kamals *Al boustagui* (»Der Briefträger«, 1968) und Kamal el Cheikhs *Arrajol elladi faquada* (»Der Mann, der seinen Schatten verlor«, 1968) – kritisch-realistische Selbstprüfungen der ägyptischen Gesellschaft oder zumindest dazu, wenngleich vorgetragen mit den Stilmitteln größtenteils traditioneller Filmformen. Als eine Kuriosität im neueren ägyptischen Film kann *Sonja und der Wahnsinnige* (1977) von Husem Eldin Mustafa gelten, eine ins zeitgenössische Ägypten transponierte (und stark melodramatische) Bearbeitung von Dostojewskis Roman »Schuld und Sühne«.

In Syrien und im Libanon konnte sich angesichts der ägyptischen Konkurrenz keine nennenswerte Filmproduktion entfalten. Syrien gründete 1963 in Analogie zu Ägypten ein ›Nationales Filmzentrum‹, jedoch entstanden nur einige schnell heruntergedrehte Unterhaltungsfilme, teilweise von ägyptischen Regisseuren inszeniert. Ab 1970 unternahm das Filmzentrum verstärkte Bemühungen zur Produktion anspruchsvollerer Filme. Das Resultat war zunächst *Die Betrogenen* von Tewfik Saleh, dem emigrierten ägyptischen Regisseur; dann entstanden mehrere Filme des syrischen Regisseurs Nabil Maleh (geb. 1939): der auf folkloristischen Traditionen aufbauende *Al fahd* (»Der Leopard«, 1972), *Der fortschrittliche Gentleman* (1974) und *Der Progressist*, ein Polit-Thriller. Kais Al Zoubaidy drehte *El Yazerly* (1974), die Geschichte eines halbwüchsigen Lehrlings und seiner Beziehungen zu den Personen seiner Umwelt; der Film, der im syrischen Kontext als experimentell gelten kann, macht indessen allzu viele Anleihen beim europäischen »Kunstkino«. Der mit Abstand beste bislang gedrehte syrische Film ist der Dokumentarfilm *Al hayatt al yawmiyah fi qariah Suriyah* (*Alltagsleben in einem syrischen Dorf*, 1972–1974) von Omar Amiralay (geb. 1944), eine Bestandsaufnahme sozialer Widersprüche in der syrischen Provinz. Er konfrontiert die realen Verhältnisse mit den Erklärungen von Behördenvertretern, die sich kaum fähig zeigen, die Richtlinien der offiziellen Politik auf dem Lande durchzusetzen. In der Authentizität seines Stils, die nichts beschönigt oder verschleiert, die schwierigen Aufnahmebedingungen im Film sichtbar macht, andererseits aber das Material durch Montage genau strukturiert, kann dieses Werk als richtungweisend für den Film der arabischen Länder gelten. Leider hatte der Film Schwierigkeiten mit der Zensur und wurde in Syrien verboten.

Im Libanon, einem Land mit ebenfalls entwickelter filmischer Infrastruktur (und dem stärksten Filmbesuch aller arabischen Länder) entstanden bis zum Bürgerkrieg 1976 etwa sechs bis acht Spielfilme jährlich, die hauptsächlich für den Inlandkonsum bestimmt waren. Internationales Echo errang nur Borhan Alouyé mit dem Spielfilm *Kafr Kassem* (1974), der leidenschaftlich-polemischen Darstellung eines Massakers, das israelisches Militär am 29. Oktober 1956 unter der Zivilbevölkerung eines Dorfes anrichtete (die ein Ausgehverbot nicht beachtete, von dem sie aber nichts erfahren hatte).

Verschiedene Palästinenser-Organisationen begannen nach 1968 mit der Herstellung dokumentarischer Kurzfilme meist didaktisch-agitatorischen Charakters. Bis heute sind einige Dutzend dieser Filme entstanden. 1972 wurde ein ›Verband des palästinensischen Kinos‹ gegründet, der mit einem Manifest hervortrat, in welchem die kulturelle und ästhetische Rückständigkeit des Kinos der übrigen arabischen Länder scharf kritisiert wurde.[68]

Während im Irak vornehmlich Kurzfilme entstehen, Libyen sich bislang nur an Koproduktionen beteiligte und Saudi-Arabien sowie Jordanien bisher auf eine eigene Filmproduktion verzichteten, entstand in Kuweit der bemerkenswerte Spielfilm *Bas ya bahar* (»Die grausame See«, 1971) von Khalid Siddik (geb. 1945) über das Leben eines Perlentauchers; im Hintergrund der stark emotional betonten Handlung werden die schwierigen Existenzbedingungen der Bevölkerung (noch vor der Entdeckung des Öls) sichtbar. Inzwischen hat Khalid Siddik bereits einen neuen, weit aufwendigeren Film fertiggestellt, *Ors Zein* (»Zeins Hochzeit«, 1977), die Verfilmung eines sudanesischen Romans über einen jungen Mann im heiratsfähigen Alter, der jedoch in seinem Dorf als Außenseiter und Trottel gilt. Siddik stattete seinen Film mit zahlreichen literarisch-phantastischen Abschweifungen aus, zögerte aber auf der anderen Seite auch nicht, vordergründige folkloristische Effekte auszubeuten.

Über den Iran als Filmland war in Europa bis zum Anfang der siebziger Jahre praktisch nichts bekannt. Im Iran gibt es seit 1947 eine Filmindustrie, die pro Jahr im Durchschnitt immerhin zwischen 50 und 80 Filme herstellt; von dieser Produktion drang jedoch kaum ein Film (mit Ausnahme von Farokh Gaffarys *Die Nacht des Buckligen*, 1964) über die Landesgrenzen hinaus. Die iranische Produktion bestand in den sechziger Jahren ausschließlich aus Kommerzfilmen für den Inlandgebrauch (wie in Ägypten und Indien); vor allem dominierte ein spezifisch persisches Genre: die melodramatische Rachegeschichte.

Diese Situation änderte sich erst zu Beginn der siebziger Jahre, als eine Reihe jüngerer Regisseure, die ihre Ausbildung im Ausland absolviert hatten, zur Auffassung gelangten, daß man dem stereotypen Kommerzkino ein authentisch nationales und gesellschaftskritisches Kino gegenüberstellen müsse; das galt für Dariush Mehrjui und Sohrab Shahid Saless, die in den USA bzw. Österreich studiert hatten. Hinzu kam, daß der Iran an einer kulturpolitischen Ausstrahlung über die Landesgrenzen hinweg interessiert war. 1972 fanden zum ersten Mal Internationale Filmfestspiele in Teheran statt; die persische Filmproduktion suchte internationalen Anschluß. Eine ambitionierte junge Filmproduktion paßte – jedenfalls zeitweilig – gut in dieses kulturpolitische Konzept. Auch an Mitteln fehlte es infolge des Ölbooms nicht. So kam es Anfang der siebziger Jahre zur Entwicklung einer neuen Kinematographie im Iran.

Außerhalb Persiens entdeckte man dieses neue Kino zum ersten Mal auf den Filmfestspielen von Venedig 1971, wo Dariush Mehrjuis Film *Gav (Die Kuh)* lief. 1972 war in Cannes des gleichen Regisseurs *Postschi (Der Briefträger)* zu sehen, eine Transposition von Büchners »Wozzeck« in persische Verhältnisse. In Teheran 1973 und in Berlin 1974 entdeckte man Sohrab Shahid Saless. Etwa in der gleichen Zeit debütierten weitere junge Regisseure: Kimlavi, Beyzai, Farmanara, Taghrai, Kimiai, Ovanessian. Das Phänomen des ›Neuen iranischen Films‹ war geboren.

Aber obwohl sich 1974 in Teheran eine Produktionskooperative mit dem Namen ›Neue Film-Gruppe‹ bildete, die die besten Kräfte des iranischen Kinos zusammenfaßte, änderten sich die Verhältnisse rasch wieder. Dariush Mehrjuis' neuester Film ist seit 1975 im Iran verboten. Shahid Saless verließ Persien und arbeitet seit 1975 in der Bundesrepublik Deutschland. Es mag mit einem veränderten innenpolitischen Klima und verstärkter Repression gegen Oppositionelle, vielleicht auch mit ökonomischen Schwierigkeiten zusammenhängen, daß die Produktion kritischer und ambitionierter Filme im Iran nach der fruchtbaren Periode 1970 bis 1974 offenbar wieder rückläufig oder überhaupt beendet ist.

Man kann sagen, daß das junge iranische Kino (für das man auch den Ausdruck ›Cinema motefavet‹ – ›Anderes Kino‹ gefunden hat) sich in der Mehrzahl seiner Produktionen mit der Lage der armen und unterprivilegierten Bevölkerungsschichten auseinandersetzt, teilweise auch mit Themen der iranischen Geschichte. Die Regisseure und Autoren dieser Filme sind überwiegend Intellektuelle, sie bedienen sich daher moderner, teilweise experimenteller Ausdrucksformen, mit denen sie freilich vorerst nur eine Minderheit in ihrem eigenen Land erreichen können. Dariush Mehrjui (geb. 1941) begann mit einem Kriminalfilm, *Diamant 33* (1968); in seinen folgenden Filmen wandte er sich jedoch sozialen Themen zu. *Aghaye halou* (»Herr Einfalt«, 1969) schildert die Odyssee eines Landbewohners, der nach Teheran kommt, um eine Frau zu finden; er verliebt sich in eine Prostituierte, wird von dieser aber getäuscht und um sein Geld gebracht. In *Gav (Die Kuh*, 1970) lebt ein armer Bauer nur für seine Kuh, sein einziges Besitztum. Als sie eines Tages verschwunden ist, verliert er aus Verzweiflung den Verstand und hält sich selbst für die Kuh. *Postschi (Der Briefträger*, 1972) schließlich zeigt, wie ein gedemütigter Postangestellter aus Depression und Verzweiflung einen sinnlosen Mord begeht und sich am Ende widerstandslos festnehmen läßt. In *Gav* und *Postschi* gelingt es Mehrjui durch die Kunst seiner souveränen und distanzierenden Regie, die Ereignisse zum Gleichnis werden zu lassen. Zwar sind seine Gestalten durchaus realistisch situiert und auf einen gesellschaftlichen Hintergrund bezogen; das bäuerliche Milieu in einem südpersischen Dorf (in *Gav)* und die häuslichen sowie beruflichen Lebensbedingungen des Briefträgers werden detailgenau und atmosphärisch eindrucksvoll dargestellt. Gleichzeitig stehen diese Figuren aber stellvertretend für unzählige andere ähnlicher sozialer Herkunft. Mehrjui handhabt eine von fern an Brecht erinnernde filmische Verfremdungstechnik, um dem Zuschauer das Exemplarische an dem, was den Protagonisten widerfährt, bewußt zu machen. Dabei gewinnt die Handlung in *Gav* Züge von düsterer surrealer Übersteigerung, während in *Postschi* mehr die Stilmittel der Ironie und der zeichenhaften Stilisierung im Vordergrund stehen (der Briefträger hofft darauf, eines Tages im Lotteriespiel zu gewinnen; in einer traumhaften Szene sieht man ihn am Strand sitzen, unzählige Lotteriescheine sternförmig um sich herum ausgebreitet). Mehrjuis neuester Film, *Dayereh mina* (*Der Teufelskreis*, 1975), produziert von der ›Neuen Film-Gruppe‹, geht aus von dem illegalen Handel mit Blutkonserven, der in Krankenhäusern betrieben wird, und deckt ein ganzes System gesellschaftlicher Korruption auf. Nach seiner Herstellung wurde der Film verboten; erst 1977 lief er überraschend auf dem Filmfestival von Paris.

In ähnlichen sozialen Bereichen wie die Filme Mehrjuis spielen Massoud Kimiais *Khak* (»Die Erde«, 1973): der verzweifelte Kampf eines armen Bauern um ein Stück Land, das ihm unberechtigt weggenommen wurde, ein Kampf, der sich bis zu apokalyptischen Dimensionen steigert, sowie Nosrat Karimis *Doroshketchi* (»Der Kutscher«, 1971), oder Bahram Beyzais *Ragbar* (»Der Regenschauer«, 1971), ein Film über einen Lehrer, der in eine heruntergekommene Schule kommt, sich allmählich das Vertrauen der Schüler erringt und dann wieder fortgeschickt wird. Massoud Kimiai scheint ein relativ vielbeschäftigter Regisseur zu sein, denn *Die Erde* ist schon sein sechster Film. Vorher drehte er *Dash Akol* (1971), einen Film literarisch-mystischer Inspiration: ein Mann verliebt sich in ein vierzehnjähriges Mädchen, nachdem er nur ihr Gesicht gesehen hat, wagt ihr aber seine Liebe nicht zu gestehen, sondern vertraut seine Gefühle einem Papagei an; später läßt er sich in einem Zweikampf umbringen. *Baloutsch* (1972) ist ein Rachedrama (ein Nomade rächt die Vergewaltigung seiner Frau), das dem Hauptstrom des iranischen Kommerzkinos nähersteht – die Verbindung zu populären Genres spürt man selbst in einem so engagierten Film wie *Die Erde*. Bahram Beyzai drehte nach *Der Regenschauer* einen stärker traditionalistischen Film: *Gharibeh va meh* (»Der Fremde und der Nebel«, 1974); er erzählt von einem Fremden, der in einer nicht näher definierten Vergangenheit in ein Dorf kommt, dort Fuß faßt und sich verheiratet; schließlich bricht ein Kampf zwischen den Dörflern und geheimnisvollen Bewaffneten aus, die den Fremden verfolgen. Der Film ist mit den Samurai-Epen Kurosawas verglichen worden und zeichnet sich durch virtuose Regie und Kameraführung aus, verschmäht jedoch auch melodramatische Effekte nicht.

Hohe künstlerische Ambitionen sprechen aus Arby Ovanessians Film *Chesmah* (»Die

Quelle«, 1972), der von der Gründung einer armenisch-christlichen Gemeinde inmitten einer islamischen Umgebung berichtet und von seinem Regisseur als eine Meditation über das Thema des Todes verstanden wird.[69] Der Film ist in einem feierlichen, kontemplativen Stil inszeniert, er bedient sich leitmotivischer Bilder, die eine symbolische Funktion haben. Dieser künstlerische Verwandlungsprozeß, dem die Wirklichkeit im Film unterworfen wird, verbindet Ovanessian mit Sohrab Shahid Saless (geb. 1944), obwohl Shahid Saless' Filme der Wirklichkeit von heute näherstehen und auch eine dokumentarische Dimension besitzen. Die beiden Filme, die Shahid Saless im Iran drehte – *Yek ettefaghe sadeh (Ein einfaches Ereignis,* 1973) und *Tabiate bijan (Stilleben,* 1974) – sind zunächst Querschnitte, Alltagssituationen aus dem Dasein der armen persischen Bevölkerung. In *Ein einfaches Ereignis* geht es um einen Jungen, der in der Schule einen stupiden Unterricht über sich ergehen lassen muß und später seinem Vater hilft, illegal gefangene Fische abzutransportieren; *Stilleben* bildet den ereignislosen Alltag eines Bahnwärterehepaares ab, der auf wenige, mechanisch wiederholte Vorgänge reduziert ist. Beide Filme basieren auf der minutiösen Beobachtung unscheinbarer Details; jedoch durch die Art, wie Shahid Saless sie ausfiltert, durch intensive Beobachtung hervorhebt, werden sie zu Psychogrammen einer erstarrten Lebensweise. Repression, Armut, Abschneidung von Entwicklungsmöglichkeiten bewirken in Shahid Saless' Filmen äußerste Monotonie der Lebensformen und ein Absterben der zwischenmenschlichen Kommunikation, das bis zum Verlust der Sprache geht.

Seine weiteren Filme drehte Shahid Saless in Berlin (nachdem er 1974 auf den Berliner Filmfestspielen mit seinen zwei ersten Filmen zahlreiche Preise errungen hatte). *In der Fremde* (1975) schildert die vergeblichen Versuche eines griechischen Gastarbeiters, Kontakt zu seiner Umwelt zu finden, die ihm Mißtrauen und Indifferenz entgegenbringt. *Reifezeit* (1976) behandelt die Beziehungen eines Jungen (er erinnert an den Jungen aus *Ein einfaches Ereignis*) zu seiner Mutter, die der Prostitution nachgeht und den Jungen meistens sich selbst überläßt; *Tagebuch eines Liebenden* (1977) ist die Geschichte eines Warenhausverkäufers, der seinen Urlaub, von der Umwelt total isoliert, in seiner Wohnung verbringt; in diesen Film arbeitete Shahid Saless eine für den Zuschauer unerwartete kriminalistische Pointe ein. Alle drei Filme beschreiben Situationen der Vereinsamung, der Kontaktlosigkeit mitten im Großstadtleben. Sie sind sensible Porträts von Benachteiligten, zu kurz Gekommenen, ausgeführt mit einer pointillistischen Methode der Einzelbeobachtung; in *Tagebuch eines Liebenden* wird außerdem die Bildkomposition als zentrales Ausdrucksmittel eingesetzt. Die Filme lassen allerdings auch eine Gefahr erkennen: die nämlich, daß bei Saless eine ästhetische Methode (die er im Iran entwickelte) über die ganz anders geartete hiesige Wirklichkeit triumphiert und die Filme immer mehr zu reinen Kunstprodukten werden.

Stärker aus einer Bindung an den europäischen Kulturkreis und speziell an Vorbilder des westeuropäischen Films erklärt sich Parviz Kimiavis Film *Mogholha* (»Die Mongolen«, 1974). Ein Regisseur erhält den Auftrag, für das Fernsehen einen Film über die Mongolen zu drehen. Die Vorbereitungen zu dem Film (im Film) vermischen sich ständig mit traumhaft-phantastischen Vorwegnahmen dessen, was dieser Film vielleicht einmal sein könnte, und mit Reflexionen über die problematische Situation des Filmemachers. In seinem neuesten Film, *Baghe sangui* (»Der Garten der Steine«, 1976), retirierte Kimiavi wieder in die Bereiche iranischer Folklore: ein Sonderling auf dem Land kommt auf die Idee, sich zwischen einigen dürren Bäumen und Steinen einen Garten zu bauen, der gleichzeitig eine Art religiöser Tempel ist.

Stärker mit persischen Realitäten beschäftigen sich dagegen die Regisseure Nasser Taghvai und Bahman Farmanara. Beide analysieren den Bewußtseinsstand der herrschenden Schicht im Iran. Nasser Taghvai (geb. 1941) führt in *Aramesh* (zu deutsch soviel wie »Verschlossenheit vor anderen«, 1970) einen alten Offizier, der nur noch in einer Welt von Wahnvorstellungen lebt, in einer Villa mit seinen beiden Töchtern zusammen, die zur großstädtischen Generation von heute gehören; der Film konstatiert eine totale Verständnislosigkeit zwischen den Generationen. Bahman Farmanara (geb. 1942) präsentiert in *Shazdeh Ehtejab* (»Prinz Ehtejab«, 1974) einen Repräsentanten des iranischen Ancien régime, einen Prinzen, der allein in seinem Haus lebt und sich als alter Mann an das eigene Leben sowie an das seines Vaters und Großvaters erinnert; das Leben dieser drei Generationen besteht vornehmlich aus Willkür, Maßlosigkeit, Herrschsucht und Akten der Grausamkeit. Der Protagonist des Films verstrickt sich in düstere Gedanken, er erkennt die Hoffnungslosigkeit seines Lebens, verwünscht sich selbst und steigt dann eine Wendeltreppe hinab, die in unterirdische Verließe führt; die symbolische Schlußszene des Films vermischt pathetische Übersteigerung mit Ironie.

1977 kam nach längerer Wartezeit wieder ein interessanter Film aus dem Iran: Marva Nabilis (geb. 1941) *The Sealed Soil (Die versiegelte Erde)*. Dieser als Eigenproduktion von der Regisseurin im 16-mm-Format gedrehte Film schildert in einem ruhigen, beobachtenden Stil und mit einer fast statischen Bildsprache, die manchmal an Shahid Saless erinnert, die Geschichte eines achtzehnjährigen Mädchens, das in einem Dorf am Rande der Stadt lebt und gegen seinen Willen verheiratet werden soll; Hintergrund des Geschehens sind die Bemühungen einer Baugesellschaft, die noch archaisch lebenden Dorfbewohner in einem neuen großstädtischen Wohnbezirk anzusiedeln. *The Sealed Soil* ist ein Film strenger formaler Schönheit und zugleich ein kritisches Dokument.

Israel verfügt über gute Produktionseinrichtungen; die jährliche Filmproduktion liegt etwa bei 10 Spielfilmen, gelegentlich auch mehr, wobei ein Teil allerdings Koproduktionen sind. Außerhalb des Landes hat sich die israelische Filmproduktion noch nicht recht profilieren können; ein großer Teil der Filme scheint sich im Bereich reiner Unterhaltung zu bewegen, wobei Menahem Golan (*I love you, Rosa* – »Ich liebe dich, Rosa«, 1972), Moshe Mizrahi und George Ovadia zu den meistbeschäftigten Regisseuren gehören – ebenso wie Ephraim Kishon, Spezialist für leichte Komödien (*Sallah – Sallah ... oder tausche Tochter gegen Wohnung*, 1964; *Ervinka*, 1966). Von der reinen filmischen Routine hob sich 1962 der lange Puppentrickfilm *Joseph the Dreamer* (»Joseph der Träumer«) von Yoram Gross ab; ein gewisses eigenes Profil entwickelten später auch die Regisseure Uri Zohar, Daniel Wolman und Avram Heffner. Uri Zohar debütierte 1965 mit dem halb experimentellen *A Hole in the Moon* (»Ein Loch im Mond«), einer Filmfabel von persönlicher Erfindungskraft, die alle denkbaren Stilmodelle parodistisch durcheinanderwirbelt und auch an der israelischen Gesellschaft Kritik übt. *Three Days and a Child* (»Drei Tage und ein Kind«, 1967), vielleicht Uri Zohars bester und subtilster Film, schildert die ambivalenten Beziehungen eines jungen Mannes zu einem Kind, das er beaufsichtigen muß und für dessen (inzwischen verheiratete) Mutter er eine heftige Liebe verspürt. Daniel Wolman (geb. 1942) drehte zwei ruhige, kontemplative Filme über alte Leute, *Hatimonhi* (*The Dreamer* – »Der Träumer«, 1970) und *Floch* (1972), die mehr durch ihren fließenden Rhythmus und ihre atmosphärische Verdichtung als durch ihre Geschichten interessant waren; *My Michael* (»Mein Michael«, 1974) spielt im Jerusalem der fünfziger Jahre, aus dessen erstickender Atmosphäre sich eine junge Frau in die Vergangenheit zurückträumt, in der sie als Kind (in der damals ungeteilten Stadt) mit zwei arabischen Jungen spielen konnte. Einen stilistisch besonders modernen, obwohl unprätentiösen und auch humoristischen Film drehte Avram Heffner (geb. 1935) mit *Le'an ne'elam Daniel Waks?* (*But Where is Daniel Wax?* – »Aber wo ist Daniel Wax?«, 1972). Hier rekonstruieren zwei Schulkameraden, die sich nach langer Zeit wiedertreffen, ihre Vergangenheit und suchen nach einem gemeinsamen Freund, wobei sie lernen müssen, ihre heutige Realität zu akzeptieren. Mit *Doda Clara* (»Tante Klara«, 1977) drehte Heffner eine freundliche Familienkomödie. Ein ungewöhnliches Experiment ist auch *Saint Cohen* (1974) von Assaf (Assi) Dayan, ein »von Dürrenmatt und Pinter beeinflußter Versuch, eine düstere und klaustrophobische Atmosphäre herzustellen, ohne dabei auf Humor zu verzichten«. (Ze'ev Rav-Nof)[70] Benjamin Hayeem drehte 1976 eine surrealistische Komödie, *The Black Banana* (»Die schwarze Banane«), in der »junge Juden, Araber und Texaner gegen altmodische Juden, Araber und Texaner rebellieren«[71].

Mit einer Filmproduktion zwischen 300 und 400 Spielfilmen im Jahr war Indien in den sechziger Jahren nach Japan das zweitgrößte Filmland der Erde; in den siebziger Jahren hat Indien selbst Japan überflügelt und ist damit noch vor den USA zum größten filmproduzierenden Land der Welt geworden (1972: 435 Spielfilme; 1973: 448). Nach wie vor ist der Film für die indische Bevölkerung, unter der mehr als 60% Analphabeten sind, das mit Abstand beliebteste Freizeitvergnügen. Indien verfügt in den siebziger Jahren über 8000 Kinos, die fast immer überfüllt sind. Es bestehen 61 Studios, 39 Kopierwerke, 1000 Produktions- und 1200 Verleihfirmen. Darunter befindet sich allerdings kein Filmkunstverleih und kein einziges Filmkunsttheater. Über den Kinobesuch in Indien schwanken die Angaben zwischen 1,5 und 3,5 Milliarden Besucher im Jahr. Es bestehen 315 Filmzeitschriften, die überwiegend Illustriertencharakter haben und vor allem Artikel über Filmstars bringen. Die Stars beherrschen die indische Filmszene absolut; von ihnen hängt der Erfolg oder Mißerfolg eines Films ab; sie kassieren phantastische Honorare, die für die übrigen Mitarbeiter der Filme nur noch einen Bruchteil übrig lassen (was unter anderem die technisch mangelhafte Qualität vieler indischer Filme erklärt). 1971 scheiterte ein Gesetz, das Filmstars untersagen sollte, an mehr als sechs Produktionen gleichzeitig (!) zu arbeiten.[72] Die Hauptgenres des indischen Films sind Melodramen und komödiantische Abenteuer-Musicals, die nach immer gleichen Rezepten angefertigt werden und nicht den geringsten Bezug zur Wirklichkeit haben; Gesang und Tänze sind ihr wichtigster Bestandteil. Bekanntester Matador des indischen Kommerzfilms ist der Schauspieler und Regisseur Raj Kapoor. Der »Hindi-Film« (Hauptzentren in Bombay und Madras) dominiert wirtschaftlich auf dem indischen Filmmarkt, während Filme in den anderen 15 Landessprachen (so auch die in Kalkutta hergestellten »Bengali-Filme«) eine Außenseiterposition einnehmen. Die Zensurbehörden wachen streng über den Puritanismus des indischen Films: Küsse und die Darstellung von Nacktheit sind nach wie vor von den indischen Kinoleinwänden verbannt.

1960 wurde von der indischen Regierung in Bombay eine ›Film Finance Corporation‹ gegründet, die gegen Ende der sechziger Jahre verstärkte Anstrengungen zur Produktion von künstlerisch anspruchsvollen Außenseiterfilmen unternahm – mit dem Resultat, daß eine Reihe von Filmen entstand, die sich von der bisher üblichen Kommerzware unterschied; mutige und eigenwillige Werke, die Indien auf ausländischen Festivals vertreten, in Indien selbst aber aus Ermangelung an Verleihern und Kinos, die sich an solchen Filmen interessiert zeigen, kaum aufgeführt werden. Trotzdem gibt es im indischen Film außer Satyajit Ray, der in den fünfziger und sechziger Jahren zunächst als einziger Regisseur durch seine künstlerisch anspruchsvollen Filme auch außerhalb Indiens bekannt wurde, durchaus noch eine weitere Garde ambitionierter Regisseure, die den Kampf um die Veränderung indischer Kinostrukturen führen: Mrinal Sen, Kumar Shahani, Shyam Benegal, Mani Kaul und andere. Die Regierung unterstützt ihre Arbeit durch die Vergabe jährlicher Staatspreise für den besten Film, die beste Regieleistung usw.

Der bekannteste (und neben Mrinal Sen auch bedeutendste) Regisseur des indischen Films ist zweifellos Satyajit Ray (geb. 1921), der ebenso wie Sen in Kalkutta lebt. Ray drehte sein Hauptwerk, die *Apu-Trilogie*, bereits in den fünfziger Jahren (*Pather Panchali*

1955, *Aparajito* 1956, *Apur Sansar* 1959). In diesen Filmen entwickelte er einen Stil geduldiger und poetischer Wirklichkeitsbeobachtung, souveräner Bildkomposition, menschlicher Nähe zu seinen Personen, so daß man Ray auch als den »indischen Flaherty« bezeichnete.[73] Die spätere Entwicklung Rays hat diese Einschätzung zum Teil desavouiert, zum Teil bestätigt: denn in seinen folgenden Filmen beschäftigte Satyajit Ray sich mit Problemen der Großstadt-Zivilisation, er verfeinerte seine Regie, ließ sich mehr auf Studioarbeit, auf die Verwendung von Dekor, Licht und Schatten als künstlerischen Ausdrucksmitteln ein. In *Devi* (»Die Göttin«, 1960) ging Satyajit Ray das Problem des religiösen Aberglaubens an: eine jungverheiratete Frau wird von ihrem Schwiegervater, dem diese »Erleuchtung« in einem Traum gekommen ist, zur Inkarnation der Göttin Kali erklärt, worauf ein hysterischer Wunderkult einsetzt, der nicht zu bremsen ist und die Frau schließlich in den Wahnsinn treibt. Ray inszenierte den Stoff (der Ende des 19. Jahrhunderts spielen soll) jedoch nicht als Pamphlet oder Ideendrama, sondern interessierte sich für die individuelle Wahrheit der einzelnen Personen. Nach einem Dokumentarfilm über den Dichter Rabindranath Tagore (an dessen Universität Ray studiert hatte) und einer Verfilmung zweier Novellen des gleichen Tagore, *Teen kanya* (»Drei Töchter«, 1961) drehte Ray *Kanchenjunga* (1962), die psychologische Studie einer Familie vor dem Hintergrund eines Himalaja-Gipfels, ein Film besonders raffinierter formaler Struktur (Rays erster Farbfilm), und *Abhijan* (1962), die Geschichte eines Taxifahrers. Stärker aufgeladen mit gesellschaftlichen Problemen waren die beiden folgenden Filme Rays, die seine bedeutendsten Leistungen in den sechziger Jahren verkörpern: *Mahanagar* und *Charulata*. Das gemeinsame Motiv beider Filme ist die Emanzipation der Frau. In *Mahanagar* (*Mahanagar, Die große Stadt*, 1963) untersucht Ray eine Mittelstandsfamilie. Der Ehemann, ein Bankbuchhalter, kann die Familie kaum unterhalten, woraufhin seine Frau ebenfalls eine Arbeit annimmt – was ihr Schwiegervater, ein pensionierter Lehrer, schärfstens mißbilligt; schließlich verlieren beide ihre Anstellung. Ray drehte diesen Film fast ganz im Studio und konzipierte ihn als eine Art psychologisches Kammerspiel; trotzdem wird der soziale Kontext des Geschehens deutlich herausgearbeitet. Um eine Stufe künstlicher, verfeinerter, literarischer gab sich *Charulata* (*Charulata* – »Die einsame Frau«, 1965). Ausgehend von einer Erzählung Tagores evozierte Ray in genau kalkulierten Bildfolgen das Drama einer verheirateten – und beschäftigungslosen – Frau der »höheren Kreise«, deren Mann, ein fortschrittlicher Intellektueller, all seine Energie in eine politische Zeitschrift steckt und seiner Frau kein Verständnis entgegenbringt; erst ihr Schwager, ein Dichter, hilft ihr zur Selbsterkenntnis und Weiterentwicklung. Ohne spektakuläre und emotionale Zuspitzungen wird das Bewußtsein der drei Hauptpersonen freigelegt; große Intensität entwickelt Ray aus den Fahrten der Kamera, dem Kontrast zwischen innen und außen, dem Spiel des Lichts, der Bewegungen; aber »alle Artistik verschwindet in der Sensibilität des Beobachtens, Teilnehmens, Sich-Versenkens . . ., in der Evidenz der Bilder, bei denen im Sehen und Hören, im reinen Wahrnehmen schon alles Verstehen ist«. (Urs Jenny)[74]

Ironische Kritik an der Mentalität von Leuten aus der Filmbranche äußerte Ray in *Kapurush-o-mahapurush* (»Der Feigling und der Heilige«, 1965) – ein erfolgreicher Drehbuchautor zeigt sich als willensschwacher Parasit – sowie, noch schärfer formuliert, in *Nayak* (»Der Held«, 1966). Hier unternimmt ein prominenter Filmschauspieler eine Eisenbahnfahrt von Kalkutta nach Delhi; im Verlauf dieser Fahrt setzt sich aus Rückblenden, Träumen, Beobachtungen und Kontrastszenen das wahre Porträt des »Helden« zusammen – das eines Privilegierten, der immer den bequemen Weg gegangen ist und nun unter seinen Zweifeln und seiner Einsamkeit leidet. Mit *Chiriakhana* (1967) drehte Ray einen Thriller; *Goupi gyne and Bagha byne* (»Die Abenteuer von Goopy und Bagha«, 1969) ist eine phantastische Legende, eine musikalische Phantasie, reich an exzentrischen Details; *Aranyer din-ratri* (»Tage und Nächte im Wald«, 1970) berichtet von einem Ausflug vier junger Männer aus Kalkutta aufs Land; im Gewande einer Komödie untersucht Ray die Geistesverfassung seiner vier Protagonisten, wohlsituierter Beamter, und stellt dabei Betrachtungen über »Klassengegensätze, Macht und Geld« an.[75] Man hat *Tage und Nächte im Wald* zusammen mit Rays beiden folgenden Filmen, *Pratidwandi* (»Der Gegner«, 1970) und *Seemabadha* (»Gesellschaft mit beschränkter Haftung«, 1971) in Analogie zur *Apu-Trilogie* auch als eine neue »Trilogie« der politischen und sozialen Bestandsaufnahme bezeichnet, deren Hauptpersonen durch ihr Verhältnis zur Arbeit definiert werden. Tatsächlich erwecken diese drei Filme den Eindruck einer größeren sozialen Aufmerksamkeit bei Ray; was an ihnen letzten Endes fasziniert, ist allerdings weniger die politische Reflexion, sondern die subtile Zeichnung individuellen Verhaltens. *Der Gegner* (auch bekannt als »Siddharta und die Stadt«) beschreibt die Erlebnisse eines jungen Mannes, der sich um eine Anstellung bewirbt, psychologische Verhöre durchmachen muß, auf die er die falschen Antworten gibt, schließlich zum Anführer einer Revolte wird und am Ende eine Stelle als Vertreter in der Provinz annimmt. Neben ihm stehen die Figuren seines Bruders und seiner Schwester sowie einiger Freunde – zusammen ergeben sie einen Mikrokosmos widersprüchlicher gesellschaftlicher Haltungen. Mit Absicht machte Ray nicht den Bruder des Helden, einen Revolutionär, zur Hauptfigur, »weil eine Person mit einer klaren politischen Einstellung psychologisch oft weniger interessant ist«[76].

Im Unterschied zu seiner sonst eher klassischen Erzählweise arbeitete Ray in *Der Gegner* mit Negativbildern und Phantasiesequenzen. Zu einem einfacheren Erzählstil kehrte er dagegen in *Gesellschaft mit beschränkter Haftung* zurück: hier ist die Hauptperson der Verkaufsleiter einer Elektrofirma, der zur Vertuschung von Lieferschwierigkeiten einen Streik inszeniert und dafür zum Direktor befördert wird; Gegenfigur zu ihm ist seine ihn anfänglich bewundernde Schwägerin. Der Reiz des Films liegt vor allem in seiner Satire auf die Mechanismen des Geschäftslebens von Kalkutta.

In *Ashani sanket* (»Ferner Donner«, 1973), einer epischen Darstellung der Hungersnot in Bengalen von 1943, vermittelt durch das Schicksal eines Lehrers, kamen noch einmal alle künstlerischen Fähigkeiten und Eigenheiten Satyajit Rays zum Ausdruck, vielleicht mehr noch als in der vorangegangenen Trilogie mit ihrem Versuch zur sozialen Analyse der Gegenwart. (Ähnlich wie Bergman ist Satyajit Ray ein eher traditionsverbundener Regisseur, dem soziale Polemik wenig liegt, der sich als individueller Künstler fühlt und vor allem an den »persönlichen Ausdruck« glaubt.[77]) Hauptperson von *Ferner Donner* ist ein Brahmane, Arzt und Lehrer, der mit Unterstützung eines reichen Bauern eine Dorfschule ins Leben gerufen hat. Als im Gefolge der Kriegsereignisse 1942/43 der Reis knapp wird und eine katastrophale Hungersnot sich anbahnt – »Mehr als fünf Millionen Menschen verhungerten oder starben im Verlauf der von Menschen hervorgerufenen Hungersnot des Jahres 1943 in Bengalen«, teilt der Schlußtitel des Films mit –, bricht um ihn herum die soziale und moralische Ordnung des Dorfes zusammen. Dieser Prozeß des Zerfalls einer Ordnung stellt sich im Film jedoch eher indirekt dar, vermittelt durch private Erfahrungen, individuelle psychologische Konflikte, wobei sich der Film trotz aller Schrecklichkeit der Ereignisse einen Unterton leiser Ironie bewahrt. Als Kontrapunkt zum krassen Elend und zur existentiellen Gefährdung der Menschen insistiert Ray auf der Schönheit der Natur, auf Details von Vegetation, auf Schmetterlingen, die nicht fliegen (ein Bild, das den Film leitmotivisch durchzieht). So ist *Ferner Donner* kein aufwühlendes, anklagendes Werk, sondern eher eine empfindsame Elegie; das Elend ist zwar scharf, aber dennoch aus großer Distanz gesehen, eingefangen wird eher sein Reflex, sein ferner Wellenschlag. Die Perspektive eines intellektuellen und ästhetisch gebildeten Betrachters bleibt der Darstellung inhärent; sie gibt dem Werk atmosphärische Dichte,

Schönheit der Konstruktion, die freilich von der Grausamkeit der historischen Ereignisse nichts wegnimmt.

Auch nach *Ferner Donner* setzte Satyajit Ray seine Produktion im bisherigen Rhythmus fort. *Sonar Kella* (»Die goldene Festung«, 1974) ist eine phantastische Komödie, in deren Mittelpunkt ein siebenjähriger Junge steht; *Jana-aryana* (»Der Vermittler«, 1975) setzt die Linie von *Gesellschaft mit beschränkter Haftung* fort und attackiert Erscheinungen gesellschaftlicher Korruption – in Form einer schwarzen Komödie.

Mrinal Sen (geb. 1923) ist die große Gegenfigur des indischen Films zu Satyajit Ray. Er begann als Journalist und Filmkritiker sowie als Assistent verschiedener Regisseure; eigene Spielfilme drehte er ab 1955. Mrinal Sens frühe Filme sind außerhalb Indiens nicht bekanntgeworden; erst *Matira Manisha* (1967) war im Ausland zu sehen. Mit seinen folgenden Filmen gelang Mrinal Sen ab 1969 eine gewisse Revolutionierung des indischen Kinos. Während Satyajit Ray dem dominierenden Kommerzfilm das Beispiel eines künstlerisch ambitionierten Autorenfilms entgegensetzte, plädierte Mrinal Sen für ein realistisches, gegenwartsnahes, politisches Kino, das die schweren Konflikte der indischen Gesellschaft unmittelbar reflektieren und eine sozial nützliche Rolle spielen sollte. Mit Mitteln der ›Film Finance Corporation‹ konnte er mehrere Filme dieser Richtung drehen. Mrinal Sen durchbrach nicht nur, gleichzeitig mit Ray, den herrschenden Konformismus des indischen Kinos. Er begründete auch als erster eine politische Schule des Filmemachens in Indien.

Matira Manisha (Zwei Brüder, 1967), Mrinal Sens achter Spielfilm, wird von der indischen Kritik als das letzte Werk aus seiner »humanistischen« Periode bezeichnet.[78] Der Film berichtet vom Zerfall einer Großfamilie in den dreißiger Jahren unter dem Druck der Steuereintreiber. 1968 bildete sich in Indien unter dem Vorsitz von Mrinal Sen eine Gruppierung unabhängiger Filmemacher, die sich ›New Cinema Movement‹ (›Neue Filmbewegung‹) nannte und in ihrem Manifest erklärte:

»Der indische Film, insbesondere der Hindi-Film, ist heute an seinem Tiefpunkt angelangt ... Die meisten Filmschaffenden scheinen das Denken aufgegeben zu haben. Für nahezu jedermann scheint das Filmen in der simplen Addition von beliebten Stars, kitschigen Szenerien und gelackter Farbe zu bestehen, dazu einer Unzahl irrelevanter Melodienfolgen und anderer billiger Standardbeigaben. Kaum einer versteht den Film als ästhetisches Erlebnis oder schöpferische Ausdrucksform ... Eine Gegenbewegung gegen die Vulgaritäten des etablierten kommerziellen Kinos gibt es seit mehreren Jahren in vielen Filmländern. Vielerorts hat sich daraus eine reguläre und bewußte Bewegung für ein besseres Kino kristallisiert ... Die Zeit, ein solches Unternehmen in Indien zu starten, ist jetzt gekommen, denn wir glauben, daß das zu seiner Erhaltung notwendige Klima gegeben ist.«[79]

Zwar war von Aktivitäten der Gruppe ›New Cinema Movement‹ später nichts mehr zu hören, jedoch konnte Mrinal Sen 1969 mit Krediten der ›Film Finance Corporation‹ seinen Film *Bhuvan Shome* drehen, der so etwas wie das Startsignal für eine unabhängige Filmbewegung in Indien abgab. *Bhuvan Shome,* die mit bescheidenen Mitteln gedrehte Komödie von einem Eisenbahninspektor, der am Meer auf Entenjagd geht und sich bei der Pirsch von einem Dorfmädchen beraten läßt, unterschied sich diametral von aller sonstigen indischen Filmpraxis; der Film war spontan, einfallsreich und treffsicher in der Porträtierung seiner Personen, deren sozialen Hintergrund er nicht ausließ. Aber die Serie seiner sozial engagierten Filme sollte Mrinal Sen erst mit *Interview* (1970) beginnen, einer Reportage mit ›Cinéma-vérité‹-Charakter, angesiedelt auf der Grenzlinie von Fiktion und Dokument. In Kalkutta ist ein junger Mann auf Arbeitssuche; um sich bei einem Arbeitgeber vorzustellen, braucht er einen europäischen Anzug, aber gerade der befindet sich in der Reinigung und die streikt. Auf seiner verzweifelten Suche nach einem anderen Anzug begleitet ihn wie zufällig ... das Filmteam von Mrinal Sen, wobei Sen seinen Protagonisten zu wiederholten Statements vor der Kamera bewegt. *Interview* war eine lebendige und realistische Dokumentation sozialer Zustände, die an die besten Filme des italienischen Neorealismus erinnerte, zugleich aber auch ein Beitrag zur Erweiterung des Realitätsbegriffes im Film. Auch in seinen späteren Werken hat Mrinal Sen den konventionellen Kinorealismus immer wieder durchbrochen, um den Zuschauer direkt anzusprechen oder ihn zum Nachdenken zu bringen. *Calcutta 71* (1972) verwendet als Rahmenhandlung die metaphorische Figur eines jungen Mannes, der, wie Zwischentitel mitteilen, »schon tausend Jahre durch die Geschichte wandert, Elend, Armut und Tod gesehen hat«. Eingebettet in diese Rahmenkonstruktion sind fünf Episoden: ein zorniger junger Mann muß sich vor Gericht verantworten, weil er einen Anzug gestohlen hat (eine Fortsetzung von *Interview*); eine fünfköpfige Familie kann nachts nicht schlafen, weil der Monsunregen in ihre elende Behausung eindringt – diese Episode spielt 1933; 1943 zerbricht eine Mittelstandsfamilie angesichts der Hungersnot in Bengalen; 1953 begeben sich jugendliche Schmuggler (sie ähneln de Sicas Schuhputzerjungen aus *Sciuscià*) auf eine Eisenbahnfahrt, um Reis für ihre Familie zu besorgen; schließlich erlebt man eine vornehme Party unter Privilegierten aus der Gegenwart. Besonders in den Episoden der Familie im Regen und der jugendlichen Schmuggler in der Eisenbahn erreichte der Film eine Eindringlichkeit und Überhöhung – ohne die realistische Ebene zu verlassen –, wie sie nur wenigen großen Klassikern des sozialen Films gelingt. Zweifellos lag dies an der Vertrautheit Mrinal Sens mit den Verhältnissen, die er filmte, an seiner Phantasie und Beobachtungsgabe; aber auch an der zwingenden formalen Einheitlichkeit der Episoden, die z. B. durch das Motiv des allgegenwärtigen sintflutartigen Regens oder durch die verbindende Klammer der »filmischen« Situation im fahrenden Eisenbahnzug gegeben war (ausgezeichnet die verschiedenen Personen und Typen, die im Verlauf dieser Eisenbahnfahrt in Erscheinung treten). In *Calcutta 71* gelang Mrinal Sen auf vollendete Weise, was viele Filme anstreben, aber nur wenige zuwege brachten: den Alltag mit seinen sozialen Implikationen als Reservoir von dramatischen Geschehnissen aufzuschließen und spezifisch indische Situationen zu gestalten.

Ek adhuri kahani (Eine unvollendete Geschichte, 1972), *Padatik* (»Der Infanteriesoldat«, 1973) und *Chorus* (1974) waren weitere Stationen auf dem Weg Mrinal Sens. In *Eine unvollendete Geschichte* geht ein junger Mann mit Hochschulabschluß, der in Kalkutta keine Arbeit finden kann, in die Provinz, um als Kassierer in einer Zuckerfabrik zu arbeiten, wo er jedoch in Auseinandersetzungen zwischen dem Fabrikbesitzer und Arbeitern hineingezogen wird; der Film lieferte ein lebendiges und detailgenaues Porträt des beginnenden indischen Kapitalismus (die Handlung spielt im Jahre 1929). *Padatik* unternahm den Versuch, im Gewande einer Spielhandlung verschiedene Linien indischer Oppositionspolitik nach ihrer Legitimation zu befragen. *Chorus* war ein Film ähnlicher Konzeption wie *Calcutta 71*. Hier wird in der Rahmenerzählung die Regierung eines Staates von vielen Arbeitslosen bedroht; um diese abzuwehren, gibt die Regierung Bewerbungsformulare für eine winzige Zahl von Stellen aus; als die Arbeitslosen hinter das System kommen, schließen sie sich zur revolutionären Aktion zusammen. Aus der Reihe der Wartenden greift der Film einige Einzelschicksale heraus: die Geschichte eines jungen Mannes, dessen Onkel ein Dorf tyrannisiert; oder die Erzählung eines jungen Mädchens, dessen Familie das letzte Geld für ihr Studium zusammenkratzt. Dazwischen werden im Stil des epischen Theaters die Auftritte eines Volkssängers eingeblendet. So interessant die theoretische Konzeption dieses Films ist, muß man doch sagen, daß die eingeschachtelten Episoden, im Stil eines stark verdichteten Realismus gedreht, überzeugender sind als die metaphorische Rahmenstruktur. Nichtsdestoweniger ist auch *Chorus* ein wichtiges Beispiel dafür, wie sich heute in Ländern der Dritten Welt politische Filme machen lassen, die sich nicht in der Abschilderung der Wirklichkeit erschöpfen, sondern die ästhetischen Mittel des Kinos einsetzen, um die Phantasie des Zuschauers zu aktivieren. 1976 drehte Mrinal Sen seinen ersten Farbfilm, *Mrigaaya* (»Die königliche Jagd«), eine Studie aus der Zeit des Kolonialismus über das Verhältnis zwischen einem englischen Gouverneur und einem eingeborenen Jäger.

Ein weiterer Regisseur, der in Indien hohes Ansehen genoß, dessen Filme aber bisher außerhalb Indiens noch nie zu sehen waren, ist Ritwik Ghatak (1926–1976). Er wurde bis zu seinem Tode besonders von den jüngeren Regisseuren als eine Art Mentor verehrt, weil er in seiner Arbeit keine Kompromisse akzeptierte. Die meisten Filme Ghataks spielen unter Flüchtlingen aus Ost-Bengalen (dem späteren Ost-Pakistan) nach der Teilung Indiens; sie sind realistisch gestaltet, enthalten allerdings auch melodramatische Elemente. Ghatak zeigt in seinen Werken eine polemische Haltung: »er protestiert mit seiner ganzen Natur gegen das Unglück, die Ungerechtigkeit, den Egoismus.« (P. Parain)[80] – Diese Haltung kam zum Ausdruck in Filmen wie *Meghe dhaka tara* (»Der bewölkte Stern«, 1960), der Chronik einer Flüchtlingsfamilie, oder *Subarnarekha* (»Die goldene Linie«, 1962), dessen ursprünglich armer Protagonist durch den materiellen Erfolg zu einem rücksichtslosen Haustyrann wird. Nach einer zeitweiligen Unterbrechung seiner Arbeit drehte Ghatak vor seinem Tode noch zwei Filme, *Titas ekti nadir naam* (»Titas ist der Name eines Flusses«, 1973) und den autobiographischen *Jukti tarka gappa* (1974).

Anfang der siebziger Jahre läßt sich in Indien verstärkt eine Produktion unabhängiger, ambitionierter, entschieden nicht-kommerzieller Filme beobachten. Zu den frühesten Beispielen dieses neuen Trends gehört *Samskara* (»Bestattungsriten«, 1971) von T. Pattabhi Rama Reddy, ein ruhiger, poetischer Film, der auf mutige Weise die Weltanschauung der brahmanischen Elite, der Priesterkaste, in Frage stellt. 1972 erschien Kumar Shahanis (geb. 1940) *Maya Darpan* (»Der Spiegel der Illusion«). Shahani war Regieassistent von Georges Bresson, und etwas von der Strenge des französischen Meisters scheint auch in seinen eigenen, eher handlungsarmen und kontemplativen Stil eingegangen zu sein. *Maya Darpan* schildert die Unterdrückung eines Mädchens durch eine Welt der Tradition und der Abgeschlossenheit, gegen die es schließlich revoltiert. 1973 entstand sogar eine ganze Serie neuartiger Filme. So erschien *Garm Hava* (»Heißer Wind«), der erste Spielfilm von M. S. Sathyu (geb. 1930), eine differenzierte und kritische Untersuchung der Lebensbedingungen einer islamischen Familie in der Stadt Agra, die wegen ihrer Religion mancherlei Diskriminierungen ausgesetzt ist und deren meiste Verwandte nach Pakistan ausgewandert sind. In dem südindischen *Nirmalayam* (»Reinheit«) von M. T. Vasudevan Nair rebelliert ein Tempelpriester gegen die Statue eines Gottes und tötet sich aus Verzweiflung; Girish Karnad (geb. 1938) schildert in *Kaadu* (1973), wie zwischen zwei Dörfern ein Streit ausbricht, der sich bis zu einem Massaker ausweitet. In *Ankur* (»Das Samenkorn«, 1973) von Shyam Benegal (geb. 1934) verführt ein Grundbesitzer die Frau eines taubstummen Pächters, läßt sie aber fallen, sobald seine eigene Frau angereist kommt. Am Ende wirft ein Kind einen Stein gegen das Fenster des Grundbesitzers; diese Geste wurde in Indien als beunruhigendes Signal der Rebellion verstanden. Eine realistische Grundhaltung spricht auch aus *27 Down* (1973) von Awtar Kaul (1940–1974); hier wird ein junger Mann vorgestellt, der sich von der Autorität seines Vaters erdrückt fühlt; Hintergrund des Geschehens ist der Hauptbahnhof von Bombay mit seinen unaufhörlichen Menschenströmen. Als eines der interessantesten Talente des jungen indischen Films kann Mani Kaul gelten (geb. 1942), der mit *Duvidha* *(Zwei Gesichter,* 1973) auf faszinierende Weise eine rajasthanische Volkslegende verfilmte, in der ein Geist sich in eine Frau verliebt und die Gestalt ihres längere Zeit abwesenden Ehemanns annimmt. *Duvidha* (bereits Kauls dritter Film) war nicht nur ein brillanter Essay in Bild- und Farbkomposition, sondern auch ein Kommentar zur Lage der Frauen in Indien (die Protagonistin dieses Films führt ein Leben des Abwartens und der Unterwerfung). Einen ästhetisch verfeinerten Bildstil pflegt auch Nina Shivdasani in *Chhatrabhang* (*Der stürzende Thron*, 1976); sie schildert den Zusammenstoß zwischen »Unberührbaren« und Brahmanen in einem Dorf, dessen öffentlicher Brunnen ausgetrocknet ist. Starkes sozialkritisches Engagement sprach auch aus *Chomana dudi* (»Chomas Trommel«, 1976) von B. V. Karanth, der Chronik vom Untergang einer Familie von »Unberührbaren« als Resultat unerträglicher Lebensbedingungen. So ergibt der junge indische Film das Bild einer großen Vielfalt von Tendenzen und Begabungen. Gemeinsam ist diesen Filmemachern die Ablehnung des indischen Kommerzkinos. Ihre weiteren Arbeiterperspektiven sind jedoch in Ermangelung von filmwirtschaftlichen Strukturen für die Außenseiterproduktion sehr unsicher.

Im Zusammenhang des indischen Films verdienen schließlich das Werk des Dokumentaristen Sukhdev sowie die Spielfilme des Amerikaners James Ivory Erwähnung, der Indien zu seiner Wahlheimat gemacht hat; sein bester Film ist die Chronik einer reisenden Schauspielertruppe, *Shakespeare-Wallah* (1965).

Neben Indien gibt es eine gewisse, wenn auch vornehmlich kommerziell ausgerichtete Filmproduktion in Pakistan, Sri Lanka, Malaysia, Indonesien und vor allem in den Philippinen.

Aus Pakistan wird für das Jahr 1970 immerhin eine Produktion von 120 Filmen pro Jahr gemeldet. Die Filme sind offensichtlich ähnlich wie in Indien stereotyper Machart und behandeln vor allem religiöse, mythologische und folkloristische Themen. Die pakistanische Zensur gilt als die strengste der Welt; Ende der sechziger Jahre war die Darstellung von Armut oder »unerfreulichen politischen und sozialen Realitäten« noch generell verboten.[81] Dennoch gibt es auch im pakistanischen Film Bestrebungen, Filme größerer Wirklichkeitsnähe und sozialen Engagements herzustellen. Zu den Vertretern dieser Richtung gehört der Regisseur Zahir Raihan, dessen in Dacca produzierter Film *Jibon thekey neya* (»Streiflichter des Lebens«, 1970) als ein »Wendepunkt des pakistanischen Kinos« gilt. Zahir Raihan wurde nach der Umwandlung von Ost-Pakistan in den unabhängigen Staat Bangladesh zum Hauptvertreter der Kinematographie dieses Landes, die sich zunächst vornehmlich mit dem Thema des Befreiungskrieges von 1971 befaßte.

Die Filme aus Bangladesh werden in Bengali gedreht; es besteht ein wechselseitiger Austausch von Filmen zwischen dem indischen Teilstaat Westbengalen und Bangladesh.

Die Filmindustrie Ceylons (seit 1972 »Sri Lanka«) vermochte sich erst in den siebziger Jahren von der Vormundschaft des südindischen Kinos zu befreien; noch in den fünfziger Jahren wurden sämtliche »ceylonesischen« Filme in Südindien hergestellt. Die Produktion eigener Filme in der Landessprache Sinhala wurde erst möglich durch die Einrichtung einer staatlichen Filmgesellschaft im Jahre 1972. Diese Gesellschaft brachte das nationale Filmwesen unter ihre Kontrolle und nahm eine starke Beschränkung des Imports von Filmen aus dem Ausland vor. Dadurch verzeichnete die einheimische Filmproduktion einen Aufschwung. Die bekanntesten Regisseure aus Sri Lanka sind der auf Ausstattungsfilme spezialisierte Lester James Peries und der sozial orientierte Armanath Jayatilaka. Ein Beispiel für die neuere Produktion Sri Lankas lieferte Dharmasena Pathiraja mit *Die Wespen sind gekommen* (1977), einem Melodram, in dessen Mittelpunkt der Sohn eines reichen Fischhändlers steht, das jedoch auch über Qualitäten in Erzählweise und Milieuschilderung verfügt.

In Malaysia entstehen jährlich etwa 10 Filme, die jedoch hauptsächlich für den einheimischen Markt bestimmt sind, nur nach Indonesien findet ein begrenzter Export statt. Produktion und Verleih werden von zwei Gesellschaften, darunter den Gebrüdern Shaw (deren Produktionszentrum sich in Hongkong befindet), beherrscht.

Weit umfangreicher ist die Filmproduktion Indonesiens. Durch staatliche Förderung der Produktion, durch Einfuhrbeschränkungen für ausländische Filme und durch die Einrichtung obligatorischer Vorführungen für einheimische Filme in allen Kinos schnellte die Produktion von 30 Filmen im Jahre 1970 auf 75 im Jahre 1973 hinauf; leider sank damit auch die Qualität der Filme stark ab. Dennoch soll es angeblich das Ziel der nationalen Planungsbehörden Indonesiens sein, die Zahl der jährlich produzierten Filme bis 1980 auf 500 zu steigern und die ausländischen Importe gleichzeitig auf null zu reduzieren.[82] Als prominentester indonesischer Regisseur gilt Wim Umboh.

Eine sehr intensive Filmproduktion besteht auch auf den Philippinen: dort werden pro Jahr etwa 200 Spielfilme gedreht, die allerdings ausschließlich für den Inlandmarkt bestimmt sind und in ihrer Machart den indischen Kommerzfilmen ähneln. *Mababangong Bangungot* (*Der parfümierte Alptraum*, 1977), ein Werk des jungen Regisseurs Kidlat Tahimik (geb. 1942), obgleich reich an Qualitäten, ist vermutlich kaum typisch für das Kino auf den Philippinen: hier handelt es sich um eine Art filmischer Autobiographie; der Regisseur selbst entwickelt in einer abwechselnd poetischen, witzigen und ironisch-sozialkritischen Erzählweise eine Chronik seiner Erlebnisse von der Zeit seiner Jugend bis hin zu einer Reise um die Welt mit dem ersehnten (aber nicht erreichten) Traumziel Amerika.

Nach der Trennung von Nord- und Südvietnam als Folge der Genfer Verträge 1954 wurde in Nordvietnam zielstrebig eine Filmindustrie aufgebaut, die bereits in den sechziger Jahren mehrere Spielfilme jährlich produzierte; diese befaßten sich thematisch meist mit dem Befreiungskrieg gegen die Franzosen, aber auch mit dem sich ausweitenden Krieg in Südvietnam. Einer der berühmtesten nordvietnamesischen Filme war *Nguyen van Troi* (Regie: Bui Dinh Hac und Ly Thai Bao, 1966) – ein Epos über einen jungen Arbeiter aus Saigon, der einen Attentatsversuch gegen Mac Namara unternommen hatte und schließlich von dem südvietnamesischen Regime hingerichtet wurde. Erwähnenswert ist auch *Rung o tham* (»Die Bäume des Frl. Tham«, 1967) von Hai Ninh: eine junge Bäuerin hält die zur Front führende Straße für den Nachschub frei. Die nordvietnamesische Filmproduktion richtet sich nach Prinzipien, die der Präsident Ho Tschi Min definierte: sie soll national in ihrer Form und sozialistisch in ihrem Inhalt sein.[83] Die Spielfilme Hanois aus den sechziger Jahren waren einfach und direkt in ihrer Machart, aber meist von heroischem Pathos erfüllt. Nach Ausweitung der amerikanischen Luftangriffe auf Nordvietnam erlitt die Filmproduktion starke Rückschläge: die meisten Produktionsstätten wurden zerstört. So bestand die vietnamesische Filmproduktion der späten sechziger und beginnenden siebziger Jahre hauptsächlich aus kurzen Dokumentarfilmen, die unmittelbare Aspekte des Kriegsgeschehens oder das Verhalten der Bevölkerung im Krieg dokumentierten; diese Filme wurden sowohl in Nordvietnam als auch in Südvietnam von der Befreiungsfront ›FNL‹ produziert. In Südvietnam wurde schon 1960 nur einige Kilometer von Saigon im Dschungel versteckt das Studio ›Giai Phong‹ (»Befreiung«) gegründet. Die Befreiungsfront ›FNL‹ hielt sogar Filmklassen im Dschungel ab[84]; dort wurde unter unglaublich schwierigen und primitiven Bedingungen Filmarbeit geleistet. Die so entstandenen, technisch oft mangelhaften Dokumentarstreifen, die die enormen Anstrengungen der nordvietnamesischen Armee und der Zivilbevölkerung festhalten, sind von einem begreiflichen Pathos geprägt; aber sie ergeben eine einzigartige Chronik der letzten Phase des dreißigjährigen Unabhängigkeitskrieges der Vietnamesen.

Von der Konstituierung der Volksrepublik China im Jahre 1949 ab nahm der chinesische Film einen raschen Aufschwung. 1964 gab es bereits 33 Produktionszentren, verteilt über alle chinesischen Provinzen; die Produktion langer Spielfilme lag Ende der fünfziger Jahre zwischen 50 und 100 Filmen pro Jahr; an Zuschauerziffern werden für 1960 5,4 Milliarden, für 1963 6 Milliarden genannt.[85]

Als Grundlage der Filmproduktion in der ersten nachrevolutionären Zeit galt der sozialistische Realismus in seiner Definition durch Gorki, andererseits Mao Tse-tungs Maxime der »Hundert Blumen und hundert Schulen«. Diese war freilich nicht gleichzusetzen mit der Möglichkeit, etwa bürgerliche oder konterrevolutionäre Standpunkte auf der Leinwand zu vertreten. Vielmehr war das chinesische Kino auch schon vor der Kulturrevolution – unbeschadet später geäußerter Kritik an dieser Periode – ein revolutionäres und engagiertes Kino, das sich thematisch mit dem Kampf der chinesischen Roten Armee vor 1949, mit der Revolution und dem Aufbau des Sozialismus, gelegentlich auch mit Sujets aus der älteren chinesischen Geschichte beschäftigte. Man kann die chinesische Filmproduktion dieser Epoche mit dem sowjetischen Film der dreißiger Jahre vergleichen – obwohl nach 1960 in China die ideologische Abwendung von der Sowjetunion einsetzte. Im Bereich des Films wurde sie eingeleitet durch eine wütende Kampagne der chinesischen Presse gegen den sowjetischen Filmregisseur Grigorij Tschuchraj, der sich 1962 in einem Interview der englischen Zeitschrift »Films and Filming« abfällig über den »Dogmatismus« und die »antikünstlerische Denkweise« der chinesischen Filme (denen er die tschechoslowakischen Filme als positives Beispiel gegenüberstellte) geäußert hatte.[86]

Zu den bemerkenswerten Filmen jener Jahre gehören *Das rote Frauenbataillon* (Regie Hsieh Chin, 1960), das Heldenlied eines jungen Mädchens aus der Bürgerkriegszeit der dreißiger Jahre, das erst als Sklavin verkauft wird, dann ihre Freiheit gewinnt und sich schließlich einem Frauenbataillon der Partisanenarmee anschließt. Der Film vermochte die Landschaft einer südchinesischen Insel auf interessante Weise in das Geschehen zu integrieren; Jay Leyda kritisiert allerdings die »stereotypen Charaktere und die unlogische Handlung« des Films.[87] Der Film erhielt in China höchste Auszeichnungen; nach seinem Sujet wurde später ein Ballett inszeniert, das seinerseits verfilmt wurde. 1961 entstand *Hurrikan* von Hsieh Tieh-li, ein Film über die Bemühungen einer Gruppe der Roten Armee, nach 1945 in Nordostchina gegen den Widerstand der Kuomintang-Regierung die Bodenreform durchzusetzen; Jay Leyda räumt diesem Film einen besonders hohen Rang ein. *Erde in Flammen* (1962) von Chang Chun-hsiang zeichnet ein düsteres Bild vom Leben chinesischer Bergarbeiter in den zwanziger Jahren, die unter der Diktatur grausamer Grubenbesitzer stehen. *Hsi Wang und seine Frau* (1962) von Lou Jen war dagegen eine erfolgreiche Komödie über die unterschiedlichen Reaktionen eines jungen Bauern und seiner Frau auf die neuen Lebensbedingungen in einer dörflichen Volkskommune. 1964 entstanden die Verfilmung eines musikalisch-choreographischen Massenschauspiels, *Der Osten ist rot, Der Tunnelkrieg* (über den chinesisch-japanischen Krieg von 1942) sowie *Heroische Söhne und Töchter* (Regie: Wu Chao-ti). Letzterer Film spielt während des Koreakrieges und zeigt einen Helden, der wahrhaft übermenschliche Taten vollbringt: er kämpft ganz allein gegen Hunderte von amerikanischen Feinden auf einem strategisch wichtigen Hügel.

Die Kulturrevolution brachte zunächst ein Verbot aller chinesischen Filme vor 1949 mit sich. Cheng Chi-hua, den Autor einer Geschichte des chinesischen Films, in welcher die fortschrittlichen Traditionen des Films der dreißiger Jahre hervorgehoben wurden, erklärte man zur »Giftpflanze«; der bisher für Filme verantwortliche Minister Hsia Yen galt mit einem Male als »Ungeheuer und Dämon«. Unter das Verdikt »konterrevolutionärer Bestrebungen« und des »Revisionismus« fielen schließlich (mit wenigen Ausnahmen) überhaupt alle chinesischen Filme, die vor der Kulturrevolution produziert worden waren. »Rote Garden« des Pekinger Filminstituts publizierten eine Liste mit 300 chinesischen und 100 ausländischen Filmen, die sie zu »Giftpflanzen« erklärten, darunter auch Laurence Oliviers *Hamlet*, der »den König und die militärischen Befehlshaber rehabilitiert«.[88] Chiang Ching, die Frau Maos, setzte sich 1966 besonders intensiv für die »Reinigung« aller chinesischen Künste ein. Im Zuge dieser »Reinigungen« kam dann ab 1966 die Herstellung von Spielfilmen in China überhaupt zum Stillstand. Die Produktion setzte erst 1970 wieder ein.

Die ersten chinesischen Filme nach der Kulturrevolution waren Opernverfilmungen – so *Die strategische Eroberung des Tigerberges* (über eine Schlacht im Revolutionskrieg gegen die Kuomintang-Kräfte), *Die rote Laterne* (über die Rolle eines Eisenbahners im Widerstandskrieg gegen die Japaner), *Das Mädchen mit den weißen Haaren* (Regie: Sang Hu, 1972 – das Sujet wurde unter dem gleichen Titel 1950 schon einmal verfilmt) und *Das rote Frauenbataillon*. Diese Opernverfilmungen waren von hoher artistischer Präzision und stießen bei ihren ersten Aufführungen im Westen auf zumeist positive Resonanz der Kritik – trotz der extremen Schwarzweißzeichnung der Charaktere und des ideologischen Schematismus dieser Filme. Der Schematismus der chinesischen Filme nach der Kulturrevolution hat Proportionen angenommen, die selbst den sowjetischen Film in seiner extremsten stalinistischen Phase noch weit übertreffen. Der Bezug zur Wirklichkeit ist in diesen Filmen, die strahlende übermenschliche Helden finsteren Verschwörern und Revisionisten gegenüberstellen, fast ganz verschwunden. Gerade das mag ein Grund dafür sein, daß die europäische Kritik die chinesischen Filme als eine neue Spielart des Exotismus aufnimmt. Für die Opernverfilmungen muß man einräumen, daß die ideologisch schematisierte Welt dieser Filme in der Choreographie, den bizarren, aber eleganten Bewegungen der Tänzer, in der Musik und den gemalten Dekors adäquaten Ausdruck findet, so daß diese Filme ein in sich geschlossenes ästhetisches Ganzes ergeben.

Was dagegen die neueren chinesischen Filme mit traditioneller Spielhandlung betrifft, wie *Strahlende Sonne*, *Feuerrote Jahre*, *Der Berg der Kiefern*, *Funkelnd rote Sterne* und *Der Bruch*, so kritisiert selbst ein dem chinesischen Film gegenüber sonst sehr aufgeschlossener Kritiker wie Guy Hennebelle die ästhetische Seite der Filme, die der pseudo-religiösen, kitschigen Saint-Sulpice-Kunst verwandt sei: »Zu viele Einstellungen gleichen Postkartenkompositionen und sind manchmal nach der Architektur eines ›Altars‹ aufgebaut (der positive Held steht oben und in der Mitte). Der Stil ist noch schematisch und manchmal einfach naiv, sogar hollywoodartig.«[89] Die vor der Kulturrevolution gedrehten Filme kritisierte man jetzt unter anderem deswegen, weil sie Figuren der Vergangenheit (Fürsten, Fabrikbesitzern, Grundherren) überhaupt das Auftreten auf der Leinwand gestattet hätten. Dagegen verfolgte man nunmehr die Direktive des Vorsitzenden Mao, es käme vor allem auf die »Darstellung neuer Menschen und einer neuen Welt« an; so wurden unter den Personen des Films die positiven Figuren und unter diesen wiederum vor allem der Hauptheld hervorgehoben. Geändert haben sich gegenüber früher auch die Arbeitsmethoden im chinesischen Film: nicht mehr der Regisseur hat das letzte Wort bei der Herstellung eines Films, dieser wird vielmehr in allen Stadien von Arbeiter-, Bauern- und Soldatenkomitees diskutiert.[90]

In der Tat hinterlassen die neuen chinesischen Spielfilme den Eindruck, daß jede kleinste Einzelheit in ihnen bis hin zu Kamerabewegung und Bildkomposition das Ergebnis langer ideologischer Diskussionen ist. Bei der Herstellung dieser Filme kommt es auch oft vor, daß die beteiligten Mitarbeiter Selbstkritik üben und daraufhin große Passagen des Films noch einmal umgearbeitet oder gar nachgedreht werden.[91]

1974 nahm die Spielfilmproduktion in China einen neuen Aufschwung. Anstelle der bislang üblichen Opernverfilmungen entstanden jetzt »realistische« Filme wie *Feuerrote Jahre* (1962 kämpfen in einem Stahlwerk in Schanghai revolutionäre Arbeiter gegen sowjethörige Revisionisten; es geht um die Notwendigkeit, eine neue Stahllegierung zu finden, nachdem die Sowjetunion ihre Lieferverpflichtungen nicht mehr einhält); *Strahlende Sonne* (1956 bekämpft eine landwirtschaftliche Kooperative die Folgen einer Überschwemmung; das konterrevolutionäre Treiben eines Saboteurs wird schließlich entlarvt); *Der Berg der Kiefern* (ein reaktionärer Großbauer versucht 1962 – in einer Zeit wirtschaftlicher Schwierigkeiten – die Mitglieder einer landwirtschaftlichen Produktionsbrigade auf den Weg der kapitalistischen Wirtschaft zu locken. Er will vor allem den jungen Leuten »die Erlernung des Fuhrmannwesens unmöglich machen«; ihm stellt sich der arme Bauer Dschang Wan-schen entgegen, der einen Fuhrmannslehrgang einrichtet und schließlich dem Großbauern »die Peitsche als Symbol des Rechts der Wagenlenkung entreißt«[92]). *Funkelnd rote Sterne* (1975) berichtet von den Heldentaten eines elfjährigen Jungen im zweiten revolutionären Bürgerkrieg 1931; *Der Bruch* (1976) schildert, wie ein fortschrittlicher Arbeiter die Leitung einer Universität übernimmt. In *Hai-Hsia* (Regie Chien Chiang, Chen Huai-ai, Wang Hao-wei, 1977) entlarven die Kämpferinnen eines Frauen-Miliz-Bataillons durch stete Wachsamkeit das Treiben von Agenten und Saboteuren; *Bahnbrecher* (Regie Yu Jen-fu, 1977) stellt auf einem Ölfeld progressive und revisionistische Arbeiter einander gegenüber.

In der einen oder anderen Variante betonen die neueren chinesischen Filme stets den prinzipiellen Kampf »zweier Linien«, wobei die »falsche«, revisionistische Linie meist daran zu erkennen ist, daß ihre Vertreter meinen, bestimmte Probleme durch Unterstützung aus dem Ausland lösen zu können (Übernahme von technischen Verfahren, Import von Waren usw.); diesen falschen Prinzipien wird dann das »richtige« Prinzip »aus eigener Kraft« des Vorsitzenden Mao entgegengesetzt. Auf diesem Schema beruht z. B. die Dramaturgie des Films *Der zweite chinesische Frühling* (Regie: Sang Hu, Wang Hsiuwen, 1975), in dem es um Probleme beim Bau eines Schnellbootes für die Kriegsmarine geht. Neben den Spielfilmen besteht in China eine ausgedehnte Produktion kurzer und langer Dokumentarfilme.

Die Filmproduktion der britischen Kronkolonie Hongkong in den sechziger und siebziger Jahren besaß nicht nur wirtschaftliches Gewicht und quantitative Bedeutung, sondern, was weniger bekannt ist, teilweise auch künstlerisches Profil. Die interessanteren Hongkong-Filme wurden freilich von der Welle der Kung-Fu-Produktionen und Karatefilme überrollt und von der Kritik nicht zur Kenntnis genommen. Anfang der sechziger Jahre lag die Produktion von Spielfilmen in Hongkong etwa bei 300 pro Jahr – ein Umfang, der nur durch den Export der Filme in viele andere asiatische Länder möglich war. Hauptproduzenten sind die Shaw-Brothers (Run Run Shaw und Runme Shaw), die über Kinoketten in verschiedenen asiatischen Ländern verfügen, die ›Cathay Organization‹, ›Golden Harvest Films‹ sowie ›The Great Wall Film Co.‹, die enge Beziehungen nach Volkschina unterhält (insgesamt bestehen jedoch über hundert Produktionsfirmen). 1966 beschlossen die großen Hongkong-Produzenten, angesichts immer schwieriger werdender Verhältnisse in Hongkong selbst (wachsende Fernsehkonkurrenz), einen Durchbruch auf dem Weltmarkt, insbesondere in Europa und den USA, zu versuchen; das gelang ihnen allerdings erst zu Anfang der siebziger Jahre. Die Filmproduktion Hongkongs schwankte in den siebziger Jahren zwischen 120 und 200 Filmen jährlich.

Den Durchbruch auf den europäischen Kinomärkten erzielten die Hongkong-Filme mit einem ganz spezifischen Genre: dem fernöstlichen Kriegs- und Kampffilm. Die Filme dieses Genres sind nach einfachen Mustern mit immer wiederkehrenden Stereotypen gearbeitet, zu denen der im Schwerter-, Faust- und Karatekampf unglaublich überlegene, praktisch unbesiegbare Held gehört. Dramaturgie und Charaktere, Situationen und Handlung der Filme sind meist nur Vorwand für mehr oder weniger virtuos inszenierte, äußerst temporeiche Kampf- und Action-Szenen, die sich oft in surrealen Bereichen bewegen. Die Helden verfügen über akrobatische Fähigkeiten, überspringen ganze Häuser und Grundstücke, besiegen Legionen von Feinden, schlagen ihren Gegnern Köpfe und Gliedmaßen ab oder hauen die Gegner geradezu in Stücke, wobei mit viel Grausamkeit vorgegangen wird und reichlich Blut fließt. Das artistische Arrangement der Szenen hebt diese Grausamkeit jedoch in den besten Filmen wieder auf. Die Hongkong-Filme besaßen zeitweilig einen Helden echt mythischen Formats: den chinesisch-amerikanischen Karatekämpfer Bruce Lee, der 1973 starb; um ihn rankte sich ein Kult ähnlich wie um James Dean, der serienmäßig produzierte Erinnerungs-Filme zur Folge hatte. Während die Hongkong-Filme der sechziger Jahre zum großen Teil aus authentisch chinesischen Traditionen schöpften (Spezialisten vermögen das Hongkong-Kino aus älteren Schulen der chinesischen Kinematographie abzuleiten), haben sich die Filme in den siebziger Jahren immer mehr vereinfacht und amerikanischen und italienischen Modellen angepaßt. Den stereotypen und geradlinigen Charakter der Hongkong-Filme werteten jedoch einige Kritiker auch als Vorzug; sie rühmten die »Funktionalität ihrer visuellen Syntax«.[93]

Zu den bedeutendsten Filmen mit Bruce Lee kann man *The Big Boss* (*Die Todesfaust des Cheng Li*, 1971) und *Fist of Fury* (*Todesgrüße aus Shanghai*, 1972) zählen (Regie beider Filme von Lo Wei). Aber die Hongkong-Produktion besteht keineswegs nur aus Karatefilmen. Einen wichtigen Platz nehmen auch historische Epen und Ausstattungsfilme

(*Yang kwei fai* – »Die kaiserliche Konkubine Yang«; *Forbidden Tale of the Dragon Throne*, auch: *Empress Wu* von Li Htan-hsiang, 1962 bzw. 1963), Gesellschaftskomödien, Melodramen, Opernverfilmungen und phantastische Horrorfilme ein, wobei gelegentlich Werke großer regielicher Raffinesse entstehen: so wurde Chu Yuans *Intimate Confessions of a Chinese Courtesan* (»Intime Bekenntnisse einer chinesischen Kurtisane«, 1973) wegen der subtilen Beleuchtungs- und Dekoreffekte mit den Filmen Josef von Sternbergs verglichen.[94] Hohes stilistisches Niveau wird auch den Filmen von Chang Cheh nachgesagt, die manche Szenen bis zum Delirium treiben (*Golden Swallow* und *Four Riders*, phantastische Melodramen mit unzähligen Kampfszenen) sowie Bruce Lees *Way of the Dragon*. Eine Verbindung zwischen kunstvoll ausgesponnenen Geistergeschichten, verstecktem Symbolismus (der täuschende Charakter äußerer Erscheinungen) und traditionellen Action- und Kampfszenen stellte King Hu in *Hsia nü* (*A Touch of Zen*, 1968–75) her, der auch als »Meilenstein in der Geschichte des Hongkong-Kinos« bezeichnet wurde.[95] Die Filmindustrie Hongkongs kann am ehesten mit der Produktion Hollywoods in den dreißiger und vierziger Jahren verglichen werden; wie dort können Regisseure ihre Individualität nur im Rahmen eines streng festgelegten Genrekinos entfalten.

Auch in Taiwan operiert eine begrenzte Filmindustrie, die vor allem das chinesische Fernsehen in Hongkong mit Filmen versorgt und sich an die Welle der Karatefilme angeschlossen hat. Die Filmproduktion in Südkorea ist weitgehend kommerziell und auf die Befriedigung inländischer Bedürfnisse abgestimmt (in den sechziger Jahren entstanden zwischen 130 und 200 Spielfilme pro Jahr), während die Filme Nordkoreas einen politisch-ideologischen Rigorismus verfolgen, der sie thematisch wie ästhetisch in die Nähe der (rot-)chinesischen Filme rückt.

Zu Beginn der sechziger Jahre erreichte das japanische Kino mit 547 Spielfilmen und über einer Milliarde Zuschauern pro Jahr noch nie dagewesene Rekordziffern. Aber auch künstlerisch besaßen Japans Filme hohen Rang: die Werke von Kurosawa, Ozu, Ichikawa, Kobayashi rückten die japanische Kinematographie an die Spitze der internationalen Filmkunst. Schon bald setzte jedoch ein Rückgang der Besucherzahlen ein, der die ganzen sechziger Jahre hindurch anhielt und sich erst 1972 bei etwa 200 Millionen Zuschauern stabilisieren sollte, einem Sechstel der Zahl von 1958. Diese Entwicklung brachte die fünf großen filmproduzierenden Gesellschaften Japans – Toho, Shochiku, Daiei, Toiei, Nikkatsu – bald in Schwierigkeiten und ließ die Produktionsziffern absinken, die sich aber auch in den siebziger Jahren noch zwischen 300 und 400 bewegten. Bedingt durch wirtschaftliche Schwierigkeiten und Wandlungen im Publikumsgeschmack reservierten die großen Firmen immer weniger Platz für anspruchsvolle Produktionen. Das führte dazu, daß etablierte Regisseure wie Kurosawa oder Ichikawa längere Zeit keine Arbeit mehr fanden; auch der »unabhängige« Film der jüngeren Regisseure wie Oshima, Hani und Imamura, die in den sechziger Jahren dem japanischen Kino wichtige neue Impulse zugeführt hatten, geriet in den siebziger Jahren in eine Krise. Die immer noch hohen Produktionszahlen der japanischen Filmindustrie werden nur durch die Herstellung billiger Sexfilme, sogenannter »Eroductions« oder »Sexploitations« erreicht. 1971 meldete die Firma Daiei, nachdem sie zunächst mit der Nikkatsu fusioniert hatte, Konkurs an. Die übrigen großen Firmen halten sich mit populären Serien, Sex- und Gewaltfilmen, durch ›Kaiju eiga‹ (›Filme der großen Ungeheuer‹), neuerdings auch mit Katastrophenfilmen über Wasser. So bietet der japanische Film in den späteren siebziger Jahren ein wirtschaftlich krisenhaftes und künstlerisch desolates Bild. Obwohl es in Japan eine Gilde der Filmkunsttheater (›A.T.G.‹) gibt, die gelegentlich auch als Produzent auftritt, verfügt sie im Lande nur über wenige Kinos und ist deshalb wirtschaftlich schwach. Die japanische Regierung begann erst 1973 mit Förderungsmaßnahmen für Qualitätsfilme (jährlich verliehene Geldpreise für die 10 besten Filme).

Regisseure der älteren Generation

Zu den Regisseuren der älteren Generation, die in den sechziger (und teilweise siebziger) Jahren im japanischen Film tätig waren, gehören Yasujiro Ozu und Akira Kurosawa sowie Kon Ichikawa, Masaki Kobayashi, Tadashi Imai und Kaneto Shindo. Sowohl Ozus als auch Kurosawas Hauptwerk liegt in den vierziger und fünfziger Jahren; jedoch drehten beide Regisseure auch nach 1960 noch eine Reihe von Filmen, die auf der Höhe ihrer besten Leistungen stehen. Yasujiro Ozu (1903–1963) schloß mit drei Filmen den Zyklus seiner Werke ab, die sich der streng formalisierten (und gleichwohl realistischen) Darstellung vom Alltagsleben japanischer Familien widmeten: *Akibiyori* (*Spätherbst*, 1960), *Kohayagawa-ke no aki* (*Der Herbst der Familie Kohayagawa*, 1961) und *Samma no aji* (»Der Geschmack von Makrelen«, 1962). Alle drei beschäftigen sich mit dem Verhältnis zwischen Eltern und Kindern. In *Spätherbst* – einer Variante von Ozus 1949 gedrehtem Film *Banshun* (»Später Frühling«) – heiratet ein junges Mädchen, das bisher mit seiner Mutter zusammenlebte; die Mutter bleibt allein. *Der Herbst der Familie Kohayagawa* entwirft in zunächst scheinbar komödiantischem, dann jedoch zunehmend düsterem Stil das Porträt einer Familie, eines älteren Mannes und seiner drei Töchter. Der Film, der sich in verschiedene Nebenhandlungen verzweigt, endet mit dem Tod des Vaters. *Der Geschmack von Makrelen* berichtet von einem Witwer, der seine Tochter verheiratet und alten Freunden begegnet. Allen Ozu-Filmen gemeinsam ist die strenge Komposition, die formale Beschränkung auf wenige Ausdrucksmittel (stets gleichbleibende Kameraperspektive aus geringer Höhe), die Konzentration auf scheinbar unbedeutende Ereignisse, in denen sich jedoch die Essenz von Ozus Lebensauffassung offenbart. Donald Richie hat Ozus Haltung mit der des Haiku-Künstlers verglichen, »der in äußerster Ruhe sitzt, mit geradezu schmerzvoller Genauigkeit die Dinge und ihre Wirkung beobachtet und Wesentliches durch äußerste Vereinfachung erreicht«.[96]

Akira Kurosawa (geb. 1910) setzte sowohl die Linie der realistischen, engagierten Gegenwartsfilme als auch die der traditionellen Samurai-Epen fort. Sein Interesse für soziale Fragen spricht deutlich aus *Warui yatsu hodo yoku nemuru* (»Die Bösen schlafen gut«; eigentlich: »Je böser man ist, um so besser schläft man«, 1960), einem Film über die Korruption in einer großen Baugesellschaft. Der Sekretär des Präsidenten, der mit dessen Tochter verheiratet ist, will die Hintergründe mehrerer »Selbstmorde« und einer Bestechungsaffäre herausbekommen, wird aber selbst von dem Präsidenten umgebracht. Das Drama besitzt einige Analogien zu Shakespeares »Hamlet«. In einer brillanten Eröffnungssequenz wird die Hochzeit des Sekretärs mit der Tochter des Präsidenten gezeigt, die vor einem riesigen Hochzeitskuchen stattfindet, einer exakten Nachbildung des Firmengebäudes. Die Schlußfolgerungen des Films sind düster und legen die Annahme sich endlos fortsetzender Korruption nahe. *Tengoku to jigoku* (»Himmel und Hölle«, 1963) ist nur äußerlich ein »soziales« Drama – tatsächlich analysiert der Film die Beziehungen zwischen einem Schuhfabrikanten und einem Kidnapper, der den Fabrikanten erpressen will, aber schließlich gefangen wird. Der Film gleicht einem raffinierten Puzzlespiel: in faszinierenden Montagefolgen werden Stück für Stück die Indizien für die Identität des Entführers zusammengesetzt. Besonders die vier Minuten lange Sequenz in einem Zug ist ein filmisches Anthologiestück. Kurosawa zeigt sich vor allem an der Charakteranalyse seines Helden interessiert, der – ähnlich wie andere Kurosawa-Figuren – mit Zähigkeit und Stoizismus einer scheinbar ausweglosen Situation begegnet.

Yojimbo (1961) und *Tsubaki Sanjuro* (*Sanjuro*, 1962) sind thematisch verwandte Samurai-Filme. *Yojimbo* folgt einer weitgehend komödiantischen Anlage und ironisiert durch äußerste Zuspitzung und Perfektion der Darbietung gewisse Klischees des Genres. Protagonist ist ein stellungsloser Samurai, der von den rivalisierenden Parteien eines Dorfes zur Hilfe gerufen wird, dann aber beide Fronten gegeneinander ausspielt. Die meisten Charaktere des Films sind ins Groteske übertrieben. *Yojimbo*, ein Film besonders brillanter Kameraführung, ist von der Kritik mit amerikanischen Western, insbesondere mit Zinnemans *High Noon* (*12 Uhr mittags*, 1952) verglichen worden[97] (obwohl Kurosawa nur den Einfluß von Ford zugegeben hat); andererseits inspirierte *Yojimbo* wiederum den italienischen Westernregisseur Sergio Leone zu seinem Erfolgsfilm *Per un pugno di dollari (Für eine Handvoll Dollar*, 1964). *Yojimbo* wurde zu einem der größten Kassenerfolge in der Geschichte des japanischen Films und gilt als populärster Film Kurosawas überhaupt. *Sanjuro* entstand als eine Art Fortsetzung zu *Yojimbo*. In *Sanjuro* geht es um eine Gruppe unerfahrener, aber tatendurstiger Samurai, die ihr Anführer Sanjuro (der gleiche wie in *Yojimbo*, gespielt von Kurosawas Lieblingsdarsteller Toshiro Mifune) ständig zur Zurückhaltung und Vorsicht ermahnen muß. Der Film offenbarte, ebenso wie *Yojimbo*, ein intensives Gefühl für Landschaft und Milieu. Kurosawa selbst fand *Sanjuro* »noch komischer und attraktiver als *Yojimbo*«.[98] *Akahige* (»Rotbart«, 1965) spielt zu Beginn des 19. Jahrhunderts. Hier beschreibt Kurosawa die innere Wandlung eines jungen Arztes, der entgegen seinen Hoffnungen an ein Armenhospital kommt, dort aber im Kontakt mit dem nur scheinbar zynisch-rauhbeinigen Arzt »Rotbart« und angesichts des krassen Elends um ihn herum zu einem neuen Berufsethos findet. Seiner humanistischen Grundhaltung nach ist *Rotbart* am ehesten mit Kurosawas früherem Film *Ikiru* (*Leben*, 1952) in Verbindung zu bringen. Kurosawa drehte den Film mit ungewöhnlichem Aufwand, ließ eine ganze Stadt im Studio errichten, die jedoch nur in wenigen Einstellungen auftaucht; die Dreharbeiten zogen sich über zwei Jahre hin. Wie schon in seinen früheren Filmen gab der Regisseur auch hier vielen Szenen durch die Verwendung von Teleobjektiven einen graphisch expressiven Charakter. *Rotbart* offenbarte noch einmal die überragende regieliche Meisterschaft Kurosawas, aber auch seine Handschrift als Autor. In gewisser Weise war auch dies ein Film »über das Weiterleben nach dem Augenblick der Wahrheit«, wie Wilfried Berghahn von den früheren Filmen Kurosawas sagte.[99]

Nach dem ebenfalls erfolgreichen *Rotbart* begann eine Krise für Kurosawa, die mit ökonomischen Schwierigkeiten der japanischen Filmindustrie, aber auch mit persönlichen Problemen Kurosawas zu tun haben mochte. Eine geplante Beteiligung des Regisseurs an dem amerikanischen Film *Tora! Tora! Tora!* (1970) kam (ebenso wie mehrere andere Projekte) nicht zustande. Erst 1970 konnte Kurosawa wieder einen Film drehen: *Dodeskaden*, ein eher lyrisches, meditatives Werk über eine Straßenbahn und die Bewohner eines stilisierten, im Studio aufgebauten Elendsviertels. Es war Kurosawas erster Film in Farbe. Trotz differenzierter Personenzeichnung – im Grunde tauchen hier die Personen aus vielen früheren Filmen Kurosawas wieder auf – und Bemühung um Atmosphäre vermochte der Film nicht voll zu überzeugen; er verblieb infolge seiner irrealen, theaterhaften Dekors in einem Bereich der Abstraktion.

Wahrscheinlich als Reaktion auf den Mißerfolg von *Dodeskaden*, aber auch infolge seiner persönlichen Krise beging Kurosawa 1971 einen Selbstmordversuch. Danach kam noch ein weiterer Film zustande, den Kurosawa in der UdSSR als japanisch-sowjetische Koproduktion drehte: *Dersu Uzala* (*Uzala, der Kirgise*, 1975). Der Film spielt zu Anfang des Jahrhunderts im russisch-chinesischen Grenzgebiet und beschreibt die sich entwikkelnde Freundschaft zwischen einem russischen Forscher, der die Expedition in dieses Gebiet leitet, und einem mongolischen Jäger, der dem Russen in der Eiswüste das Leben rettet. Ist die Landschaftsbeschreibung des Films auch von unvergleichlicher optischer Brillanz (sie erinnert an Kurosawas frühere Samurai-Filme), so mischen sich in die Handlung – so gelungen das Porträt des Mongolen auch ist – doch einige Züge der Sentimentalität.

Kon Ichikawa (geb. 1915) errang sich in den fünfziger Jahren auch außerhalb Japans Renommee, vor allem mit *Nobi* (1959), einer makabren Darstellung menschlicher Perversion im Kriege. Ichikawa gilt (ähnlich wie Mizoguchi) als Stilist und Ästhet des japanischen Kinos, der auch düstere oder apokalyptische Sujets mit einem blendenden Glanz formaler Schönheit versieht. In *Bonchi* (1960) porträtiert Ichikawa eine japanische Großfamilie, die unter der Fuchtel einer diktatorischen Großmutter steht, welche mit allen Mitteln das Matriarchat in der Familie erhalten möchte; die grausame Geschichte wird von Ichikawa mit den Mitteln einer »transzendenten Schönheit«[100] erzählt. In *Hakai* (»Die Sünde«, 1961) muß ein junger Lehrer seine Schule verlassen, weil er zu einer gesellschaftlich diskriminierten Bevölkerungsgruppe koreanischer Abstammung gehört. Hier verwendete Ichikawa so viele Anstrengungen auf formale Stilisierung, daß die Herstellerfirma ihm von jetzt an kommerziellere Aufträge erteilte. So kam es zu dem naiven

Familienfilm *Watashi wa nisai* (»Ich bin zwei Jahre alt«, 1962 – Ichikawa drehte ihn aus der subjektiven Perspektive eines Babys) – und der Neubearbeitung eines schon mehrfach verfilmten Stoffes: *Yukinojo henge* (*Yukinojos Rache*, 1963). Ichikawa verwandelte das melodramatische Sujet jedoch in ein Meisterwerk, das dem Zuschauer verschiedene Ebenen der Interpretation anbot. Später drehte Ichikawa eine Reihe von Dokumentarfilmen, deren bester – nach dem dokumentarischen Spielfilm *Taiheiyo hitoribotchi* (»Mein Feind, das Meer«, 1964), über eine Pazifik-Überquerung im Segelboot – *Tokyo Olympiade* (1965) war, eine mit hohem Aufwand gedrehte, aber ungewöhnliche und kameratechnisch faszinierende Dokumentation über die Olympischen Spiele in Tokio. Ichikawa fing vor allem Randereignisse ein, die keineswegs in die Perspektive »offizieller« oder heroisierender Berichterstattung à la Leni Riefenstahl paßten. Deshalb mißfiel der Film auch dem Olympischen Komitee, das eine neue Version verlangte. In dieser (international vertriebenen) Fassung des Films fehlen viele der besten Szenen Ichikawas. Erst 1973 konnte Ichikawa wieder einen Spielfilm herstellen: *Matabi* (»Die Wanderer«).

Masaki Kobayashi (geb. 1916) begann ebenfalls in den fünfziger Jahren zu filmen; er wurde vor allem bekannt durch seine Trilogie über den Zweiten Weltkrieg, die das Verhalten der japanischen Armee in der Mandschurei scharfer Kritik unterzog: *Ningen no joken* (»So lebt der Mensch«, deutscher Verleihtitel: *Barfuß durch die Hölle*, 1959–61). *Seppuku (Harakiri*, 1962), vielleicht Kobayashis bester Film, ist ein vielschichtiges dramaturgisches Gebilde, bestehend aus mehreren sich überlagernden, einander in der Schwebe haltenden Rahmenhandlungen und Rückblenden; im Mittelpunkt steht die Geschichte eines Samurai, der den erzwungenen Harakiri-Tod seines Schwiegersohns an den dafür Verantwortlichen rächt, einer mächtigen Fürstenfamilie (Zeitpunkt des Geschehens ist das Jahr 1630). Durch kunstvolle Stilmittel rückt Kobayashi die Vorgänge in die Distanz; er entwickelt eine scharfe Polemik gegen die Ausnutzung der feudalen Ehrbegriffe durch fürstliche Machthaber im Sinne ihrer egoistischen Interessen. *Kwaidan* (1964) ist ein virtuos inszenierter Gespensterfilm nach altjapanischen Erzählungen von Lafcadio Hearn; Kobayashi hält diesen Film für seinen besten.[101] *Joi-uchi* (*Rebellion*, 1967) knüpft wieder an die Linie von *Harakiri* an. Der Film erzählt einen weiteren Fall feudaler Willkür aus dem alten Japan: ein Fürst läßt eine ganze Samurai-Familie ermorden, weil sie sich seinem Willen widersetzt. In *Kaseki* (1973) schildert Kobayashi mit traditionellen Stilmitteln, aber mit würdevoller Schlichtheit und Intensität die Geschichte eines alternden Geschäftsmannes, der gegen eine gefährliche Krankheit kämpft, eine Europareise unternimmt und die Geschicke seiner Firma meistert. Der Film wurde zunächst als achtteilige Fernsehfolge hergestellt.

Der am stärksten sozialkritisch engagierte Regisseur des japanischen Nachkriegsfilms ist Tadashi Imai (geb. 1912). Er debütierte bereits 1939; seine wichtigsten Filme drehte er in den fünfziger Jahren. Unter Verzicht auf besondere stilistische Kunstfertigkeit, aber mit großem persönlichen Einsatz und mit Leidenschaftlichkeit polemisiert Imai in seinen Filmen gegen Ungerechtigkeiten der japanischen Gesellschaft, gegen die Unterdrückung der Arbeiter, gegen den Krieg und vor allem gegen die japanischen Traditionen von Gehorsam und Ergebenheit. Den letzteren Gesichtspunkt unterstrich er in *Bushido zankoku monogatari* (*Bushido – sie lieben und sie töten*, 1963): der Film sammelt Beispiele für den grausamen Mißbrauch der Tugend des absoluten Gehorsams gegenüber Feudalherren und Vorgesetzten aus Vergangenheit und Gegenwart, wobei für Imai »die Quelle der inhumanen Exzesse die historische feudalistische Ordnung in Japan ist. Die Klasse der großen Grundherren stellt sich als eine Galerie von Schmarotzern, Sadisten und Geisteskranken dar.« (Helmut Regel)[102] In *Satogashi ga kowareru toki* (»Wenn der Keks zerbricht«, 1967) verlegte Imai die Geschichte vom Tod Marilyn Monroes nach Japan, und in *Hashi ga nai kawa* (»Fluß ohne Brücke«, 1968–70) untersuchte er die

Lebensbedingungen der diskriminierten Bevölkerungsschicht der »Burakunin«, über die auch schon Ichikawa seinen Film *Die Sünde* drehte. *En to u onna* (»Eine Frau namens En«, 1971) war wieder ein Film über die Ungerechtigkeiten des Feudalsystems.

Mit dem Namen Kaneto Shindos (geb. 1912) verband man insbesondere nach seinem Film *Hadaka no shima* (*Die nackte Insel*, 1960) Hoffnungen auf eine Erneuerung des japanischen Films. *Die nackte Insel* ist der ohne ein einziges Wort Dialog auskommende, filmisch äußerst intensive Bericht über das unmenschlich schwere Dasein einer Bauernfamilie, die ihren kleinen Acker auf einer Insel mit vom Festland herübergerudertem Wasser begießen muß. Gerade wegen der Wortlosigkeit dieses Dramas konnte man es allerdings auf ganz verschiedene Weise interpretieren – als Ausdruck von sozialem Protest oder von metaphysischer Verzweiflung. Der Film wurde häufig mit Flahertys Dokumentarfilm *Man of Aran* (1934) verglichen. Daß es Shindo weniger auf Argumentation als auf die Auslösung von Emotionen ankam, verriet der in Europa gleichfalls sehr erfolgreiche *Onibaba* (»Das Loch«; deutscher Verleihtitel: *Onibaba – die Töterinnen*, 1963), die mit effektvollen optischen Metaphern erzählte Unheilgeschichte von zwei mordlustigen Frauen in einer unwegsamen Sumpf- und Schilflandschaft; das Drama, in dem auch eine Dämonenmaske eine Rolle spielt, war zudem mit erotischen Untertönen aufgeladen. Shindo drehte in der zweiten Hälfte der sechziger Jahre hauptsächlich Sexfilme, aber auch Komödien. 1968 versuchte er sich mit *Yabu no naka no kuroneko* (»Kuroneko«) an einer Art Remake von *Onibaba*; daneben schrieb er eine große Zahl von Drehbüchern für andere Regisseure. 1974 stellte er einen langen Dokumentarfilm über den verstorbenen Regisseur Mizoguchi her. 1977 folgte wieder ein Spielfilm: *Das Leben von Schi-ku-san*; Shindo erzählte hier das Leben eines erblindeten Wandermusikers.

Die japanische ›Neue Welle‹

Anfang der sechziger Jahre manifestierte sich in Japan eine Bewegung jüngerer Regisseure, die mit ihren Werken das Klima des japanischen Kinos veränderten. Zu diesen Regisseuren gehörten Susumu Hani, Hiroshi Teshigahara, Shohei Imamura, Nagisa Oshima und Yoshishige Yoshida sowie, etwas später, Shuji Terayama. Die Bemühungen dieser jüngeren Regisseure gingen vielfach in experimentelle Richtungen und unterschieden sich deutlich von der bisher in Japan geübten Praxis des Filmemachens. Die politische Sensibilität, die in vielen dieser Filme zum Ausdruck kommt, erklärt sich aus der Politisierung des öffentlichen Lebens im Japan der sechziger Jahre im Zeichen der Massenbewegung gegen den Abschluß eines Sicherheitspaktes mit den USA.

Susumu Hani (geb. 1928) drehte bereits in den fünfziger Jahren Dokumentarfilme. Im Spielfilm debütierte er mit *Furyo shonen* (»Böse Jungen«, deutscher Verleihtitel: *Die Bewährung*, 1961). Hier spielen ehemalige Fürsorgezöglinge ihr Leben in einer Erziehungsanstalt vor der Kamera nach – ein Experiment an der Grenze von Fiktion und Dokument. In *Mitasareta seikatsu* (»Ein erfülltes Leben«, 1962) schlug Hani zum ersten Mal das Thema der Frauenemanzipation an, das sich durch verschiedene seiner Filme zieht. Im Hintergrund der unkonventionell und sensibel erzählten Geschichte einer geschiedenen Frau erscheint die Bewegung gegen den Abschluß des japanisch-amerikanischen Beistandspaktes. *Te o tsunagu kora* (*Kinder Hand in Hand*, 1963) ist ein lebendiger und nuancierter Film über Kinder in einer Schule, über ihr Verhältnis zum Lehrer und über die Beziehungen der Kinder untereinander. *Kanajo to kare* (*Sie und er*, 1964) wirkte wie eine Fortsetzung von *Ein erfülltes Leben*: eine junge Frau lebt zufrieden mit ihrem Ehemann in einer Neubauwohnung; aber die Selbstverständlichkeit ihres genormten Alltags wird für sie erschüttert, als ein ehemaliger Kollege ihres Mannes als Lumpen-

Dušan Makavejev

W. R. – Misterije organizma

(W. R. – Die Mysterien des Organismus)

1971

Jugoslawien/BRD

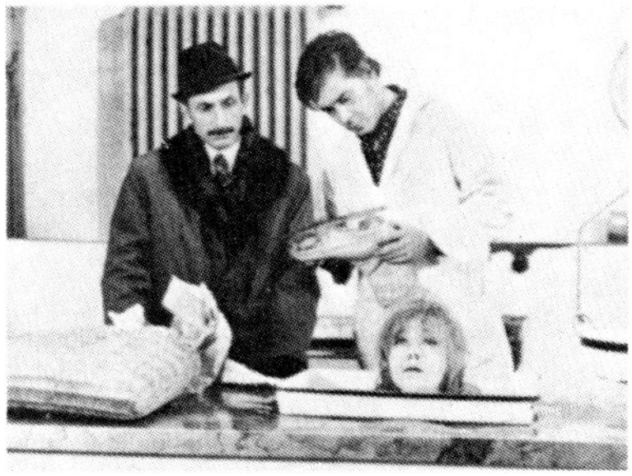

Glauber Rocha

O dragao da maldade contra o santo guerreiro (Antonio das Mortes)

1969

Brasilien

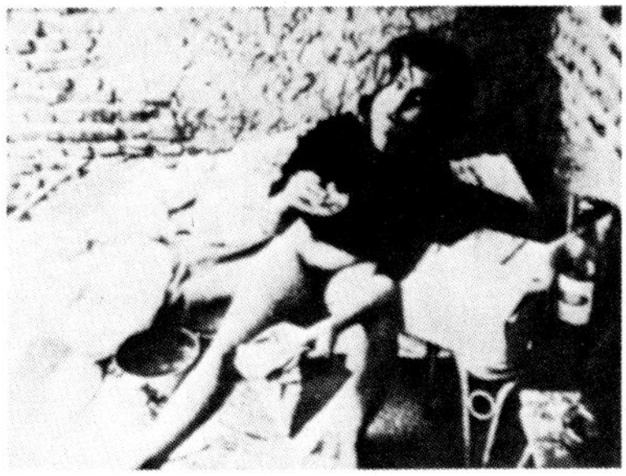

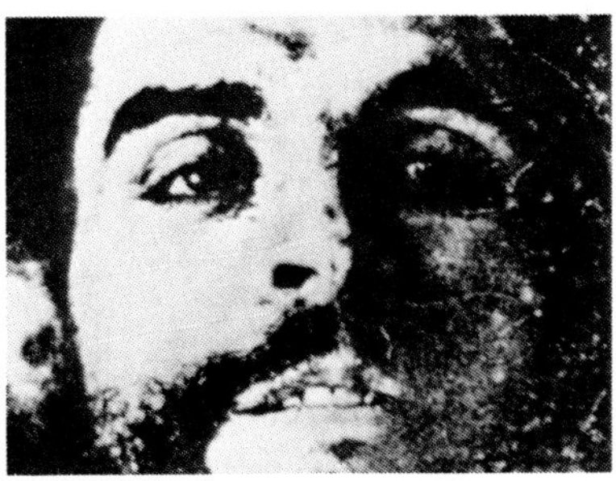

Fernando Solanas

La hora de los hornos

(Die Stunde der Hochöfen)

1968

Argentinien

Jorge Sanjinés

Yawar Mallku

(Das Blut des Kondors)

1969

Bolivien

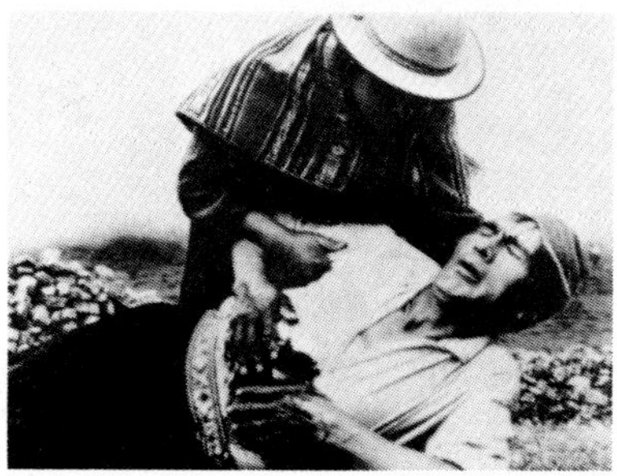

Miguel Littin

La tierra prometida

(Das gelobte Land)

1973

Chile

Ousmane Sembène

Emitai

1971

Senegal

Sohrab Shahid Saless

Yek ettefaghe sadeh
(Ein einfaches Ereignis)

1973

Iran

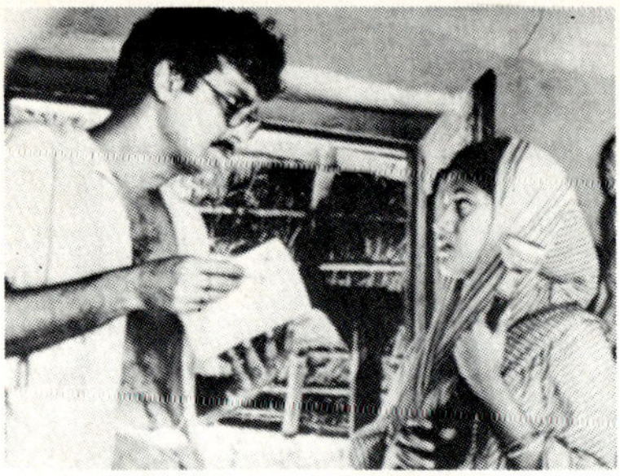

Satyajit Ray
Ashani sanket
(Ferner Donner)
1973
Indien

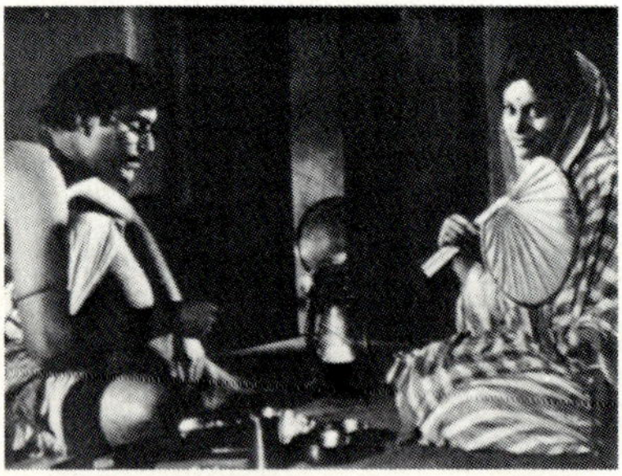

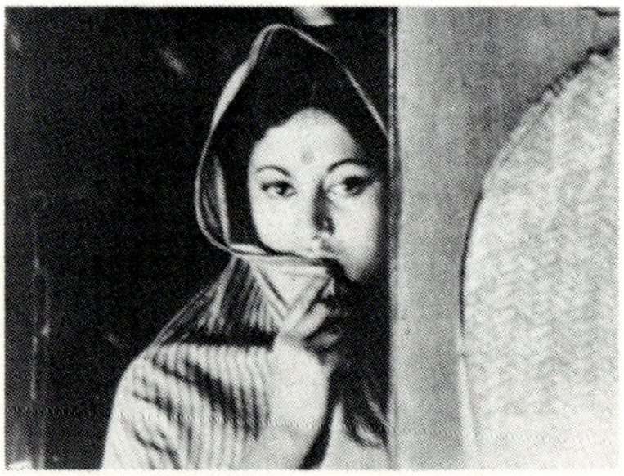

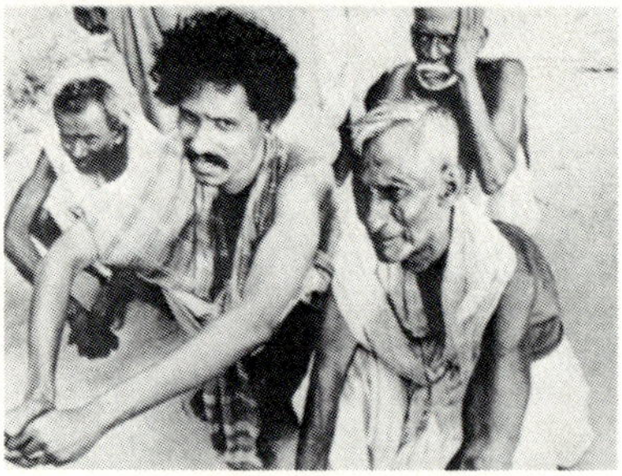

händler in einer dem Neubau gegenüberliegenden Barackensiedlung auftaucht. Zwar weicht das Barackenviertel bald einem Golfplatz, aber für die Heldin hat sich die Welt dennoch verändert, sie ist ihr fremd und fragwürdig geworden. Vermittels exakter Beobachtungen und einer Schnittechnik, die Assoziationen und Nachdenken beim Zuschauer auslöst, beschreibt Hani das Leben der Neubausiedler und die leerlaufenden Beziehungen der beiden Ehepartner; allerdings wirkt die Gegenfigur des Lumpensammlers reichlich literarisch.

Seine nächsten Filme drehte Hani außerhalb Japans: *Buana Toshi no uta* (»Das Lied von Bwana Toshi«, 1965) versetzt einen Japaner als Entwicklungshelfer nach Zentralafrika; in *Andes no hanayome* (»Die Anden-Braut«, 1966) lernt eine Japanerin, die Witwe eines Archäologen, sich der Lebensweise indianischer Dorfbewohner in den Anden anzupassen.

Äußerlich betrachtet, besitzt Hanis folgender Film *Hatsukoi jigokuhen* (»Erste Liebe«, deutscher Verleihtitel: *Das Mädchen Nanami*, 1968) in dem, was er an entfremdeter und kommerzialisierter Sexualität ins Bild bringt, manche Ähnlichkeiten mit den »Eroductions« und »Pink films«, die das Bild des japanischen Kinos dieser Epoche weitgehend bestimmen. Andererseits lieferte Hani in der Art und Weise, wie er dieses Material verarbeitete, einen kritischen Kommentar zum Zustand des japanischen Films und der japanischen Gesellschaft. Im Grunde erzählte er auch in diesem Film wieder seine alte Parabel vom schwierigen Weg der Erkenntnis zwischen Unschuld und Erfahrung. Es geht um die Beziehungen zwischen einem siebzehnjährigen Mädchen, das in Voyeur-Kabinen posiert, und einem Jungen, der durch Kindheitserlebnisse traumatische Schocks erlitten hat und am Ende stirbt. Nach einigen kommerzielleren Filmen und nach einer auf Sardinien gedrehten internationalen Produktion, *Mio* (1971) – Hauptdarstellerin des Films war seine eigene Tochter –, nahm Hani in *Gozenchu no jukanwari* (»Vormittags-Stundenplan«, 1972) noch einmal Motive seines früheren Schaffens auf: im Mittelpunkt des Films stehen zwei junge Mädchen, die einen Monat lang mit 8-mm-Kameras sich selbst im Rahmen einer nur lose festgelegten »Handlung« filmen sollten. Der fertige Film besteht zu zwei Dritteln aus den von 8 auf 35 mm »aufgeblasenen« Aufnahmen der beiden Mädchen.

Hiroshi Teshigaraha (geb. 1927), Sohn eines berühmten Blumendekorateurs, ursprünglich als Maler ausgebildet, zeigte sich in seinen besten Filmen als visionärer Bildgestalter und Kalligraph der Leinwand. In Variationen behandeln seine Filme das Suchen ihrer Helden nach der Identität mit sich selbst. Sein erster Film, *Otoshiana* (»Die Fallgrube«, 1962), eine »dokumentarische Phantasie«, ist eine eigenartige, experimentelle Vermischung von Gespensterthematik und gegenwartsbezogener sozialer Polemik: ein ermordeter Bergarbeiter wandelt nach seinem Tod noch als Geist umher, damit beschäftigt, die Umstände seiner Ermordung aufzuklären. Auch *Suna no onna* (*Die Frau in den Dünen*, 1964) – der Film, mit dem Teshigahara im Westen vor allem bekannt wurde – behandelt ein phantastisches Sujet: ein Schullehrer und Amateur-Insektenforscher verirrt sich auf der Insektensuche zwischen Sanddünen; Dorfbewohner bieten ihm ein Nachtlager in einem Haus, zu dem er freilich mit einer Strickleiter herabsteigen muß. Anderntags ist der Insektenforscher, wie sich herausstellt, in dem Sandloch eingeschlossen. Die (kürzlich verwitwete) Frau, die außer ihm dort noch wohnt, hat den nachrieselnden Sand ständig fortzuschaufeln, wofür sie von den Dorfbewohnern mit Nahrung versorgt wird. Schließlich gewöhnt sich der Lehrer an sein eingeschlossenes Dasein und entdeckt sogar eine Methode der Wassergewinnung aus dem Sand. Die Form der Parabel transzendiert freilich ihren Sinn (die Gewinnung der Identität durch das Akzeptieren des Absurden): Teshigaharas Kamera komponiert aus Sand, Gras, Holz immer neue graphische Chiffren; Bewegungen und Formen werden durch extreme Kamerawinkel ins

Gespenstische verfremdet; Objekte erscheinen wie unter dem Mikroskop vergrößert (in der Perspektive des Insektenforschers). Teshigahara erschafft eine eigene, alptraumhafte Realität, in die der Zuschauer hineingezogen wird, die sich aus ständiger latenter Bedrohung (der rieselnde Sand) und untergründiger erotischer Spannung zusammensetzt. Teshigaharas spätere Filme sind ebenfalls Identitätsdramen: *Tanin no kao* (»Das Gesicht eines anderen«, 1966) – ein Mann verliert durch eine Explosion sein Gesicht, ein anderes wird ihm aufgepflanzt, wodurch sich für ihn makabre Folgen ergeben – und *Moetsukita chizu* (»Die verbrannte Karte«, 1968) – hier nimmt ein Detektiv die Identität des Mannes an, nach dem er sucht. Die Filme waren jedoch konventioneller als *Die Frau in den Dünen*. Nach mehreren Dokumentarfilmen drehte Teshigahara 1972 den Spielfilm *Summer Soldiers (Sommersoldaten)*, der sich in sorgfältig recherchierter, teilweise dokumentarischer Form mit dem Thema der US-Deserteure in Japan befaßte.

Shohei Imamura (geb. 1926) debütierte Ende der fünfziger Jahre mit populären Spielfilmen; *Buta to gunkan* (»Schweine und Schlachtschiffe«, deutscher Verleihtitel: *Schweine, Geishas und Matrosen*, 1961) karikierte das Milieu einer amerikanischen Marinebasis in Japan. Ambitionierter fiel *Nippon konkuchi* (»Japanische Insektenchronik«, deutscher Verleihtitel: *Das Insektenweib*, 1963) aus. Imamura schilderte Stationen aus dem Leben einer Frau (eigentlich dreier Generationen von Frauen), die parallel gesetzt werden mit einer Chronik der japanischen Geschichte von 1918 (dem Geburtsjahr der Heldin) bis 1962. Die Protagonistin, ein unehelich geborenes Mädchen vom Lande, wird überall schändlich ausgenutzt; in Tokio versucht sie es mit Prostitution, betreibt sogar ein Bordell, ist dazwischen auch Gewerkschaftssprecherin, muß am Ende ins Gefängnis und bleibt dabei doch immer von Männern abhängig. Interessant ist, wie Imamura seinen Film konzipiert hat, wie er mit dramaturgischen Brüchen, Standbildern und innerem Monolog arbeitet, durch Zwischentitel historische Bezüge herstellt, durch den Kontrast der beiden Erzählebenen die »offizielle« Geschichtsschreibung als etwas Hohles, für die Realität der Bevölkerung Unbedeutendes dementiert; dem Film eignet geradezu eine brechtsche Qualität. *Akai satsui* (»Aufforderung zum Mord«, deutscher Verleihtitel: *Verbotene Leidenschaft*, 1964) erzählt die mit schockierenden Erlebnissen reichlich ausgestattete Geschichte einer Frau, die in einem repressiven und pervertierten Familienverband lebt. Imamuras spätere Filme waren teils kühn-phantastische Konstruktionen, teils dokumentarische Untersuchungen (in die sich immer auch ein Moment Fiktion mischte). In *Jinrui gaku nyumon* (*Einführung in die Menschenkunde*, 1966) beginnt ein Mann aus ganz idealistischen Erwägungen mit der Herstellung pornographischer Produkte, darunter Filmen und einer lebensgroßen Puppe; in der Schlußszene löst sich das Boot, auf dem er wohnt, von seinem Liegeplatz und treibt durch die Kanäle von Osaka hinaus auf den Pazifischen Ozean. In *Ningen johatsu* (»Ein Mensch verschwindet«, auch: »Die Verdampfung des Menschen«, 1967) forscht Imamura in der Manier eines Dokumentarfilmers dem Verbleib eines unerklärlich verschwundenen Menschen nach, stellt jedoch auch fiktive Situationen her und enthüllt am Schluß durch Rückfahrt der Kamera und Entfernen von Dekorwänden eine Situation, die soeben noch dokumentarisch erschien, als im Studio inszeniert. *Kamigami ni fukaki yokubo* (*Tiefe Sehnsucht der Götter*, 1968) erzählt von der Begegnung eines Ingenieurs mit der ihm fremden Zivilisation auf einer südjapanischen Insel; der Film ist eine »faszinierende Kombination von Dokument, Epos, Melodram und philosophischer Abhandlung«. (Richie)[103] Eine Art Replik auf *Das Insektenweib* ist *Nippon sengoshi – Madamu Onboro no seikatsu* (*Die Geschichte Nachkriegsjapans und das zerrissene Leben einer Barbesitzerin*, 1970): Imamura (der selbst im Bild erscheint) befragt eine Barbesitzerin nach ihrer Meinung über die Nachkriegsgeschichte Japans, läßt sie dazu ihr eigenes Leben erzählen und blendet zwischendurch Wochenschauen ein. Wieder ergibt sich eine totale Divergenz zwischen den Ereignissen der »offiziellen« Geschichtsschreibung und den Ansichten der Barbesitzerin; die Geschichte verläuft gleichsam auf zwei Ebenen, zwischen denen es kaum eine Vermittlung zu geben scheint. Imamuras Film ist lebendig, instruktiv und voller Überraschungen; er verdient, ein zeitgeschichtliches Dokument genannt zu werden. 1975 entstand *Karayuki-san*, ein langer Dokumentarfilm über japanische Prostituierte in Malaysia.

Vielleicht der bedeutendste Vertreter der jungen Regiegeneration Japans ist Nagisa Oshima (geb. 1932). Obwohl Oshima seit 1959 Filme dreht, wurde man in Europa erst 1969 auf sein Werk aufmerksam. Oshimas Filme *Tagebuch eines Shinjuku-Diebes*, *Tod durch Erhängen* und *Die Zeremonie* ließen ein neues Bild des japanischen Kinos entstehen: in ihnen erschien Film als intellektuelles, manchmal schwer zu entzifferndes, politisiertes, künstlerisch experimentelles Produkt. Es ist schwer, Oshimas Werk auf einen wie auch immer gearteten Nenner zu bringen; man kann aber sagen, daß die Suche nach der nationalen Identität Japans in vielen seiner Filme eine Rolle spielt. Oshimas Filme beschäftigen sich mit Entwicklungen der japanischen Nachkriegsgeschichte, setzen sich mit japanischen »Werten« und Traditionen (auch mit Kinotraditionen) auseinander, beteiligen den Zuschauer auf neuartige Weise am Filmgeschehen.

Nagisa Oshima begann seine Filmlaufbahn nach einem Jura- und Geschichtsstudium als Regieassistent bei der Gesellschaft Shochiku. 1959 drehte er seinen ersten Spielfilm in eigener Regie, *Ai to kibo no machi* (»Eine Stadt voller Liebe und Hoffnung«). Dieser und die nächsten Filme Oshimas gehörten noch ins »Teenage-Gangster«-Genre. Aber schon der vierte Film Oshimas, *Nihon no yuro to kiri* (*Nacht und Nebel über Japan*, 1960) sollte Geschichte machen. Ausgehend von einer Hochzeitsfeier (für das spätere Werk Oshimas ein bezeichnendes Motiv), zieht Oshima in kunstvoll verschachtelten Rückblenden eine Bilanz der politischen Studentenbewegung der Nachkriegsjahre. Er kritisiert die Spaltungen innerhalb der Linken, den romantischen Idealismus der orthodoxen Kommunisten, der sich in Liedern, Tänzen und ideologischen Diskursen äußert, aber wenig Bezug zur Wirklichkeit besitzt. Diese Kritik artikuliert sich in einer Staffelung von Zeitebenen und Bewußtseinsschichten. Oshima beschäftigte sich schon hier, anhand eines Sujets politischer Aktualität, »mit der Einordnung und der Wechselbeziehung von Zeit, Raum, Realität und Bewußtsein«[104]. Von der Produktionsgesellschaft Shochiku wurde der Film nach vier Tagen Laufzeit aus den Kinos wieder zurückgezogen, wogegen Oshima »mit unsäglichem Zorn« protestierte.

Nach dem Debakel mit *Nacht und Nebel über Japan* verließ Oshima die Shochiku und drehte 1961 *Shiku* (»Die Beute«), eine Attacke auf den japanischen Nationalismus: gegen Ende des Zweiten Weltkriegs wird ein schwarzer US-Soldat von der Bevölkerung einer kleinen Stadt gefangengenommen und schließlich ermordet. Oshimas folgende Filme der Jahre 1962 bis 1967 sind in Europa kaum oder nie gezeigt worden, mit Ausnahme des Kurzfilms *Yunbogi no nikki* (»Junbogis Tagebuch«, 1965), die Verfilmung des Tagebuchs eines koreanischen Jungen (hier zeigte sich Oshimas besonderes Interesse am Verhältnis Japan–Korea) und des langen Animationsfilms *Ninja bugeicho* (*Ninja*, 1967), der auf einer gezeichneten Bildergeschichte über Feudalkriege des 16. Jahrhunderts basiert.

1968 erschienen nacheinander drei Filme von Nagisa Oshima, die seinen Rang auch außerhalb von Japan etablieren sollten: *Koshikei (Tod durch Erhängen)*, *Kaettekita yopparai (Die Rückkehr der drei Trunkenbolde)* und *Shinjuku dorobo nikki (Tagebuch eines Shinjuku-Diebes)*. Alle drei beschäftigen sich mit Themen der Aktualität, lösen diese allerdings in verschiedene Realitäts- und Bewußtseinsebenen auf, bedienen sich der Stilmittel des Phantastischen, Illusionären. In *Tod durch Erhängen* soll ein Koreaner namens »R.« wegen Mordes erhängt werden. Ein kaltes Ritual läuft ab. Doch der Körper des Delinquenten widersteht der Hinrichtung; nur hat R. jetzt das Gedächtnis verloren und darf daher nach japanischem Recht nicht hingerichtet werden. Staatsanwalt, Gefängnisdirektor, Arzt, Henker und andere Beteiligte mühen sich, den Verurteilten wieder zum Bewußtsein seiner selbst zu bringen, indem sie ihm seine Vergangenheit, die ihm zur Last gelegten Taten vorspielen – vergebens. Hier beginnt der Film, sich in Brechungen und Splitterungen der Realität aufzulösen. Einer, der R. einen Mord vorspielt, wird darüber selbst zum Mörder – so scheint es jedenfalls. Die Personen finden aus ihren Rollen nicht mehr heraus. Ein ermordetes Mädchen wird wieder lebendig, gibt sich als Koreanerin zu erkennen, sie verteidigt R. – der sich schließlich noch einmal »richtig« erhängen läßt. Oshima gelingt in diesem Film atemberaubend kühner Konstruktion zweierlei: er macht die Absurdität, das revoltierend Mechanische des Rituals der Erhängung bewußt, er verdeutlicht aber auch die soziale Situation des Koreaners als Angehöriger einer in Japan diskriminierten Minderheit. Nicht zuletzt durch den steten Wechsel der Realitätsebenen und durch die satirischen Elemente in der Zeichnung des kleinbürgerlichen Gefängnispersonals ist dies ein abwechslungsreicher, verblüffender, manchmal sogar komischer Film.

Auch *Die Rückkehr der drei Trunkenbolde* hat mit Korea zu tun: die Helden dieses (manchmal wie ein komödiantisches Musical angelegten) Films sind drei Japaner, denen Koreaner die Kleidung stehlen, die daraufhin die Kleidung der Koreaner anlegen und damit auch deren Identität übernehmen – die sie nun nicht mehr loswerden. Der Film irritiert sein Publikum, indem er von der Mitte der Handlung ab das bisher Geschehene noch einmal wiederholt (mit kleinen, jedoch bedeutsamen Abweichungen).

Tagebuch eines Shinjuku-Diebes ist einer der kompliziertesten Oshima-Filme. Im Mittelpunkt steht ein junges Paar, das sexuelle Schwierigkeiten miteinander hat. Der Inhaber eines Buchladens (in dem der junge Mann zuvor Bücher stahl), ein Amateur-Sexualforscher und verschiedene Schauspieler geben den jungen Leuten Lektionen, lassen sie Rollen spielen, spielen ihnen selbst Verhaltensweisen vor. Das Theaterspiel als ein Medium zur Befreiung der Imagination nimmt eine wichtige Position in dem Film ein. Am Ende fällt die sexuelle Befreiung des Paares zusammen mit einer (gespielten) Harakiri-Szene und einer Studentenrevolte im Vergnügungsviertel Shinjuku. Der mäanderartig verzweigte Film, in dem Dokumentarisches mit Symbolischem abwechselt (oder geradezu verschmilzt), ergibt insgesamt ein Bild der Verwirrung und Frustration der jungen Generation Japans, der Ratlosigkeit der Älteren, der latenten Unruhe in dem Stadtviertel. *Shonen* (*Der Junge,* 1969) war dagegen ein Film linearer Struktur: hier erzählt Oshima die Geschichte einer Familie, die ihren zehnjährigen Sohn dazu anhält, Autounfälle zu simulieren, für die sie dann Schmerzensgelder kassiert. Der Film unterstrich besonders die patriarchalische Rolle des Vaters; aus der ihm aufgezwungenen Rolle flüchtet sich der Junge in eine Phantasiewelt. *Tokyo senso sengo hiwa* (»Er starb nach dem Krieg«, 1970) war nicht nur ein weiterer Bericht über das Fühlen und Denken der jungen Generation, sondern auch eine Studie über das Kino und seine Funktionen. Ein Student macht einen Film; am Ende stürzt er sich (wie zuvor ein Freund) von einem Häuserdach, und der von ihm gedrehte Film geht in den Oshimas über.

In *Gishiki* (*Die Zeremonie,* 1971) versuchte Oshima ein umfassendes Bild vom Zustand der japanischen Nachkriegsgesellschaft zu entwerfen. Auf seiner ersten Ebene erzählt der Film 25 Jahre aus der Geschichte einer weitverzweigten, unter der Diktatur eines mächtigen Großvaters stehenden Familie, die sich meistens in Form von Zeremonien (Hochzeiten, Begräbnisfeiern) abspielt. Das Ritual dieser Zeremonien ist absolut festgelegt, selbst wenn sie der Wirklichkeit total widersprechen; so schlägt in *Die Zeremonie* hehre Feierlichkeit immer wieder ins Groteske oder Makabre um. Häufig kommen in der Familie auch Selbstmorde vor (so nahm sich der Vater des Helden 1946 das Leben, als der Kaiser seinen Anspruch auf Göttlichkeit aufgab). Äußerer Rahmen des

Films ist eine Reise, die der Protagonist Masuo zusammen mit einer Kusine zu seinem auf einer entfernten Insel lebenden Vetter unternimmt, von dem er ein seltsames Telegramm erhielt, das dessen Selbstmord anzeigte. Im Verlauf dieser Reise einnert sich Masuo an die Stationen seines Lebens, namentlich an seine Rückkehr aus der Mandschurei (wo er geboren wurde) in den eher furchterweckenden Schoß der Familie. Ein symbolisches Motiv, das im Film mehrfach auftaucht, ist das Niederknien des Protagonisten, der sein Ohr auf die Erde legt, um nach der Stimme seines toten Bruders zu horchen, der in der Mandschurei noch lebend begraben wurde – die zwanghafte Wiederholung einer irrationalen Geste aus der Kindheit. *Die Zeremonie* ist ähnlich wie frühere Oshima-Filme in viele Spiegelungen und Erinnerungen aufgefächert, deren Ordnung ebenso kompliziert ist wie die der Familienverhältnisse. Oshimas Kunst besteht darin, daß er trotzdem ein intuitiv klar zu erfassendes Bild herauskristallisiert. Die Familienordnung mit den sie konstituierenden Zeremonien, Regeln und Ehrbegriffen lastet wie eine schwere, erstickende Bürde auf den Personen; Impulse der Rebellion oder der Befreiung werden meist unterdrückt, können sich nicht verwirklichen; als Reaktion bleibt die Anpassung oder Verinnerlichung, der Sarkasmus oder der Selbstmord. Das ist aber auch das Bild, das Oshima von der japanischen Gesellschaft und den sie noch immer bestimmenden Traditionen entwirft. Oshima sprach von der »Todesfaszination des japanischen Volkes sowie seinem starken Empfinden für den Selbstmord«, die er in diesem Film darstellen wollte, und davon, daß »Zeremonien die besondere Eigenheit der japanischen Seele hervortreten lassen«[105]. Dieses Bild zeichnet Oshima mit durchdringender Präzision, mit einer Neigung zur Groteske, zum Pathos, zur makabren Zuspitzung, die aber gebändigt wird von der strengen Komposition des Films; diese regiert die Bildgestaltung ebenso wie die Dramaturgie.

Natsu no imoto (»Eine kleine Sommerschwester«, 1972) präsentiert sich zunächst als mit »leichter Hand« gemachtes Werk: eine junge Japanerin fährt (zusammen mit ihrer Klavierlehrerin und zukünftigen Stiefmutter) nach Okinawa, um einen jungen Mann aufzusuchen, der behauptet, ihr Bruder zu sein. Dies ist allerdings nur die Ausgangsposition des Films, die sich alsbald durch Verdopplungen und Verwechslungen kompliziert; Oshima führt eine Reihe weiterer Personen ein, die das Verhältnis Japan–Okinawa beleuchten, das für ihn dem Verhältnis zwischen Kolonisatoren und Kolonisierten gleicht.

Zum meistdiskutierten Werk Oshimas wurde der Film, den er drei Jahre nach *Eine kleine Sommerschwester* drehte (in der Zwischenzeit fand er nur sporadische Beschäftigung beim Fernsehen): *Ai no corrida* (»Corrida der Liebe«; auch bekannt als *L'empire des sens – Das Reich der Sinne*, 1976). In diesem Film, der als japanisch-französische Koproduktion entstand, beschäftigt sich Oshima auf ungewohnt direkte Weise mit dem Thema Sexualität. Im Gegensatz zu früheren Werken des Regisseurs ist dieser Film von linearer Anlage; charakteristisch für Oshima ist jedoch die Radikalität, mit der hier ein Thema, ein Motiv unter entschiedener Überschreitung aller »Normen« bis in seine letzten Konsequenzen verfolgt wird. Bezeichnend für Oshima ist auch die strenge formale Kontrolle der einzelnen Szenen, die oft theatralische Bildkomposition, die Kühle und die Distanz, aus der die Ereignisse gesehen werden. Oshima zeigt ein Liebespaar, das einander derart verfallen ist, daß sich die beiden in eine ununterbrochene sexuelle Ekstase hineinsteigern, die zu Besessenheit und Wahnsinn wird und den Mann schließlich dazu bringt, sich von der Frau freiwillig strangulieren zu lassen (worauf ihm diese noch die Geschlechtsteile abschneidet). Oshimas Film ging auf einen realen Vorfall zurück, der sich im Jahr 1936 in Japan ereignet hatte. *Ai no corrida* ist eine Herausforderung an das tradierte Verständnis von Liebe und Sexualität, die hier als eine nicht domestizierbare, in der Konsequenz zerstörerische Kraft erscheint. Obwohl dem Film nichts Spekulativ-Voyeuristisches anhaftet (der Voyeurismus wird vielmehr als Thema ins Werk selbst aufgenommen), obwohl Sexualität hier keineswegs verschönt oder kommerziell aufbereitet erscheint, wurde *Ai no corrida* zum schwarzen Schaf der Zensoren verschiedener Länder: auf den Berliner Filmfestspielen, wo der Film im Rahmen des ›Internationalen Forums des Jungen Films‹ lief, beschlagnahmte die Staatsanwaltschaft die Kopie des Films (ein in der Geschichte von Filmfestspielen bisher einmaliger Vorgang), und auch in Japan, wo die Maßstäbe der Zensur im Hinblick auf die Darstellung von Sexualität äußerst streng sind (nicht dagegen, was Sadomasochismus betrifft), ist der Film bislang verboten; gezeigt werden darf er dagegen in Frankreich.

Zu den unabhängigen Regisseuren Japans gehört ferner Yoshishige Yoshida (geb. 1933), der durch *Eros + gyakusatsu* (*Eros + Massaker*, 1969) bekannt wurde, der parallel erzählten Geschichte eines Anarchisten aus den zwanziger Jahren und der einer Gruppe junger Leute aus der Jetztzeit, die über ihn einen Film drehen wollen. Ein selbst im Vergleich zu anderen japanischen Filmen unerreichtes Raffinement der Bildkomposition, die extreme Verfeinerung von Rhythmus, Dramaturgie und audiovisuellem Kontrapunkt, die schon *Eros + Massaker* kennzeichneten, charakterisieren auch die weiteren Filme Yoshidas: *Rengoku eroica* (»Heroisches Purgatorium«, 1970), eine Analyse von zwei Jahrzehnten japanischer Geschichte und Politik im Gewande einer stark metaphorischen Handlung; *Kokuhaku teki joyu ron* (*Eingestandene Theorie der Schauspielerin*, 1971), ein Film über drei Schauspielerinnen, ihre Rollen, Fiktionen, Träume, aber auch eine Reflexion über die Funktion des Schauspielers im Film; und *Kaigenrei* (»Staatsstreich«, 1973), die Untersuchung eines rechtsorientierten Putschversuches im Japan der dreißiger Jahre.

Stark subjektiv gefärbt sind die Filme des Exzentrikers und Visionärs Shuji Terayama (geb. 1935), der schon als Dichter, Schriftsteller und Theaterregisseur Aufsehen erregte und 1971 mit einem ersten Langfilm hervortrat, *Sho o suteyo, machi e deyo (Werft die Bücher weg und geht auf die Straße)*, der lose und mit vielen Abschweifungen erzählten Entwicklungsgeschichte eines jungen Mannes, verbunden mit zahlreichen Schocks, Überraschungsbildern und Provokationen. *Den'en ni shisu* (etwa: »Tödliches Schäferspiel«, 1974) ist eine Auseinandersetzung Terayamas mit der Welt seiner Kindheit, ein Spiel von sonderbaren Visionen, Besessenheiten, Leitmotiven, erfüllt von freudianischen Untertönen, in dem unter anderem eine überdimensionale »Ballon-Frau« aus dem Zirkus auftritt (sie wird von ihrem zwergenhaften Ehemann aufgeblasen). Terayama wollte sich mit dieser Reise in die mythische Vorstellungswelt seiner Kindheit und Jugend von eben dieser Welt »befreien«. Die Erinnerung spielt allerdings mit dem Filmemacher »Versteck« und will sich ihm nicht ausliefern.

Ein bedeutender Vertreter des jungen japanischen Films, der in Europa bisher nur wenig bekannt wurde, ist Masahiro Shinoda (geb. 1931), dem eine enge stilistische Verwandtschaft mit Mizoguchi nachgesagt wird.[106] Shinoda drehte neben anderen Filmen *Shinju ten no amima* (»Doppelselbstmord«, 1969), der von einem Schauspiel des Bunraku-Puppentheaters ausgeht, historische Dramen wie *Buraikan* (1970 – nach einem Kabuki-Stück) oder *Chimoku* (»Schweigen«, 1971), über zwei portugiesische Patres im Japan des 16. Jahrhunderts. *Himiko* (1973) ging sogar in die frühesten Anfänge der japanischen Nation vor 2000 Jahren zurück.

Yoichi Takabayashi drehte 1973 *Gaki zoshi* (»Das Wasser war so klar«), die formal faszinierende – der ganze Film kommt ohne ein einziges Wort Dialog aus – Evokation des Daseins eines Mönches, der ein junges Mädchen bei sich aufnimmt, dann aber in Konflikt mit seiner Religion gerät, als er unstatthafte Begierden bei sich entdeckt. An der Grenze zum Dokumentarfilm steht Kazuo Hara mit seinem ›Cinéma-vérité‹-Essay *Kyokushi teki eros: renka 1974 (Mein sehr privater Eros: Liebeslied 1974)*, das filmische Tagebuch eines Regisseurs, der den Gründen nachforscht, warum ihn seine Frau verlassen hat, und diese auch weiterhin mit seiner Kamera verfolgt; dabei entsteht das sehr emotional gefilmte Porträt einer Vorkämpferin der Frauenemanzipation in Japan.

Interessante Leistungen hat auch der japanische Dokumentarfilm hervorgebracht. Hier ist vor allem Shinsuke Ogawa (geb. 1933) mit seiner Serie von Dokumentarfilmen über den jahrelangen Kampf gegen die Errichtung eines Flugplatzes in Narita zu nennen, *Sommer in Narita* (1968), *Winter in Narita* (1969); am hervorragendsten aus dieser Serie ist vielleicht *Die Bauern der zweiten Festung* (1971), ein Film, der einen im Bereich des politischen Dokumentarfilms bisher kaum erreichten Grad von Realismus entwickelt und die Dimensionen antiker Samurai-Dramen erreicht. Zu nennen ist ebenfalls Noriaki Tsuchimoto (geb. 1928) mit *Minamata* (1970), einer Untersuchung über die fatalen Folgen der Umweltverschmutzung durch Quecksilberabfälle. In Japan gibt es auch eine Schule des avantgardistischen Experimentalfilms, deren Werke allerdings außerhalb Japans selten zu sehen sind; Ausnahmen bilden der in USA lebende Takahiko Iimura, ein Vertreter des »strukturellen« Films, der Animationsfilmer Yoji Kuri und Tsuneo Nakai, der mit *Alchemy* (1971) und *Azoth* (1973) aus banalen Elementen des Alltags durch formale Variationen alptraumartige Gebilde entstehen läßt. In den Kontext des japanischen Avantgardekinos gehören auch die beiden Filme des in den USA lebenden japanischen Malers Arakawa, *Why not* (1971) – »eine Apotheose von Erotik und Entfremdung« (Amos Vogel)[107] – und *For Example* (1972).

In einem Grenzbereich von Autorenkino und kommerziellem Film operieren Koji Wakamatsu, der in fünf Jahren mehr als 40 »Eroductions« verfertigte und mit *Kabe no nakano himegoto* (*Geschichten hinter Wänden*, 1965) das Genre, jedoch unter Beibehaltung aller spekulativen Elemente, über sich hinauszuführen suchte, sowie Kei Kumai, Seijun Suzuki, dem man in Japan einen Kult wie dem US-Regisseur Roger Corman entgegenbringt, und Katsu Kanai.

Obwohl der australische Film eine sehr alte Tradition besitzt, die sogar in die Zeit vor 1900 zurückreicht, kam die Produktion von Spielfilmen in Australien in den vierziger Jahren zum Erliegen. In den fünfziger und sechziger Jahren entstanden in Australien praktisch nur Kurz- und Dokumentarfilme, mit Ausnahme einiger Koproduktionen und in Australien gedrehter ausländischer Filme. Das Verleih- und Kinowesen befand sich in der Hand englischer und amerikanischer Konzerne, die kein Interesse daran hatten, eine australische Spielfilmproduktion aufkommen zu lassen. So mußte die australische Regierung Maßnahmen ergreifen, um das Filmwesen im eigenen Lande zu entwickeln. 1970 wurde die ›Australian Film Development Corporation‹ mit einem Kapital von zunächst 1000000 australischen Dollars zur Förderung der Produktion und des Verleihs australischer Filme gegründet; gleichzeitig richtete die Regierung einen ›Experimental Film Fund‹ ein und gründete eine nationale Filmschule. Später wurde die ›Australian Film Development Corporation‹ erweitert und in ›Australian Film Commission‹ umbenannt.

Als Folge dieser Regierungsmaßnahmen und der durch sie geschaffenen Finanzierungs- und Verleihmöglichkeiten kam ab 1970 wieder eine eigene australische Spielfilmproduktion in Gang, die sich in den nächsten Jahren stark entwickelte. Bis 1975 entstanden 21 Spielfilme mit Budgets über 100000 Dollar sowie 13 Filme mit kleinerem Budget.[108] 1975 trat der australische Film auch zum ersten Mal auf dem Festival von Cannes stärker in Erscheinung.

Obwohl der australische Film inzwischen eine wirtschaftliche Realität geworden ist, kann man noch nicht sagen, daß er künstlerisch oder ästhetisch ein eigenes Profil entwickelt hätte. In den siebziger Jahren entstanden zunächst ausgesprochen kommerzielle Erfolge, so *The Adventures of Barrie McKenzie* (»Die Abenteuer von Barrie McKenzie«, 1972) von Bruce Beresford und *Alvin Purple* (1973) von Tim Burstall, der allerdings als eine »geistlose Sex-Komödie«[109] beschrieben wird. Einige Regisseurpersönlichkeiten begannen sich zu entwickeln, die in ihren Filmen Ansätze zu einem australischen Autorenkino erkennen ließen und gelegentlich auf spezifisch australische Realitäten zurückgriffen; die meisten ihrer Filme demonstrierten gutes bis exzellentes handwerklich-technisches Niveau, hätten allerdings vielfach auch in England, Frankreich oder den USA gedreht werden können.

Zu den bekanntesten australischen Regisseuren gehören Ted Kotcheff mit *Outback* (1971), dem Porträt einer entlegenen Kleinstadt im Stil eines Horror-Films; der schon erwähnte Tim Burstall mit der Komödie *Stork* (1971), mit *Petersen* (1974), der Geschichte eines Elektrikers, der sich im Alter von 30 Jahren entschließt, ein Studium aufzunehmen, und *End Play* (»Endspiel«, 1974); Peter Weir, der zwei der bisher international erfolgreichsten australischen Filme drehte: *The Cars That Ate Paris* (»Die Autos, die Paris fraßen«, 1974), eine Horrorkomödie, und *Picnic at Hanging Rock* (*Picknick am Valentinstag*, 1975), ein besonders raffiniert fotografierter, doppeldeutiger Film über den Ausflug eines Mädchenpensionats zu einem Felsmassiv, der mit dem unerklärlichen Verschwinden dreier Mädchen und einer Lehrerin endet; Tom Cowan, ein früherer Kameramann – er fotografierte den indischen Film *Samskara* (1971) – mit *Office Picnic* (»Betriebsausflug«, 1973), der minuziösen Chronik des Alltags einer Behörde, der bei einem Ausflug der Angestellten in sein Negativbild umschlägt; Michael Tornhill (ein ehemaliger Filmkritiker) mit *Between the Wars* (»Zwischen den Kriegen«, 1974), der Geschichte eines Arztes, verbunden mit einem Bild der Entwicklung Australiens zwischen 1918 und 1939; Ken Hannam mit *Sunday, too far away* (»Sonntag, zu weit weg«, deutscher Fernsehtitel: *Männer ohne Sonntag*, 1975), einem realistischen, milieuechten Film unter Schafscherern im Innern Australiens. *The Devil's Playground* (»Spielplatz des Teufels«, 1975) von Fred Schepisi schildert die repressive Erziehung in einem katholischen Knaben-Internat der fünfziger Jahre; *The Picture Show Man* (»Der Wanderkino-Vorführer«, 1977) von John Power blendet in die Anfangszeit der australischen Kinematographie zurück und behandelt – ein durchaus aktueller Ansatzpunkt – die Konkurrenz zwischen einem australischen und einem US-amerikanischen Veranstalter von Wanderkinovorführungen.

Unter den australischen Dokumentarfilmen verdient ein abendfüllender Dokumentarbericht über die Papuas auf Neuguinea hervorgehoben zu werden, *Tidikawa and Friends* (»Tidikawa und Freunde«, 1973) von Jef und Sue Doring; dieser Film kann infolge der Qualitäten seiner Beobachtung als ein Meisterwerk des ethnographischen Films gelten. In Australien entwickelte sich ebenfalls – noch vor der Renaissance des »professionellen« Spielfilms – eine unabhängig-experimentelle Filmbewegung, die schon 1968 zur Gründung einer australischen Filmemacher-Kooperative (sie gab sich zeitweilig den Namen ›Ubu-Films‹) führte; Hauptvertreter der australischen Experimentalfilmbewegung Ende der sechziger Jahre war Albie Thoms, der 1969 den Langfilm *Marinetti* drehte. In den siebziger Jahren trat die ›Sydney Filmmakers Cooperative‹ mit halblangen, realistischen Spielfilmen im 16-mm-Format hervor.

VII. Nordamerika

USA

Dic Filmindustrie Hollywoods machte in den fünfziger und sechziger Jahren die größte Krise ihrer Geschichte durch. Die Konkurrenz des Fernsehens äußerte sich in einem dramatischen Rückgang der Besucherzahlen, der begleitet wurde von ciner Verringerung der Zahl der Kinos und einem Rückgang der Produktionsziffern. Der Tiefpunkt der Krise schien 1962 erreicht; danach trat zunächst eine scheinbare Stabilisierung ein. Zu Beginn der sechziger Jahre verzeichnete die Filmindustrie jedoch weitere Einbrüche sowohl der Besucherzahlen als auch des Produktionsvolumens. Während die Besucherfrequenz in den vierziger Jahren noch bei vier Milliarden Zuschauern im Jahr lag, sank der Besuch in den fünfziger Jahren auf die Hälfte und in den sechziger Jahren auf ein Viertel dieser Zahl (in den siebziger Jahren scheint sich der Besuch etwa bei einer Milliarde Zuschauer pro Jahr konstant zu halten). Eine ähnliche Entwicklung verzeichnete die Filmproduktion: während zwischen 1944 und 1951 in den USA jährlich zwischen 350 und 450 Spielfilme gedreht wurden, waren es 1958 nur 258, 1960 sogar nur 151 Filme. Die Produktion stieg später wieder etwas an und lag Anfang der siebziger Jahre bei etwa 250 Filmen pro Jahr.

Die großen Produktionsgesellschaften Hollywoods reagierten auf die 1960 verschärft spürbar werdende Krise mit Massenentlassungen; dagegen richtete sich ein am 7. März 1960 ausgerufener Generalstreik der 26000 Beschäftigten der Filmindustrie (mit Ausnahme der Universal). Der Streik dauerte bis zum 10. April; die Studios gaben schließlich den meisten Forderungen der Streikenden nach.[1]

Die sechziger Jahre waren für die sieben großen Hollywoodstudios (MGM, Paramount, Twentieth Century Fox, Warner Brothers, Columbia, Universal und United Artists) aufgrund der schlechten Geschäftslage eine Zeit der einschneidenden Sparmaßnahmen und der Umorientierung ihrer Geschäftspolitik. Die MGM verkaufte 1970 ihr gesamtes Inventar, schränkte die Produktion von Filmen ein und wandte sich stärker dem Hotelgeschäft zu. Paramount wurde aus einer Kette ununterbrochener Verluste nur durch den außerordentlichen wirtschaftlichen Erfolg von *Love Story* (1969) und *The Godfather* (*Der Pate*, 1972) herausgerissen. Die Studios legten ihre europäischen Vertriebsorganisationen zusammen: Paramount und Universal zur ›Cinema International Corporation‹ (CIC), Warner Brothers und Columbia fusionierten zur ›Warner-Columbia‹. Die Fox steckte 1970 in tiefen Schulden. Etwas besser war die Situation bei Universal und United Artists. Für die Politik der großen US-Firmen in den sechziger Jahren ist kennzeichnend, daß viele Produktionen nach Europa verlegt wurden, wo die Produktionskosten niedriger waren und keine Konflikte mit Gewerkschaften drohten. Die Produktion wurde auf sogenannte Prestigefilme mit großen Budgets konzentriert. Die Studios begannen schon in den fünfziger und verstärkt in den sechziger Jahren die Rechte ihrer alten Filme ans Fernsehen zu verkaufen, selbst für das Fernsehen zu produzieren oder dem Fernsehen Produktionseinrichtungen und Studios zu vermieten, während die Hollywoodfilme immer weniger in Hollywood selbst gedreht wurden (1970 nur noch einer von 6[2]). 1968 betrugen die Fernseherlöse ein Drittel der Einnahmen Hollywoods.[3]

Die schwierige Finanzlage der großen Studios in den sechziger Jahren führte zur weiteren Verflechtung der Produktionsfirmen mit anderen Wirtschaftsunternehmen oder

Industriezweigen. Paramount ist seit Oktober 1966 eine Tochtergesellschaft des Ölkonzerns Gulf & Western Industries, United Artists ein Teil der Transamericana Corporation, die über die Bank of America wiederum an 30 Industriezweigen beteiligt ist. Universal wurde zu einem Teil der Music Corporation of America (MCA). Warner Brothers wurde 1966 an die kanadische Holdinggesellschaft Seven Arts Productions und 1969 an deren Schwestergesellschaft Kinney National Service verkauft, die auch im Parkplatz-, Begräbnis- und Autoverleihgeschäft aktiv ist. Die Fox geriet durch Verschuldung unter die Kontrolle der Chase Manhattan Bank und des Aluminiumtrusts Alcoa. Die MGM schließlich wurde von einem Hotel- und Kasinobesitzer in Las Vegas aufgekauft, der sich vor allem für die Grundstücke der Firma in Culver City interessierte. Nur noch MCA, Columbia und das Familienunternehmen Walt Disney Productions konnten eine relative Autonomie bewahren.

Während das amerikanische Kino in den sechziger Jahren von künstlerischer Austrocknung und wirtschaftlicher Stagnation bedroht schien, kann man seit den siebziger Jahren nicht mehr von einem »Niedergang« Hollywoods sprechen. Durch das Auftreten jüngerer Regisseure, die durchaus im Rahmen der Industrie zu arbeiten bereit waren (im Gegensatz zu den Unabhängigen von 1960, dem ›New American Cinema‹), erhielt das Hollywoodkino Ende der sechziger und Anfang der siebziger Jahre eine neue Blutzufuhr. Bald entstand der Begriff des ›New Hollywood‹, womit man die Filme von Altman, Ashby, Bogdanovich, Coppola, Penn, Scorsese und anderen meinte. Anfang der siebziger Jahre kam es dann auch zu einigen durchschlagenden wirtschaftlichen Erfolgen: die schon erwähnten Filme *Love Story* (Arthur Hiller, 1969) und *Easy Rider* (Dennis Hopper, 1969 – das Beispiel einer unabhängigen Produktion, die später von der Columbia aufgekauft wurde; die Einspielergebnisse des Films sollen 25 Millionen Dollar betragen haben, bei Herstellungskosten von 400000 Dollar[4]); weitere Beispiele sind *The Godfather* (Francis Ford Coppola, 1972), *Sounder* (Martin Ritt, 1972), *French Connection* (*Brennpunkt Brooklyn*, 1972) und *The Exorcist* (*Der Exorzist*, 1973), Regie William Friedkin, schließlich *Jaws* (*Der weiße Hai*, 1975) von Stephen Spielberg.

Zwar hielt auch das neue Hollywoodkino an den überlieferten Genres des Gangsterfilms, des Westerns, der Komödie fest, wenngleich diese Genres jetzt häufiger als früher persönlich abgewandelt oder kritisch reflektiert wurden. Daneben aber entstanden zeitweilig auch Filme, die in kein bekanntes Genre paßten; eine neue Gattung des »Reisefilms« kam auf, in welchem das Reisen oder Fahren als existentieller Zustand erschien (so in *Easy Rider*, dem Schrittmacherfilm einer ganzen Bewegung, oder *Two-Lane Blacktop – Asphaltrennen*, 1971, Regie Monte Hellman). Ein starkes Interesse für Vergangenheit entwickelte sich, begleitet vom Hang zur nostalgischen Ausmalung von Zeitkolorit. In weit stärkerem Maße als früher ist das Hollywoodkino der frühen siebziger Jahre ein Kino der Autoren. Die Position des Regisseurs gegenüber der Produktion wurde aufgewertet. Nicht nur die Regie, auch das Schreiben der Drehbücher wird beim neuen Hollywoodkino im Gegensatz zu früher zu einem stärker individuellen Vorgang.

Durch die Verringerung des Kinobesuchs als Folge der Fernsehkonkurrenz ergab sich in den sechziger Jahren ein Wechsel in der altersmäßigen Zusammensetzung des Kinopublikums: Jugendliche unter 19 Jahren machten jetzt etwa 50% aller Kinogänger aus; 70% aller Einnahmen stammten von Zuschauern zwischen 16 und 29.[5] Während die »schweigende Mehrheit« zu Hause vor dem Fernseher blieb, kamen Rand- und Minderheitengruppen verstärkt als Kinorezipienten in Frage. Bei den Jugendlichen stießen süßliche Evasionsfilme auf Abneigung; Skepsis breitete sich gegenüber amerikanischen Traditionen und Tugenden aus. So fanden Ende der sechziger Jahre nonkonformistische und subversive Haltungen eher Eingang in die Filme als früher. Als solche durch die veränderte Publikumssoziologie bedingte neue Topoi in Hollywoodfilmen ermittelte der

Filmkritiker Thomas Elsaesser den »unmotivierten Helden« und das »Pathos des Versagens«, eine neue Erzählhaltung der Filmautoren sowie eine Vorliebe für das »Unattraktive«. Freilich äußern auch die Regisseure des ›Neuen Hollywood‹ ihre Auffassungen »im Rückgriff auf kulturell kodiertes und filmisch sanktioniertes Material«[6]. Nach der ersten Euphorie des ›New-Hollywood‹-Kinos zeichnet sich seit 1972 verstärkt eine Rückkehr zu alten Produktionsformen und zur Herstellung risikoloser Erfolgsfilme nach bewährten Rezepten ab.

Die Hollywood-Veteranen

Die amerikanische Filmproduktion der sechziger Jahre ist zunächst bestimmt durch die Arbeit einiger »klassischer« Regisseure, die zum Teil bereits seit Dezennien im Film tätig sind.

John Ford (1895–1973), »Cineast der Kontemplation« (Claude Beylie)[7], einer der am meisten verehrten Meister der amerikanischen Filmgeschichte, fügte seinem kaum mehr übersehbaren Œuvre in den sechziger Jahren noch einige Filme hinzu, so *The Man Who Shot Liberty Valance* (*Der Mann, der Liberty Valance erschoß*, 1961), *Cheyenne Autumn* (*Cheyenne*, 1964) und *Seven Women* (*Sieben Frauen*, 1966). Fords späte Filme sind in der Mehrzahl Western und bestätigen die schon aus seinem früheren Werk bekannte ruhige und genaue, etwas langsame und konservative Erzählweise sowie Fords Interesse für amerikanische Geschichte. *Liberty Valance* durchleuchtet eine historische Legende aus einer texanischen Kleinstadt des 19. Jahrhunderts. Die Legende erweist sich im Verlauf stärker als die Wirklichkeit; an der historischen Wahrheit scheint am Ende niemand mehr interessiert. Man hat diesen Film auch als »Fords großes Testament« bezeichnet.[8] In *Cheyenne Autumn* versuchte Ford das negative Bild des Indianers zu korrigieren, das allzu viele seiner früheren Filme entworfen hatten. In einem epischen Stil, der alle Register Fordscher Inszenierungstechnik zieht, schildert der Film die traurige Odyssee eines von Hunger und Kälte bedrohten Stammesrestes von Cheyenne-Indianern; auch bei den Weißen dominiert keineswegs mehr das aus früheren Ford-Filmen geläufige heroische Kämpfertum, sondern Skepsis, teilweise auch Korruption. Ford gab seinem Film jedoch ein optimistisches Finale: Innenminister Carl Schurz verspricht den Indianern, daß sie in ihrer ursprünglichen Heimat bleiben dürfen. Zwiespältig fiel John Fords letzter Film *Seven Women* aus, der in einer Missionsstation in China spielt, wo eine tatkräftige amerikanische Ärztin den Widerstand gegen mordlüsterne mongolische Untermenschen organisiert. Der Film wurde seiner schematischen und naiven Machart zum Trotz von der Kritik als »zerreißende Tragödie, deren stoische Moral von großer Schönheit ist« gefeiert.[9] Die schönste Hommage widmete Peter Bogdanovich John Ford mit seinem Montagefilm *Directed by John Ford* (1971), der Ausschnitte aus zahlreichen Ford-Filmen, Interviews mit den Ford-Schauspielern John Wayne, James Stewart und Henry Fonda sowie mit Ford selbst, im Monument Valley sitzend, enthält.

Howard Hawks' (1896–1977) Entwicklung verlief auch in den sechziger Jahren noch relativ ungebrochen; etwa alle zwei Jahre konnte er einen Film fertigstellen: *Hatari!* (1961), *Man's Favorite Sport* (*Ein Goldfisch an der Leine*, 1963), *Red Line 7000* (*Rote Linie 7000*, 1965), *El Dorado* (1967), *Rio Lobo* (1970). Hawks, der sich in fast allen Hollywoodgenres betätigte, war insbesondere ein Inspirator der jungen französischen Regisseure; sie schätzten an seinen Filmen, daß deren Emotionsstärke »vor allem auf Logik und auf Strenge« zurückgeht (»Cahiers du Cinéma«)[10]; die »Evidenz« sei, so befand Jacques Rivette, ein Merkmal des Hawksschen Genies.[11] *Hatari!* regte alle Hawks-Anhänger zu den höchsten Elogen an. Der Film ist im wesentlichen ein brillant gemachtes

Abenteuerdrama über Tierfänger in Afrika, versehen mit Neben- und Untertönen einer Gesellschaftskomödie. *Man's Favorite Sport* greift auf Motive früherer Hawks-Komödien zurück: der Autor eines Bestsellers über das Angeln muß plötzlich zugeben, daß er vom Angeln keine Ahnung hat; daraus ergibt sich eine Folge absurder Situationen, die an die »Sophisticated Comedies« der vierziger Jahre erinnern. *Red Line 7000* spielt ganz und gar im Milieu der Rennfahrerpisten und vermischt Abenteuer- sowie Todesromantik mit komödiantischen Motiven, ähnlich wie in *Hatari!*. *El Dorado* und *Rio Lobo* waren Western in klassischer Manier. In *El Dorado* variierte Hawks Motive aus seinem früheren Film *Rio Bravo* (1958): ein versoffener Sheriff und ein Revolverheld trotzen der Mordbande eines verbrecherischen Ranchers. Man hat bestimmte »Auflösungstendenzen« an diesem Western beobachtet: die Helden haben verschiedene Gebrechen (beide gehen stellenweise auf Krücken), erledigen ihre Aufgaben mit Tricks, aus ihrem Gebaren spricht »die Angst vor der nachlassenden Kraft und das Bestreben, die Schwäche zu kompensieren«. (Robin Wood)[12] *Rio Lobo* (Hawks »Schwanengesang«) schildert, wie zwei ehemalige Gegner des Bürgerkriegs gemeinsam eine Stadt von einer Verbrecherbande befreien. Der Film wird bestimmt durch die mythische Erscheinung von John Wayne in der Rolle eines frustrierten und angeschlagenen Einzelgängers.

Im Gegensatz zu denen Hawks' sind die letzten Filme des Veteranen Raoul Walsh (geb. 1892), namentlich sein Western *Distant Trumpet* (*Die blaue Eskadron*, 1963), umstritten.

John Huston (geb. 1906) war in den sechziger Jahren fast ununterbrochen beschäftigt, ohne daß ihm jedoch besonders hervorragende Werke gelangen; die meisten seiner Filme waren Brotarbeiten, deren Gemeinsamkeit allenfalls in einem spezifisch Hustonschen Geschmack am Abenteuer bestand. *The Misfits* (*Misfits – nicht gesellschaftsfähig*, nach Arthur Miller, 1960) handelt von Cowboys, einer Nachtklubtänzerin in Nevada (Marilyn Monroe) und wilden Pferden. *Freud* (1961) enthält eine vergröberte Kurzbiographie des Begründers der Psychoanalyse, versehen mit einigen Krankengeschichten und vielen Exkursionen in das Reich des Traums. Ähnlich veräußerlicht geriet der in Italien realisierte *La bibbia* (*Die Bibel*, 1965), eine aufwendige Verfilmung der ersten 22 Kapitel des Alten Testamentes. In *Reflections in a Golden Eye* (*Spiegelbild im goldnen Auge*, 1967), einem Eifersuchtsmelodram aus den Südstaaten, mochte – neben einigen extravaganten Bildfolgen – einzig bemerkenswert erscheinen, daß hier die Homosexualität des Protagonisten offen diskutiert wurde. Auch der Agentenfilm *The Kremlin Letter* (*Der Brief an den Kreml*, 1969) beschränkte sich auf die Variation eines Genres, allerdings mit Freude an grotesken Übertreibungen. Mochte es nach diesen Filmen erscheinen, als sei Huston nicht mehr als ein handwerklich versierter Illustrator jeweils vorgegebener Stoffe[13], so gelang ihm 1972 mit *Fat City* überraschenderweise doch wieder ein sehr persönlicher Film. *Fat City* ist, anders als Hustons frühere Werke, ein Film weitgehend dokumentarischer Haltung. Er spielt im Boxermilieu (das Huston aus eigener Anschauung kennt) und beschreibt die vergeblichen Anstrengungen eines fast schon gescheiterten Berufsboxers, zusammen mit einem jüngeren Kollegen doch noch Erfolg und Anerkennung zu finden. *Fat City* handelt weniger von spektakulären Kämpfen, sondern vom Alltag, von Hoffnungen, ewig erneuerten Illusionen und Enttäuschungen. Eine große Rolle in dem Film spielt das Milieu einer kalifornischen Kleinstadt. Der hohe Grad von Realismus, Hustons Sympathie für seine Personen, auch die mögliche Interpretation des Films als Metapher für den Zustand von Gesamtamerika erklären die Faszinationskraft dieses Werks, das zu Hustons besten Leistungen gehört. Nach dem Western *The Life and Times of Judge Roy Bean* (*Das war Roy Bean*, 1972) und einem Polit-Kriminalfilm, *The Mackintosh Man* (1973) erzählte Huston in *The Man Who Would Be King* (*Der Mann, der König sein wollte*, 1975) die spektakulären, aber auch komischen Abenteuer zweier Engländer aus Indien, die in »Kafiristan« ein utopisches Reich errichten wollen und dabei scheitern.

Elia Kazan (geb. 1909) hat in seinen wichtigsten Filmen eine fortlaufende Untersuchung über Amerika, seine gesellschaftlichen Verhältnisse, seine Traditionen und sein Selbstverständnis angestellt; diese Thematik mochte den Einwanderer Kazan (er wurde in Konstantinopel geboren) von einer persönlichen Seite her beschäftigen. Kazans Filme aus den sechziger Jahren setzen diese Zielrichtung seines Schaffens konsequent fort. Das Amerikathema ist untergründig präsent in den Melodramen *Wild River* (»Wilder Strom«, 1960 – beim Bau eines Staudammes weigert sich eine alte Farmerin, die Flußinsel zu verlassen, auf der sie lebt) und *Splendor in the Grass* (*Fieber im Blut*, 1961); eine zentrale Rolle erhält es in *America America* (*Die Unbezwingbaren*, 1964). Dieser – wahrscheinlich autobiographische – Film spielt zum größten Teil nicht in den USA, sondern in Griechenland. Er zeigt das Amerikabild der Einwanderer als Projektion von Wünschen und Hoffnungen, als mythischer Glaube. Kazan beschreibt die Genese des »Amerikanischen Traums« aus den bitteren Lebensbedingungen in einem kleinen anatolischen Dorf um die Jahrhundertwende. Sein Held ist ein junger Mann, dem jedes Mittel recht ist, um endlich auf das ersehnte Schiff zu kommen. Die letzten Einstellungen des Films – der Protagonist wirft sich nieder, um den amerikanischen Boden zu küssen; schon springt ein knüppelbewehrter Polizist herbei, der die Einwanderer zur Eile antreibt – weisen deutlich auf den Widerspruch zwischen den Hoffnungen der Neuankömmlinge und der sie erwartenden Realität der USA hin. *The Arrangement* (*Das Arrangement*, 1969) war in gewisser Weise eine Fortsetzung von *America America:* hier rebelliert ein junger, erfolgreicher Werbemanager gegen den »American Way of Life«, landet aber im Irrenhaus. Der Protagonist dieses Films ist der Sohn eines eingewanderten griechischen Teppichhändlers, und die Auseinandersetzungen mit dem Vater bilden ein zentrales Thema des Films. In *The Visitors* (*Die Besucher*, 1971) wandte sich Kazan dem Vietnam-Thema zu, das er allerdings nicht direkt, sondern mehr auf seine Folgen im Bewußtsein der Kriegsteilnehmer hin analysierte. Zu einem Ehepaar (der Mann ist Vietnam-Veteran), das abgeschieden in einer Kleinstadt lebt, kommen zwei Kriegskameraden des Mannes zu Besuch. Es brechen Erinnerungen auf, eine Atmosphäre der Bedrohung und der Gewalttätigkeit entsteht. Gewalt kommt vom Fernsehschirm, und Gewalt wird auch zwischen den Personen selbst ausgetragen. Wie in Kazans früheren Filmen gab es auch hier einen starken Anteil literarischer Fiktion und einen Hang zum Ausspielen hochgetriebener Dramatik; aber der Film verliert sein Hauptthema nicht aus den Augen: die kritische Selbstprüfung Amerikas. »Das wahre Thema meiner Filme«, so äußerte sich der Regisseur, »ist die Beschreibung der Seele Amerikas . . . Ich möchte Amerikas Herz bloßlegen, sein Räderwerk aufdecken.«[14] Zuletzt drehte Kazan einen aufwendigen Film mit großer Starbesetzung (Robert de Niro, Tony Curtis) über einen Hollywood-Produzenten der dreißiger Jahre: *The Last Tycoon* (*Der letzte Tycoon*, 1975).

Otto Preminger (geb. 1906) realisierte in den sechziger Jahren mehrere ambitionierte »Problemfilme« mit politischem Hintergrund, die jedoch bei näherem Hinsehen enttäuschen, weil sie ihr Sujet durch Oberflächlichkeit verwässern. *Exodus* (1960) behandelt den Kampf um die Gründung des Staates Israel in Form eines weitschweifigen Panoramas, wobei der Führer der jüdischen Widerstandsorganisation Haganah (Paul Newman) zu einem unbesiegbaren Tarzan des Untergrunds stilisiert wird und der Akzent des Geschehens auch sonst auf Äußerlichkeiten liegt. *Advise and Consent* (*Sturm über Washington*, 1961) versucht sich an der Analyse eines fiktiven politischen Intrigenspiels um einen Kandidaten für das Amt des Außenministers, der eine kommunistische Vergangenheit hat. Der Film enthält sich jeder Stellungnahme, balanciert alle Standpunkte gegeneinander aus und verwischt auch mögliche Parallelen zur McCarthy-Periode. *The*

Cardinal (*Der Kardinal*, 1963) gibt ein unscharfes, aber rührseliges und mit viel Hollywoodglamour ausgestattetes Bild vom Werdegang eines amerikanischen Kardinals. *In Harm's Way* (*Erster Sieg*, 1964) erzählt von einem General, der nach Pearl Harbour den Seekrieg gegen die Japaner organisiert; der Film geriet zur heimlichen Wehrertüchtigung. *Hurry Sundown* (*Morgen ist ein neuer Tag*, 1967) propagiert vage eine Versöhnung zwischen weiß und schwarz am Beispiel gemeinsamer Bekämpfung eines Grundstücksspekulanten. Alle diese Filme, in denen Preminger Probleme und Konflikte der amerikanischen Gesellschaft zu diskutieren vorgab, bewiesen eigentlich nur, wie untauglich die Methoden des klassischen Hollywoodkinos zur Darstellung der zeitgenössischen Realität geworden waren.

Eines großen Renommees bei einigen Filmzeitschriften erfreut sich aufgrund seiner in den fünfziger Jahren gedrehten Werke der Regisseur Nicholas Ray (geb. 1911); die »Cahiers du Cinéma« sehen in ihm das »Beispiel eines faustischen Schöpfers«[15]. Ray drehte in den sechziger Jahren noch zwei Monumentalfilme, die allerdings nur Spuren seines früheren Talents erkennen ließen: *King of Kings* (*König der Könige*, 1960) und *55 Days at Pekin* (*55 Tage in Peking*, 1962). Danach stellte er keine eigenen Werke mehr her, sondern lehrte Film an amerikanischen und europäischen Universitäten.

In die politischen Verdächtigungen der McCarthy-Zeit gerieten der Regisseur Abraham Polonsky (geb. 1910) und der Drehbuchautor Dalton Trumbo (1905–1976). Beide kamen wegen ihres Widerstandes gegen die »anti-amerikanischen« Verhöre auf Schwarze Listen (Trumbo sogar ins Gefängnis) und fanden jahrelang keine Arbeit mehr (Trumbo schrieb unter Pseudonym einige Drehbücher, so zu Premingers *Exodus*).

Polonsky konnte schließlich noch zwei Filme drehen, den Western *Tell Them Willie Boy is Here* (*Blutige Spur*, 1969), einen sensiblen, wenn auch leise resignativen Film, in welchem ein Indianer das Opfer von Rassenhaß wird, und den als italienisch/jugoslawische Koproduktion entstandenen *Il romanzo di un ladro di cavalli* (auch: *Romance of a Horse Thief, Ein Kerl zum Pferdestehlen*, 1971), der ein Bild von den gesellschaftlichen Gegensätzen in einer polnisch-jüdischen Kleinstadt unter dem russischen Zarenregime entwirft, dabei aber in den Grenzen einer unverbindlichen Komödie bleibt. Dalton Trumbos einziger in eigener Regie gedrehter Spielfilm *Johnny Got His Gun* (*Johnny zieht in den Krieg*, 1971) gehört dagegen zu den schärfsten pazifistischen Pamphleten in der Geschichte der Kinematographie. Trumbo erzählt in einem Gemisch aus Rückblenden und Gegenwartsszenen die Geschichte eines Soldaten des ersten Weltkriegs, der Arme, Beine und Augen verliert, aber aus medizinischen Erwägungen am Leben gehalten wird und in dem der Wille zur Kommunikation erwacht.

In diesem Zusammenhang muß man auch Herbert Biberman (1900–1972) erwähnen, den Regisseur eines der bedeutendsten Streikfilme, *Salt of the Earth* (*Das Salz der Erde*, 1953). Biberman gehörte ebenso wie Trumbo wegen seines Widerstandes gegen die McCarthy-Verhöre zu den geächteten »Hollywood Ten«, die wegen ihrer Überzeugung ins Gefängnis gingen. 1970 konnte er nach langer Pause wieder einen eigenen Film realisieren, *Slaves (Sklaven)*, der die Hintergründe des Sklavengeschäfts in den USA Mitte des 19. Jahrhunderts untersucht; leider gab er ihm einen gefühlsbetonten, altmodischen Stil.

Die Zahl der Hollywoodveteranen, die im US-Kino der sechziger Jahre tätig waren und ihr bisheriges Werk mit mehr oder weniger Erfolg fortsetzten, ist Legion. Für die meisten dieser Regisseure gilt die Äußerung von François Truffaut: »Man kann die Großen von Hollywood, die *Oscar-Sammler*, nur als ›ausführende Künstler‹ bezeichnen, wenn man sieht, wie sie kommerziellen Moden folgend mal Bibelfilme, mal psychologische Western, mal Kriegsschinken und mal Scheidungskomödien machen ... Sie haben absolut nicht das Bedürfnis, in ihre Arbeit ihre eigenen Ideen über das Leben, über die Menschen, über das Geld, über die Liebe einfließen zu lassen; sie sind Spezialisten des Showbusiness, einfache Techniker.«[16] Das Vorherrschen der stilistisch anonymen Filme (denen durchweg erfolgreiche Romane oder Bühnenstücke zugrunde lagen) im Hollywood der sechziger Jahre ist übrigens bezeichnend für die Krise, die die Filmmetropole in diesen Jahren unter dem Einfluß der Fernsehkonkurrenz und der Zuschauerrezession durchmachte. Freilich kann man in den nur nach handwerklichen Prinzipien verfertigten US-Filmen unter Umständen gerade »das Beste der amerikanischen Tradition« erkennen: »den Sinn für die Erzählung, die Wirksamkeit der Regie, die intelligente Einbeziehung der großen Räume«. (Georges Sadoul über Anthony Mann)[17]

George Cukor (geb. 1899) machte in den sechziger Jahren durch Musicals von sich reden: *Let's Make Love* (*Machen wir's in Liebe,* 1960, mit Marilyn Monroe) und *My Fair Lady* (1964); 1968 versuchte er sich an einer Verfilmung der Alexandria-Tetralogie von Lawrence Durrell, *Justine* (deutscher Verleihtitel: *Alexandria – Treibhaus der Sünde*). 1975 drehte George Cukor in sowjetisch-amerikanischer Koproduktion einen Märchenfilm, *The Blue Bird (Der blaue Vogel).* Edward Dmytryk (geb. 1908), trotz seiner Verwicklungen mit dem McCarthy-Ausschuß kaum jemals ohne Beschäftigung, drehte Romanverfilmungen mit sozialkritischem Einschlag, Thriller, Melodramen und Western; *The Carpetbaggers* (*Die Unersättlichen,* 1963) schildert den Aufstieg eines rücksichtslosen Unternehmers und Filmproduzenten, der im Film freilich immer noch viel Sympathie behält und ein positives Leitbild verkörpert. *Anzio* (*Schlacht um Anzio,* 1967) ist ein Kriegsfilm über die Landung der Alliierten im zweiten Weltkrieg in Italien, *Alvarez Kelly* (1965) und *Shalako* (1968) sind Western.

Joshua Logan (geb. 1908), ursprünglich Theatermann und erfolgreicher Bühnenschriftsteller, erst in den fünfziger Jahren zum Film gekommen, drehte 1963 eine Militärburleske, *Ensign Pulver (Operation Pazifik),* darauf folgten zwei Musicals, *Camelot* (1967) und *Paint Your Waggon* (*Westwärts zieht der Wind,* 1969). Robert Wise (geb. 1914), renommiert aus den vierziger und fünfziger Jahren durch »schwarze« Filme und als Cutter von *Citizen Kane,* drehte später die Filmversion des Musicals *West Side Story* (1961), deren Attraktionskraft vornehmlich auf das Konto des Choreographen Jerome Robbins ging, sowie den rührseligen Erfolgsfilm *Sound of Music* (*Meine Lieder – meine Träume,* 1965). *Star!* (1968) war die Biographie einer englischen Musical Schauspielerin, versehen mit einem originellen Auftakt, ansonsten nach bewährtem Muster verfertigt; *The Hindenburg* (*Die Hindenburg,* 1974) ein »Katastrophenfilm« über den Absturz des deutschen Luftschiffes 1939 in Lakehurst (USA). Joseph Mankiewicz (geb. 1909) gilt in Hollywood als Intellektueller, und die meisten seiner Filme besitzen in der Tat Niveau, selbst wenn sie innerhalb des industriellen Systems der großen Studios entstanden, sich an Genres und Konventionen anlehnen. Seine besten Filme treiben ein intelligentes Spiel mit Rückblenden und Illusionen; sie basieren in hohem Maße auf der Sprache. Obwohl Mankiewicz sich in verschiedenen Genres versuchte, liegen seine eigentlichen Erfolge im Bereich der psychologischen Komödie. *Cleopatra* (1963) war einer der teuersten Mammutfilme, die je entstanden (Kosten: 37 Millionen Dollar); er stürzte die Herstellerfirma Fox in eine Krise. *The Honey Pot* (*Venedig sehen – und erben . . .,* 1965) ist eine Kriminalkomödie, *There Was A Crooked Man* (*Zwei dreckige Halunken,* 1969) ein Western teils parodistischer Anlage, der die Gesetze des Genres am Schluß auf den Kopf stellt. In *Sleuth* (*Mord mit kleinen Fehlern,* 1972), der Filmversion eines komödiantisch-kriminalistischen Zweipersonenstücks, bestätigte Mankiewicz abermals seine Begabung als Verfertiger intelligenter Kinounterhaltung. Vincente Minnelli (geb. 1913) hatte seine größte Zeit in den fünfziger Jahren als Meister musikalischer Komödien mit Fred Astaire und Gene Kelly. Außerhalb dieses Genres – dessen Tradition in den sechziger Jahren abbrach – gelangen Minnelli nur noch schwache Werke: *The Four Horsemen of the Apocalypse* (*Die vier apokalyptischen Reiter,* 1961), ein Melodram mit vage politischen und zeitkritischen Hintergründen, *Goodbye Charlie* (1964), eine Komödie über Seelenwanderung, die nebenbei einige Hollywoodklischees ironisieren möchte, *The Sandpiper* (*... die alles begehren,* 1965), an dessen Drehbuch zwei Autoren mitarbeiteten, die auf Hollywoods »Schwarzer Liste« standen: Dalton Trumbo und Michael Wilson. Der Film behandelte ein für Hollywood ungewöhnliches Thema: die Begegnung einer alleinstehenden Frau, die ihren Mann verlassen hat, mit einem Pastor. Gene Kelly (geb. 1912), ehemals berühmter Musicalstar der vierziger und fünfziger Jahre, hatte mit eigenen Inszenierungen weniger Glück. Seine Musicalverfilmung *Hello Dolly!* (1969), basierend auf Nestroys Posse »Einen Jux will er sich machen«, litt an einer allzu umständlichen Handlung. Stanley Donen (geb. 1924), der in den fünfziger Jahren erfolgreiche Musicals (so, zusammen mit Gene Kelly, den legendären *Singin' in the Rain,* 1952) und Komödien realisiert hatte, drehte in den sechziger Jahren Kriminalkomödien und Thrillerparodien wie *Charade* (1963) und *Arabesque* (*Arabeske,* 1966) sowie eine stilistisch geschickt gemachte Ehekomödie mit Slapstick-Einlagen, *Two for the Road* (*Zwei auf gleichem Weg,* 1967). Eine Gaunerkomödie aus der Zeit der Prohibition war *Lucky Lady* (*Abenteurer auf der Lucky Lady,* 1975). Insgesamt gilt Donen jedoch eher als genialer Katalysator denn als schöpferische Kraft.[18]

George Stevens (geb. 1905), Regisseur bedeutender Filme aus den fünfziger Jahren (*Giant – Giganten* – mit James Dean, 1956), realisierte in der Folgezeit einen christlichen Kolossalfilm, *The Greatest Story ever Told* (*Die größte Geschichte aller Zeiten,* 1965), und eine klischeereiche Komödie aus dem Spielermilieu, *The Only Game in Town* (*Das einzige Spiel in der Stadt,* 1970). Billy Wilder (geb. 1906) erreichte nach 1960 noch einmal eine fruchtbare Phase seiner Karriere: in witzigen, manchmal zynischen oder auch zweideutigen Gesellschaftskomödien visierte er gesellschaftliche Widersprüche an, wobei er allerdings »immer zwei Schläge nach links und einen nach rechts« austeilte (George Sadoul)[19], vielfach auch nur dem Unterhaltungsbedürfnis Hollywoods Tribut zollte. Billy Wilders Lehrmeister heißen Lubitsch und Stroheim – komödiantische und aggressiv-kritische Momente vermischen sich in beinahe jedem seiner Filme. *The Apartment* (*Das Appartement,* 1960) ist eine Parabel auf hierarchische Ordnungen: in der Hoffnung auf Höherkommen innerhalb der Firma bietet ein kleiner Angestellter seinen Chefs die Wohnung regelmäßig für diskrete Wochenendbesuche mit Freundinnen an. Am Ende erkennt der Protagonist seine fatale Lage: er ist Teil eines Systems geworden. An die Stelle von Resignation oder Selbstmitleid setzt der Film böses Gelächter. *One, Two, Three* (*Eins, zwei, drei,* 1961) ist eine ziemlich abstruse Komödie, die sowohl in West- als auch in Ost-Berlin spielt und die Wandlung eines angeblichen Kommunisten zum Europachef von Coca-Cola beschreibt.

Auf eine grelle und streckenweise vulgäre Verfilmung des Musicals *Irma la douce* (*Das Mädchen Irma la Douce,* 1962) folgten *Kiss Me, Stupid* (*Küß mich, Dummkopf,* 1964) und *The Fortune Cookie* (*Der Glückspilz,* 1968), Komödien, die zwischen Gesellschaftskritik, augenzwinkernder Frivolität, Entfesselung von Gags und nachträglicher Bestätigung einer zuvor scheinbar herausgeforderten Moral hin- und herschwankten. *The Private Life of Sherlock Holmes* (*Das Privatleben des Sherlock Holmes,* 1970) ging, wiederum im Gewande einer Komödie, der Frage nach, warum der berühmte Detektiv Junggeselle blieb; *Avanti* (*Avanti, avanti,* 1972) enthüllt retrospektiv das Doppelleben eines amerikanischen Konzernchefs. Schließlich verfilmte Billy Wilder 1974 mit *The Front Page (Extrablatt)* einen Stoff zum dritten Mal, den vor ihm schon Lewis Milestone 1931 und Howard Hawks 1940 (unter dem Titel *His Girl Friday*) verfilmt hatten: ein Chefredakteur bemüht sich listenreich, seinen besten Reporter, der sich gerade verheiraten will, seiner Zeitung zu erhalten (zugrunde lag dem Film – wie den früheren Bearbeitungen – ein Bühnenstück von Ben Hecht und Charles Mac Arthur). Alle drei Filme erwiesen sich letztlich als routiniert gemachte Konsumprodukte.

Henry Hathaway (geb. 1898), Regisseur von über fünfzig Filmen seit 1932 (womit er freilich noch nicht an John Ford und seine 125 Filme heranreicht), war auch in den sechziger Jahren noch einer der aktivsten Hollywoodveteranen; er drehte vorwiegend Abenteuerfilme und Western, solide Arbeiten ohne persönliche Eigenart, jedoch ausgestattet mit Schwung und Vitalität. Unter seinen Western – typischen Spätwestern mit gealterten Helden – sind erwähnenswert *North to Alaska* (*Land der tausend Abenteuer,* 1960), *Nevada Smith* (1965) und vor allem *True Grit* (*Der Marshal,* 1968) mit John Wayne. Joe Hembus nennt diesen Film »ein enorm junges, frisches, allumfassendes Werk, mit einem Elan, den man sonst nur bei Debütfilmen sieht, zugleich mit dem gelassenen Humor, der weiß, daß man nur noch gewinnen kann«[20].

Jules Dassin (geb. 1912), ebenfalls McCarthy-Geschädigter, ging in den fünfziger Jahren nach Europa. 1960 drehte er in Griechenland die erfolgreiche Komödie *Pote tin kyriaki (Sonntags . . . Nie!)* mit Melina Mercouri. Es folgten *Phädra* (1962) und, wieder in den USA, die Kriminal-Persiflage *Topkapi* (1964). Dassin bemühte sich mit wechselndem Erfolg, in seinen Filmen politisches Engagement zum Ausdruck zu bringen, aber *Up Tight* (*Black Power,* 1968) litt unter der schematischen Zeichnung des schwarzen Milieus und einer militanten schwarzen Gruppe aus den USA; *The Rehearsal* (»Die Probe«, 1974) war der mit nicht adäquaten ästhetischen Mitteln vorgenommene Versuch einer politischen Chronik aus dem Griechenland der Militärdiktatur.

Fred Zinneman (geb. 1907) demonstrierte nach 1960 nur noch technische Perfektion und Routine: *Behold a Pale Horse* (*Deine Zeit ist um,* 1964) erzählt in der Manier eines Westerns eine Geschichte aus Spanien mit Bezug auf den spanischen Bürgerkrieg, die jedoch alle politischen Hintergründe ausspart; *The Day of the Jackal* (*Der Schakal,* 1972) ist ein Thriller über ein Attentat auf de Gaulle, und nur *A Man for All Seasons* (*Ein Mann zu jeder Jahreszeit,* 1966), ein Film über den Konflikt zwischen Thomas Morus und Heinrich VIII. im England des 16. Jahrhunderts, enthielt einen interessanten politisch-ideologischen Kern.

Anthony Mann (geb. 1907) drehte nach zahlreichen erfolgreichen Western in den fünfziger Jahren noch zwei Ausstattungsfilme, *El Cid* (1961) und *The Fall of the Roman Empire* (*Der Untergang des römischen Reiches,* 1963), einen wenig glaubwürdigen, in Norwegen spielenden Widerstandsfilm *The Heroes of Telemark* (*Kennwort »Schweres Wasser«,* 1965) sowie einen Agententhriller mit politischen Ost-West-Hintergründen, *A Dandy in Aspic* (*Todestanz eines Killers,* 1968). Daniel Mann (geb. 1912) bevorzugte die Bereiche der Sittenkomödie und des Familienmelodrams, wofür *Butterfield 8* (*Telefon Butterfield 8,* 1960), *Who's Been Sleeping in My Bed* (*Wer hat in meinem Bett geschlafen?,* 1963) und *A Dream of Kings* (*Matsoukas, der Grieche,* 1969) typisch sind; später drehte Daniel Mann einen Horrorfilm à la Hitchcock, dessen Stars dressierte Ratten waren: *Willard* (1970). Delmer Daves (geb. 1904), der sich durch viele Western ausgezeichnet hatte, widmete sich in den sechziger Jahren vor allem sentimentalen Familiendramen; *Youngblood Hawke* (*Ein Mann kam nach New York,* 1963) beschreibt auf den Spuren eines populären Romans, wie ein Schriftsteller vom verderblichen Einfluß der Großstadt korrumpiert wird, dem er am Ende gerade noch entrinnen kann. William Wyler (geb. 1902) suchte in den sechziger Jahren seine Reputation als einer der Großen Hollywoods aufrechtzuerhalten, aber es gelangen ihm nur glatte, unpersönliche, wenngleich routiniert gemachte Filme, so das Musical *Funny Girl* (1967) oder ein weitgehend auf private Aspekte reduzierter Film über Rassenprobleme in den Südstaaten: *The Liberation of L. B. Jones* (*Die Glut der Gewalt,* 1969).

In den Bereich der reinen Routineproduktion kann man folgende Veteranenregisseure einordnen: Terence Young (geb. 1915) – er machte durch die James-Bond-Filme auf sich aufmerksam (*Thunderball – James Bond 007 Feuerball*, 1965), Gordon Douglas (geb. 1909), Richard Fleischer (geb. 1916) – von ihm stammt jedoch einer der schönsten Science-fiction-Filme, *The Fantastic Voyage* (*Die phantastische Reise*, 1965), in welchem ein U-Boot auf Mikrobengröße eingeschrumpft und in die Blutbahn eines Menschen injiziert wird; John Sturges (geb. 1911), der sich in fast allen Genres versuchte, Laslo Benedek (geb. 1907), Mark Robson (geb. 1913) und Michael Gordon (geb. 1919).

Alfred Hitchcock, Orson Welles

Das Werk Alfred Hitchcocks (geb. 1899) ist in seiner wahren Bedeutung von der Kritik wohl erst in den sechziger Jahren erkannt worden. Die Publikation von François Truffauts Interviewbuch »Le cinéma selon Hitchcock« 1966 (deutsch 1973) markiert ein wichtiges Datum nicht nur in der Interpretation des Hitchcockschen Werkes, sondern zugleich in der Formierung einer Filmtheorie, die ihr Augenmerk auf strukturelle Merkmale richtet und Film nicht so sehr als Reflex der Wirklichkeit, sondern als wirkende Konstruktion, als Artefakt betrachtet. Wie Eric Rohmer und Claude Chabrol es in ihrem (bereits 1957 erschienenen) Hitchcock-Buch definiert haben: »Hitchcock ist einer der größten Erfinder von Formen in der Geschichte des Kinos, allenfalls Murnau und Eisenstein halten auf diesem Gebiet einen Vergleich mit ihm aus . . . Die Form ist bei ihm nicht eine Verschönerung des Inhalts, sie bringt ihn hervor. Der ganze Hitchcock besteht in dieser Formel.«[21] Der Schlüsselbegriff der Hitchcock-Filme ist die Herstellung von »Suspense«, einer kinematographischen Form von Spannung, Verunsicherung, Zweideutigkeit. Dieses Moment des »Suspense«, das oft einhergeht mit einer Identitätskrise der Helden, wird bei Hitchcock mit spezifisch filmischen Mitteln zum Ausdruck gebracht. Kein Detail ist in seinen Filmen überflüssig, alles ist Bestandteil einer Konstruktion, deren Gesetzmäßigkeit Schritt für Schritt erkennbar wird.

Die für Hitchcocks Schaffen charakteristischen Momente zeigen sich auch in seinem Spätwerk ab 1960. Was sich in *Psycho* (1960) und *The Birds* (*Die Vögel*, 1962) verstärkt bemerkbar macht, ist ein fast metaphysisches Grundgefühl der Angst. In *Psycho* wird eine Sekretärin, die Geld unterschlagen hat, in einem gruseligen Motel plötzlich ermordet – zunächst nimmt man an, von der Mutter des Besitzers, bis man schließlich erfährt, daß diese nur noch als Mumie im Keller sitzt. Hitchcock orchestriert wie immer auf meisterliche Weise die Signalbilder des Bedrohlichen. *The Birds* geht auf eine Novelle von Daphne du Maurier zurück. In der Nähe von San Franzisko, in einer total domestizierten Landschaft, werden die Vögel plötzlich von einer unerklärlichen Unruhe befallen, beginnen Menschen anzugreifen und entwickeln sich schließlich zu einer apokalyptischen Landplage, vor der die Protagonisten mit knapper Not, wenn auch stark lädiert, im geschlossenen Auto entfliehen können. Die zunächst friedliche Bürgerwelt einer Kleinstadt, die die Handlungskulisse abgibt, wirkt in Hitchcocks Film von Anfang an unwirklich, steril, gekünstelt; in ihr scheint das stufenweise losbrechende Vögelinferno als Gegenbild schon tendenziell angelegt. Die Mutter des Helden, die dessen Freundin Kälte und Ablehnung spüren läßt, ist eine typische Hitchcock-Figur (auch in *Psycho* spukte eine böse Mutter).

Marnie (1964) griff im Gegensatz zu *Psycho* und *The Birds* wieder stärker auf die psychologische Thematik früherer Hitchcock-Filme wie *Suspicion* oder *Rebecca* zurück. Erzählt wird die freudianisch untermauerte Geschichte einer Büroangestellten, die an krankhafter Berührungsangst und Kleptomanie leidet; dies geht, wie ihr Ehemann argwöhnt und schließlich herausbekommt, auf ein schreckliches Kindheitserlebnis zurück.

Die Umwelt des Films wird von Hitchcock mit kühler Distanz und Betonung des Irrealen geschildert, auch über die psychoanalytischen Untertöne der Handlung scheint er sich gelegentlich (durch Übertreibung) lustig zu machen. Das irritierend Gruselige dieses Films erwächst aus der Inkongruenz zwischen der normalen (und zugleich seltsam künstlichen) Welt und der psychischen Verfassung der Heldin, ihrer andauernden Identitätskrise, die erst am Schluß durch Aufdeckung des Kindheitserlebnisses (möglicherweise) beseitigt ist.

Torn Curtain (*Der zerrissene Vorhang*, 1966) und *Topaz* (*Topas*, 1969) stießen auf den Einspruch einer politisch argumentierenden Filmkritik. Beide Filme sind, an der Oberfläche betrachtet, Agentendramen, Ost-West-Spionagethriller, wie sie damals im amerikanischen Kino Mode waren. In *Torn Curtain* begibt sich ein amerikanischer Physikprofessor nach Ost-Berlin, um in der DDR eine geheime Formel auszuspionieren. Als sein Doppelspiel entdeckt wird, kann er gerade noch auf abenteuerliche Weise in den Westen zurückfliehen. *Topaz* entwickelt ebenfalls eine politische Fiktion, in die sich sogar Elemente der Zeitgeschichte mischen: 1962 führt das Überlaufen eines russischen Geheimdienstlers zur Entdeckung sowjetischer Raketenbasen in Kuba und zur Zerschlagung eines Spionagerings in Frankreich. Besonders in *Torn Curtain* ist die Unstimmigkeit vieler Details evident; der Film kann (und will) nicht den geringsten Anspruch erheben, ein Bild der DDR zu entwerfen, sondern schwelgt in Vorstellungen einer abenteuerlichen Phantasie. Hitchcock kam es vor allem auf die alptraumhaften Szenen von der Flucht des Professors (und auf sein Eingeschlossensein in einem riesigen Theater) an. Der ganze Film läßt sich am ehesten als irreale Konstruktion deuten, die mit Elementen der Wirklichkeit ihr makabres Spiel treibt. In *Topaz* scheut sich Hitchcock nicht, sogar Dokumentaraufnahmen von Fidel Castro aus Kuba in der Handlung des Films zu integrieren, so als ob Fidel ein Statist des Films sei. Der Film ist die Beschreibung eines Dschungels, in dem jede Orientierung, jede Identität verlorengegangen ist, jede Fährte nur in die Irre führt.

Noch einmal auf der Höhe seiner früheren Leistungen zeigte sich Hitchcock in *Frenzy* (1972) – was vielleicht damit zu tun hatte, daß er hier in sein heimatliches englisches Milieu zurückkehrte. In der Tat fiel dieser Film auf der einen Seite äußerst realistisch aus; er delektiert sich an der genauen, oft parodistischen Schilderung kleiner Einzelheiten des Alltags (so an der minutiösen Beschreibung scheußlicher Mahlzeiten, die eine Frau ihrem Ehemann vorsetzt); auf der anderen Seite ist der Film in Hitchcockscher Manier perfekt konstruiert und enthält manche filmtechnischen Anthologiestücke, so eine lange Kamerafahrt in ein Haus hinein, eine Treppe hinauf und den gleichen Weg wieder zurück – ohne Schnitt; eine Erinnerung daran, daß Hitchcock schon in den fünfziger Jahren eine »Montage innerhalb des Bildes« befürwortet und praktiziert hatte. Es geht in dem Film um einen Frauenmord mittels Krawatte; ein Unschuldiger wird verdächtigt, der dann den wirklichen Verbrecher tötet. Eher enttäuschend fiel dagegen Hitchcocks bislang letzter Film aus, *Family Plot* (*Familiengrab*, 1976), in dem die Geschichte einer Wahrsagerin und eines Paars von Diamantendieben mit vielen Abschweifungen und retardierenden Momenten erzählt wird.

Orson Welles (geb. 1915), Hollywoods einstiges Wunderkind, hatte mit seiner Produktion schon in den fünfziger Jahren Schwierigkeiten – zwei Filme konnte er nicht so zu Ende montieren, wie er wollte, ein anderer, der 1959 begonnene *Don Quixote*, an dem Welles in Abständen immer wieder gearbeitet hat, ist bis heute nicht beendet. 1962 drehte Welles als deutsch-italienisch-französische Koproduktion *Der Prozeß*, eine Bearbeitung des Romans von Franz Kafka. Welles entfaltete in dem Film großen formalen Aufwand zur Evokation einer alptraumartigen Atmosphäre. Er suchte seltsame Szenerien aus (einen halb ausrangierten Bahnhof in Paris, riesige Bürohallen); er benutzte verzerrende Weitwinkelobjektive, ließ die Kamera fahren und schwenken, die Szenerie kunstvoll irreal und expressionistisch ausleuchten. Tatsächlich aber verfehlt er die Substanz des Romans, in welchem metaphysische Angst aus einer an der Oberfläche trokken-realistischen Beschreibung aufsteigt. In seinen folgenden Filmen variierte Welles auf verschiedene Weise die Thematik des Alterns. *Histoire immortelle* (»Unsterbliche Geschichte«, deutscher Verleihtitel: *Stunde der Wahrheit*, 1967), in Frankreich entstanden, nimmt sich aus wie eine Paraphrase von *Citizen Kane* (1941): in Macao lebt ein alter Kaufmann inmitten ungeheurer aufgehäufter Reichtümer; angesichts des nahen Todes sucht er nach einem Erben, aber seine Pläne mißlingen. Er stirbt, und bei seinem Tod entgleitet ihm eine geheimnisvolle Muschel, die einen überirdischen Klang enthalten soll – ein analoges Motiv zur Glaskugel aus *Citizen Kane*. *Falstaff / Campanadas a medianoche* (*Falstaff*, 1965) war Orson Welles' dritte Shakespeare-Adaptation nach *Macbeth* (1947) und *Othello* (1951). Der Film verschmolz Fragmente aus mehreren Shakespeare-Stücken zu einem neuen Ganzen; neben Falstaff wurden Heinrich IV. und Heinrich V. zu Hauptpersonen des Geschehens. Welles stattete seinen Film reichlich mit expressiven Einstellungen und mit Großaufnahmen aus; nicht zuletzt war es der Schauspieler Orson Welles in der Titelrolle (und seine Stimme – in der Originalfassung), die dem Film seine Ausstrahlungskraft gaben. Als Schauspieler war Orson Welles in den sechziger Jahren fast ununterbrochen beschäftigt – bei Regisseuren wie Asquith, Pasolini, Huston, Clément, Chabrol, Richardson, Zinneman und anderen. Zwischendurch begann Welles 1967 noch einen anderen Film in Jugoslawien, der nie fertiggestellt wurde: *Dead Reckoning* oder *The Deep*. Ein Kennzeichen der späten (wie der frühen) Orson-Welles-Filme ist, daß sie stets große, übermächtige, titanische Persönlichkeiten in den Mittelpunkt stellten – Falstaff oder den reichen Kaufmann aus *Histoire immortelle*. Alle Eigenschaften des Wellesschen Werkes klingen noch einmal an in *F for Fake* (*F wie Fälschung*, 1975), einem Film über berühmte Kunstfälscher. Die Tätigkeit der Fälscher, Schwindler und Zauberkünstler empfindet Welles, der sich im Kommentar des Films selbst als »Scharlatan« bezeichnet, als Symbol oder Analogie für seine eigene künstlerische Tätigkeit. Auch die Kritik wies darauf hin, daß »alle Helden, die Welles selber spielt oder die er privilegiert, . . . bewußt oder nicht, sich selbst oder den anderen gegenüber, Mystifikatoren sind, Manipulateure, die mit Illusionen arbeiten«. (Guy Braucourt)[22]

B-Pictures und ihre Regisseure

Einige Regisseure der älteren Generation, die für das Hollywoodkino der sechziger und siebziger Jahre von Bedeutung sind, lassen sich dem Bereich der sogenannten B-Pictures zuordnen. Damit sind Filme gemeint, die mit geringen Budgets und mit wenig Aufwand gedreht werden, zumeist im Rahmen der etablierten Hollywoodgenres, um als Ergänzung eines anderen Films in einem Doppelprogramm zu laufen. Die B-Pictures haben in der Geschichte Hollywoods eine nicht zu unterschätzende Rolle gespielt: durch die geringe Aufmerksamkeit, die diesen – ihrer Grundorientierung nach kommerziellen – Filmen gewidmet wurde, hatten ihre Regisseure mitunter eine Freiheit der Gestaltung, die ihnen bei größeren Produktionen nicht eingeräumt wurde. »Der Grund, warum der ›zweite Spielfilm‹ oft eine Kraft und eine subversive Beunruhigung ausstrahlte, lag darin, daß dieser Film gemacht wurde, während – sozusagen – niemand zuschaute . . . Niemals von den Kritikern sehr ernst genommen, und noch weniger von den Studiochefs, konnte der Regisseur von B-Filmen in einer weniger angespannten Atmosphäre arbeiten als viele seiner Zeitgenossen mit wahnwitzig hohen Budgets«. (Peter Bogdanovich)[23] Zu den

B-Film-Regisseuren der sechziger Jahre lassen sich Roger Corman, Samuel Fuller, Don Siegel und (vielleicht) Budd Boetticher rechnen. Boetticher (geb. 1916) verließ Hollywood nach dem finanziellen Mißerfolg seines bemerkenswerten Gangsterfilms *The Rise and Fall of Legs Diamond* (*J. D., der Killer*, 1960), ging nach Mexiko und drehte dort auf eigene Faust drei Jahre lang an einem Film über den Stierkämpfer Carlos Arruza, der jedoch nie fertiggestellt wurde. In den sechziger Jahren drehte Boetticher noch einen Western, *A Time for Dying* (*Zeit zum Sterben*, 1969), eine Verarbeitung klassischer Westernlegenden um »Richter« Roy Bean und Jesse James, gleichzeitig aber auch der Versuch einer neuen Reflexion: »Ich wollte die Wahrheit über die vielen anonymen Gräber erzählen, die sich im Westen befinden . . . Der Film ist die Geschichte einer Generation, die von Legenden und Romantik verblendet war.«[24]

Samuel Fuller (geb. 1911) gilt bei Liebhabern des amerikanischen Kinos als ein Geheimtip, ebenso wie die Regisseure Corman und Don Siegel. Er wird oft als »Vollblutregisseur« angesprochen, als »Kraftnatur«, wie sie im heutigen Film im Aussterben sei.[25] Seine besondere Vorliebe gilt dem »schwarzen« Film. Berühmt ist Jean-Luc Godards Hommage auf Samuel Fuller, der persönlich in *Pierrot le fou* auftritt und erklärt, für ihn sei Film das gleiche »wie das Schlachtfeld«. Auf der anderen Seite wird Fuller – mit Bezug auf die Filme aus den fünfziger Jahren – auch ideologische Voreingenommenheit und Apologie des Militarismus vorgeworfen[26]; das mag für *Merrill's Marauders* (*Durchbruch auf Befehl*, 1961) zutreffen, einen heroischen Kriegsfilm über den Kampf zwischen US-Spezialtruppen und Japanern in Burma zur Zeit des Zweiten Weltkrieges. *Underworld USA* (*Alles auf eine Karte*, 1960) ist ein harter, im Detail realistischer Gangsterfilm über die Rache eines jungen Mannes, dessen Vater von Gangstern ermordet wurde. Einer seiner besten Filme gelang Samuel Fuller mit *Shock Corridor* (1963), einem Kriminaldrama aus dem Milieu eines Irrenhauses. Ein Reporter will, um den Pulitzerpreis zu erringen, einen Mord aufdecken, der in einer Nervenheilanstalt begangen wurde; dazu läßt er sich als angeblich Schizophrener einliefern, findet auch den Schuldigen, verfällt aber am Ende selbst dem Wahnsinn. »Der Film birst vor mühsam gebändigter Wut, die aus brennendem Haß auf die barbarischen Figurationen der US-Gesellschaft gespeist wird«. (Theodor Kotulla)[27] Die Insassen der Klinik stehen in ihrem Wahnsinn jeweils für bestimmte Tendenzen der US-Gesellschaft. Im gleichen Jahre drehte Fuller *The Naked Kiss*; danach begann für ihn eine Periode der Schwierigkeiten. Erst 1969 entstand *Shark (Hai)*, ein Drama von der Suche nach einem untergegangenen Schatz im Roten Meer. Aber Fuller konnte den Film nicht so montieren, wie er wollte, und distanzierte sich später von ihm. 1972 drehte er für das WDR-Fernsehen in Köln eine Episode zu der Serie »Tatort«, *Dead Pigeon on Beethovenstreet (Tote Taube in der Beethovenstraße)*, eine Spionagegeschichte, die im Verlauf des Films immer unübersichtlicher wird; für Fuller war dieser Film eher eine Fingerübung.

Roger Corman und Don Siegel sind Regisseure mit Dauerbeschäftigung im Bereich des B-Films. Corman wird sogar als Rekordhalter des B-Films bezeichnet, weil er in zehn Jahren, 1954–1964, sechzig Filme gedreht haben soll. Roger Corman (geb. 1926) betätigte sich in vielen Genres, er drehte Western, Gangsterfilme, seine eigentliche Spezialität scheint aber der phantastische Horrorfilm zu sein. Einige Edgar-Allan-Poe-Verfilmungen gehören zu seinen besten Leistungen: *House of Usher* (*Die Verfluchten*, 1960), *The Pit and the Pendulum* (*Das Pendel des Todes*, 1961), *The Raven* (*Der Rabe*, 1963) oder *The Masque of the Red Death* (*Satana – das Schloß der blutigen Begierde*, 1965), zu denen noch einige andere Titel kommen. Die Filme wurden von Corman mit dem gleichen Team, in den gleichen Dekorationen und nach immer gleichbleibenden stilistischen Prinzipien gedreht. Man mag das Grelle, Überspitzte, die exzentrischen visuellen Ideen an ihnen schätzen, den Vorlagen Poes wurden sie jedoch nicht gerecht. Neben diesen und zahlreichen anderen Horrorfilmen drehte Corman eine wildbewegte Motorradballade, *Wild Angels* (*Die wilden Engel*, 1966), eine Pseudo-Dokumentation über Drogen, *The Trip* (1969), und zwei Gangsterfilme: *The St. Valentine's Day Massacre* (*Chicago-Massaker*, 1967) sowie *Bloody Mama* (1970); der erste ist in die Form einer historischen Chronik gekleidet und schildert das Massaker der Capone-Bande an rivalisierenden Gangstern im Jahre 1929, der zweite beschreibt, ohne vor krassen Details zurückzuscheuen, die Bluttaten einer Gangsterfrau und ihrer vier Söhne. Sicher wurde dieser Film von Arthur Penns *Bonnie and Clyde* (1967) angeregt; von diesem unterscheidet er sich jedoch darin, daß er »moralfrei« ist und keine Ansatzpunkte zur Identifikation bietet. Roger Corman spielte in den siebziger Jahren auch eine bedeutende Rolle als Produzent und Förderer von unabhängigen Filmen junger Regisseure – möglicherweise war diese Rolle Cormans noch wichtiger als die eines Regisseurs von B-Pictures.

Auch Don Siegel (geb. 1912) hat sich in verschiedenen Genres versucht, wenngleich der Gangsterfilm mit einer späteren Variante, dem Polizeifilm, sein Hauptgebiet zu sein scheint. Siegel ist neben Corman berühmt dafür, einen Film nötigenfalls in wenigen Tagen abdrehen zu können. In den siebziger Jahren haben sich allerdings seine Produktionsbudgets erhöht, so daß er späterhin eigentlich nicht mehr zum B-Film gerechnet werden kann. *Flaming Star* (*Flammender Stern*, 1960) war ein Film mit Elvis Presley über die schwierige Situation eines Indianermischlings zwischen Weiß und Rot. Dann folgte ein Kriegsfilm, situiert an der deutschen Westfront im Jahre 1944: *Hell Is for Heroes* (*Die ins Gras beißen*, 1962). *The Killers* (*Der Tod eines Killers*, 1964) ist die eher uninspirierte Verfilmung einer Hemingway-Novelle. Zu Don Siegels berühmtesten Filmen gehören *The Beguiled* (*Betrogen*, 1971), die Erforschung einer Seelenlandschaft, die in Zonen immer tieferer Düsterkeit führt und Rückschlüsse auf gesamtgesellschaftliche Zustände in den USA von heute zuläßt (anhand eines Sujets aus dem amerikanischen Bürgerkrieg), und *Charley Varrick* (*Der große Coup*, 1973), in welchem kleine Gangster einen großen Raub begehen und darauf von Polizei und Mafia gejagt werden. Don Siegels Polizeifilme *Madigan* (*Nur noch 72 Stunden*, 1967) und *Dirty Harry* (1971) sind »besonders interessant durch ihre doppelsinnige Untersuchung der leichten Korrumpierbarkeit von Gesetzesvertretern, durch die Darstellung des Elends und des Schreckens ihrer täglichen Aufgaben«. (Bogdanovich)[28]

Regisseure der mittleren Generation

Zwischen den Hollywoodveteranen und den Vertretern der ›New-Hollywood‹-Bewegung aus den späteren sechziger Jahren steht eine Gruppe von Regisseuren mittleren Alters, die schon in den fünfziger Jahren debütierten und in dieser Zeit ihren spezifischen Stil entwickelten. In den sechziger Jahren ordneten sie sich in ihrer Mehrheit den Ansprüchen des Marktes unter. Zu diesen Regisseuren gehören Stanley Kubrick, Robert Aldrich, Stanley Kramer, Richard Brooks, Sydney Lumet und Martin Ritt.

Stanley Kubricks (geb. 1928) Anfänge standen im Zeichen des engagierten Realismus (*Paths of Glory – Wege zum Ruhm*, 1957). Ab 1960 drehte Kubrick Filme nur im Abstand mehrerer Jahre, jeweils mit ungewöhnlich großen Vorbereitungen; er bevorzugte spektakuläre Sujets mit philosophischen *(2001)* und soziologischen *(Clockwork Orange)* Ambitionen. In dem Monumentalfilm *Spartacus* (1960) über einen Sklavenaufstand im alten Rom zeigt sich schon Kubricks ambivalentes Verhältnis zur Gewalt: Folterungen und Exzesse werden scheinbar kritisch, in Wirklichkeit aber spektakulär-genüßlich dargeboten. Über den Film ging vielleicht gerade wegen dieser Machart ein Regen von Oscars nieder.

Lolita (1962 – wie auch alle folgenden Werke Kubricks entstand dieser Film in England) – war eine peinliche Vergröberung des zugrundeliegenden Romans von Vladimir Nabokov. Kubricks zwei nächste Filme offenbarten jedoch schärfer artikulierte zeitkritische Positionen, die sich mit intelligenten Stilmitteln und exorbitantem produktionstechnischem Aufwand verkoppelten. *Dr. Strangelove or, How I Learned to Stop Worrying and Love the Bomb* (*Dr. Seltsam oder Wie ich lernte, die Bombe zu lieben*, 1964) entwarf die makabre Hypothese eines aus Versehen ausgelösten Weltuntergangs: ein geistesgestörter US-Luftwaffenkommandant setzt ein Flugzeuggeschwader mit Atombomben gegen die Sowjetunion in Marsch; das Debakel kann trotz aller Bemühungen des amerikanischen Präsidenten aufgrund ausgeklügelter »Sicherheits«-Mechanismen nicht mehr rückgängig gemacht werden; als Gegenschlag löst die Sowjetunion die Weltvernichtung aus. Kubrick führt in seinem Film eine Galerie komisch-bösartig stilisierter Personen vor: Politiker, Militärs, Wissenschaftler, die allesamt nicht fähig sind, das Räderwerk, das zum Untergang führt, noch anzuhalten; er bedient sich einer satirisch überspitzten Dramaturgie. *2001: A Space Odyssey* (*2001 – Odysee im Weltraum*, 1968) ist dagegen eine Science-fiction-Phantasie. Kubrick öffnet vor dem Zuschauer zeitliche und räumliche Perspektiven, die ihm die Orientierung rauben, und inszeniert ein tödliches Duell zwischen Mensch und Computer. Der Computer an Bord eines zum Jupiter dirigierten Raumschiffs führt unter allen Umständen die eingegebenen Instruktionen aus, auch gegen den Widerstand der Raumfahrer selbst, und läßt die Rakete in die Unendlichkeit stürzen (eine moderne Variation des Golem- und Frankensteinmythos). Schwindel ergreifen einen nicht nur beim Sturz der Rakete ins Unendliche, sondern auch bei Kubricks verwirrenden (und verworrenen) Rück- und Vorausblenden in die Geschichte der Menschheit. Letzten Endes scheint Kubrick sich in seiner Weltraum-Phantasie nicht so sehr für die Menschen (im Unterschied zu Tarkowskijs *Solaris*, mit dem man *2001* oft verglichen hat), sondern für die Technologie zu interessieren. Dieser Technologie gegenüber, die der Film als dumpfe Bedrohung empfindet, sind die Menschen nur Figuren in Planquadraten. Der einzige »echte« Mensch des Films ist paradoxerweise das Computergehirn, das denn auch von Kubrick mit »psychologischen« Eigenschaften ausgestattet wird. Bei allen Einschränkungen, die man gegenüber der mechanistisch-technologischen Phantasie des Films und manchen seiner verschwommenen (wenn auch in schönen Bildern artikulierten) Ideen vorbringen mag, ist *2001* dennoch ein wichtiges Datum in der Geschichte des Science-fiction-Films.

Als prätentiöser soziologischer Traktat, angereichert mit unnötigen Grausamkeiten und Monstrositäten erscheint dagegen *Clockwork Orange* (*Uhrwerk Orange*, 1971). Der inhaftierte Anführer einer Horde jugendlicher Krimineller meldet sich freiwillig für ein Experiment psychischer Umprogrammierung, aus dem er als bedauernswertes Wrack hervorgeht und erneut medizinisch behandelt werden muß. Kubrick läßt sich über die Beziehungen zwischen Sexualität, Psychoanalyse, Faschismus, Brutalität, Religion und vielen anderen Dingen aus, anhand von stilisierten Sequenzen und Bildern, die effektvoll und schockierend sind, letztlich aber nur Konfusion hinterlassen. Grausamkeit wird hier pseudokritisch und mit dem Air des Sensationellen versehen vorexerziert; die »Zeitkritik« dieses Films ist nur Attitüde. Höchste Elogen der Kritik erhielt Kubrick für sein Epos *Barry Lyndon* (1975), das er mit enormem Aufwand nach einem Roman von William Thackeray in Szene setzte. Seine Hauptfigur ist ein junger Ire, der nach Kriegs- und Spionagediensten durch Heirat gesellschaftlich aufsteigt, dann aber infolge seiner Skrupellosigkeit und Verschwendungssucht alles Gewonnene wieder verliert. Kubrick wandte viel Mühe auf malerische Dekors, impressionistische Landschaften, Kostüme und Ausstattung jeder Art, sorgfältig arrangierte er das Licht, die Farben, komponierte Einstellungen wie Gemälde – aber alles das blieb im Grunde akademisch, dekorativ; in der Verwendung von Dekor und Landschaft zur Erzielung malerischer Wirkungen haben, um nur zwei Beispiele zu nennen, René Allio in *Les Camisards* und Georgij Schengelaja in *Pirosmani* bei viel geringerem Aufwand interessantere Ergebnisse erreicht als Kubrick.

Robert Aldrich (geb. 1918) machte sich in den fünfziger Jahren einen Ruf mit Gangsterfilmen und Melodramen in der Tradition der »schwarzen Serie«. Seinen leidenschaftlichen Stil mit einer Neigung zu manchmal krassen Effekten setzte er fort mit *Whatever Happened with Baby Jane?* (*Was geschah wirklich mit Baby Jane?*, 1962), einem nervenzerrenden psychologischen Drama über die Feindschaft zweier Schwestern, angesiedelt an der Grenze von Wahnsinn und Hysterie (der Film war hauptsächlich ein Vehikel für die Schauspielerinnen Bette Davis und Joan Crawford), *The Flight of the Phoenix* (*Der Flug des Phoenix*, 1965), einem Abenteuerfilm über einen Flugzeugabsturz in der Wüste, und *The Legend of Lylah Clare* (*Große Lüge Lylah Clare*, 1967), dem Porträt eines alternden Hollywoodregisseurs, der eine junge Schauspielerin zum Star aufbauen möchte und daran scheitert. Mit *The Grissom Gang* (*Die Grissom-Bande*, 1971) drehte Aldrich seinen wahrscheinlich besten Film nach 1960. Er erzählt die Geschichte einer Gangsterbande aus der Prohibitionszeit, die ein entführtes Mädchen anderen Gangstern abjagt, berichtet von der sich entwickelnden Zuneigung zwischen dem Mädchen und dem debilen Sohn der Gangsterchefin und von der Desillusionierung des Mädchens, als es – nach Vernichtung der Gangsterbande – von seinem Vater wieder zurückgeholt wird. Aldrichs knapper, emotional stark aufgeladener, konvulsivischer Stil war diesem Sujet angemessen und ließ es als eine gesellschaftliche Parabel erscheinen. Danach verfertigte Aldrich wieder Routinearbeiten, so einen Western mit unangenehm rassistischen, antiindianischen Untertönen, *Ulzana's Raid* (*Keine Gnade für Ulzana*, 1972), und *The Emperor of the North Pole* (»Der Kaiser vom Nordpol«, deutscher Verleihtitel: *Ein Zug für zwei Halunken*, 1973), einen Film über die spektakuläre und blutige Auseinandersetzung zwischen einem Zugführer und einem illegalen Passagier auf einem fahrenden Güterzug. *Hustle* (*Straßen der Nacht*, 1975) war ein routinemäßig inszenierter Kriminalfilm. Im Zweifelsfall dominiert bei Aldrich immer die Lust an der Ausmalung gewalttätiger Effekte gegenüber allen anderen Möglichkeiten, die seine Sujets sonst noch enthalten mögen.

Richard Brooks (geb. 1912), renommiert durch einige sozialkritische Filme aus den fünfziger Jahren, verfilmte Tennessee Williams mit *Sweet Bird of Youth* (*Süßer Vogel Jugend*, 1961) und Joseph Conrad mit *Lord Jim* (1964). *The Professionals* (*Die gefürchteten Vier*, 1966), ein Western, wird von einigen Anhängern des Regisseurs als Meisterwerk bezeichnet.[29] Der Film versucht sich an einer Relativierung der Fronten von gut und böse, fällt dann aber wieder in Klischees zurück. Meistdiskutierter Film Brooks' aus den sechziger Jahren ist *In Cold Blood* (*Kaltblütig*, 1967), die Verfilmung des Tatsachenromans von Truman Capote über die Ermordung einer Farmerfamilie durch Banditen im Jahr 1959, die dabei 40 Dollar erbeuteten (und sechs Jahre später gehängt wurden). Brooks bemüht sich auf den Spuren des Romans um eine dokumentarische Rekonstruktion, die mit präzisen Mitteln die Mechanik des Verbrechens vorführt – der Film saugt sich allerdings mehr an den Details der Vorgänge fest, als daß er deren Hintergründe bewußt macht; ein Äquivalent des Capoteschen Stils erreicht er nicht. 1974 realisierte Richard Brooks den nostalgischen Western *Bite the Bullet* (*7000 Meilen westwärts*).

Stanley Kramer (geb. 1913) ist der Vertreter einer altmodischen Art des Filmemachens, die in naiver Weise humanistische »Botschaften« oder soziale »Thesen« vermitteln möchte, dabei jedoch regelmäßig in Gemeinplätzen steckenbleibt. Nach verschiedenen »Problemfilmen« in den fünfziger Jahren befaßte sich Kramer in *Judgement at Nuremberg* (*Urteil von Nürnberg*, 1961) mit der Frage, ob Nazirichter in einer Zeit noch verurteilt werden sollen, da man die Deutschen wieder »braucht«. Er ließ einen Richter aus der amerikanischen Provinz unverzagt Recht sprechen, kam aber auch allen anderen Standpunkten partiell entgegen, schematisierte die Nebenfiguren aufs äußerste und verbrämte den Film mit gefühlvoller Patina. *It's a Mad, Mad World* (*Eine total, total verrückte Welt*, 1962) war der Versuch einer Slapstick-Komödie im damals neuen (und bald wieder abgeschafften) ›Cinerama‹-Verfahren, die an ihrer eigenen Aufwendigkeit scheiterte. *Ship of Fools* (*Das Narrenschiff*, 1965) führt verschiedene Personen auf einem Schiff »vor dem Wetterleuchten der Zeitgeschichte (1933)«[30] zusammen; *Guess Who's Coming to Dinner* (*Rat mal, wer zum Essen kommt*, 1967) spielt auf das Thema Rassenintegration an und *The Secret of Santa Vittoria* (*Das Geheimnis von Santa Vittoria*, 1969) situiert eine Kleinstadtkomödie im Italien der zu Ende gehenden Kriegszeit. Besonders typisch für Kramer ist *Bless the Beast & Children* (*Denkt bloß nicht, daß wir heulen*, 1971). Hier kommen komplexbeladene Knaben in ein Pfadfinderlager, wo sie mancherlei Schikanen ausgesetzt sind, verlacht werden, sich am Ende bei Gelegenheit einer Büffeljagd aber zu »Männern« entwickeln. Der melodramatische Film gibt sich nur scheinbar gesellschaftskritisch, in Wirklichkeit führt er seine Zuschauer am Gängelband sorgfältig dosierter dramaturgischer Effekte und bleut ihnen eine konservative Moral ein.

Mit Kramer in gewisser Weise vergleichbar ist Sydney Lumet (geb. 1924), insofern auch er in den fünfziger Jahren mit sozial engagierten Thesenfilmen hervortrat (sein berühmtestes Werk ist *12 Angry Men – Die zwölf Geschworenen*, 1957). In den sechziger Jahren verfertigte Lumet zunächst (wie Brooks) Literaturbearbeitungen, *The Fugitive Kind* (*Der Mann mit der Schlangenhaut*, 1960) nach Tennessee Williams, *Vu du pont* (*Blick von der Brücke*, 1961) nach Arthur Miller (eine französische Produktion), *A Long Day's Journey into Night* (*Eines langen Tages Reise in die Nacht*, 1962) nach O'Neill; diesen Film hält Lumet für seinen besten überhaupt.[31] Etwa zur gleichen Zeit wie *Dr. Strangelove* entstand der mit diesem bis in Einzelheiten verwandte Film *Fail Safe* (*Angriffsziel Moskau*, 1963): aufgrund einer Störung im Funkverkehr kehrt ein irrtümlich zum Start beorderter Atombomber nicht zurück, sondern fliegt zum Angriff auf Moskau weiter; die Vernichtungsmaschinerie ist nicht mehr aufzuhalten. Lumet fehlt es an jenem surrealistischen, kapriziösen Humor, der Kubricks Film auszeichnet, aber gerade dadurch kommt er der Wirklichkeit näher. Zwiespältig berührte *The Pawnbroker* (*Der Pfandleiher*, 1964): im Mittelpunkt steht der ehemalige KZ-Häftling Nazerman, der jetzt in Harlem eine Pfandleihe betreibt, aber als Folge eines Traumas, das sich aus seiner Vergangenheit erklärt, indifferent ist gegen alle Gewalt, die sich vor seinen Augen abspielt. Der Film litt an einem stilistischen Widerspruch zwischen der düster-expressionistischen, aber realitätsnahen Wiedergabe des Harlem-Milieus und den kunstvoll verschnörkelten Rückblenden in die Vergangenheit à la Resnais. Gänzlich unverdaulich war *The Hill* (*Ein Haufen toller Hunde*, 1965), die reißerische, undistanzierte Schilderung eines englischen Militärstraflagers in Nordafrika. In der Folgezeit widmete sich Lumet immer mehr konventionellen oder kolportagehaften Sujets: *The Group* (*Die Clique*, 1966) ist die mittelmäßige und ausufernde Bearbeitung des Romans von Mary McCarthy über acht Schulfreundinnen aus den dreißiger Jahren, *The Deadly Affair* (*Anruf für einen Toten*, 1967) ein kompliziert konstruiertes Agentendrama. Mit Gangsterfilmen, dann wieder einer Tschechow-Bearbeitung, *The Seagull* (*Die Möwe*, 1968) behauptete Lumet seinen Platz in Hollywood.

Nach einem pessimistischen »Polizeifilm«, *Serpico* (1973), und der Chronik eines Banküberfalls mit Geiselnahme in *Dog Day Afternoon (Hundstage*, 1975) ließ sich Lumet in *Network* (1976) auf eine Systemkritik der amerikanischen Massenmedien ein. Ein Fernseh-Nachrichtensprecher, der einen Selbstmord androht, sieht seinen Popularitätsindex plötzlich emporschnellen, spielt eine Zeitlang die Rolle eines konfusen Bildschirm-Moralapostels, bis ihn Terroristen (die mit dem Sender unter Vertrag stehen und mit Einverständnis der Verantwortlichen handeln) ermorden. Lumet attackiert die Verfilzung von publizistischen und wirtschaftlichen Interessen, die skrupellose Machtpolitik, die hinter den Kulissen des Senders getrieben wird; aber dabei bediente er sich so spektakulär übertriebener und unglaubhafter dramaturgischer Methoden, daß der Film selbst als ein Teil jenes alles infizierenden Systems des Showbusiness erscheint, welches er vordergründig zu attackieren vorgibt.

Eine umgekehrte Entwicklung als Brooks und Lumet, die im Lauf ihrer Entwicklung immer mehr verflachten, scheint der Kazan-Schüler Martin Ritt (geb. 1920) durchgemacht zu haben. Ritt inszenierte in den fünfziger und sechziger Jahren zahlreiche Abenteuer- und Spionagefilme, Western und Melodramen, die oft in den Südstaaten der USA spielen wie *Hud* (*Der Wildeste unter tausenden*, 1962) oder der reichlich sentimentale, kassenträchtige *Sounder* (1972), der das Leben eines schwarzen Jungen beschreibt, welcher mit einem Hund auf die Suche nach seinem (inhaftierten) Vater geht. Gelegentlich schlagen bei Ritt auch humanistische und progressive Töne durch wie in dem Western *Hombre* (*Man nannte ihn Hombre*, 1966), dessen Protagonist, ein von Indianern erzogener Weißer, die einzig integre Person des ganzen Films ist; untergründig auch in *Sounder*, dort nur verdeckt durch Larmoyanz, stärker schon in *Conrack* (1973), der Geschichte eines weißen Lehrers, der in eine verlorene schwarze Volksschule der Südstaaten kommt und dort die Realitäten eines Lebens der Rückständigkeit und der Segregation kennenlernt. Ritts bisher bester Film ist jedoch *The Front* (*Der Strohmann*, 1975). Dieser Film nahm die dunkle Epoche der McCarthy-Verfolgungen und der »Schwarzen Listen«, die damals in der Filmindustrie verbreitet waren, aufs Korn – Martin Ritt gehörte seinerzeit ebenso wie mehrere Mitarbeiter des Films zu den Opfern dieser Listen. Hauptfigur des sarkastischen, in der Entlarvung politischen Duckmäusertums scharf pointierten Films ist ein Kassierer, den ein auf die »Schwarze Liste« gesetzter Freund bittet, an seiner Stelle als Drehbuchautor aufzutreten. Bemerkenswert die Kombination eines einfallsreichen Stils, guter Darsteller (Woody Allen, Zero Mostel) und einer politisch aufklärerischen Haltung; man hat den Eindruck, daß Ritt hier ein lange überfälliges Kapitel amerikanischer Selbstanalyse anpackt, an dessen Aufarbeitung er selbst vital interessiert ist.

Die Komödien-Regisseure: Edwards, Tashlin, Jerry Lewis

Eine spezifische Gruppe im US-Kino der sechziger Jahre bilden jene Regisseure, deren Spezialität die Komödie ist: Blake Edwards, Frank Tashlin, Jerry Lewis, in den siebziger Jahren auch Woody Allen und Mel Brooks.

Blake Edwards (geb. 1922) qualifizierte sich zunächst mit elegant-unverbindlichen Unterhaltungsstücken wie *Breakfast at Tiffany's* (*Frühstück bei Tiffany*, 1960) und *The Pink Panther* (*Der rosarote Panther*, 1963). Auf eine spezifische Komödienlinie begab er sich mit *A Shot in the Dark* (*Ein Schuß im Dunkeln*, 1964), *The Great Race* (*Das große Rennen rund um die Welt*, 1964) und *What Did You Do in the War, Daddy?* (*Was hast du denn im Krieg gemacht, Pappi?*, 1966). Freilich waren dies Filme, die oft zur Klamotte absanken, wenngleich die Kritik Blake Edwards teilweise auch höher einschätzt.[32] Eine moderne Slapstick-Komödie ist *The Party* (*Der Partyschreck*, 1967), Blake Edwards' bester Film. Mit stilistischer Sicherheit beschreibt er die allmähliche Zerstörung einer Party durch das nicht angepaßte Verhalten eines indischen Filmschauspielers. Danach drehte Edwards 1971 *The Wild Rovers (Missouri)*, einen poetisch verbrämten Western, sowie *A Case of Murder* (*Der Mörder im weißen Mantel*, 1972), einen Thriller, und das Agentendrama *The Tamarind Seed* (*Die Frucht des Tropenbaumes*, 1974). Erst mit *The Return of the Pink Panther* (*Der rosarote Panther kehrt zurück*, 1975) kehrte Edwards wieder zu seinem alten Genre zurück, der Komödie mit mathematisch berechneten Gags.

Frank Tashlin (1913–1972) ist in die Filmgeschichte vor allem als Regisseur einiger berühmter Jerry-Lewis-Filme aus den fünfziger und sechziger Jahren eingegangen. Tashlin, ursprünglich Animationsfilmzeichner, arbeitete mit Jerry Lewis bis 1964 zusammen, der dann zunehmend eigene Filme zu drehen begann. Beider Laufbahnen sind eng miteinander verflochten; es ist manchmal schwer zu bestimmen, wem in den gemeinsamen Filmen welches Verdienst zukommt. Manchmal ist versucht worden, Jerry Lewis gegen Tashlin auszuspielen und diesen als einen im Grunde unbedeutenden, konventionellen Regisseur hinzustellen. Doch solche Beurteilung scheint ungerecht. Tashlin hat nicht nur exzellente Komödien gedreht, sondern auch ein Motiv prinzipieller Erneuerung ins amerikanische Kino eingebracht; seine Komik, obgleich auf den Alltag der »plastischen Zivilisation« und die amerikanische Realität bezogen, ist wesentlich formaler Art: sie besteht in einer »Zerlegung, Reaktivierung und Neuproduktion der Realität«[33]. Tashlin erfindet keine absurden Gegenstände wie Tati, sondern arbeitet mit Elementen der Realität. Er hat Einfluß auf die französische ›Neue Welle‹ ausgeübt, namentlich Godard hat sich ausdrücklich auf ihn berufen. Tashlin selbst sagte, daß seine Filme »von dem Unsinn dessen handeln, was wir Zivilisation nennen«.

Tashlin drehte 1959 *Cinderfella* (»Aschenblödel«), eine Märchenpersiflage mit Jerry Lewis (der Film wurde von Lewis, der auch Produzent war, nachträglich umgeschnitten). 1962 folgte *Bachelor Flat* (»Die Junggesellen-Wohnung«), dann, wiederum mit Jerry Lewis, *It's Only Money* (*Geld spielt keine Rolle*, 1963), die Geschichte eines Radiomechanikers, der einen Millionär sucht und dann entdeckt, daß er es selber ist. In *The Man from the Diners' Club* (*Der Mann vom Diners Club*, 1963) händigt ein unachtsamer Angestellter einem Gangster irrtümlich die Mitgliedskarte eines vornehmen Klubs aus – die Hauptrolle des Films spielte Danny Kaye; in *Who's Minding the Store?* (*Der Ladenhüter*, 1963) will Jerry Lewis als gescheiterter Briefträger eine Kaufhauserbin heiraten, und in *The Disorderly Orderly* (*Der Tölpel vom Dienst*, 1964) löst er als ungeschickter Krankenpfleger in einem Hospital chaotische Zustände aus. Nach diesen ebenso einfallsreichen wie aggressiv-treffsicheren Satiren sank Tashlin mit seinen nächsten Filmen (ohne Jerry Lewis), *The Alphabet-Murders* (*Die Morde des Herrn ABC*, 1965) und *The Glass Bottom Boat* (*Spion in Spitzenhöschen*, 1966), matten Kriminal- und Agentenparodien, in den Bereich des Konventionellen ab; *Caprice* (1966), ebenfalls eine Agentenfilm-Parodie, war in der Erfindung von Gags wieder kühner. Ein herausspringendes Moment in den besten Tashlin-Filmen ist die Unterminierung der Kinoillusion. Gegenstand der Persiflage ist oft der Film selbst: so zu Beginn von *The Disorderly Orderly*, als drei mögliche Filmhelden (für gänzlich unterschiedliche Filme) vorgestellt werden, von denen dann einer ausgewählt wird; oder in *Caprice*, als Doris Day ein Kino besucht, in dem ausgerechnet *Caprice* mit ihr selbst in der Hauptrolle läuft. Tashlins Filme sind aus Kinomotiven zusammengesetzt oder parodieren andere Filme – so variiert er die Flugzeugszene aus Hitchcocks *North by Northwest* (*Der unsichtbare Dritte*, 1959) in *It's Only Money* mit einem Auto. Seine Gags basieren entweder auf der übermäßigen Ausdehnung von Vorgängen, die für sich genommen noch nicht komisch wären, auf der Verzerrung, der Negation von Naturgesetzen oder auf Kombinationen und Multiplikationen (die Fluchtszene aus *The Man from the Diners' Club*, in der plötzlich viele identische Personen, Fahrräder, Blumen und Taxis erscheinen). Ian Cameron hat darauf hingewiesen, daß die Satire Tashlins auf die synthetischen Lebensformen der »Verpackungszivilisation« zielt[34]; als Beispiel kann die Szene aus *Bachelor Flat* gelten, in der die Protagonistin mit einem fertigen Sortiment von Gegenständen für ein Liebesabenteuer erscheint.

Jerry Lewis (eigentlich Joseph Levitch, geb. 1926) debütierte als Regisseur 1960 mit

The Bellboy (Hallo Page!), einem Film, den er schnell herunterdrehte, um einen anderen, von Tashlin realisierten *(Cinderfella)*, nicht schon im Sommer herausbringen zu müssen; jedoch hatte er sich bereits in den fünfziger Jahren als Darsteller in vielen Filmen (bis 1956 zusammen mit Dean Martin) ein ganz bestimmtes Image aufgebaut, das ihn beim Publikum fest etablierte; zudem »ko-inszenierte« er Filme anderer Regisseure und schrieb manche Szenen selbst.[35] Als Schauspieler entwickelte Jerry Lewis das Bild eines infantilen, manchmal mit Bauernschläue begabten, tollpatschigen und doch wieder agilen Trottels, der absonderlicher Gesichtsverrenkungen fähig war. Seine Komik war aggressiv, gegen den »guten Geschmack« gerichtet, zielte nicht auf Identifikation. Teilweise sah die Kritik in ihm nur einen albernen Clown. Französische Kritiker befaßten sich als erste ernsthaft mit dem Werk von Jerry Lewis und entdeckten in ihm die Spuren einer ganzen Philosophie (die »Cahiers du cinéma« 1963: »Jerry Lewis ist die größte Entdeckung der letzten Jahre«[36]); sie widmeten ihm Bücher und Essays und verglichen ihn mit Welles und Keaton.[37] In den Filmen, die Jerry Lewis ab 1960 in eigener Regie drehte, spielt er regelmäßig einen Außenseiter, der in absurde Situationen gerät. Besonders oft wird Lewis ein Opfer des Matriarchats. Sein Verhältnis zu Frauen ist kompliziert, die Frauenfiguren seiner Filme sind monströs, manchmal geradezu mit Haß gezeichnet; wiederum tragen seine eigenen Rollen oft feminine Züge. In *The Bellboy* (1960) spielt Lewis die Rolle eines alptraumhaft ungeschickten Pagen (sowie die eines Gastes) in einem Luxushotel. *The Errand Boy* (*Der Bürotrottel*, 1961) ist ein Film über den Film: ein Laufbursche kommt nach Hollywood und wird dort als genialer Filmkomiker entdeckt; Lewis »denunziert den Mythos Hollywoods« (Simsolo)[38] und führt eine ganz neue Berufsethik des Komödien-Schauspielers ein. Auch *The Nutty Professor* (*Der verrückte Professor*, 1963) inspirierte sich vom Film (sowie von der Literatur). Jerry Lewis griff das Dr.-Jekyll-und-Mr.-Hyde-Motiv auf: er spielt einen Chemieprofessor mit abschreckendem Äußeren, der sich durch einen Wundertrank zeitweilig in das Idealbild eines jungen College-Helden verwandelt. Der Film parodiert gesellschaftliche Leitbilder und die Mechanismen des Gruselkinos, das hier gewissermaßen vom Kopf auf die Füße gestellt wird. In *The Family Jewels* (*Das Familienjuwel*, 1965) produzierte sich Lewis gleich siebenmal in verschiedenen Rollen: eine vierzehnjährige Millionenerbin soll sich ihren Adoptivvater unter sechs exzentrischen Brüdern aussuchen, in Wirklichkeit mag sie aber nur den Chauffeur. *Three on A Couch* (*Drei auf einer Couch*, 1966) schien eine gewisse Wandlung von Lewis' bisher misogynem Frauenbild zum Positiven zu signalisieren. Hier spaltet sich Jerry Lewis wiederum in verschiedene Personen auf – er spielt nacheinander einen Cowboy, einen Insektenforscher und einen Judokämpfer (um drei Patientinnen einer Psychotherapeutin, mit der er verlobt ist, vom Männerhaß zu befreien). *The Big Mouth* (*Ein Froschmann an der Angel*, 1967) ist nur scheinbar die Parodie eines Kriminalfilms; in Wirklichkeit kreist der Film um das Motiv der Verwandlung. Jerry Lewis wird mit einem Diamantenschmuggler verwechselt, und um sich seinen diversen Verfolgern zu entziehen, muß er abwechselnd in verschiedenen Masken auftreten. Nicht nur läßt sich der Film als ein Querschnittsbild sozialen Verhaltens dechiffrieren (in der hier gegebenen Grundsituation »aller gegen alle«); Jerry Lewis nimmt auch sehr instruktive soziale Frontenwechsel vor, je nachdem, in welcher Maske er gerade auftritt. In *One More Time* (*Die Pechvögel*, 1969) spielte Lewis zum ersten Mal nicht selbst, er ließ zwei andere Darsteller (Peter Lawford und Sammy Davis) als Varianten seines eigenen Typs auftreten und den einen davon auch noch einen Identitätswechsel mit seinem Zwillingsbruder vornehmen. *Which Way to the Front?* (*Wo, bitte, geht's zur Front?*, 1970), vielleicht Jerry Lewis gedanklich kühnster Film, liefert in Form einer mehrfach gebrochenen Konstruktion eine Parabel über die amerikanische Armee, den Zweiten Weltkrieg und die Deutschen: der amerikanische Milliardär Brendan Byers, als untauglich zum Kriegs dienst befunden, gründet eine Privatarmee, mit der er in den Zweiten Weltkrieg eingreift, indem er sich als General Kesselring verkleidet und den wirklichen General in Italien in einen Hinterhalt lockt. Jerry Lewis spielt eine Doppelrolle, die des echten und die des falschen Kesselring: Chaplins Doppelrolle in *The Great Dictator* (1940) fällt einem dazu automatisch ein. Nach diesem letzten Film und der Entwicklung Jerry Lewis' in den sechziger Jahren erscheint die Bemerkung der »Cahiers du Cinéma« treffend, daß nämlich »der Schlüssel zum Universum Lewis' die Verdopplung und ihre metaphorische Figur, der Spiegel« ist.[39]

Auch das ›Neue Hollywood-Kino‹ hat zwei Stars des komischen Genres hervorgebracht, die Ende der sechziger Jahre debütierten und rasch eine brillante Karriere machten: Woody Allen und Mel Brooks. Woody Allen (eigentlich: Allen Stewart Konigsberg, geb. 1935) debütierte als Journalist und Fernsehautor, ab 1964 auch als Darsteller von komischen Rollen in Filmen von Clive Donner, John Huston, Herbert Ross und Martin Ritt. In den Komödien, die er seit 1969 in eigener Regie (und mit sich selbst als Hauptdarsteller) drehte, spielt er einen bestimmten Typ: einen bebrillten, intelligenten, schlagfertigen, aber neurotischen Helden, der von seinen Mitmenschen stets betrogen wird und eigentlich nur aus Zufall manchmal die Oberhand behält. In der Charakterzeichnung dieses Typs und in den Dialogen von Woody Allens Filmen manifestiert sich eine spezifisch jüdische Art von Witz, manchmal mit dem der Marx Brothers vergleichbar, die Intellektualität mit subversiver Schärfe und Brillanz verbindet. Woody Allens Komik basiert weniger auf Slapstick-Effekten, sondern auf gesellschaftsbezogener Parodie. Durch monströse Übersteigerung wird in seinen Filmen der Aberwitz gesellschaftlicher Verhältnisse deutlich gemacht.

Woody Allen debütierte als Regisseur in *Take the Money and Run* (*Woody – der Unglücksrabe*, 1969), der Biographie eines Ganoven, welcher bei seinen Missetaten mit einfallsreichem Ungeschick zu Werke geht und schließlich zu 800 Jahren Haft verurteilt wird. In *Bananas* (1971) erlebt Woody Allen Abenteuer in einem lateinamerikanischen Phantasiestaat und wird am Ende sogar Präsident dieses Landes. *Everything You Always Wanted to Know about Sex but Were Afraid to Ask* (*Was Sie schon immer über Sex wissen wollten ...*, 1972) war eine bissige Parodie auf die Kommerzialisierung und Vermarktung der Sexualität in unserer Gesellschaft, die sich einer collagenartig zusammengesetzten, phantastischen Fabel bediente und auch viele Filmmotive persiflierte. In den Bereich des Utopischen begab sich Woody Allen mit *Sleeper* (*Der Schläfer*, 1973). Die Fabel erinnert an Majakowskijs Satire »Das Schwitzbad«: ein Mensch aus der Gegenwart wird eingefroren und wacht im Jahre 2174 in einer total anderen Welt wieder auf, die natürlich voll der absurdesten Paradoxe ist, in welchen sich nichts anderes als heutige Widersprüche spiegeln. *Love and Death* (*Die letzte Nacht des Boris Gruschenko*, 1974) spielt im Rußland der napoleonischen Besetzung und ist eine intelligente Parodie auf den Historienfilm. In *Annie Hall* (*Der Stadtneurotiker*, 1977) lieferte Allen, indem er die Figur eines Komikers aus Brooklyn verkörperte, ein Porträt seiner selbst. Woody Allen trug mit seinem schauspielerischen Talent viel zum Erfolg von Martin Ritts *The Front* (sowie von Herbert Ross' *Play it again, Sam – Mach's noch einmal, Sam*, 1971, einer Satire auf den Bogart-Kult) bei; in seiner Mehrfachbegabung als Regisseur, Schauspieler und Drehbuchautor ist er ein ähnliches Phänomen wie Jerry Lewis, von dem ihn jedoch die größere »Menschlichkeit« seiner Figur unterscheidet.

Die Lust an der Persiflage, an der wahnwitzigen Übertreibung, an der Verfremdung, am Spiel mit Filmtopoi und am geschliffenen Wortwitz verbindet Woody Allen mit dem Regisseur Mel Brooks (geb. 1928). Subtiler Humor steht bei ihm – wie auch bei Jerry Lewis und Woody Allen – neben dem absichtlich überzogenen Effekt. *The Producers* (*Frühling für Hitler*, 1967) läßt den heruntergekommenen Broadway-Produzenten Byalystock ein abgeschmacktes Nazi-Musical herausbringen, das ein Durchfall werden und Byalystock dadurch finanziell sanieren soll (er könnte dann sämtliche eingesammelten Spenden behalten); leider wird es trotz aller Bemühungen doch ein Erfolg. In makabrer Art wird hier mit Nazimotiven Scherz getrieben, wobei der Witz eine solche surrealistische Höhe der Geschmacklosigkeit erreicht, daß die zunächst implizierte Peinlichkeit sich wieder aufhebt. Mit *The twelve Chairs* (*Die zwölf Stühle*, 1970) adaptierte Mel Brooks die sowjetische Romansatire aus den zwanziger Jahren, die schon mehreren anderen Filmen (so dem kubanischen von Tomás Gutiérrez Alea) zur Vorlage diente. *Blazing Saddles* (*Is' was, Sheriff?*, 1973), eine Westernpersiflage, häuft absichtlich Klischees an und läßt die turbulente Handlung am Schluß auf die in der Nachbarschaft stattfindenden Dreharbeiten zu einem Musical übergreifen. *Young Frankenstein* (*Frankenstein Junior*, 1974) ist ein Horrorfilm »zweiten Grades«, dessen Irrsinn sich im vertrauten Koordinatensystem der Horrormythologie entfaltet, und *Mel Brooks' Silent Movie* (*Mel Brooks' letzte Verrücktheit: Silent Movie*, 1976) spielt direkt im Bereich des Kinos: hier versucht ein Regisseur (gespielt von Brooks selbst) mit zwei Freunden einen anachronistischen Stummfilm zu drehen; im Verlauf der Geschichte – der Film ist, bis auf ein Wort, ebenso dialoglos wie das Filmprojekt im Film – werden alle möglichen parodistischen Pfeile gegen Traditionen des Hollywoodkinos abgeschossen. – Die Komödien beweisen mehr als fast alle anderen Filme des ›Neuen Hollywood-Kinos‹, wie stark dieses Kino auf bereits existierenden filmischen Modellen basiert, wie die Geschichte des amerikanischen Films von den jungen Filmemachern assimiliert und zu einem Teil ihrer Primärerfahrungen geworden ist.

Das ›Neue Hollywood‹

In den sechziger Jahren vollzog sich ein Generationswechsel im amerikanischen Kino. Jüngere Regisseure, die meist um die Dreißig waren und vielfach einen Hintergrund an Fernseherfahrung besaßen, meldeten sich zu Wort. Sie hatten andere stilistische Vorstellungen als ihre Kollegen aus den fünfziger Jahren.

Die neue Generation stand den Traditionen des Hollywoodkinos keineswegs ablehnend gegenüber (sonst hätte sie sich im System Hollywoods auch kaum durchsetzen können). Die jungen Regisseure versuchten, der ästhetisch und wirtschaftlich teilweise stagnierenden Filmproduktion Hollywoods neues Leben einzuflößen, indem sie zwar die Gesetze der Genres, das Starsystem und die industrielle Produktionsweise akzeptierten, diese aber von innen her mit neuer Substanz erfüllten. Sie brachten persönliche Erfahrungen in die Filme ein, verarbeiteten Wunschvorstellungen, Mythen und Erwartungen der jüngeren Generation, nutzten die in den Genres beschlossenen ästhetischen Möglichkeiten stärker aus. Allerdings brachte auch das ›Neue Hollywood‹ seine eigentlichen Erfolge eher im Widerstand gegen die Industrie (oder im Windschatten eines großen kommerziellen Erfolges) als unterstützt von ihr zustande, allenfalls als Ergebnis eines plötzlich einschlagenden, aber nur kurz anhaltenden neuen »Trends«.

In der Entwicklung des ›Neuen Hollywood‹ kann man drei Phasen unterscheiden: die Versuche zur Erneuerung, die Regisseure wie Cassavetes, Penn, Peckinpah, Frankenheimer und Mulligan, auch Coppola und Altman schon anfangs der sechziger Jahre unternahmen; die Hochblüte zwischen 1969 und 1971, ausgelöst von Dennis Hoppers' *Easy Rider*, eine Phase, in der auch Peter Bogdanovich und Martin Scorsese debütierten, und schließlich eine wieder mehr der Industrialisierung zugeneigte Phase in den siebziger Jahren, für die die Filme von Schatzberg, Spielberg und Friedkin charakteristisch sind.

John Cassavetes (geb. 1929), Schauspieler in den verschiedensten Filmen seit 1952, leistete schon 1960 mit seinem Erstlingsfilm *Shadows (Schatten)* einen interessanten Beitrag zur Erneuerung des amerikanischen Kinos: auf der Grundlage eines nur lose festgelegten Drehbuchs und weitgehender Improvisation der Darsteller (einer von der Praxis des ›Actor's Studio‹ abgeleiteten Methode) filmte Cassavetes mit Handkamera, minimaler Beleuchtung und in realen Dekors die Geschichte eines Mädchens und seiner beiden Brüder, die schwarzer Herkunft, aber (bis auf den einen Bruder) heller Hautfarbe sind und ihre Identität weder auf seiten der Weißen, noch auf der der Schwarzen finden. Der ausdrucksstarke und wirklichkeitsnahe Film basierte weniger auf einer Erzählung, sondern auf dem Ausspielen von Gesten und Reaktionen sowie auf einer sehr genauen Milieuschilderung. Die Reinheit und Konsequenz seines Stils, die unkonventionelle Erzählweise und die rauhe, körnige Fotografie des Films machten *Shadows* zum Schlüsselfilm einer neuen Bewegung, für die man auch den Terminus ›New American Cinema‹ oder ›Off Hollywood Cinema‹ fand (sie sollte sich später mehr in Richtung auf den Experimentalfilm entwickeln). Weniger erfolgreich war *Too Late Blues* (1961), nach dem Prinzip seines ersten Films für die Paramount produziert. Nach einem halbdokumentarischen Film über behinderte Kinder, *A Child is Waiting* (*Ein Kind wartet*, 1962) kam Cassavetes' Regiekarriere zu einem vorläufigen Stillstand. Eine Zeitlang arbeitete er ausschließlich als Schauspieler. Erst 1968 kehrte Cassavetes zur Regiearbeit zurück und drehte nunmehr – unter Investierung seiner Schauspielerhonorare in die Produktion der Filme – vier eigenwillige, aufeinander bezogene Beiträge zur Analyse der Ehe, des Zusammenlebens der Geschlechter in der amerikanischen Mittelschicht. Es waren realistische, unspektakuläre Filme, die manche Motive aus Cassavetes früherem Werk übernahmen. *Faces* (»Gesichter«, 1968) beschreibt die Krise eines etwa vierzigjährigen Ehepaares, das nach Auseinandersetzungen und Eskapaden wieder zueinander findet, ohne daß die Konflikte zwischen den beiden Partnern freilich beseitigt wären; der Film vollzieht einen Abstieg in die Unterwelt, der in einen illusionslosen (und desillusionierten) Ausblick auf die Realität mündet. *Husbands* (1970) seziert das Dasein einiger arrivierter Ehemänner, die anläßlich des Begräbnisses eines Freundes von ihren Familien Urlaub nehmen und sich bei diesem Zusammentreffen in einer sinistren Nacht voller Alkohol plötzlich der Monotonie ihres Lebens bewußt werden. Cassavetes' Regie bewährte sich auch hier im Einfangen von Zwischentönen, von Gesten und Milieuwerten. *Minnie and Moskowitz* (*Minnie und Moskowitz*, 1971) ist die Geschichte eines ungleichen Liebespaares, eines Parkplatzwächters und einer Museumsangestellten, erzählt mit teils komödiantischen, teils nostalgischen Untertönen. Aus dem Bogart-Film *Casablanca* werden Ausschnitte zitiert; Cassavetes reflektiert über Leitbilder und ihr Verhältnis zum wirklichen Leben und scheint sagen zu wollen, daß sein Liebespaar nicht weniger interessant ist als Humphrey Bogart und Ingrid Bergman. Cassavetes' wohl bedeutendster Film seit *Shadows* ist *A Woman Under the Influence* (*Eine Frau unter Einfluß*, 1974). Hier liefert Cassavetes das Röntgenbild einer amerikanischen Durchschnittsfamilie, insbesondere untersucht er das komplexe und spannungsgeladene Verhältnis zwischen Nick Longhetti, einem Handwerker, und seiner Ehefrau Mabel. Die Beziehungen der beiden sind gekennzeichnet durch den Umgangston einer meist hysterischen Heiterkeit, hinter der sich bei dem Mann Hilflosigkeit und bei der Frau Angst und beginnender Wahnsinn abzeichnen. In der Tat erregt ihr nicht angepaßtes, manchmal scheinbar exzentrisches Verhalten den Ärger und die Besorgnisse des Ehemannes, der zusammen mit dem Psychiater Dr. Zepp und seiner Mutter die Einweisung der Ehefrau in eine psychiatrische Klinik veranlaßt. Sechs Monate später kehrt sie nach Hause zurück und soll mit einer großen Feier begrüßt werden, die natürlich den Keim neuer Katastrophen enthält. Cassavetes durchleuchtet in seinem Film soziologische Sachverhalte, er macht spürbar,

Mrinal Sen

Calcutta 71

1972

Indien

Nagisa Oshima

Gishiki

(Die Zeremonie)

1971

Japan

John Cassavetes

A Woman under the Influence
(Eine Frau unter Einfluß)

1974

USA

Peter Bogdanovich

Paper Moon

1973

USA

Robert Kramer

Ice

(Eis)

1970

USA

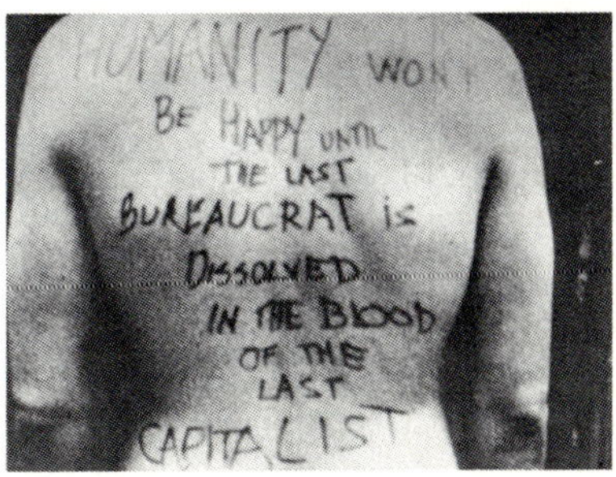

Michael Snow

La région centrale

(Die Zentralregion)

1971

Kanada

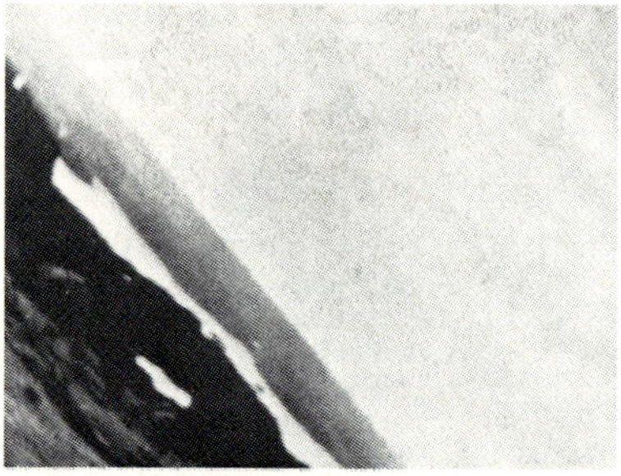

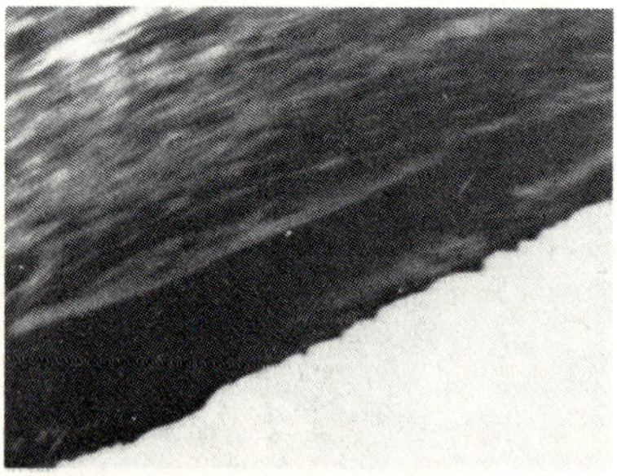

wie der »gelockerte« Umgangston und die »harmonische« Atmosphäre in seiner Familie terroristisch erzwungen sind und mit Neurosen erkauft werden – bei dem am meisten unterworfenen Mitglied der Familie, in diesem Fall der Ehefrau. Die Eindringlichkeit dieser Beweisführung ist aber vor allem ein Ergebnis von Cassavetes' formaler Methode. Sie besteht nicht darin, ein vorher entwickeltes »Konzept« kinematographisch umzuformen, sondern es von den Darstellern mit lebendiger Substanz anfüllen zu lassen, mit einer beweglichen, sensiblen Kamera den Entwicklungen der Gefühle nachzuspüren, oft in einer Identität von filmischer und realer Zeit. Man könnte Cassavetes' Methode auch als das dokumentarische Aufzeichnen von Fiktion im Moment ihrer Entstehung bezeichnen. *A Woman Under the Influence* ist nicht zuletzt ein Beitrag zur Klärung des Verhältnisses von Schizophrenie und Alltag, zur Veranschaulichung eines Mechanismus, der pathologische Verhaltensweisen aus Unterdrückungs- und Abhängigkeitsverhältnissen, aus dem Mangel an Kommunikation entstehen läßt.

The Killing of a Chinese Bookie (1976) war für Cassavetes ein Ausflug in den Bereich des Gangsterfilms – vielleicht für ihn ein Versuch der Annäherung an das industrielle Genrekino. Sein Held ist der Nachtclubbesitzer Cosmo Vitelli, der Schulden gemacht hat, diese nicht zurückzahlen kann und nunmehr erpreßt wird, einen anderen Menschen (den geheimnisvollen chinesischen »Buchmacher«) umzubringen. Es scheint jedoch, als ob die Personen des Films eine von der Geschichte unabhängige Existenz führen. Cassavetes' Regie konzentriert sich vor allem auf eine sensible Beschreibung der instabilen Gemütsverfassung seines Helden; Licht- und Farbeffekte sowie nervöse Kamerabewegungen sind bevorzugte Ausdrucksmittel, mit denen er das Gefühl einer Fatalität erzeugt.

Sam Peckinpah (geb. 1926) wird aufgrund seiner indianischen Abstammung (väterlicherseits) eine besondere Affinität zum Western nachgesagt. In der Tat hat Peckinpah zwischen 1960 und 1969 ausschließlich Western gedreht und dem Genre zu einigen seiner bedeutendsten Leistungen verholfen – was um so bemerkenswerter ist, als der Western in den sechziger Jahren keineswegs in hoher Blüte stand. Peckinpahs berühmteste Western sind *Ride the High Country* (*Sacramento,* 1961; manchmal wird der Film auch unter dem Titel *Guns in the Afternoon* zitiert), die Geschichte eines Goldtransports und der Freundschaft zweier Westernveteranen; *The Wild Bunch* (*The Wild Bunch – Sie kannten kein Gesetz,* 1968), der ein düsteres, allerdings auch sehr spektakuläres und ästhetisiertes Bild von Gewalt und Rechtlosigkeit im Texas des Jahres 1913 entwirft, und *The Ballad of Cable Hogue* (*Abgerechnet wird zum Schluß,* 1969), die Geschichte eines in der Wüste zurückgelassenen Goldsuchers, der kurz vor dem Verdursten doch noch eine Wasserstelle findet. *Ride the High Country* markierte (zusammen mit John Fords *The Man Who Shot Liberty Valance)* das Entstehen einer neuen Gattung des »Spätwesterns«, der gealterte, skeptische, von ihrer Erinnerung lebende Helden in den Mittelpunkt stellt und die Zustände im Westen nach der heroischen Epoche der Eroberung beschreibt. In den späteren Filmen Peckinpahs fällt jedoch auf, daß sich die Darstellung spektakulärer Grausamkeit immer mehr perfektioniert und veräußerlicht. Nach seinen Westernmodellen drehte Peckinpah schließlich auch Filme anderer Thematik, so *Getaway* (1973), einen Gangsterfilm, den Spionagefilm *Killer Elite* (1975) und schließlich als deutsch-englische Koproduktion den in der Ausmalung von Gewalt schwelgenden Kriegsfilm *Steiner – Das eiserne Kreuz* (1976).

Arthur Penn (geb. 1932) studierte vor seiner Filmkarriere am ›Actor's Studio‹ und arbeitete dann im Theater und im Fernsehen. Penn betätigte sich in verschiedenen Genres, wobei er nicht nur handwerkliches Geschick, sondern auch formale Begabung und psychologische Sensibilität an den Tag legte; man hat ihn auch als einen »intellektuellen« Regisseur angesehen und nannte ihn den »amerikanischen Truffaut«[40]. Stilbildend für eine Renaissance des Gangsterfilms und die nostalgische Ausmalung der dreißiger Jahre, die sich in vielen Filmen junger Regisseure beobachten ließ, wurde Penns *Bonnie and Clyde* (1967). Nach einem Debüt im Western (*The Left Handed Gun – Einer muß dran glauben*, 1958) drehte Arthur Penn zunächst den nicht von Sentimentalität freien *The Miracle Worker* (*Licht im Dunkel*, 1961) über die Erziehung der blinden und tauben Helen Keller; darauf folgte ein geschickt gemachter Film über texanische Lynchjustiz, *The Chase* (*Ein Mann wird gejagt*, 1965), der Ansätze gesellschaftskritischer Polemik enthielt. *Mickey One* (1965), ein eigenwilliger psychologischer Film, handelt von einem heruntergekommenen Nachtklub-Entertainer, der an Verfolgungswahn leidet; der Film besaß sowohl Elemente des Gangsterdramas als auch der gesellschaftlichen Parabel. Vermutlich wegen seines Kamerasymbolismus und wegen seiner schwierigen, »europäischen« Erzähltechnik fand *Mickey One* weder bei der Kritik noch beim Publikum Widerhall und wurde ein kommerzielles Desaster.

Bonnie and Clyde (*Bonnie und Clyde*, 1967), ein emblematischer Film für die sechziger Jahre, errang dagegen einen außergewöhnlichen Erfolg. Hier wurde die Gültigkeit des Gangstermythos, jenes »großen ›Nein‹, das quer über das offizielle Gesicht Amerikas gestempelt ist« (Robert Warshow)[41], für das Neue Kino bestätigt, der Mythos aktualisiert, mit Hintergrund ausgestattet, verwandelt, vielleicht auch romantisiert. Der Film basiert auf den historischen Taten der Barrow-Gang, die in den frühen dreißiger Jahren die Südstaaten der USA unsicher machte. Penn zeigt seine beiden Protagonisten nicht so sehr als kriminelle Außenseiter, sondern vielmehr als sympathische junge Amerikaner, die den von der Gesellschaft oktroyierten Glücksmythos wahrmachen wollen und dabei sogar soziale Tugenden demonstrieren, insofern sie ihre Raubzüge auf Banken beschränken, den verarmten Farmern dagegen Solidarität entgegenbringen. Der Film enthält jedoch auch einen psychologischen Aspekt: die Charakterisierung des Verbrechens als Ersatzhandlung für Clydes Impotenz. Ihre Überfälle inszenieren Bonnie und Clyde mit artistischer Eleganz und Kühnheit, wie fortgetragen von einem zunehmenden Rausch, der auch im Bereich der Geschwindigkeit (Fahrten in ständig wechselnden schnellen Automobilen) seinen Ausdruck findet und die beiden schrittweise aus der Realität heraushebt (woran sie schließlich zugrunde gehen). Die Tendenz, die Helden von der Realität zu isolieren, geht eine eigentümliche Verbindung mit einer konkreten, atmosphärisch verdichteten Beschreibung des Hintergrunds der Zeit ein (die nach Überwindung der Wirtschaftskrise mühsam im Zeichen des ›New Deal‹ neue Prosperität anstrebte); zu diesem exakt ausgeführten Zeitkolorit gehören die *Golddiggers* im Kino ebenso wie die schöne Landschaftsfotografie, die realistische Milieuschilderung von Kleinstädten und Dörfern. Diese Verbindung gegensätzlicher Elemente, zusammen mit einer sehr virtuosen und sensiblen Machart, erklärt wohl auch die besondere Ausstrahlungskraft des Films. Auch Penns weitere Filme waren stilistisch elegante Werke, manchmal nahe an der Konventionalität, jedoch niemals vulgär oder banal, sondern zumeist ausgestattet mit einem besonderen Gedanken, einer originellen Konzeption. *Alice's Restaurant* (*Alices Restaurant ist keine Kneipe*, 1969) ist die Verfilmung einer Volkssängerballade über eine verfallene Hippiekommune; *Little Big Man* (1970), der nachinszenierte Bericht eines uralten Veteranen der Indianerkriege General Custers, unternimmt den Versuch, Legenden mit ihren Hintergründen zu konfrontieren; einen Rückgriff auf Muster des Detektivfilms der vierziger Jahre vollzieht *Night Moves* (*Die heiße Spur*, 1974); *Missouri Breaks* (*Duell am Missouri*, 1975) ist ein eigenwilliger Western, der die spannungsreichen und wechselnden Beziehungen zwischen einem selbstherrlichen Farmer, dem Anführer einer Bande von Viehdieben und einem exzentrischen »Regulator«, der die Viehdiebe zur Strecke bringen soll, zum Stoff seines Dramas macht. Der Film zeigt sowohl in der Personenzeichnung als auch in der Erfindung komischer Szenen, die Pathos in Lächerlichkeit umschlagen lassen, eine persönliche Handschrift.

Debütanten der sechziger Jahre, die den standardisierten Formen des Kommerzfilms nahe standen, waren John Frankenheimer und Robert Mulligan. John Frankenheimer (geb. 1930) qualifizierte sich in den fünfziger Jahren als versierter Fernsehregisseur, ehe er zum Film kam. Er gilt vor allem als brillanter Techniker, als Virtuose des Schnitts und der Kameraführung, als Spezialist für Bravourstücke. Seine ersten Filme beschäftigen sich teils mit der Jugendrevolte, teils mit sozialen Themen (so der Gefängnisfilm *Birdman of Alcatraz – Der Gefangene von Alcatraz,* 1961) oder mit politischer Fiktion: in *The Manchurian Candidate* (*Botschafter der Angst,* 1962) wird während des Koreakrieges ein gefangener Amerikaner von Chinesen einer grausamen »Gehirnwäsche« unterzogen und als Agent in sein Heimatland geschickt; dort ermordet er aber nicht, wie geplant, den Präsidenten, sondern seine Mutter. *Seven Days in May* (*Sieben Tage im Mai,* 1963) schildert dagegen einen Umsturzversuch konservativer Generale aus dem Pentagon, der sich gegen den Präsidenten der USA richtet, weil dieser ein Abrüstungsabkommen mit der Sowjetunion schließen will. Das Thema eines Identitätswechsels durch eine Gesichtsoperation verarbeitete Frankenheimer in *Seconds* (*Der Mann, der zweimal lebte,* 1966) mit Zerrlinsen und anderen ausgefallenen Stilmitteln zu einer Horrorstory. Eine Demonstration von Kamera- und Montageraffinessen war der Rennfahrerfilm *Grand Prix* (1966). Eine individuelle Leistung (vielleicht seine einzige) glückte Frankenheimer schließlich mit dem Western *I Walk the Line* (*Der Sheriff,* 1969), der Milieustudie aus einer Kleinstadt im Süden der USA, deren Sheriff vergebens darauf sinnt, aus seinem Alltag auszubrechen. Schließlich drehte Frankenheimer 1974 die Fortsetzung des Erfolgsfilms *French Connection II,* dessen erster Teil von William Friedkin stammte.

Robert Mulligan (geb. 1925) kam ebenso wie Frankenheimer vom Fernsehen, wo er bereits etwa hundert Fernsehspiele realisiert hatte; im Film arbeitete Mulligan meistens mit dem Produzenten und späteren Regisseur Alan J. Pakula zusammen. Mulligan hat sich von Anfang an den Erfordernissen der Filmindustrie Hollywoods angepaßt und Filme der verschiedensten Genres und Themen gedreht, zwischen denen man kaum eine Verbindung herstellen kann – außer der ihrer handwerklichen Qualität. Verschiedentlich nehmen Mulligans Filme eine sozialkritisch-moralische Haltung ein, die mit viel Sentiment verbunden ist und sich schließlich in vagen moralischen Appellen erschöpft, so in *To Kill a Mockingbird* (*Wer die Nachtigall stört,* 1962), einer Studie über Rassenvorurteile in Alabama 1932, oder *Inside Daisy Clover* (*Verdammte süße Welt,* 1965), dem Versuch einer Kritik an Hollywood, exemplifiziert an der Figur eines skrupellosen Filmunternehmers, im Grunde jedoch eine private (und im Endeffekt rührselige) Charakterstudie. Von einem pessimistisch-resignierenden Grundgefühl durchtränkt ist *The Nickel Ride* (»Die Groschen-Fahrt«, 1974), ein Film über einen Mann mittleren Alters, der von einer Organisation, für die er bis jetzt illegale Geschäfte betrieb, rücksichtslos aus dem Weg geräumt wird. Man kann den Film unter Umständen als »Extrapolierung der kapitalistischen Gesellschaft« begreifen. (Jean A. Gili)[42] Insgesamt verhindert jedoch die weitgehende stilistische Anpassung an tradierte Hollywoodmodelle, daß von Mulligans Filmen eine Beunruhigung oder Herausforderung des Zuschauers ausgehen könnte.

Robert Altman und Francis Ford Coppola sind zwei Zentralfiguren des neuen Hollywoodkinos. Sie drehten schon in der zweiten Hälfte der sechziger Jahre profilierte Filme, ihre eigentlichen Erfolge sollten ihnen jedoch erst in den siebziger Jahren gelingen.

Robert Altman (geb. 1925) debütierte schon Ende der fünfziger Jahre mit dem Spielfilm *The Delinquents* (1957) und einem Kompilationsfilm über James Dean. Daran schlossen sich zehn Jahre fast ununterbrochener Fernseharbeit (u. a. Herstellung einzelner Folgen der Serie *Bonanza*). 1968 drehte er einen Science-fiction-Film *Countdown (Countdown – Start zum Mond)*, der (damals noch Utopie) die erste amerikanische Mondexpedition beschreibt; darauf folgte *That Cold Day in the Park* – (*Ein kalter Tag im Park*, 1969), ein Film, der schon spezifische Altman-Motive erkennen ließ: die Vorliebe für paranoide Charaktere, für Situationen, die an Alptraum oder Wahnsinn grenzen, obwohl sie sich aus der Realität entwickeln, für das kommunikationslose parallele Reden mehrerer Personen. Die Fabel war kolportagehaft: eine wohlhabende, aber allein lebende Frau nimmt einen jungen Mann in ihre Wohnung auf, den sie bald darauf zu ihrem Gefangenen macht, was schließlich auf melodramatische Weise in Gewalttaten kulminiert. Einen überragenden internationalen Kassenerfolg erzielte Altman dann mit *M.A.S.H.* (1970), einer Art gehobenen Militärklamotte, die im Korea-Krieg unter zynischen, hartgesottenen US-Militärärzten spielt. Auch der Respekt für Altmans späteres Werk führt nicht an der Feststellung vorbei, daß *M.A.S.H.* ein Film der plumpen Effekte und der Spekulation mit Zweideutigkeiten war, der den Krieg nur als Folie für das lockere Treiben seiner Protagonisten benutzte. Nach dem Erfolg von *M.A.S.H.* standen Altman alle Möglichkeiten offen; aber er optierte nicht für das simple Erfolgsrezept, sondern drehte in der Folgezeit eine Reihe persönlicher Filme, die Ambitionen und Begabung erkennen ließen.

Brewster McCloud (*Auch Vögel können töten*, 1970) ist eine seltsame Parabel mit Horrorelementen über einen jungen Mann, der es sich in den Kopf gesetzt hat, mit einem selbstgebastelten Flugapparat wie Ikarus zu fliegen, bis er schließlich ein Opfer seiner Besessenheit wird. *McCabe and Mrs. Miller* (*McCabe & Mrs. Miller*, 1971) verarbeitet Elemente des Western zu der Charakterstudie eines ehemaligen Cowboys und jetzigen Kleinstadtunternehmers; die Handlung tritt in diesem Film gegenüber einer intensiven, poetischen Milieuschilderung zurück. *Images* (*Spiegelbilder*, 1972) schildert dagegen mit hohem Aufwand an dramaturgischen und ästhetischen Raffinessen die schizophrene Persönlichkeitsspaltung einer Frau, kokettiert mit literarischem Symbolismus à la *Marienbad* und bleibt dabei letztlich in Äußerlichkeiten stecken. Nach einer Chandler-Bearbeitung, *The Long Goodbye* (*Der Tod kennt keine Wiederkehr*, 1973), gelangen Altman 1974 und 1975 seine hervorragendsten Filme: *Thieves Like Us*, *California Split* und *Nashville*. *Thieves Like Us* (*Diebe wie wir*, 1974) ist ein Gangsterdrama aus den Südstaaten der dreißiger Jahre, das einige Analogien zu *Bonnie and Clyde* besitzt. Altmans Gangster sind allerdings nicht von solchem Erfolgsrausch ergriffen wie die Protagonisten Penns; die Stimmungslage des Altman-Films ist melancholischer, hier erscheinen die drei Gangsterhelden eher als Ausgestoßene, Gescheiterte und Verzweifelte. Sie sind geprägt von der Depressionszeit; das Ausrauben von Banken hat für sie einen Gestus der sozialen Revolte. Seine besten Momente hat der Film in der Exposition jener ereignislosen Momente zwischen den Überfällen, wenn in beiläufigen Gesprächen und Reaktionen sich die wahre Verfassung der Protagonisten zeigt. Altman brilliert in einer sehr dichten Beschreibung von Milieu und Zeitkolorit nicht zuletzt vermittels des allgegenwärtigen Radios, aus dem abwechselnd Reklame, Gangsterdramen, religiöse Sendungen und eine Rede Roosevelts als akustischer Kontrapunkt zu den Bildern dringen. Das Milieu, in dem *Thieves Like Us* spielt, ist ärmlich, durchschnittlich, provinziell: bezeichnenderweise spielen sowohl *Bonnie and Clyde* wie auch *Thieves Like Us* nicht in der Großstadt, sondern in kleinen Orten, in Dörfern oder auf dem Lande. Sein Profil erhält der Film aber auch durch eine meist nur andeutende, kontrastierende, elliptische Regie. *California Split* ist die Beschreibung zweier Spielernaturen aus Kalifornien, die dem Glücksspiel aus unterschiedlichen Motiven total verfallen sind; aus der Reihung exzentrischer und dann wieder trostloser Episoden ergibt sich das Bild einer in sich geschlossenen Welt, in der die Menschen von Obsessionen getrieben sind und gegen alle Vernunft unaufhörlich

Pläne und Träume entwickeln. In *Nashville* (1975) porträtiert Altman die Verhältnisse in der Hauptstadt des US-Staates Tennessee, wo zur gleichen Zeit die Präsidentschaftskampagne vorbereitet und die 200-Jahr-Feier der USA mit einem gigantischen Folklore-Festival begangen wird; die Werbung für Politik und für die Stars der ›Country Music‹ verschmilzt in einem Reklamerummel, dessen Slogans austauschbar sind und der ein Klima hysterischer Begeisterung erzeugt. Am Ende kommt es bei der großen Musikshow zu einem Attentat auf den populärsten Star, eine Sängerin (die aber sogleich durch eine andere ersetzt wird). Aus zahlreichen realistischen Details setzt dieser Film ein alptraumhaftes Panorama des provinziellen Amerikas der »schweigenden Mehrheit« zusammen, das der totalen Manipulation durch Mythen, Leitbilder und Reklame unterliegt. Insgesamt eher zwiespältig wirkte dagegen *Buffalo Bill and the Indians* (*Buffalo Bill und die Indianer*, 1976): der Film bedient sich des dramaturgischen Rahmens einer zirkusähnlichen Wildwestshow, die der einstige Westernheld Buffalo Bill betreibt; dieser möchte auch den Indianerheld Sitting Bull für die Show engagieren. Altman demontiert die Figur seines Helden, zeigt sie als die eines Schwätzers und Prahlhanses, die Geschichte des amerikanischen Westens ist nur noch als kommerzialisierte Legende präsent – und doch fehlt es dem Film an Überzeugungskraft, vielleicht wegen einer uneinheitlichen Drehbuchkonzeption.

Wenn man nach einem Schlüssel für Robert Altmans Filme sucht, so kann man sie in der Figur des Träumers erkennen, der einem Hirngespinst, einem Glückstraum, einer Obsession nachhängt und mit der Wirklichkeit keinen Kontakt mehr hat: solche Träumer sind fast alle Altman-Helden, die Gangster in *Thieves Like Us*, die Spieler aus *California Split* oder Brewster McCloud mit seiner Flugmaschine. Ihnen stellt Altman ausgesprochene Realisten gegenüber (so das Mädchen Keechie in *Thieves Like Us*). Der amerikanische Kritiker Michael Dempsey schreibt dem Schlußbild aus *Thieves Like Us* – als Leute eine Treppe zu einem Bahnhof hinaufsteigen, aus dem Bild verschwinden und die Kamera schließlich nur noch die leeren Treppenstufen festhält – symbolische Bedeutung zu, denn hier zeige sich, was »die Komplexität von Altmans stilistischen Mitteln schließlich besagt: das Leben besteht nur aus Bildern, unter deren Oberfläche nichts mehr liegt.«[43]

In *Three Women* (»Drei Frauen«, 1977) geht Robert Altman von Beobachtungen des kalifornischen Alltags aus, die er durch Mittel der Regie und der Bildgestaltung, aber auch durch ihre dramaturgische Verarbeitung zu einem alptraumartigen Panorama von Kommunikationslosigkeit und Grausamkeit zwischen den Menschen stilisiert. Zwei Mädchen, die in einer kalifornischen Altersklinik beschäftigt sind, verkörpern gegensätzliche Formen des sozialen Verhaltens: die eine Heldin strebt durch Überanpassung an die Lebensmodelle der Illustrierten und durch eine ständig zur Schau getragene leere Lässigkeit nach Erfolg; die andere kommt aus der (texanischen) Provinz und spielt zunächst die Rolle des naiven Mädchens vom Lande; im Hintergrund steht eine dritte, mysteriöse Frauenfigur, eine Malerin. Zwischen den beiden ersten Frauen findet im Verlauf der Handlung ein seltsamer Rollentausch statt. Mit einer gewissen Logik bewegt sich dieser Film vom anfänglichen Schwelgen in schönen Kulissen in ein Geflecht beklemmender, makabrer Ereignisse hinein; er gleicht einem eleganten Spiegel, der plötzlich zerbricht. Dabei geht Altman mit großer formaler und technischer Raffinesse vor. Am Schluß verliebt er sich zu sehr in die reine Exposition von Horror-Effekten. Trotzdem ist dieser Film eine interessante Antwort des Hollywood-Kinos auf bestimmte Phänomene der amerikanischen Gesellschaft.

Francis Ford Coppola (geb. 1939) erwies sich als äußerst fruchtbares und vielseitiges Talent. Seine Anfänge machte er, neben dem Filmstudium an der UCLA-Universität in Los Angeles, als Assistent von Roger Corman; hier lernte er Film »von der Pike auf«.

Ähnlich wie Corman war auch Coppola später nicht nur als Regisseur, sondern auch als Produzent tätig; er verhalf anderen jungen Regisseuren (so George Lucas) zu ihrem Debüt und schrieb zwischendurch Drehbücher. Coppola begann als Regisseur 1962, noch bei Corman, mit dem Horrorfilm *Dementia 13*. Darauf folgte später eine Komödie über die sexuellen Inhibitionen eines jungen Mannes, *You're a Big Boy Now* (*Big Boy, jetzt wirst du ein Mann*, 1966), und ein Märchenmusical, das sich besonders um die Integrierung von Landschaft in das Geschehen bemühte, *Finian's Rainbow* (*Der goldene Regenbogen*, 1967). *The Rain People* (*Liebe niemals einen Fremden*, 1968), das psychologische Drama einer schwangeren Frau, die in einer Art Kurzschlußhandlung vor Mann und Eltern flieht, mit dem Auto ein unbekanntes Ziel ansteuert und unterwegs einen debilen Fußballspieler kennenlernt, zeigte eine stärker persönliche Handschrift als Coppolas frühere Filme und nahm die Welle der später folgenden ›Road Pictures‹ oder ›Reise-Filme‹ vorweg (der Film enthielt Außenaufnahmen aus 18 Staaten der USA). Coppola ließ diesen Film von seiner eigenen Firma ›American Zoetrope‹ in der Art von Corman nach kostensparenden Methoden drehen; jedoch gaben sich Warner Brothers mit dem Verleih keine sonderliche Mühe, und Coppolas Produktionsfirma stand wegen zahlreicher anderer Projekte kurz vor dem Zusammenbruch, als Paramount ihm die Regie des Films *The Godfather* (*Der Pate*, 1972) anbot; dies war die ökonomische Rettung für Coppola. *The Godfather* ist ein Epos über das schon bei Lebzeiten legendäre Oberhaupt einer US-italienischen Familie mit weitverzweigten Unterweltverbindungen, im Grunde ein Film über die Mafia, obwohl diese selbst Coppola »Berater« aufnötigte und durchsetzte, daß das Wort »Mafia« im Film selbst nicht vorkam. Marlon Brando in der Rolle des »Godfather« Don Corleone beherrscht den Film mit seiner mythischen Figur, die meist nur halb sichtbar ist oder im Schatten bleibt. Insgesamt erhob sich der Film kaum über andere Vorbilder des Gangstergenres, jedoch wurde ihm ein in der Geschichte des amerikanischen Kinos fast beispielloser Erfolg zuteil; er soll über 200 Millionen Dollar eingespielt haben, was für die Firma Paramount eine finanzielle Gesundung bedeutete. Der Erfolg des *Godfather* ermöglichte es Coppola, sich auf ein interessanteres Projekt zu konzentrieren, an dessen Vorbereitung er bereits seit 1967 arbeitete: *The Conversation* (*Der Dialog*, 1974). Dieser Film sollte zu einem der entscheidenden Werke des amerikanischen Kinos der siebziger Jahre werden. Obwohl das Projekt aus der Vor-Nixon-Zeit stammte, erhielt der Film durch die Watergate-Affäre erhöhte Aktualität. Im Mittelpunkt des Dramas steht der private Abhörspezialist Harry Caul; er gilt als größter Könner seines Gebiets an der ganzen Westküste. In einem selbstgebastelten Laboratorium voller elektronischer Geräte kommt er auch schwierig versteckten Geräuschquellen auf die Spur und vermag das leiseste Flüstern aus chaotischem Straßenlärm herauszufiltern (Coppola hat den Einfluß von *Blow up* auf seinen Film zugegeben).[44] *The Conversation* analysiert das psychologische Drama des Harry Caul (eines gläubigen Katholiken), dem plötzlich Zweifel an der Rechtmäßigkeit seiner Tätigkeit kommen, der eine mögliche Bedrohung des Paares, dem er akustisch nachspionieren soll, aufdecken will, diese falsch interpretiert, dann von anonymen Kräften unter Druck gesetzt und seinerseits abgehört wird. In einem wilden Anfall von Raserei zertrümmert er das Inventar seines eigenen Zimmers, ohne die versteckte »Wanze« zu finden; schließlich bleibt er allein mit seinem Saxophon (seinem einzigen Hobby) in der zertrümmerten Wohnung zurück. Coppola gelingt es, aus diesem Film ein Gleichnis für ein Gesellschaftssystem zu machen, in welchem der einzelne minuziöser »nachrichtendienstlicher« Kontrolle unterworfen ist; ein Orwellsches System, das bereits jetzt, wie der Film zeigt, technologisch vorstellbar ist und für das sich in der amerikanischen Realität beunruhigende Anzeichen beobachten lassen. Aber seine besondere Überzeugungskraft gewinnt der Film nicht so sehr aus seiner politisch-soziologischen Dimension, sondern vielmehr daraus, wie er die Person seines einsamen Helden entwickelt, sie in seinem spezifischen Milieu zeigt, dem phantastischen Laboratorium, dann auf einem halb absurden, halb makabren Kongreß der Abhörspezialisten, die sich wie biedere Handelsvertreter begegnen, und bei der Ausübung seines Berufes, immer umgeben von einer Sphäre der Isolation und Entfremdung. Dieser Abhörspezialist Harry Caul, der von einem Agenten des Systems schließlich zu dessen Opfer wird, der die kompliziertesten Apparate bedient und gleichwohl in einem Vakuum lebt, gepeinigt von untergründigen Ängsten, vom Zweifel und vom Verdacht, gehört zu den interessantesten Figuren des neuen amerikanischen Kinos.

1974 kam eine Fortsetzung von Coppolas größtem Erfolg heraus: *The Godfather, Part II (Der Pate – Teil II).* Die zweite Folge erfüllt höhere künstlerische Ansprüche als die erste. Coppola zeigte in Parallelmontagen die Frühgeschichte der Mafia-Familie Corleone in Sizilien und die heutige Auseinandersetzung des jüngsten Familienoberhauptes mit mächtigen Vertretern der amerikanischen Industrie und Politik.

Einen wichtigen Einschnitt in der amerikanischen Filmgeschichte der sechziger und siebziger Jahre markiert Dennis Hoppers Film *Easy Rider* (1969). Dieses Werk wurde zu einem Symbol-Film für eine neue Generation von Kinogängern. Es leitete eine kurze Zeitspanne außerordentlicher Freiheit ein, die für junge Regisseure plötzlich bestand, nachdem Hollywood durch den unerwarteten *Easy-Rider*-Erfolg kopflos geworden war. Der Film schuf in gewisser Weise die Voraussetzungen für das neue amerikanische Kino der siebziger Jahre, für die Filme der Scorsese, Sydney Pollack, Bogdanovich – selbst wenn Dennis Hoppers Regiekarriere nach *Easy Rider* schon bald wieder beendet war.

Easy Rider ging im Grunde aus der Produktion Roger Cormans und der auf Jugendfilme spezialisierten Gesellschaft ›American International Pictures‹ hervor, für die Corman bereits 1966 die Motorradballade *The Wild Angels (Die wilden Engel)* und 1967 den Drogenfilm *The Trip* gedreht hatte, thematisch wie formal Vorwegnahmen von *Easy Rider.* Dennis Hopper (geb. 1936) war bereits seit 1956 als Darsteller in vielen Filmen tätig. Das Drehbuch zu *Easy Rider* schrieb er gemeinsam mit seinem Schauspielerkollegen Peter Fonda; beide übernahmen auch die Hauptrollen in dem Film. Er handelte – ein typisches ›Road Picture‹ – von der Motorradfahrt zweier junger Leute, Billy und Wyatt, auch genannt »Captain America«, von Los Angeles nach New Orleans. Ziel der Reise: der »Mardi-gras«-Karneval in New Orleans. Ihre Fahrt ist eine Hymne an die amerikanische Landschaft und auf das Erlebnis der Freiheit, auf den schwerelosen Zustand des »Unterwegs-Seins«; dazu paßt die Musikbegleitung des Films, eine Auswahl prominenter amerikanischer Folk- und Rockmusik. »Die Musikstücke illustrieren nicht einfach die Bilder des Films, die Bilder handeln vielmehr von ihnen.« (Wim Wenders)[45] Auf der anderen Seite begegnen die beiden Protagonisten auf ihrer Fahrt auch dem spießigen, ressentimentgeladenen, quasifaschistischen Amerika des Kleinbürgertums der Südstaaten. Wo die langhaarigen, exotisch aussehenden Reisenden mit ihren funkelnden, monströsen Motorrädern auftauchen, treffen sie auf mißtrauische bis feindselige Blicke, schließen sich die Türen der Motels, tritt die Polizei in Aktion. In Texas werden sie unter einem Vorwand verhaftet und eingesperrt. Ein Rechtsanwalt der Bürgerrechtsbewegung, dem sie im Gefängnis begegnen, bringt sie wieder heraus; nun fährt er auf dem Beifahrersitz von »Captain America« mit nach New Orleans. Aber eines Nachts wird er von einem lynchwütigen Mob, der den Lagerplatz der drei überfällt, zu Tode geprügelt. (»Dies war doch eigentlich ein verdammt gutes Land! Ich verstehe selber nicht, was mit ihm passiert ist«, bemerkte er kurz zuvor.) In New Orleans stellt sich der Karneval als enttäuschend heraus, nach einer LSD-Party auf dem Friedhof fahren die beiden weiter in Richtung Florida, werden aber unterwegs von einem vorbeifahrenden Lastwagenfahrer erschossen, ohne Grund.

Easy Rider war nicht nur ein Film über romantischen Freiheitsdrang, sondern auch über die Gewalt in Amerika, über gesellschaftliche Vorurteile, über die Veränderung der Landschaft, über die Physiognomie von Kleinstädten. Er war frei von jeder Verschönerung; was er zu sagen hatte, hielt er in lakonischen, manchmal romantischen, manchmal auch aggressiven und bitteren Bildfolgen fest. Der Erfolg des Films kann sicher nur daraus erklärt werden, daß er eine tiefliegende Disposition des jugendlichen Publikums getroffen hatte, dem die offiziellen Mythen Amerikas schal und unglaubwürdig geworden waren. Dennis Hopper konnte danach allerdings nur noch einen weiteren Film des prophetischen Titels *The Last Movie* (»Der letzte Film«, 1971) drehen, der in Lateinamerika entstand und überhaupt nicht mehr ans Publikum kam. (Thema des Films ist das Filmemachen selbst: Dennis Hopper zeigt die Dreharbeiten eines Hollywood-Teams unter Sam Fuller in Peru; er beschreibt dann, wie die Kino-Realität von den Indianern im buchstäblichen Sinne ernst genommen und nachgespielt wird.) Verschiedene andere Filme lassen sich indessen deutlich auf das Vorbild *Easy Rider* zurückführen, so der aus ununterbrochenen Autofahrten bestehende *Two Lane Blacktop* (*Asphaltrennen*, 1971) von Monte Hellman; Hellman (geb. 1932) drehte vorher den »existentialistischen« Western *The Shooting* (*Das Schießen*, 1966). In der weiteren Nachfolge Dennis Hoppers stehen der »Reisefilm« *Paper Moon* (1972) von Bogdanovich, *Duel* von Stephen Spielberg, *Electra Glide in Blue* (1973) von James William Guercio. Auch die »neue Sensibilität«, die von *Easy Rider* ausstrahlte (ein besonderes Empfinden für Milieu, Dekoration oder Landschaft und die durch sie ausgelösten Assoziationen), wurde von vielen Filmen aufgenommen und weiterverarbeitet. Sie kommt zum Ausdruck bei Peter Bogdanovich, in Western wie Stan Dragotis *Dirty Little Billy* (*Dreckiger kleiner Billy*, 1972) oder *Jeremiah Johnson* (1972) von Sydney Pollack, auch in Robert Altmans Filmen, besonders *McCabe and Mrs. Miller* sowie *Thieves Like Us* oder in *American Graffitti* (1973) von George Lucas. Insofern bewirkte *Easy Rider* tatsächlich eine profunde Klimaveränderung im amerikanischen Kino.

Peter Bogdanovich (geb. 1939) ist ein Sonderfall in der Geschichte des ›Neuen Hollywood-Kinos‹, weil er über die Filmkritik und über das systematische Studium der Filmklassiker zum Film kam. Bogdanovich war Mitarbeiter der renommierten Zeitschrift »Film Culture« und verfaßte Regisseur-Monographien über Fritz Lang und John Ford. »Ich richte mich niemals nach meinen Zeitgenossen, sondern nach den 20000 Filmen, die bislang gemacht worden sind und von denen ich 6000 gesehen habe. Ob das, was ich mache, gut ist, wäge ich ab gegen die Regisseure, die ich bewundere – Hawks, Lubitsch, Buster Keaton, Welles, Ford, Renoir, Hitchcock.« (Bogdanovich)[46]

Bogdanovich begann wie manche seiner Zeitgenossen bei Roger Corman, der ihm auch seinen ersten Spielfilm *Targets* (*Bewegliche Ziele*, 1968) finanzierte. Dieser Film ist gleichermaßen eine Hommage an eine zu Ende gehende Periode Hollywoods wie die (freilich schreckerregende) Bestandsaufnahme eines neuen Amerikas, das bestimmt wird von psychischer Frustration und Gewalttätigkeit. *Targets* erzählt von dem alternden Horrorstar Orlok (Boris Karloff), der sich vom Filmemachen zurückziehen will, und parallel dazu von einem Durchschnittsangestellten und Amateur-Scharfschützen, der eines Tages von der Leinwand eines Autokinos auf Menschen schießt; in einer ingeniösen Schlußsequenz verklammert Bogdanovich Kinorealität und Realität *vor* der Leinwand.

Bogdanovichs weitere Filme waren nostalgische, aber detailgetreue und genau konstruierte Schilderungen amerikanischer Kleinstadt- und Provinzrealität. *The Last Picture Show* (*Die letzte Vorstellung*, 1971) spielt 1951 im texanischen Städtchen Anarene und beschreibt die Abenteuer zweier Freunde, die ihr letztes Jahr in der High School absolvieren, vor einem Hintergrund von Apathie, Langeweile und Indifferenz. Eigentliches Thema des Films ist der Übergang vom Alter der Träumereien zum Stadium der Skepsis. Dieses Thema artikuliert sich in einer sensiblen Schwarzweißfotografie, die die heruntergekommenen, monotonen Straßenpanoramen, die leeren Perspektiven und die staubigen Fassaden der Kleinstadthäuser abtastet; es erscheint aber auch auf einer anderen Ebene: in der Verklammerung von Filmmotiven und Zitaten. Eine wichtige Rolle in dem Film spielt der alte Kino- und Spielsaalbesitzer »Sam der Löwe«, der im Verlauf des Films stirbt; sein Kino, das einzige des Ortes, wird geschlossen. Während der Film mit Ausschnitten aus Minellis »heiler« Komödie *Father of the Bride* (1950) beginnt, sehen sich die beiden Freunde am Ende – in der letzten Vorstellung des vor seiner Schließung stehenden Kinos – Howard Hawks' *Red River* (1948) an. Durch die Einrahmung mit Kinoszenen ergibt sich eine Art Kreisstruktur; die Filmausschnitte stehen stellvertretend für die Hoffnungen und Empfindungen der Protagonisten. Mit Zitaten aus Hollywoodklassikern (Ford, Hawks) reichlich versehen ist auch Bogdanovichs Ballade *Paper Moon* (1972), in deren Mittelpunkt die Freundschaft zwischen einem neunjährigen Mädchen und einem Bibelverkäufer steht. Handlungsort ist das – von Bogdanovich wiederum genau situierte – provinzielle Amerika der dreißiger Jahre. Eigentlich soll der Bibelverkäufer das Mädchen, dessen Mutter soeben verstorben ist, nur zu ihrer Tante bringen; aber auf dem Weg dorthin hilft die Kleine dem Mann geschickt seine Bibeln abzusetzen, befreit ihn zudem aus schwierigen Situationen, so daß aus dem Komplizentum eine starke Freundschaft zwischen den beiden wird. Bogdanovich entwickelt ein interessantes Spannungsverhältnis zwischen dem mythischen Kern der Geschichte (dem Thema der Solidarität und der Freundschaft) und den plastisch gezeichneten Randfiguren (den Witwen, die die beiden aufsuchen, dem schwarzen Dienstmädchen, einem brutalen Sheriff, einem Alkoholschmuggler) sowie dem lebendigen Milieu (Hotels, Cafés, Landschaften). Das Mädchen wird durch ihre Vergangenheit charakterisiert, deren Relikte sie in einer Zigarrenkiste mit sich herumträgt. Auch die eher vorsintflutlichen Automobile spielen in dem Film, der gesättigt ist mit konkreter und gleichwohl ästhetisch gestalteter Realität, eine wichtige Rolle.

Zwischen diesen beiden Filmen drehte Bogdanovich die Komödie *What's up, Doc?* (*Is' was, Doc?*, 1971), die er selbst als »eine Art Mischung aus einer Feydeau-Farce und einer ›Screwball-Comedy‹ in der Art von Hawks' *Bringing up Baby*« beschreibt[47], sowie die Verfilmung einer 1879 erschienenen Novelle des amerikanischen Autors Henry James, *Daisy Miller* (1974). Protagonistin dieses in Europa (am Genfer See) spielenden Films ist eine ungezwungene, temperamentvolle, jedoch unaufhörlich plappernde und manchmal vulgäre junge Amerikanerin; von ihr fühlt sich ein europäisierter, aristokratischer Amerikaner zugleich angezogen und abgestoßen. Der vom Dialog und von der Inszenierung her witzige Film blieb streckenweise in dekorativer Ausmalung stecken. *Nickelodeon* (1977) war Bogdanovichs Hommage an die früheste Epoche des Filmemachens in Amerika: er befördert einen Rechtsanwalt auf unerwartete Weise zum Filmregisseur, der sich dann auf sehr handgreifliche und vielseitige Weise in seinem Beruf bewähren muß. Der Film besteht aus einer fast ununterbrochenen Folge turbulenter Zwischenfälle; als verehrungswürdiges Vorbild erscheint im Hintergrund der amerikanische Filmveteran D. W. Griffith.

Zu den wichtigen Regisseuren des neuen Hollywoodfilms gehört auch Martin Scorsese (geb. 1942), der an der New York University Film studierte, dann verschiedene Kurzfilme drehte, als Cutter, Berater und Assistent tätig war. Nach einem Debütfilm *Who's That Knocking at My Door?* (»Wer klopft an meine Tür?«, 1968) und einem sozialkritischen Gangsterfilm, der in den dreißiger Jahren spielt, *Boxcar Bertha* (*Die Faust der Rebellen*, 1971) drehte Scorsese 1973 *Mean Streets (Hexenkessel)*, einen Film, der das neue Hollywoodkino um ein weiteres stilistisches Modell bereichern sollte. *Mean Streets* war ein filmisches Porträt jenes Milieus, in dem Scorsese aufgewachsen war: des New Yorker Stadtteils »Little Italy«. Scorsese schildert eine Handvoll Typen, die sich meistens in Bars und Billardsälen aufhalten, von kleinen Geschäften und vom gegenseitigen Anpumpen leben, Kumpane, zwischen denen aber auch öfters Streit ausbricht. Es gelang ihm, das Klima versteckter bis offener Aggression im Verhalten der Personen mit Scharfblick zu orchestrieren, das Umkippen von Pathos in Lächerlichkeit durch kinematographische Beobachtung durchsichtig zu machen; dies sind die stilistischen Feinheiten eines düsteren, oft aber auch komischen Films wie *Mean Streets*, der nicht ohne Parallelen zu den klassischen Gangstervorbildern ist. Realistischer fiel dagegen *Alice Doesn't Live Here Anymore* (*Alice lebt hier nicht mehr*, 1975) aus, ein Film über eine verwitwete Frau, die mit ihrem dreizehnjährigen Sohn unterwegs nach Monterey in Kalifornien ist, als Sängerin und Serviererin in Lokalen Geld zu verdienen sucht und dabei auf vielfältige Weise erfahren muß, wie eine alleinstehende Frau im Alltag diskriminiert wird. Der aus Episoden und Fragmenten, Begegnungen und Einzelporträts zusammengesetzte Film ist lebendig und phantasievoll, auch mit Sinn für Ironie ausgeführt und liefert Ansätze zur gesellschaftskritischen Reflexion. *Taxi Driver* (1975) ist ein realistischer, zum Schluß jedoch zunehmend melodramatischer Film über einen einsamen Taxifahrer in New York. Der Protagonist, degoutiert von den täglichen Eindrücken seines Berufs, trainiert sich als Scharfschütze, offenbar noch unsicher, in welche Richtung er seine Aggressionen lenken soll, wohl auch bestimmt von einem unklar empfundenen Sendungsbewußtsein. Am Ende schießt er die Personen in der Umgebung einer jungen Prostituierten, die er von ihrem Schicksal erlösen will, brutal über den Haufen. Scorsese seziert die psychische Isolierung des Helden, registriert seine vergeblichen Versuche, Kontakt zu anderen Menschen zu finden, aber auch die rings um ihn herum herrschende Indifferenz und das Klima von Gewalt, das ihn schließlich auch selbst erfaßt. Der Film ist von hoher formaler Virtuosität. *New York, New York*, (1977), die Lebensgeschichte eines Jazzmusikers und einer Sängerin aus den Nachkriegsjahren, blieb zu sehr in nostalgischen Schaueffekten stecken und zerflatterte in einer weitläufigen Dramaturgie.

Eine nicht geringe Zahl von Filmen des neuen Hollywoodkinos schildern plötzliche Explosionen von Gewalt, sei es in Form des Gangsterkrieges, der Verfolgung von Gangstern durch Polizei und »Kräfte der Ordnung« (manchmal auch durch einen Lynch-Mob), oder aber in Form ausgesprochener Kurzschlußhandlungen, die auf Isolation oder Frustration von Individuen zurückzuführen sind: so der Schuß aus der Menge in *Nashville*, die Schüsse des Scharfschützen unter der Kinoleinwand in *Targets* oder das Blutbad in *Taxi Driver*.

Unter den Regisseuren des neuen Hollywoodkinos sind noch eine Reihe von Namen zu nennen, die sich in den siebziger Jahren bestimmten kommerziellen Trends der Filmindustrie anpaßten, dabei aber handwerkliche Perfektion erreichten. Mike Nichols (geb. 1931) etwa drehte verschiedene Unterhaltungsfilme, so eine elegante Komödie über die erotischen Verwirrungen eines Collegejünglings, *The Graduate* (*Die Reifeprüfung*, 1967), eine derbe »Antikriegs«-Persiflage in der Nachfolge von *M.A.S.H.*, *Catch 22* (1970), und die mit vielen Anzüglichkeiten durchsetzte Geschichte zweier Männer und ihrer unterschiedlichen Beziehungen zu Frauen (*Carnal Knowledge – Die Kunst zu lieben*, 1971). In *The Day of the Dolphin* (*Der Tag des Delphins*, 1973) rankte Nichols eine ausgefallene Politphantasie um die Science-fiction-Erfindung eines Wissenschaftlers, der Delphinen das Sprechen beizubringen vermag. Sydney Pollack (geb. 1934) bewies mit seinen Filmen anfangs thematische Originalität, ehe er sich später in Richtung auf nostalgische Unverbindlichkeit entwickelte. Pollack begann mit dem Drama einer Selbstmörderin, *The Slender Thread* (*Stimme am Telefon*, 1966) und der Verfilmung eines Einakters von Tennessee Williams, *This Property Is Condemned* (*Dieses Mädchen ist für alle*, 1966). Nach einem Western (*The Scalphunters – Mit eisernen Fäusten*, 1968) und einem Kriegsfilm (*Castle Keep – Das Schloß in den Ardennen*, 1969) realisierte Pollack einen sozialkritisch ambitionierten Film über ein (siebenwöchiges!) Tanzturnier aus dem Amerika der Depressionszeit, der sich naturalistischen Exzessen in die Arme warf, *They Shoot Horses, Don't They?* (*Nur Pferden gibt man den Gnadenschuß*, 1969) – er gilt als Pollacks »pessimistischster« Film[48] –, und den Western *Jeremiah Johnson* (1969), vielleicht Sydney Pollacks bestes Werk und einer der schönsten Western des neuen Hollywoodkinos. Held des Films ist der Ex-Soldat Jeremiah Johnson, der um 1850 in die Wildnis des amerikanischen Westens zieht, um dort Trapper zu werden. Er wird, obwohl er allein leben möchte, in Indianerkämpfe verwickelt, heiratet eine indianische Häuptlingstochter, verletzt eines Tages heiliges Territorium der Krähenindianer, worauf diese seine Frau und das adoptierte Kind umbringen; Jeremiah Johnson rächt sich auf schreckliche Art an den Indianern und wird schon zu Lebzeiten zu einer Legende. *Jeremiah Johnson* läßt sich auf kein schon bekanntes Westernklischee reduzieren. Nicht der Mensch bringt hier Zivilisation in die Wildnis, sondern die Wildnis verwandelt und assimiliert den Menschen. Bemerkenswert, wie Sydney Pollack die weiten Schneelandschaften der Rocky Mountains in das Geschehen einbezieht und aus ihnen das epische Klima seines Films entwickelt, sie auch in Relation zum Innenleben seines Protagonisten setzt. *The Way We Were* (»So waren wir«; deutscher Verleihtitel: *Cherie Bitter*, 1973) erzählt die Liebesgeschichte einer linksengagierten College-Studentin und eines Drehbuchautors im Amerika der dreißiger (und vierziger) Jahre. Die politischen Hintergründe amerikanischer Zeitgeschichte, die der Film evoziert, bestehen aber nur aus oberflächlichen Andeutungen; tatsächlich geht es Pollack mehr um eine rührselige Liebesgeschichte, die vor allem auf zwei Stars (Barbra Streisand und Robert Redford) bezogen ist. Danach drehte Pollack einen Kriminalfilm mit japanisch-mythologischem Hintergrund, *Yakuza* (1975), und einen hinter den Kulissen der CIA spielenden Agententhriller, *The Three Days of the Condor* (*Die drei Tage des Condors*, 1975).

Zu den großen kommerziellen Matadoren des ›Neuen Hollywood-Kinos‹ gehören Steven Spielberg und William Friedkin, im weiteren Sinne auch Hal Ashby, Bob Rafelson, Paul Mazursky und Jerry Schatzberg; diese Regisseure lieferten, wenn nicht ausgesprochene Kassenknüller, so doch handwerklich solide Unterhaltungsware. Steven Spielberg (geb. 1948) debütierte nach einigen beim Fernsehen verbrachten Lehrjahren mit *Duel* (*Duell*, 1971), dem mit Sinn für realistische Details, psychologische Hintergründigkeit und makabre Effekte realisierten Landstraßen-Drama zwischen einem Personenwagen (bzw. dessen Fahrer) und einem gespenstischen Riesen-Lkw, der den Personenwagen dauernd von der Straße abzudrängen sucht. Während dieser Film, der auf verschiedenen Ebenen interpretierbar war, noch Erwartungen auslöste, verarbeitete Spielberg die Dramatik von Autojagden in *The Sugerland Express* (Sugerland Express, 1974) auf oberflächliche Art zu einem spektakulären Kriminalreißer; mit *Jaws* (*Der weiße Hai*, 1975) ließ er sich endgültig auf die Formel des kommerziellen Erfolgsfilms ein.

William Friedkin (geb. 1939) war von 1957 bis 1965 für das NBC-Fernsehen tätig; er drehte einen atmosphärisch dichten, in der Charakterzeichnung witzigen Film über das Milieu eines New Yorker Nachtkabaretts, *The Night They Raided Minsky's* (*Die Nacht, als Minsky aufflog*, 1968), sowie die etwas gequält-lockere Darstellung einer sich dramatisch zuspitzenden Geburtstagsparty unter Homosexuellen, *The Boys in the Band* (*Die Harten und die Zarten*, 1970). Zu Friedkins größten Kinoerfolgen wurden *The French Connection* (*Brennpunkt Brooklyn*, 1971), ein reißerisches Drama zwischen Rauschgiftschmugglern und sie verfolgenden Polizisten, das in vordergründigen Effekten schwelgt und das Vorbild einer sich ausbreitenden Welle sogenannter Polizeifilme abgab, und *The Exorcist* (*Der Exorzist*, 1973), die kunstvoll dramaturgisch eingerahmte Schauerballade über ein Mädchen, das vom Teufel oder von Dämonen besessen ist, gegen die Exorzisten einen Kampf auf Leben und Tod führen. Der Film übertraf an Kraßheit seiner Gruselffekte fast alles bisher Dagewesene. Gestalterische Phantasie ließ er eigentlich nur in der Verwendung des Tons erkennen, so abgedroschen wirkten die meisten seiner dramatischen und visuellen Effekte. Hal Ashby (geb. 1939) drehte einige unterhaltsame Komödien, gelegentlich kann man ihn auch für einen Gesellschaftskritiker halten: *Harold and Maude* (*Harold und Maude*, 1971) beschreibt die paradoxe Freundschaft zwischen einem jungen Mann aus reichem Hause und einer Achtzigjährigen; in *The Last Detail* (*Das letzte Kommando*, 1974) begleiten zwei Soldaten der US-Armee einen dritten, der eine Gefängnisstrafe antreten soll, auf einer Reise, versuchen ihm dabei Gutes zu tun und werden in verschiedene Abenteuer verwickelt; *Bound for Glory* (»Für den Ruhm bestimmt«, deutscher Verleihtitel: *Dieses Land ist mein Land*, 1977) ist die sozialkritisch akzentuierte Geschichte des Protestsängers Woodie Guthrie.

Bob Rafelson (geb. 1935) hatte mit *Five Easy Pieces* (*Ein Mann sucht sich selbst*, 1970), der Geschichte eines ruhelosen Außenseiters, der eine Ausbildung als Pianist erhalten hat und mit einer exzentrischen Familie gesegnet ist, großen internationalen Erfolg. Von Paul Mazursky (geb. 1930) stammen unter anderem *Bob & Carol & Ted & Alice* (1969) sowie *Next Stop Greenwich Village* (*Ein Haar in der Suppe*, 1976), muntere Gesellschaftskomödien im »Main-Stream« des Hollywoodkinos. Jerry Schatzberg (geb. 1927) schließlich drehte *The Panic in Needle Park* (1971), einen Film aus dem Milieu Drogensüchtiger, beschrieb die Freundschaft zweier Männer von der Landstraße in *Scarecrow* (*Asphalt-Blüten*, 1972) und die gefährlichen Abenteuer eines in teure Autos vernarrten Mädchens in *Dandy, the All American Girl* (1976). In den Kreis der erwähnenswerten Regisseure des neuen Hollywoodkinos, deren Werke zwischen Kommerz und Individualität pendeln, gehören ferner Brian de Palma (geb. 1940) mit einer Serie romantischer Horrorfilme: *Phantom of the Paradise* (*Das Phantom im Paradies*, 1974, Remake des Klassikers *Phantom of the Opera* von Rupert Julian, 1925), *Obsession* (*Schwarzer Engel*, 1975) und *Carrie* (*Carrie – des Satans jüngste Tochter*, 1976), Stan Dragoti mit *Dirty Little Billy*, 1972, einem der schönsten neueren Western, sowie Terrence Malick mit *Badlands* (1974), einem neo-romantischen Gangsterfilm. Haskell Wexler drehte einen »medienkritischen«, jedoch im Grunde reißerischen Film, *Medium Cool* (1969), James Frawley einen Western mit utopischen und parabelhaften Zügen, *Kid Blue* (1974), Henry Jaglom die interessante Vietnam-Parabel *Tracks* (*Gleise*, 1976). Alan J. Pakulas Filme ließen eine besondere dramaturgische und handwerkliche Begabung erkennen: *Klute* (1971), ein Kriminalfilm um Erpressung und Kinderraub, und zwei Politthriller mit aktuell-selbstkritischen Hintergründen: *The Parallax View* (*Zeuge einer Verschwörung*, 1973) über Nachforschungen, die der Ermordung eines Politikers gelten, sowie *All The President's Men* (*Die Unbestechlichen*, 1976); dieser Film ist zwei Journalisten der »Washington Post« gewidmet, die den Watergate-Skandal durch ihre sorgfältigen Recherchen ins Rollen brachten; beide Filme reduzierten ihr Geschehen jedoch weitgehend auf vordergründige Aktion.

Zu den intelligenten Außenseitern, die durch Einzelfilme zu überzeugen vermochten, gehören schließlich Barbara Loden (eine der wenigen Frauen, die als Regisseurinnen in Hollywood tätig sind) mit *Wanda* (1970) und Daryl Duke mit der Satire auf das Leben eines Hillbilly-Sängers, *Pay Day* (1972).

»In Hollywood gibt es eigentlich nur zwei Sorten von Menschen …

Es gibt einen Bereich der filmischen Produktion und Rezeption in den USA, der mit Hollywood-Kino und Filmkommerz nicht das geringste zu tun hat, ja sich geradezu aus der Negation des »etablierten« Hollywood-Films definiert, dem aber nicht weniger Aufmerksamkeit gebührt als den »professionell« gemachten Erzeugnissen der amerikanischen Filmindustrie, wie ambitioniert diese auch immer sein mögen: das ist der Bereich des »unabhängigen« Films, der in den sechziger und siebziger Jahren mit den Bezeichnungen ›New American Cinema‹, ›Undergroundfilm‹, ›Off-Hollywood-Kino‹, ›Avantgarde‹- oder ›Experimentalfilm‹ belegt wurde. Seit etwa 1960 hat sich in den USA, zunächst auf der Grundlage einer gemeinsamen Anti-Hollywood-Position, ein breites Feld der Produktion entwickelt, das sich dann im Verlauf der sechziger Jahre in verschiedene Richtungen aufspaltete: in die des »unabhängig« produzierten Spielfilms, die des Dokumentarfilms (mit seiner besonderen Variante des ›Uncontrolled Cinema‹), des politischen und Zielgruppen-Films, dann, auf der anderen Seite, in die Richtung des ästhetisch orientierten Experimental- und Avantgardefilms.

Es ist ein bemerkenswertes Phänomen, daß die »unabhängige« Filmszene mit all ihren Facettierungen in keinem Land der Welt so entwickelt ist wie in den USA. Die unabhängige Filmbewegung wurde ausgelöst durch den Aufstand einer jungen Filmemachergeneration gegen die ökonomische und ästhetische Diktatur Hollywoods; auf der anderen Seite ist die dauerhafte Existenz so umfangreicher, nicht von der Industrie kontrollierter Produktionsbereiche – selbst wenn auch hier ein harter Kampf um Existenz und Positionen ausgetragen wird und die Bedingungen alles andere als ideal sind – wohl nur zu erklären aus der stark entwickelten Infrastruktur der Filmabteilungen an unzähligen Universitäten des Landes und aus der stark verbilligten, allgemein zugänglichen Technologie des 16-mm-Mediums.

Wichtigstes Sammelbecken und theoretisches Organ der Bewegung des »unabhängigen« Films in den USA war die schon 1955 von dem Kritiker und Filmemacher Jonas Mekas gegründete Zeitschrift »Film Culture«. In dieser Zeitschrift erschien 1961 eine Resolution unter dem Titel »Manifest der ›New American Cinema Group‹«, die am 28. September 1960 von einer Gruppe unabhängiger Filmemacher, Kritiker und Produzenten formuliert worden war. In diesem Manifest – dem vielleicht denkwürdigsten Text der unabhängigen Kinobewegung vor 1968 – hieß es unter anderem:

»Dem etablierten Film der ganzen Welt geht die Luft aus. Er ist moralisch korrupt, ästhetisch überholt, thematisch oberflächlich und temperamentlos. Selbst scheinbar ganz passable Filme, die Anspruch auf ein hohes moralisches und künstlerisches Niveau erheben und bei Kritik und Publikum Anerkennung gefunden haben, enthüllen den Verfall des Films, der nur Ware sein will. Gerade die Glätte der Ausführung erweist sich als Perversion, welche die falsche Thematik und den Mangel an Stil und Sensibilität verdekken soll.

Wir glauben, daß der Film eine unteilbare, persönliche Aussage ist. (...) Wir lehnen die Zensur ab. (...) Wir suchen neue Formen der Finanzierung, arbeiten auf eine Reorganisation der Investitionsmethoden hin und legen den Grund für eine freie Filmindustrie. (...) Wir bekämpfen die gegenwärtige Politik des Verleihs und der Theatersparte. (...)

Wir haben den Plan, ein eigenes kooperatives Verleihzentrum zu gründen. (. . .) Gemeinsame Überzeugungen, gemeinsames Wissen, gemeinsamer Zorn und gemeinsame Ungeduld verbinden uns – und sie verbinden uns auch mit den jungen Filmbewegungen der ganzen Welt. Unsere Kollegen in Frankreich, Italien, Rußland, Polen oder England können sich auf unsere Entschlossenheit verlassen. Wie sie haben wir die ›Große Lüge‹ im Leben und in der Kunst satt. Wie sie sind wir nicht nur für den neuen Film, sondern auch für den neuen Menschen. Wie sie sind wir für die Kunst, aber nicht auf Kosten des Lebens. Wir wollen keine falschen, auf Hochglanz polierten, glatten Filme – wir wollen sie rauh, ungeglättet, aber lebendig; wir wollen keine rosigen Filme – wir wollen sie rot wie das Blut.«[19]

Die angekündigten praktischen Maßnahmen der ›New American Cinema Group‹ wurden 1962 durch die Gründung der New Yorker ›Film-Makers' Cooperative‹ verwirklicht, einer nichtkommerziellen Verleihorganisation, die allen Filmemachern offenstand; diese Kooperative wurde zum Vorbild für viele analoge Gründungen in anderen Ländern der Welt. An der US-Westküste wurde in San Francisco die ›Canyon Cinema Group‹ gegründet. Ab 1964 veranstaltete die ›Filmmakers' Cinematheque‹ in New York tägliche Vorführungen von unabhängigen und experimentellen Filmen; sie ging später über in das von Jonas Mekas geleitete ›Anthology Film Archives‹. Trotz der verschiedenen Einrichtungen für Verleih und Aufführung der »unabhängigen« Filme, die der Bewegung in den sechziger Jahren eine große – bald auch nach Europa ausstrahlende – Vitalität verliehen, war es doch für die unabhängigen Filmemacher außerordentlich schwer, von den Erträgen ihrer Arbeit zu leben oder gar aus ihnen die Produktion neuer Filme zu finanzieren.

Das Manifest der ›New American Cinema Group‹ wurde von Personen unterschrieben, die im Grunde bereits damals unterschiedliche Positionen des Filmemachens verkörperten und sich in der Folgezeit schnell auseinanderentwickelten. Zu den Unterzeichnern gehörten die politisch orientierten Dokumentarfilmer Lionel Rogosin und Emile de Antonio; Shirley Clarke, die später einige Versuche im Bereich des Spielfilms mit kleinem Budget unternahm; der Experimentalfilmer Gregory Markopoulos; Daniel Talbot, der später in New York einen respektablen Filmkunst-Verleih aufmachen sollte; der damalige Kritiker und spätere Hollywood-Regisseur Peter Bogdanovich, sowie Jonas Mekas zusammen mit seinem Bruder Adolfas Mekas als Haupt und Motor der Bewegung. Wenig später zerfiel diese breite Basis des ›New American Cinema‹. Der Begriff wurde in der Folgezeit hauptsächlich auf den Experimentalfilm im engeren Sinne oder für den sogenannten ›Underground-Film‹ angewendet; seit den siebziger Jahren wird der Begriff kaum noch gebraucht.

Im Bereich des unabhängigen amerikanischen Films gibt es zunächst eine dokumentarische Richtung; ihr Hauptvertreter war bereits in den fünfziger Jahren der Regisseur Lionel Rogosin, als dessen Hauptwerke *On the Bowery* (1957) und *Come Back Africa* (1959) gelten dürfen. Rogosin drehte auch später noch Filme, so *Good Times, Wonderful Times* (1965), einen Diskussionsfilm über die Gefahr der Atombombe, und *Black Roots* (»Schwarze Wurzeln«, 1970), eine Untersuchung über die Lage der Schwarzen in den USA – aber sie erreichten nicht mehr die Kraft seiner früheren Filme. Eine andere Richtung des Dokumentarfilms verkörpern Richard Leacock, Albert Maysles und Don Alan Pennebaker. Sie drehten Reportagen, die durch Verwendung einer neuen 16-mm-Technologie – leichter, beweglicher Kameras mit synchroner Tonaufnahme, die unauffälliges Filmen erlaubten – einen besonderen Grad an Verdichtung und Realismus erreichten. Richard Leacock (geb. 1921), der Hauptvertreter dieser Richtung des Dokumentarfilms (die auch in Kanada mit Brault und Perrault ihre Anhänger fand), prägte den Ausdruck ›Uncontrolled Cinema‹ für die von ihm betriebene Art des Filmens. »Wir begannen zu begreifen, daß, ebenso wie ein theatralisches Bühnengeschehen sich letztlich aus der Realität entwickelt, auch Leute in realen Situationen so etwas wie ein Drama produzieren – vorausgesetzt, daß wir beim Filmen geschickt und sensibel genug vorgehen und daß wir bei unserem Grundsatz bleiben, niemals in die Vorgänge zu intervenieren.«[50] Nach diesen Prinzipien drehte Leacock 1960 *Primary (Vorwahl)*, einen Bericht über den Wahlkampf zwischen Kennedy und Humphrey, der wegen seiner besonders virtuosen Handkamera-Technik und seinem Prinzip der ununterbrochenen Aufnahme berühmt wurde, sowie *Eddie Sachs at Indianapolis* (1961) und *The Chair* (*Der Stuhl*, 1962), einen Film über den Kampf eines zum Tode Verurteilten um seine Begnadigung. *Quint City, USA* (auch bekannt als: *Happy Mother's Day*, 1964) ist das satirische Porträt einer amerikanischen Kleinstadt, wo nach der Geburt von Fünflingen eine wahre Hysterie ausbricht. Leacocks hervorragendste Arbeit war vielleicht *Igor Stravinsky, a Portrait* (1966). Diesen Film verglich der französische Kritiker Louis Marcorelles mit den Werken Mallarmés und bezeichnete ihn als eine »poetische Reflexion über Kunst und Schöpfertum«.[51] In den siebziger Jahren übte Leacock eine Lehrtätigkeit am ›Massachusetts Institute of Technology‹ aus und widmete sich besonders der Entwicklung neuartiger 8-mm-Kameras. Don Alan Pennebaker, ein Mitarbeiter Leacocks, drehte *Don't Look Back* (1966), einen Film über Bob Dylan, sowie *Monterey Pop* (1968); Albert und David Maysles, zwei andere Dokumentaristen der Leacock-Schule, traten mit *Salesman* (1969) hervor, einer Reportage über die Tätigkeit von Bibelverkäufern; 1975 drehten sie *Grey Gardens*, den Bericht über ein Haus, das von zwei älteren Damen aus der vornehmen Gesellschaft bewohnt wird. Neben der Demonstration einer hervorragenden Technik (die manchmal auch zum Selbstzweck wurde) vermochten es die Dokumentaristen der Leacock-Schule in ihren besten Momenten, Einsichten in Zusammenhänge und Mechanismen der Gesellschaft herzustellen, indem sie die Realität für sich selber sprechen ließen (so in dem Maysles-Film über die Bibelverkäufer). Noch stärker als die bisher genannten Dokumentaristen vertritt Frederick Wiseman das Ethos der ununterbrochenen und »neutralen« Beobachtung mit der Kamera; seine Filme *High School* (1968), *Law and Order* (1969) und *Hospital* (1970) sind meist außerordentlich lang, technisch hervorragend gemacht und befleißigen sich einer geduldigen Beobachtung, bleiben jedoch ambivalent in der Bewertung der von ihnen dargestellten Ereignisse. Im Vergleich zur Leacock-Schule sind die Wiseman-Filme zurückhaltender im Gebrauch der filmischen Ausdrucksmittel. Emile de Antonio widmete sich in seinen Dokumentarfilmen der Untersuchung zeitgeschichtlicher oder politischer Probleme. So ist sein Film *Point of Order* (»Zur Geschäftsordnung«, 1964) wohl die beste filmische Dokumentation über den McCarthy-Ausschuß; *Rush to Judgment* (1965) untersuchte die möglichen Hintergründe des Kennedy-Mordes, und *In the Year of the Pig* (1969) beschäftigte sich mit der amerikanischen Vietnam-Politik. Aus Emile de Antonios Filmen spricht ein starkes politisches Engagement, jedoch sind sie filmisch oft monoton und reihen endlose Statements aneinander. Im Bereich des langen Dokumentarfilms über politisch-gesellschaftliche Themen sind ebenfalls erwähnenswert: *No Vietnamese ever Called Me Nigger* (1968) von David Loeb Weiss, *The Murder of Fred Hampton* (1970) von Mike Gray sowie zwei Filme über den Vietnam-Krieg: *Winter Soldier* (1972) vom Winterfilm-Kollektiv, die erschütternde Dokumentation von Aussagen amerikanischer Vietnam-Veteranen, und *Hearts and Minds* (1974) von Peter Davis. Die über mehrere Jahre gehende Chronik eines Bergarbeiter-Streiks lieferte *Harlan County, USA* (1976) von Barbara Kopple.

Verschiedene Filmgruppen entstanden in den sechziger Jahren in den USA, um eine dezidiert politische Filmarbeit zu leisten. Am bekanntesten wurde die Gruppe ›Newsreel‹, die ihr Zentrum in New York hatte, jedoch auch in anderen Städten der USA über

Niederlassungen verfügte. Die meist kurzen ›Newsreel‹-Filme pflegten einen stark auf der Montage basierenden Stil agitatorischer Einwirkung auf den Zuschauer; sie behandelten Themen wie Minoritäten, den Kampf der Black Panthers, Kinderversorgung, Sanierung von Slumvierteln und die Situation von Frauen; eine der besten Produktionen von ›Newsreel‹ war *The Woman's Film* (1970) – Interviews mit arbeitenden Frauen, die über die Probleme ihres alltäglichen Lebens sprechen. Die Newsreel-Gruppe setzte sich ein militantes Ziel: »Wir möchten Filme machen, die entnerven, die bedrohen, die sich nicht einschmeichelnd verkaufen, sondern hoffentlich (ein unmögliches Ideal) wie Granaten im Gesicht der Leute explodieren oder den Verstand öffnen wie ein guter Büchsenöffner«, äußerte Robert Kramer, einer der Begründer der New Yorker Newsreel-Gruppe.[52]

Robert Kramer verfolgte parallel zu seiner Tätigkeit in der Newsreel-Gruppe die Herstellung eigener Spielfilme. Nach *In the Country* (1966) und *The Edge* (1968) drehte Kramer seinen wahrscheinlich besten Film, ein Werk, das sowohl thematisch wie formal einen Kulminationspunkt des politisch intendierten unabhängigen US-Films verkörpert: *Ice* (*Eis*, 1970). In diesem Film entwirft Kramer die Zukunftsvision bürgerkriegsähnlicher Auseinandersetzungen in den USA. Er zeigt die Aktionen einer Gruppe von Revolutionären, Untergrundkämpfern, die in ständige Auseinandersetzungen mit der Polizei verwickelt sind, gleichzeitig aber versuchen, das Bewußtsein der Bevölkerung aufzurütteln und für eine noch unbestimmte Zukunft große revolutionäre Planungen zu entwerfen. Kramer schildert das Treiben seiner politischen Aktivisten jedoch ohne Glorifizierung; vielmehr macht er auf eine beklemmende (und keineswegs paternalistische) Weise deutlich, wie sehr sie in einem Vakuum operieren, den realen Kontakt zu den »Massen« der Bevölkerung verloren haben. Die ungeheure Kälte, die sie allseits zu umgeben scheint, dringt auch in die Beziehungen zwischen den Mitgliedern der Truppe ein. Der Film ist einerseits mit der Technik des ›Cinéma-vérité‹ bzw. des ›Uncontrolled Cinema‹ gemacht – mit beweglicher Handkamera, direktem Ton, lang durchgedrehten Szenen; diese Methode des Drehens suggeriert ein Maximum an Authentizität und läßt einen hohen Grad an Beteiligung des Zuschauers entstehen. Auf der anderen Seite reflektiert Kramer auch die Filmform selbst. Er zeigt, wie die Revolutionäre an der Herstellung eines Films arbeiten; die von Kramer angestellten Überlegungen, Bauprinzipien und Wirkungsmöglichkeiten dieses Films im Film betreffend, veranlassen auch den Zuschauer zu einer veränderten Betrachtungsweise der gezeigten Vorgänge. »Kramer strebt zu einem Kino der Transparenz, das gleichzeitig ein Akt der Erkenntnis sein soll; dazu bedient er sich einer ›zerbrochenen‹, ›zerschnittenen‹ Erzählweise, deren Bestandteile sich in den vielen Rezitativen spiegeln, die der Film enthält«, schrieben die »Cahiers du Cinéma«.[53] *Ice* war das Beispiel eines politischen Films, der sich nicht in der Vermittlung einer »Botschaft« erschöpfte, sondern den Zuschauer zugleich am Zustandekommen einer Erkenntnis beteiligte und die Mechanismen der Darstellung sowie der Kommunikation in den Mittelpunkt seiner Aufmerksamkeit rückte. Mehrere Jahre später drehte Kramer zusammen mit John Douglas *Milestones* (1975), einen komplizierten, lang ausgesponnenen Film, der jedoch letztlich nur die Resignation der amerikanischen Linken zu konstatieren vermochte.

Abgesehen von den Werken Robert Kramers entstanden nicht viele Spielfilme im Bereich des unabhängigen amerikanischen Kinos – das lag nicht zuletzt daran, daß Produktion und Verleih dieser (notwendigerweise teureren) Filme von den bestehenden Institutionen nicht zu bewältigen war. Nur Adolfas Mekas lieferte ein glänzendes Beispiel unabhängiger Filmproduktion mit seiner Burleske *Hallelujah the Hills* (1962), die mit improvisatorischer Technik, aber unter Einfügung vieler Filmzitate (»nach dem guten alten Prinzip: eine Idee pro Einstellung« sei der Film gebaut, behauptete Godard[54]) erzählte Geschichte zweier Beatnick-Helden und eines Mädchens, die sich in winterlichen, schneebedeckten Landschaften abspielt. John Cassavetes, wenngleich anfänglich auch dem ›New American Cinema‹ zugehörend, orientierte sich nach seinem Debut mit *Shadows* schon bald in Richtung auf Hollywood. Shirley Clarke verfilmte mit *The Connection* (1961) ein Bühnenstück von Jack Gelber über Rauschgiftsüchtige und Jazzmusiker, in welchem ein Filmteam Aufnahmen zu drehen versucht, die am Ende langer Diskussionen abgebrochen werden; der Film basierte jedoch auf einer Fiktion: der Vorspiegelung, der Film sei selbst das Ergebnis jener Dreharbeiten, die er zeigt. Später drehte Shirley Clarke noch zwei weitere Filme: *The Cool World* (1963) war ein kritisch intendierter Film über halbkriminelle Jugendliche in Harlem, *Portrait of Jason* (1967) die dokumentarische Selbstdarstellung (und Selbstenthüllung) eines Schwarzen, der von Prostitution lebt.

Der eigentliche Experimental- und Avantgardefilm nimmt in den USA schon seit den fünfziger Jahren ein breites Feld ein, in das nur schwer analytische Kategorien einzuführen sind; eine Reihe von Spezialstudien haben den Bereich des amerikanischen Avantgardefilms (in dem die Kurzfilme gegenüber den Langfilmen dominieren) untersucht[55]. In einem Aufsatz, der kritische Fragen an die filmische Avantgarde-Bewegung richtete (und daher von einigen Vertretern dieser Bewegung mit Unmut zur Kenntnis genommen wurde), schreibt der amerikanische Kritiker Amos Vogel über die amerikanische Filmavantgarde:

»In den Händen der fortgeschrittensten Praktiker der Bewegung wird der Film zerschlagen, atomisiert, liebkost und in einem Delirium leidenschaftlicher Liebe sich zu eigen gemacht; weder Emulsion, Belichtung, Beleuchtung, Filmgeschwindigkeit, Entwicklung, noch Regeln der Montage, Kamerabewegungen, Bildkomposition oder der Ton sind sicher vor dem Angriff dieser poetischen Experimentatoren, die sich unwiderruflich in dem Medium installiert haben. Während man die meisten kommerziellen Filme ungefährdet mit geschlossenen Augen verfolgen kann, zwingen diese Werke die Zuschauer, ihre Augen weit aufzureißen, und geben sie damit schutzlos den magischen Kräften des Mediums preis.

Die amerikanische Avantgarde ist Teil eines starken internationalen Trends zu einem stärker visuell orientierten, freieren, persönlicheren Film. Diese Bewegung bringt eine Revolte gegen die Verknöcherung von Institutionen und den Konservatismus des Alten zum Ausdruck. Sie repräsentiert ein Kino der Leidenschaft. Indem sie sich auf den Primat des visuellen Elements besinnt, konfrontiert uns diese Bewegung mit dem Wesen des Mediums, dem tiefen und unerklärlichen Geheimnis des Bilds.«[56]

Zum Zweck der hier notwendigen kurzgefaßten Darstellung sei der Versuch unternommen, innerhalb der amerikanischen Filmavantgarde vier Hauptströmungen zu unterscheiden: die Individualisten und Autobiographen, die »Visionäre« oder Mythologen, die Neo-Dadaisten und die Strukturalisten. Im Sinne der Ausführungen von Amos Vogel kann man als ein allen Spielarten der amerikanischen Filmavantgarde gemeinsames Element den »Primat des Visuellen« erkennen und damit parallel gehend eine starke Abneigung gegen das erzählerische Element im Film – weshalb man die avantgardistische Filmbewegung in den USA auch häufig als das »nicht-narrative« Kino bezeichnet hat.

Der autobiographische Ansatz ist charakteristisch für einen großen Teil des amerikanischen Avantgardekinos; ob aus Desinteresse oder aus Unfähigkeit zur Darstellung der sie umgebenden Welt haben sich viele Filmemacher auf den Bereich des Privaten, des Allerpersönlichsten zurückgezogen; ihre Filme sind kinematographische Tagebücher. Das gilt etwa für Jonas Mekas (geb. 1925), Kritiker, Organisator und Filmemacher, die zentrale Figur der amerikanischen Filmavantgarde. Mekas debütierte 1961 mit einem noch teilweise »erzählenden« Spielfilm, *Guns of the Trees*, der auf Gedichten von Allen Ginsberg basierte und eine »Botschaft des Protests« enthielt[57]; der Film war »ein Plakat, eine Erklärung, ein Manifest«.[58] 1964 verfilmte er in einem dokumentarischen und zugleich halluzinatorischen Stil Kenneth Browns Gefängnisstück *The Brig (Der Knast)* in der Inszenierung des Living Theatre, das den Tagesablauf in einem amerikanischen Marinegefängnis vor Augen führt – als eine Hölle von Schreien, taumelnden Bewegungen und irrsinnigen Vorschriften. 1967 begann Jonas Mekas jenes große autobiographische Werk, *Diaries, Notes and Sketches (Tagebücher, Notizen und Skizzen)*, an dem er bis heute arbeitet. Es besteht aus dem Film-Material, das er seit seiner Ankunft in Amerika 1949 tagtäglich mit der Kamera gedreht hat. Am Anfang standen die *Circus Notebooks* (1967); 1970 folgten die Kapitel 9–14 der *Diaries*, die Mekas' spätere Zeit in New York zum Gegenstand haben und sich durch den charakteristischen Stil absichtlich verwackelter kurzer Bewegungen und einen sehr schnellen, gleichsam pointillistischen Bildrhythmus auszeichnen. Vielleicht am eindrucksvollsten sind die ersten Kapitel der *Diaries*, die 1976 unter dem Titel *Lost Lost Lost (Verloren verloren verloren)* herauskamen und in einfachen, sehr persönlichen Bildfolgen von den ersten Jahren berichten, die Mekas als litauischer Emigrant in New York verbrachte. Der von Mekas selbst gesprochene poetische Kommentar zu den Bildern gibt dem Film eine ganz persönliche Dimension, vergleichbar etwa dem Kommentar in Michail Romms *Gewöhnlichem Faschismus.* Vor allem wird durch den Kommentar deutlich, wie stark Mekas' Fühlen und Denken zunächst durch seine Situation als Flüchtling, als Heimatloser und Ausgestoßener bestimmt war: »Ja, ich war dort und hielt alles fest – mit meiner Kamera – für die anderen . . . für alle, die das Leid des Exils nicht kennen«, heißt es einmal im Kommentar des Films.[59] Als Teil der *Diaries* betrachtet Mekas ebenfalls *Reminiscences from a Journey to Lithuania (Erinnerungen an eine Reise nach Litauen,* 1971), den er auf einer Reise zu seinen noch in Litauen (UdSSR) lebenden Angehörigen drehte. Noch eine Reihe anderer US-Avantgardefilme könnte man zum »autobiographischen« Genre rechnen, so Taylor Meads *European Diaries* (1966) oder einen Teil des Werks von Stan Brakhage.

Für die sechziger Jahre des US-Avantgardefilms war die »mythologische« oder »mythopoetische« Strömung besonders charakteristisch. Diese geht aus von der Tradition des europäischen Surrealismus, der durch das Werk des nach USA emigrierten deutschen Avantgardepioniers Hans Richter sowie durch die Filme von Maya Deren vermittelt wurde, der wichtigsten Vorläuferin des US-Avantgardefilms in den vierziger und fünfziger Jahren. Die Filmemacher dieser Richtung projizieren ihr subjektives Erleben, ihre Erinnerungen, Phantasien und Träume nach außen. Stan Brakhage entwickelte ein neues Modell von »visionärem« Kino. Ihm zufolge hat die Vision im Film drei Aspekte: die Flut der Eindrücke, die ständig (und ungeordnet) auf das Auge eindringen; das »innere Kino des Gehirns«, also Erinnerungen und Phantasien, die in visueller Form an die Oberfläche des Bewußtseins dringen, und schließlich das, was man »mit geschlossenen Augen« sieht, also Lichtreflexe, Farben und Formen, die aus der (chemisch oder mechanisch behandelten) Emulsion, aus der Körnigkeit des Films kommen. Von verschiedenen Filmemachern werden auch mythologische, mystische, philosophische oder literarische Vorstellungen in die Filme eingearbeitet (Kenneth Anger, Markopoulos, Emschwiller). Brakhage schwebte mit seinen Filmen eine neue Art der Kommunikation vor: »Ich glaube, daß man nach einem Wissen streben kann, das fern der Sprache ist und auf visueller Kommunikation sich gründet, eine Entfaltung des optischen Geistes erfordert und von der Wahrnehmung im ursprünglichen und tiefen Sinne des Wortes abhängt.«[60]

Stan Brakhage (geb. 1933) lebt mit seiner Familie in einer einsamen Berggegend im US-Bundesstaat Colorado, ganz außerhalb des Kunstbetriebs der Avantgarde. Seine Filmarbeit begann er bereits 1953. Die meisten seiner Filme haben einen zunächst privaten Ausgangspunkt. Sie sind »hauptsächlich inspiriert durch unsere Umgebung und die Ereignisse unseres täglichen Lebens. Was diese Filme ausdrücken, ist so verschieden wie Liebe, Geburt, Kinderspiele, Berge im Schneesturm, Topfpflanzen, Herdfeuer und Waldbrände, Weltreisen und – wie im *23rd Psalm Branch* – Bilder des Krieges, der mich durch meinen TV-Apparat erreichte.«[61] Jedoch bringt es Brakhage durch seine filmische Gestaltungstechnik – sie besteht aus Mehrfachbelichtungen, stetig wiederholten Kamerabewegungen, aus Auf- und Abblenden und schnellen Montagen – zuwege, daß der »private« Charakter der Filme wieder verschwindet und sie sich zu poetischen Studien oder zu Reflexionen über das Filmmedium wandeln, wobei eine introspektive Blickrichtung dominiert und bestimmte visionäre »Urerlebnisse« anvisiert werden. Die Filme sind zumeist stumm – für Brakhage eine prinzipielle Entscheidung, weil er vom Primat des Visuellen ausgeht; für ihn konstituieren die Bilder des Films eine eigene Musik. Brakhage drehte eine kaum übersehbare Zahl kurzer und kürzester Filme so poetischer Titel wie *Anticipation of the Night* (1958), *Window Water Baby Moving* (1959), *Blue Moses* (1962) oder *Fire of Waters* (1965). In *Moth Light* (1963) klebte er, einem Verfahren der Avantgardisten der zwanziger Jahre ähnlich, Mottenflügel auf den Filmstreifen und erzeugte so abstrakte Formen und Muster. Von 1961–64 entstand das vierteilige Werk *Dog Star Man* – ein kompliziertes, aus vielfältigen Bildmotiven zusammengesetztes Opus, teilweise mythologischer Natur: ein Mann klimmt immer wieder mit seinem Hund einen schneebedeckten Berg hinan; eine Höhle spielt eine Rolle (Höhlen-Motiv, Höhlen-Gleichnis?), dann wieder erscheint ein Baby, dazwischen sich verwandelnde, flackernde, leuchtende, durcheinanderwimmelnde abstrakte (oder organische?) Farbstrukturen, die einem in Bewegung befindlichen tachistischen Bild gleichen, kristalline Formen, vielleicht so etwas wie das Weltbild eines Babys vor der Geburt. 1965 brachte Brakhage das gesamte Material von *Dog Star Man* in eine großangelegte kanonische Form, in der sämtliche Schichten und Einzelelemente dieses Films miteinander kombiniert werden; daraus resultierte ein 4½ Stunden langes Werk, das Brakhage *The Art of Vision* nannte und das als sein Hauptwerk angesehen werden kann. Zwischen 1964 und 1968 entstanden die *Songs*, 26 meist kurze 8-mm-Filme, die teilweise den Charakter eines persönlichen Tagebuchs hatten, zwischen 1967 und 1970 ein weiteres großangelegtes Werk in 4 Teilen, *Scenes from under Childhood*, in welchem Brakhage eine Entwicklungsgeschichte des Sehens dokumentieren wollte, 1971 *The Act of Seeing with One's Own Eyes*, ein quasidokumentarischer Film, der in einer Leichenhalle aufgenommen wurde und mit dem, was er zeigt, bis an die Grenze des physisch Erträglichen geht. *The Text of Light* (1975) ist dagegen wieder stärker abstrakter Natur; der Film, der ausschließlich aus farbigen Lichtreflexen besteht, wurde angeblich nur mit Hilfe eines Aschenbechers (und der in ihm entstehenden Lichtbrechungen) gedreht.

Auch Kenneth Anger (geb. 1932) steht der mythologischen oder visionären Richtung der Avantgarde nahe; seine Hauptwerke entstanden allerdings schon in den fünfziger Jahren. Sie sind Studien von Magie, Zeremonien und Ritualen, ausgeführt mit einem hohen Grad von ästhetischer Raffinesse. Das trifft auch auf Angers besten Film zu, *Scorpio Rising* (1963), einen zugleich ironischen und poetischen, faszinierend geschnittenen Bild-Essay über Motorradfahrer und den Kult der Gewalt, der von ihnen zelebriert wird; Ausschnitte aus einem kitschigen Christus-Film sowie Fernsehaufnahmen von Marlon Brando dienen Kenneth Anger als Kontrapunkt zu den Bildern der Motorradfahrer; der von greller Pop-Musik rhythmisierte Film kulminiert in einer Vision des Todes. Weitere Filme Kenneth Angers waren *Kustom Kar Kommandos* (1965), *Invocation of my Demon Brother* (1969) sowie der bislang noch unvollendete *Lucifer Rising* (Teil 1, 1974).

Gregory Markopoulos (geb. 1928) arbeitete in seine formal hochkomplizierten Filme ebenfalls häufig Motive aus dem Bereich der Mythologie ein. Markopoulos drehte schon in den fünfziger Jahren eine Reihe von Filmen. *Twice A Man* (1963) bezieht sich auf die antike Legende von Hippolytus (Sohn des Theseus) und verwebt reale Ereignisse (die aber im New York von heute spielen), Gedanken und Erinnerungen, wobei er das Stilmittel blitzartig eingesprengter Einzelbildaufnahmen sowie einen nur in Fragmenten hörbaren Kommentar benutzt. Markopoulos' Hauptwerk, eine weitere schwierige mythologische Konstruktion, war *The Illiac Passion* (1964–66); *Himself as Herself* (1967) ging auf Balzacs Novelle »Seraphita« zurück, die von einem Hermaphroditen handelt. In den späteren sechziger Jahren spezialisierte sich Markopoulus auf Porträts einzelner Persönlichkeiten, die er nach einem raffinierten System von Doppel- und Mehrfachbelichtungen, Auf und Abblenden bereits in der Kamera »montierte«; zu dieser Serie gehören *Galaxie* (1966) und *Through a Lens Brightly* (1967). *Ming Green* (1966) ist ein Film über die Einrichtung eines Wohnzimmers. Kennzeichen der Filme von Gregory Markopoulus ist die erlesene Schönheit ihrer Fotografie und die Kompliziertheit ihrer filmischen Sprache; sie tendieren allerdings in den späteren Jahren immer mehr in die Richtung esoterischer Stilübungen.

Auch Ed Emshwiller (mit *Relativity*, 1966), Jordan Belson, der Computer-Filme herstellte, und Bruce Baillie mit *Mass for the Dakota Sioux* (1964), *Castro Street* (1966) und *Quick Billy* (1967–70) gehören in den Kreis jener Filmemacher des ›New American Cinema‹, die vor allem persönliche Visionen zum Ausdruck bringen möchten oder mit symbolisch-mythologischen Stilmitteln arbeiten; in ähnlicher Weise macht Robert Nelson in *The Great Blondino* (1967) jenen Mann, der im 19. Jahrhundert eine Schubkarre auf einem Seil über die Niagarafälle schob, zu einer Symbolfigur amerikanischen Daseins und amerikanischer Traditionen.

Zu den Neo-Dadaisten und Collagekünstlern des amerikanischen Avantgardefilms gehören Bruce Conner und Stan Vanderbeek. Bruce Conner (geb. 1933) drehte mit *A Movie* (1958) einen prototypischen Film des ›New American Cinema‹, eine Montage aus vorgefundenen Elementen, aus Wochenschaubildern und Spielfilmfragmenten. Gleich einer Sturzflut überschüttet dieser Film die Zuschauer mit blitzartig aufleuchtenden und ineinandermontierten Visionen von Untergang und Zerstörung. Rennwagen explodieren und verbrennen; Indianer massakrieren weiße Siedler; ein Flugzeug stürzt in einen See, ein Zeppelin verbrennt und der Rauchpilz einer Atombombe steigt auf. Dazwischen, immer wieder als Leitmotive eingefügt, die wilden Zuckungen einer vom Orkan gepeitschten Hängebrücke, die schließlich zerbricht. Dieser 12 Minuten lange Film war ein Meisterstück filmischer Konstruktion. Auch Conners spätere Filme zeigen eine starke Vorliebe für das Arbeiten mit vorgefundenem, dokumentarischem Material, das er durch Montage, durch zeitversetzte Wiederholung und serielle Abwandlung verfremdet: so mit Bild- und Tonmaterial vom Kennedy-Mord in *Report* (1963–67) oder mit altem Filmmaterial Marilyn Monroes in *Five Times Marilyn* (1973). Stan Vanderbeek (geb. 1931) bevorzugt in seinen kurzen, satirischen Filmen Methoden der Collage innerhalb des Bildes. Er bringt – so in *Skullduggery* (1960) oder *Breathdeath* (1964) – aus Zeitschriften ausgeschnittene Figuren in sonderbare Relationen zueinander, um die Absurdität der Weltzusammenhänge deutlich zu machen. Oft häuft er derart viele Einfälle in einer kurzen Sequenz aufeinander, daß alles zu einem aufregenden, aber diffusen Assoziationsstrom zusammenfließt. Später beschäftigte sich Vanderbeek mit den Möglichkeiten traumhafter Verfremdung von Wochenschaumaterial (*Newsreel of Dreams No. 1, No. 2*, 1967). Die dadaistischen Montage- und Collagemethoden, die Conner und Vanderbeek in ihren ersten Filmen anwandten, erschienen zwar zur Entstehungszeit dieser Filme revolutionär, erwiesen jedoch bald ihre Tendenz zur Oberflächlichkeit, so daß die Filmemacher sich mit ihrer Arbeit selbst bald in eine andere Richtung orientierten. So interessierte Stan Vanderbeek sich für neue technologische Möglichkeiten der Medien, experimentierte mit Video sowie Computern und entwarf Ende der sechziger Jahre ein ›Movie-Drome‹, ein halbkugelförmiges Filmtheater, dessen innere Wände auf der gesamten Fläche mit projizierten Filmbildern bedeckt werden sollten.

Die Richtung des ›strukturellen‹ Films, die Ende der sechziger Jahre aufkam und sich bald zur dominierenden Strömung im internationalen Avantgardefilm der siebziger Jahre entwickeln sollte, ist in ihrer Tendenz zur Reduktion aller Ausdrucksmittel, zur Konzentration allen Geschehens auf wenige Formelemente, in ihrer souveränen Verleugnung eines jeglichen außerhalb der Filmform liegenden »Inhalts« sicherlich als eine Gegenbewegung zur allgemeinen Reizüberflutung der Zivilisation, der Filme wie die von Bruce Conner und Vanderbeek zunächst ein Monument setzten, zu verstehen; auch sind hier starke Verbindungslinien zu anderen Tendenzen der zeitgenössischen bildenden Kunst gegeben, beispielsweise zur ›Minimal Art‹. Den Terminus erfand der Kritiker P. Adams Sitney, der 1969 in der Zeitschrift »Film Culture« nach der Untersuchung einiger Avantgardefilme der letzten Zeit das »Auftreten eines Kinos der Struktur« konstatierte.[62] In der »strukturellen« Richtung sah er eine Gegentendenz zur immer größeren Verfeinerung, die den Avantgardefilm (in seiner realitätsbezogenen oder »mythischen« Variante) bis Mitte der sechziger Jahre ausgezeichnet habe. Die neue Filmgattung definierte er als ein »Kino der Struktur«, bei welchem die Form des ganzen Films vorhergegeben und vereinfacht sei und auch den primären Eindruck des Films bestimme. Vier Merkmale des strukturellen Films stellte Sitney auf: die feste Kameraposition, den stroboskopischen »Flicker«-Effekt, die Verwendung von Schleifen (d.h. das Prinzip der Wiederholung) und das Wiederabfotografieren eines Films von der Leinwand.

Ein Merkmal der strukturellen Filme war, daß sie das Filmmedium auf seine einfachsten Elemente zurückzuführen trachteten. Schon Peter Kubelka hatte in *Arnulf Rainer* (1960) einen Film allein aus rhythmisch montierten schwarzen und weißen Bildfeldern zusammengesetzt. Dieses Prinzip führte Tony Conrad (geb. 1940) in seinem berühmt gewordenen *The Flicker* fort (1966), einem 30 Minuten langen Film aus »reinem Licht«, Lichtblitzen und Dunkelfeldern, die rhythmisch so angeordnet sind, daß sich beim Zuschauer Halluzinationen einstellen, die zur Wahrnehmung von Farben und nicht existierenden graphischen Formen führen können. Ähnliche Experimente unternahm Paul Sharits mit *Ray Gun Virus* (1966), nur daß hier Bildfelder wechselnder Farben projiziert werden (zur Begleitung eines knatternden Tones, hervorgerufen durch die Perforationslöcher des Films); auch dieser Film schult den Zuschauer in der Wahrnehmung elementarer Phänomene, auf denen die Kino-Projektion und die Illusion von Bewegung im Film beruht. Später experimentierte Paul Sharits mit der Einführung »minimaler« Bedeutungen durch Einzelbildmontage (in *Piece Mandala/End War*, 1966), mit der Herstellung rhythmischer Flicker-Effekte durch Doppelprojektion (*Razor Blades*, 1968). In eine ähnliche Richtung zielten *N:O:T:H:I:N:G* (1968) und T,O,U,C,H,I,N,G (1968); S:TREAM:S:S:ECTION:S:ECTION:S:S:ECTIONED (1970) ist ein struktureller Film, der als Rohmaterial Bilder von fließendem Wasser verwendet und dann immer mehr Schrammen erscheinen läßt, die schließlich das ursprüngliche Bild unsichtbar machen. *Axiomatic Granularity* (1973) benutzt die »Körnigkeit« eines überstark entwikkelten Films als Bildmaterial.

Zu den bedeutendsten Vertretern des strukturellen Films gehören Michael Snow, Ken Jacobs, Hollis Frampton und Ernie Gehr. Michael Snow (geb. 1929) ist eigentlich Kanadier und lebt in Toronto; jedoch sind seine Filme so sehr zu einem Teil der amerikanischen Avantgarde geworden, daß es angemessen erscheint, sie im Kontext des amerikanischen Films zu behandeln. (Das gleiche gilt für den kanadischen Experimentalfilmer David Rimmer.) Michael Snow, der ursprünglich Maler und Jazzmusiker war und seit 1956 Experimentalfilme dreht, revolutionierte die internationale Avantgardefilm-Szene wie kein anderer mit seinem Film *Wavelength* (1967). Der Grundkonzeption nach ist dies ein rein »formaler« Film: er besteht aus einer einzigen, 45 Minuten langen Kamerafahrt durch einen Raum hindurch, die begleitet wird von einem langsam ansteigenden Sinus-Ton. Anfangs sieht man das große Studio, einen New Yorker »Loft«, in der Totale; hinter den Fenstern auf der anderen Seite des Raumes ist Straßenverkehr sichtbar. Während die Kamera sich durch den Raum hindurchbewegt (die Bewegung ist bei näherem Hinschauen nicht kontinuierlich, sondern setzt sich aus aneinandergefügten Einzelstükken zusammen), wird es mehrfach Nacht und wieder Tag. Die Kamera bewegt sich schließlich auf eine Stelle zwischen den Fenstern des Raumes zu, an der eine Fotografie hängt, wie man erkennt, zeigt sie eine bewegte Meeresoberfläche; am Ende rückt die Kamera dem Foto so nahe, daß nur noch Wellen auf der Leinwand zu sehen sind. Die Faszination dieses Films erklärt sich aus der Verklammerung des formalen Prinzips der Kamerafahrt, das den Film ausschließlich zu bestimmen scheint, mit Rest-Elementen der Realität: so erscheinen verschiedentlich Personen im Bild, das Telefon klingelt, anscheinend wird sogar ein Mensch in dem Raum umgebracht. Auch das, was durch die Scheiben der Fenster auf der Straße erkennbar ist, konstituiert ein Gegenelement zur reinen, abstrakten »Form«. Diese »Unreinheit«, der Umstand, daß die Realität in ihm eben doch nicht ganz ausgetilgt ist, gibt dem Film seine innere Spannung. »*Wavelength* gehört zu jenen wenigen Filmen, die den Zuschauer, wie immer seine persönlichen Reaktionen ausfallen, dazu zwingen, über die Essenz des Mediums und damit unvermeidlich auch der Realität nachzudenken«, schrieb der Kritiker Amos Vogel.[63]

Nach *Wavelength* drehte Michael Snow 1968–69 einen Film, der nur aus horizontalen und vertikalen Kameraschwenks bestand und dem er den Titel ⟷ (auch: *Back and Forth*) gab. Eine Weiterführung und Potenzierung dieses Strukturprinzips lieferte *La région centrale* (1971). Dieser ungewöhnliche Film wurde allein von einer Kamera und einer Maschine gemacht (deren Bewegungen allerdings vorprogrammiert waren). Michael Snow suchte sich einen hohen, unzugänglichen Berggipfel in Kanada und transportierte eine Apparatur auf diesen Gipfel, die es ermöglichte, eine Kamera in jede nur mögliche Richtung zu drehen, dabei auch verschiedene Bewegungen miteinander zu kombinieren und diese Bewegungen in hoher Geschwindigkeit ablaufen zu lassen. Der Film beginnt zunächst mit langsamen Bewegungen der Kamera um die eigene Achse, erfaßt dann allmählich die umgebende Landschaft und den Himmel. In späteren Phasen des insgesamt über drei Stunden langen Films erfolgen die Bewegungen immer schneller, nach immer komplizierteren Bahnen. *La région centrale* war ein Experiment in Wahrnehmung – vielleicht das radikalste in der Geschichte des Films; denn eine Vision der Umwelt, wie sie dieser Film vermittelt, ist dem menschlichen Auge a priori verschlossen. »Die Kamera bewegt sich im Winkel von 360° um einen unsichtbaren Punkt herum, nicht nur horizontal, sondern in *jeder* Richtung und auf jeder Ebene der Kugel. Sie bewegt sich nicht nur in vorher festgelegten Kreisen und Spiralen, sondern sie dreht, rollt und schlingert auch in sich, so daß es Drehungen in Drehungen und Kreise in Kreisen gibt. Schließlich ist die Schwerkraft aufgehoben. Der Film ist ein Cosmic-Strip«, beschrieb Michael Snow seinen Film[64], und der französische Kritiker Louis Marcorelles urteilte:

»Dieser neue Drei-Stunden-Film des Kanadiers Michael Snow ist ein außerordentliches kinematographisches Monument. Keine physische Aktion, nicht einmal die Gegenwart des Menschen, ein seltsames Spiel mit der Natur und der Maschine, das unsere Wahrnehmungen, unsere geistigen Gewohnheiten in Frage stellt und in vieler Hinsicht das existierende Kino als zum Tode verurteilt erscheinen läßt: den letzten Fellini, Kubrick, Buñuel etc. (. . .) Michael Snow katapultiert uns in das Herz einer Welt vor der Sprache, vor einseitig festgelegten Bedeutungen, sogar vor dem Subjekt. Er zwingt uns, nicht nur die Kinematographie, sondern unser ganzes Universum neu zu denken.«[65]

Die große provokatorische Kraft war das besondere und einmalige an *La région centrale*. Ein Film wie dieser war nicht wiederholbar. Snows nächstes Werk, *Rameau's Nephew by Diderot (Thanx to Dennis Young) by Wilma Schoen* (1972–74) ist zwar mit 4³/₄ Stunden noch länger als *La région centrale*, fiel aber weniger einheitlich aus. In *Rameau's Nephew* ... lieferte Snow anhand vieler Episoden und Einzelszenen Studienmaterial zur Untersuchung der Beziehungen zwischen Bild und Ton, wobei er zahlreiche Ideen, Zitate und Witze einbaut, mit Doppelbedeutungen von Worten und Vorgängen jongliert; in einigen Szenen, die theatralische Situationen in der Art eines Spielfilms simulieren, stellen sich jedoch auch Längen ein.

Ken Jacobs (geb. 1933) unternahm in *Tom, Tom, the Piper's Son* (1969) das Experiment, einen bereits existierenden Film in seine kleinsten Bestandteile zu zerlegen. Dazu wählte er einen fünf Minuten dauernden Film aus der Frühzeit des amerikanischen Kinos, den er noch einmal von der Leinwand abfilmte und dabei verlangsamte, zum Stillstand brachte, in Details auflöste; Jacobs läßt bestimmte Details größer und größer erscheinen, bis man sich in den Formen nicht mehr orientieren kann und die Körnigkeit des Films sichtbar wird; Bewegungen werden wie unter dem Mikroskop studiert und seziert. So ergeben sich Aufschlüsse über die Mikrostruktur des zugrunde liegenden Films (den man, wenn er am Ende des Films noch einmal vorgeführt wird, mit ganz neuen Augen betrachtet); zugleich wird auf dem existierenden ein zweiter »Metafilm« aufgebaut; die Bedingungen der Filmprojektion werden reflektiert, das Rohmaterial, auf dem Film und die Wahrnehmung von Film basieren, intellektuell und zugleich poetisch dem Zuschauer fortwährend ins Bewußtsein gebracht.

Zu den strukturellen Filmen im engeren Sinne des Wortes gehören auch die meisten Werke von Hollis Frampton (geb. 1936), der in *Zorn's Lemma* immer wiederkehrende Aufnahmen der Buchstaben des Alphabets (entdeckt in »zufälligen« Realaufnahmen) im Verlauf der Wiederholungen, auf denen dieser Film basiert, nach und nach durch scheinbar beliebig ausgesuchte andere Bildfolgen ersetzt, bis das System der Buchstabenfolge am Ende durch ein System von Bildfolgen ausgetauscht worden ist. Frampton drehte von 1971 bis 72 eine siebenteilige Serie weiterer struktureller Filme, die er *Hapax Legomena* betitelte; sein neuestes Werk (das auch wieder aus mehreren Teilen besteht) ist *Straits of Magellan* (1974–75). Ernie Gehr (dessen Filme sehr selten zu sehen sind) darf ebenfalls zu den wichtigen Repräsentanten des US-Avantgardefilms der siebziger Jahre gerechnet werden: *Reverberation* (1969) zeigt stark verlangsamte, durch Wieder-Abfilmen von der Leinwand grobkörnig aufgelöste und manchmal bis zur Unkenntlichkeit verfremdete Straßenszenen; *Serene Velocity* (1970) basiert auf der schnell abwechselnden Montage zweier verschiedener Einstellungen aus einem Korridor, und *Still* (1971) ist die strengstrukturalistische, aber zugleich lyrisch-traumhafte Umformung von Bildern fahrender Autos und Menschen. Auch die Kanadierin Joyce Wieland drehte strukturelle Filme, so *La raison avant la passion* (1969), einen Dokumentarfilm über Kanada mit sich stetig verwandelnden lettristischen Wortspielen als Untertitel.

Eine gewisse Weiterentwicklung der strukturellen Schule – zu der man auch die Regisseure Barry Gerson, George Landow und Larry Gottheim rechnen kann – zeigt sich in James Bennings (geb. 1943) Film *11×14* (1976). Der Film besteht aus einer Folge von Einstellungen auf Landschaften, Straßen oder Plätzen, aus Umgebungen, die meistens nur Leere zeigen oder das Gefühl für den Raum entstehen lassen – gut beobachtete, fotografisch komponierte Ausschnitte der Realität, in die winzige Ansätze von Handlung injiziert sind (die freilich nicht weitergeführt werden, allenfalls kann der Zuschauer sie in seiner Imagination fortsetzen). Eine mögliche Rückkehr des Avantgardefilms zu Prinzipien der Erzählung signalisieren auch die Filme von Yvonne Rainer (geb. 1934), die vom Tanz und von der Performance zum Film kam. Ihre Filme *Lives of Performers* (1972),

Film about a Woman Who . . . (1974) und *Kristina Talking Pictures* (1976) sind Collagen, mehrschichtige Protokolle von Gedanken und Empfindungen, die stark entwickelte literarische Elemente haben und – besonders gilt das für *Film about a Woman Who . . .* – mit neuartigen Möglichkeiten der Kombination geschriebener (als Insert oder Untertitel) und im Ton gesprochener Texte experimentieren. Das Element der Erzählung existiert in ihnen zumindest als Rohmaterial, als Materie, die der Zersetzung, dem Spiel, der künstlerischen Umformung unterliegt.

Große Aufmerksamkeit konnte mit seinen Filmen der ehemalige Pop-Künstler Andy Warhol (geb. 1928) erringen, die man zunächst mit dem Etikett des ›Underground‹ belegte. Während Warhol mit seinen ersten filmischen Experimenten neuartige Erforschungen des Elements der Dauer und der realen Zeit vornahm, so mit *Sleep* (1963), einem Film, der sechs Stunden lang einen schlafenden Mann zeigt, und dem noch längeren *Empire* (1964) über das Empire State Building, begab er sich später mit seinen »Superstars« auf den Weg einer exotischen (aber filmisch kaum noch interessanten) Rekonstruktion der Untergrund-Welt rund um das Chelsea-Hotel. Wendepunkt in Warhols Film-Karriere war der auf zwei Leinwänden projizierte Film *The Chelsea Girls* (1966). Danach entwickelte sich Warhol immer mehr in eine kommerzielle Richtung und führte auch bald nicht mehr selbst Regie, sondern ließ andere Regisseure für sich arbeiten, so in *Flesh* (1969), und *Trash* (1970), die von Paul Morrissey gedreht wurden.

Kanada

Das Filmwesen in Kanada befand sich Jahrzehnte hindurch im Zustand einer fast kolonialen Abhängigkeit von der US-amerikanischen Filmindustrie, die Verleih und Filmtheater unter strenger Kontrolle hielt; Kanada war vor allem ein Markt für die Erzeugnisse Hollywoods. Zwar gründete die kanadische Regierung schon 1939 das ›National Film Board of Canada‹, an dessen Spitze der englische Dokumentarfilmpionier John Grierson berufen wurde. Das ›National Film Board‹ entfaltete eine rege Tätigkeit auf dem Gebiet der Produktion von Dokumentar- und Kurzfilmen; bekannt wurde es nach dem Zweiten Weltkrieg vor allem durch die erfindungsreichen und ästhetisch neuartigen Animationsfilme von Norman Mac Laren (geb. 1914). Eine Produktion von Spielfilmen fand jedoch bis in die späten fünfziger Jahre in Kanada praktisch nicht statt.

Erst Anfang der sechziger Jahre vollzog sich eine aufsehenerregende Erneuerung des kanadischen Films, die in Beziehung gesetzt werden kann zu Erneuerungsbewegungen anderer Länder (der ›Nouvelle vague‹ in Frankreich oder dem ›Cinema nôvo‹ in Brasilien). Das neue kanadische Kino entstand vor allem in der französischsprachigen Provinz Québec; Montreal wurde zum Mittelpunkt der sich entwickelnden kanadischen Filmindustrie (auch die Zentrale des ›National Film Board‹ oder des ›Office National du Film Canadien‹ wurde schon 1956 nach Montreal verlegt). Der neue kanadische (d.h. franco-kanadische) Film stand von Anfang an unter einem dokumentarischen Vorzeichen. Das war kein Zufall: das Aufblühen einer neuen Kinematographie im Kanada der beginnenden sechziger Jahre in der Provinz Québec ist eng verbunden mit einem Prozeß der Selbstfindung dieser Region, der sich nicht zuletzt im Film artikulierte; dabei war für die Filmemacher der Rückgriff auf die sie umgebende Realität von entscheidender Bedeutung. Das Québec-Kino der sechziger Jahre, repräsentiert von Regisseuren wie Michel Brault, Pierre Perrault, Gilles Groulx, Jean-Pierre Lefebvre, Arthur Lamothe und anderen, war ein Kino das Engagements und der Wirklichkeitsnähe, der sozialen Konstatierung und der Kritik, der Beobachtung und der Reflexion, der engen Teilnahme an Prozessen gesellschaftlicher Veränderung. Bei ihrer Arbeit bedienten sich die Regisseure des Québec-Films der neuen Technik leichter, beweglicher Kameras und synchroner Tonaufnahme, wie sie Richard Leacock zum ersten Mal in den USA angewandt hatte. Aus dieser neuen Technik, für die man in Kanada die Bezeichnung ›Cinéma direct‹ fand, entwickelten die franco-kanadischen Regisseure aber auch eine neue Ästhetik – eine »Ästhetik der Wirklichkeit«, die sich nach Meinung des französischen Kritikers Louis Marcorelles »die Erschaffung des Schönen durch das Informelle und Nicht-Organisierte« zum Ziel gesetzt hat[66], die vor allem danach strebt, den Zuschauer näher an die Wirklichkeit heranzuführen, als es mit den Mitteln der traditionellen Kinematographie möglich ist. Dem kanadischen Kritiker Gilles Marsolais zufolge ist der Begriff der Authentizität für das neue franco-kanadische Kino von zentraler Bedeutung: »Das ›Cinéma direct‹ hat dazu beigetragen, in unseren Regisseuren das Verlangen nach moralischer Wahrhaftigkeit entstehen zu lassen, in einer Zeit, als ein Bedürfnis nach ihr bestand, als sich eine neue Ethik entwickelte. Man kann konstatieren, daß die kanadischen Filme, in denen sich die Authentizität am deutlichsten manifestiert, jene sind, die im ›direkten Stil‹ gedreht wurden oder doch von diesem Stil stark geprägt sind.«[67]

Während das ›National Film Board of Canada‹ in jedem Jahr zwischen 100 und 200 Kurzfilme produziert, kam die Produktion von Langfilmen in Kanada erst 1963 in Gang, teilweise mit Unterstützung des ›National Film Board‹, das auch die Produktion eigener langer Dokumentar- und Spielfilme aufnahm (die meisten wichtigen kanadischen Filme der sechziger Jahre wurden vom ›National Film Board‹ hergestellt). 1966 wurde zur Beförderung der Produktion von Spielfilmen eine ›Government Film Finance Corporation‹ gegründet; drei Jahre später entstand eine ›Canadian Film Development Corporation‹, die die Vorfinanzierung von Spielfilmvorhaben und die Prämierung fertiger Filme übernahm. Etwa 1970 schien ein Höhepunkt in der Produktion kanadischer Spielfilme erreicht, verbunden mit einer sich langsam durchsetzenden Anerkennung des kanadischen Films durch die internationale Kritik. Die Produktion stieg auf etwa 30 Filme jährlich, von denen zwei Drittel in Québec entstanden; 1977 sank die Produktion wieder auf etwa 20 Spielfilme. Das Problem der kanadischen Filme ist die schwierige Amortisation im eigenen Lande, das weiterhin stark vom US-Film beherrscht wird.

Nach ersten Ansätzen im Bereich des Kurzfilms erschienen 1963 in Kanada zwei Filme, die die Entstehung des neuen Québec-Kinos signalisierten: Pierre Perraults *Pour la suite du monde* (»Für die Folge der Welt«, deutscher Fernsehtitel *Die Mondfalle*) und Claude Jutras *A tout prendre (Alles in allem)*, 1964 gefolgt von einem weiteren wichtigen Film, Gilles Groulx' *Le chat dans le sac* (»Die Katze im Sack«). Pierre Perraults Film war ein streng dokumentarisches Werk; die beiden anderen verwendeten die Methoden des ›Cinéma direct‹ zur Herstellung einer – freilich im Dokumentarischen verwurzelten – Fiktion. Pierre Perrault (geb. 1927), einer der Stammväter des neuen kanadischen Kinos, legte mit *Pour la suite du monde* den ersten Teil einer Trilogie über die Bewohner einer kleinen Insel (der Ile-aux-Coudres) im St.-Lorenz-Strom unweit von Québec vor; die folgenden Teile waren *Le règne du jour* (»Die Herrschaft des Tages«, 1967) und *Les voitures d'eau* (»Die Wasserwagen«, 1968). In den Filmen dieser Trilogie spürt Perrault mit der Geduld, der Aufmerksamkeit und der Beobachtungsgabe eines Ethnologen den Lebensgewohnheiten der von der Außenwelt weitgehend abgeschnittenen Inselbewohner nach. *Pour la suite du Monde* (von Perrault gemeinsam mit Michel Brault gedreht) schildert die Vorbereitungen zu einem altertümlichen (und lange nicht mehr praktizierten) Verfahren des Fangs von Tümmlern. In *Le règne du jour* folgte Perrault Bewohnern der Insel, einem alten Ehepaar und ihren Kindern, auf eine Reise nach Frankreich zur Heimat ihrer Vorfahren; *Les voitures d'eau* zeigt das zum Aussterben verurteilte Verfahren der Herstellung hölzerner Küstenschiffe. Perrault ging beim Filmen mit der Behutsamkeit eines Flaherty vor (mit den ihn auch sein Interesse für urtümliche Formen von Zivilisation verbindet); aber die Trilogie überzeugt nicht nur durch die Sensibilität und den Verismus ihrer Beobachtung, sondern auch durch ihre intelligente Montagetechnik. Perraults spätere Filme zeigen eine radikalere politische Haltung: *Un pays sans bon sens* (»Ein Land ohne Verstand«, 1970) ist ein Essay über verschiedene Formen des kanadischen Selbstbewußtseins; *L'Acadie, l'Acadie* (1971, wieder gemeinsam mit Michel Brault realisiert) beschreibt in dramatischem Stil eine Studentenrevolte an der französischsprachigen Universtät Moncton in New Brunswick. In seinen letzten Filmen (1976–1977) kehrte Pierre Perrault wieder zu der ethnographischen Methode seiner Anfangszeit zurück: *Le gout de la farine* (»Der Geschmack des Mehls«) beschäftigt sich mit der Situation der Montagnais-Indianer im kanadischen Nordosten; im Mittelpunkt von *Un royaume vous attend* (»Ein Königreich erwartet euch«) und *Le retour à la terre* (»Die Rückkehr zur Erde«) stehen Pioniere und Umsiedler, die die Regierung in unwirtliche Regionen des Nordens schickt. Seine Einstellung zum Filmemachen beschrieb Pierre Perrault so: »Ich bin in die Häuser der Leute gekommen. Ich habe ihre Vergangenheit festgehalten. Nichts ist realer als ein alter Mann, der von einem Ereignis berichtet, das er erlebt hat. Oft mögen die Fakten selbst keine Bedeutung haben; die Bedeutung liegt in ihrer Erzählung. Ich bin ruhig. Ich höre zu ... Man muß aus der Substanz der Leute einen lebendigen Dialog herausholen.«[68]

Michel Brault (geb. 1928) arbeitete vor allem als Kameramann (unter anderem in Frankreich bei Jean Rouch). Er drehte 1966 in eigener Regie einen improvisatorischen Spielfilm über einen Amateursänger, *Entre la mer et l'eau douce* (»Zwischen der See und dem Süßwasser«, deutscher Fernsehtitel *Zwischen den Welten*) sowie 1975 den politisch dezidierten *Les ordres* (»Die Befehle«, deutscher Fernsehtitel *Ausnahmezustand*), einen lakonischen, dokumentarisch gestalteten, unterkühlt-polemischen Bericht über die voreilige Verhaftung unbescholtener Bürger im Rahmen der Fahndung nach Terroristen. Claude Jutra (geb. 1930) trug mit *A tout prendre* (*Alles in allem*, 1963) ebenfalls zur Geburt des neuen kanadischen Films bei: hier handelt es sich um eine Mischform von Spiel- und Dokumentarfilm, angesiedelt auf halbem Weg zwischen der persönlichen Konfession und der dokumentarischen Studie: Jutra erzählt die Geschichte eines jungen Mannes, der sich in eine Schwarze verliebt, aber diese verläßt, als sie ein Kind erwartet; die Fiktion entsteht in diesem Film spontan vor dem Objektiv der Kamera. Später wandte sich Jutra von der dokumentarischen Methode ab und drehte mit *Mon oncle Antoine* (*Mein Onkel Antoine*, 1970) den einfachen, aber poetischen Bericht über die Beziehungen eines Jungen aus einer Kleinstadt zu seinem Onkel, einem Begräbnisunternehmer; obwohl stilistisch traditionell gemacht, geriet *Mon oncle Antoine* zu einem der besten kanadischen Filme überhaupt. Danach realisierte Claude Jutra *Kamouraska* (deutscher Fernsehtitel *Kamouraska – eine mörderische Liebe*, 1973), ein romantisches Drama aus dem 19. Jahrhundert, sowie die Komödie *Pour le meilleur et pour le pire* (»Zum Besseren und zum Schlechteren«, 1975).

Der vierte wichtige Regisseur aus der Anfangszeit des kanadischen Films ist Gilles Groulx (geb. 1931), der 1964 mit *Le chat dans le sac* (»Die Katze im Sack«) die Empfindungen vieler Francokanadier auszudrücken verstand. Protagonist des in ›Cinéma direct‹-Technik realisierten Films ist ein idealistischer junger Journalist, der in Konflikt mit den Verantwortlichen der Masenmedien gerät und schließlich aus einer für ihn unerträglich gewordenen Welt die Flucht aufs Land ergreift, um dort über seine Situation nachzudenken. Was für diesen Film gilt, trifft auch für eine große Zahl anderer Québec-Filme zu: sie enthalten Motive und Anspielungen, die nur dem Einheimischen wirklich verständlich sind, sie ziehen sich – wie der Held in *Le chat dans le sac* – von der Kommunikation mit Außen-Gruppen weitgehend zurück, um sich statt dessen ganz nach innen zu wenden, als Zielgruppe eigentlich nur die Franco-Kanadier anzusprechen; ein gewisses Moment der Abkapselung charakterisiert viele der Québec-Filme (es wird durch die Schwerverständlichkeit des Québec-Französisch gesteigert).

Einer etwas späteren Generation von franco-kanadischen Filmemachern gehören Jean-Pierre Lefebvre, Denis Arcand, Jean-Claude Labrecque sowie Gilles Carle an – sie debütierten zwischen 1965 und 1970. Jean-Pierre Lefebvre (geb. 1942) hat eine besonders reichhaltige (und ambitionierte) Produktion aufzuweisen. Er begann 1965 mit dem Spielfilm *Le révolutionnaire* (»Der Revolutionär«), einer von Godards *Les carabiniers* beeinflußten »komischen Tragödie über die Zweideutigkeit«, einer Reflexion über die Möglichkeit oder Unmöglichkeit gesellschaftlicher Veränderung, gleichzeitig ein Essay in neuartiger Filmsprache (Lefebvre bevorzugte extrem lange Einstellungen). Auch *Il ne faut pas mourir pour ça* (»Dafür muß man nicht sterben«, 1967) und *Jusqu'au cœur* (»Bis ins Herz«, 1968) sind persönliche, engagierte Auseinandersetzungen mit den Lebensbedingungen in Québec, gespiegelt an den Schicksalen und Reaktionen der Protagonisten; aus den Filmen sprach manchmal ein Unterton von Verzweiflung. *Il ne faut pas mourir pour ça* beschreibt nicht ohne Humor, wie ein dreißigjähriger Mann zwischen seiner todkranken Mutter und den Beziehungen zu drei Frauen hin und her schwankt. *Q-Bec My Love* (1970) war eine scharfe Polemik gegen die Unterdrückung der Franco-Kanadier durch die Angelsachsen (Gegenstand der Handlung sind die Beziehungen einer Frau zu drei Männern: Peter Ottawa, Sam Washington und Jean-Baptiste Bilingue), *Mon ami Pierrette* (»Mein Freund Pierrette«, 1970) dagegen die komödiantische Beschreibung eines Wochenendausfluges.

In *Les maudits sauvages* (»Die verfluchten Wilden«, 1971) zieht Lefebvre die Bilanz von drei Jahrhunderten Unterdrückung der Indianer. *Les dernières fiancailles* (»Die letzte Verlobung«, 1974) beschreibt an der Grenze von phänomenologischer Beobachtung und traumhafter Phantasie den Alltag eines Ehepaares; in *l'amour blessé* (»Die verletzte Liebe«, 1977) wird das Drama einer Frau in Beziehung zu einer Talk-Show im Radio gesetzt; *Le vieux pays où Rimbaud est mort* (»Dieses alte Land, wo Rimbaud gestorben ist«, 1977) schließlich ist der großangelegte, metaphorische Versuch, anhand einer individuellen Fabel die Beziehungen der Franco-Kanadier zu Frankreich zu analysieren. Der Film ist der Bericht einer Reise durch eine Landschaft und der Begegnung mit Personen, die dem Protagonisten bekannt vorkommen, ohne daß er sich wirklich mit ihnen identifizieren kann. Für Jean-Pierre Lefebvres Produktion ist die stilistische und thematische Unterschiedlichkeit seiner Filme kennzeichnend, obwohl sie letzten Endes doch um ein wiederkehrendes Thema kreisen: die Selbstfindung, die kritische Selbstbefragung der Franco-Kanadier. Lefebvres Filme sind oft in sich widerspruchsvoll, aber lebendig und persönlich, auch formal neuartig und provokativ.

Denis Arcand (geb. 1941) begann mit Dokumentarfilmen; eine sozialkritische Untersuchung der Situation von Textilarbeitern, *On est au coton* (wörtlich »Wir sind in der Baumwolle«, 1970), wurde wegen ihrer polemischen Untertöne von den Auftraggebern, dem ›Office National du Film‹, lange Zeit nicht herausgebracht; *Duplessis et après* (»Duplessis und danach«, 1971) war eine dokumentarische Untersuchung franco-kanadischer Zeitgeschichte. Dann wandte sich Arcand dem Spielfilm zu. *La maudite galette* (»Die verdammte Kohle«) ist ein relativ konventioneller Gangsterfilm; in *Rejeanne Padovani* (1973) unternahm Denis Arcand dagegen den Versuch, die Machenschaften von Grundstücksspekulanten zu durchleuchten: allerdings mit den Mitteln des Action-Kinos. Jean-Claude Labrecque (geb. 1938) berichtet in *Les smattes* (»Die smarten Jungen«, 1971), wie die Polizei Jagd auf jugendliche Außenseiter macht, als Kontrapunkt schildert der Film die administrative Auflösung eines Dorfes. Gilles Carle (geb. 1929), dem manchmal seine Hollywood-Neigungen vorgeworfen werden, drehte eine Reihe ambitionierter Autorenfilme, die stets mit relativ großem Aufwand inszeniert waren. Sein Erstling, *La vie heureuse de Leopold Z* (»Das glückliche Leben des Leopold Z«, 1965), das Porträt eines Schneebeseitigers und Durchschnittsbürgers, wurde ein großer Publikumserfolg. *Red* (1970) erzählt im Stil des amerikanischen Kinos die Geschichte eines jungen Mannes halb indianischer, halb franco-kanadischer Herkunft; *La vraie nature de Bernadette* (»Die wahre Natur Bernadettes«, 1972) versetzt eine junge Hausfrau und Mutter von der Stadt aufs Land und läßt sie dort Unruhe und Verwirrung stiften; *La tête de Normande St.'Onge* (»Der Kopf von Normande St.-Onge«, 1976) beschreibt die Beziehungen zwischen einem jungen Mädchen und ihrer als neurotisch geltenden Mutter.

Schließlich muß unter den franco-kanadischen Filmemachern noch der aus Frankreich stammende Dokumentarist Arthur Lamothe (geb. 1928) genannt werden. Er drehte nach verschiedenen Kurzfilmen einen ersten Spielfilm mit *Poussière sur la ville* (»Staub über der Stadt«, 1967), darauf folgte eine dokumentarisch-sozialkritische Studie über Bauarbeiter in Montreal, *Le mépris n'aura qu'un temps* (*Die Verachtung ist nicht von Dauer,* 1970). 1973 begann Lamothe eine monumentale, auch 1977 noch nicht abgeschlossene

Serie von Dokumentarfilmen über die Situation der Indianer im nördlichen Québec, *Carcajou et le péril blanc (Carcajou und die weiße Gefahr)*, engagierte, kinematographisch faszinierende, anthropologische Studien (bisher liegen 8 Folgen vor), die detailliert festhalten, wie Kultur und Selbstbewußtsein der Indianer durch die erzwungene (aber kaum effektive) Integration in die profitorientierte weiße Gesellschaft, in welcher die Indianer ein unterprivilegiertes Dasein am Rande führen, allmählich zerstört werden. Die *Carcajou*-Serie gibt den Indianern selbst das Wort und erlaubt ihnen ohne zeitliche Beschränkung und ohne Intervention des Regisseurs, ihre Gefühle auszudrücken, aber auch diejenigen Traditionen, die sie sich noch bewahrt haben. Im franco-kanadischen Spielfilm haben sich neuerdings Jacques Leduc mit *Tendresse ordinaire* (*Alltägliche Zärtlichkeit*, 1972), einem filmisch sensiblen und eigenwillig strukturierten »Reisefilm«, sowie André Forcier mit der pointierten Charakterstudie von Kleinbürgern, *Bar Salon* (1974), qualifiziert; André Forcier drehte später die turbulente Komödie *L'eau chaude, l'eau frette* (»Heißes Wasser, kaltes Wasser«, 1976) – symptomatisch für den Versuch ambitionierter kanadischer Filmemacher, eine populäre Sprache zu sprechen, ohne doch den künstlerischen Anspruch ihrer Filme ganz aufzugeben.

Vergleichsweise kürzer kann man sich mit der Übersicht über das englischsprachige Filmschaffen Kanadas fassen; denn die englischsprachigen Regisseure konnten zwar gelegentlich kommerzielle Erfolge verbuchen und Beherrschung des Metiers demonstrieren (so Don Owen mit *Nobody Waved Goodbye*, 1964, und *The Ernie Game*, 1967; Don Shebib mit *Going Down the Road*, 1969, und *Rip Off*, 1971; Larry Kent mit *High*, 1967), aber bei weitem keine so profilierte und eigenwillige nationale Schule entwickeln wie ihre französischsprachigen Kollegen. Erwähnenswert unter den anglo-kanadischen Regisseuren ist vor allem Allan King (geb. 1930) mit dem Psychiatriefilm *Warrendale* (1967), einer mit den Methoden des ›Cinéma direct‹ vorgenommenen Untersuchung über eine Klinik für verhaltensgestörte Kinder und Jugendliche in Toronto; der Film verzichtet auf jeglichen Kommentar, geht auch emotional zugespitzten Szenen, die den Zuschauer harten Belastungen aussetzen, keineswegs aus dem Wege und erweckt dadurch den Eindruck von Ambivalenz; auf der anderen Seite vermittelt er ein realistisches, ungeschminktes Bild des Alltags in einer psychiatrischen Klinik und demonstriert Sensibilität im Gebrauch der filmischen Mittel. Weniger überzeugend war *A Married Couple* (*Ein verheiratetes Paar*, 1968), der Versuch, mit der gleichen Technik wie in *Warrendale* den krisengeschüttelten Alltag eines Ehepaares zu dokumentieren. Robin Spry trat mit intelligent gemachten, engagiert-publizistischen Dokumentarfilmen über politische Zeitereignisse hervor: *Prologue* (1969), über Unruhen in Chicago, und *Action: The October Crisis* (1975) über die Separatistenbewegung in Québec und die durch Extremisten ausgelöste Regierungskrise. Der Dokumentarist Kerry Feltham drehte 1970, ausgehend von einer Bühnenrevue, eine witzige, mit Zitaten aus Lewis Carrols »Alice in Wonderland« durchsetzte Persiflage auf den Prozeß gegen die »Rädelsführer« der Unruhen von Chicago, *The Great Chicago Conspiracy Circus (Der große Chicagoer Verschwörungszirkus)*. Weitere erfolgreiche anglo-kanadische Filme der letzten Jahre sind *Wedding in White* (»Hochzeit in Weiß«, 1973) von William Fruet, sowie *Why Shoot the Teacher?* (»Warum den Lehrer erschießen?«, 1977) von Silvio Narizzano.

Anmerkungen

V. Osteuropa

[1] Nina Hibbin: *Eastern Europe.* London/New York 1969. S. 133.
[2] A.a.O. Vgl. auch: *Woche des neuen sowjetischen Films.* In: *Kinemathek,* Nr. 46. Berlin, Dezember 1971.
[3] *Frankfurter Allgemeine Zeitung,* Frankfurt/Main, 17. 4. 1971. Zitiert nach: *Kinemathek,* Nr. 46, a.a.O. S. 8.
[4] Lew Kulidshanow: *Talent und künstlerische Phantasie dem Volke.* In: *Neues Deutschland,* Berlin (DDR), 16. 5. 1971. Zitiert nach: *Kinemathek,* Nr. 46, a.a.O. S. 8f.
[5] Zitiert nach: *Ecran 73,* Nr. 16. Paris, Juni 1973. S. 37.
[6] *Sowjetskoje kino,* Nr. 11, 14. 3. 1970. Zitiert nach: *Der sowjetische Film,* Band II. Berlin (DDR) 1974. S. 145.
[7] *Sowjetfilm* Nr. 1/1971, Moskau, S. 7. Zitiert nach: *Kinemathek,* Nr. 46, a.a.O. S. 60.
[8] *Sowjetski ekran,* Nr. 12/65, Moskau. Zitiert nach: Wolfgang Klaue, Manfred Lichtenstein (Herausgeber): *Filme contra Faschismus.* Berlin (DDR) 1965. S. 199.
[9] *Literaturnaja gaseta,* Moskau, 13. 1. 1966. Zitiert nach: *Kinemathek,* Nr. 27, Berlin, Juni 1966.
[10] Pierre Billard in: *Cinéma 66,* Nr. 107. Paris, Juni 1966. S. 60. Zitiert nach: *Kinemathek,* Nr. 27, a.a.O. S. 52.
[11] *Der sowjetische Film,* Band II. A.a.O. S. 174.
[12] *Der Film, den Chruschtschow verbot: »Genossen, das geht doch nicht!«* In: *Filmkritik,* Nr. 1/64. München, Januar 1964. S. 45ff.
[13] *Der sowjetische Film,* Band II, a.a.O. S. 141.
[14] A.a.O.
[15] Zitiert in: *Filmkritik,* Nr. 11/63. München, November 1963. S. 529.
[16] *Atlas Filmheft* Nr. 29. Zitiert nach: *Andrej Rubljow. Filmtext und Dokumente. Kinemathek,* Nr. 41. Berlin, Juli 1969. S. 113.
[17] *Kinemathek,* Nr. 41, a.a.O. S. 8.
[18] *Sputnik,* Zeitschrift der Moskauer Filmfestspiele 1965. Zitiert nach: *Cinéma 65,* Nr. 99. Paris, September/Oktober 1965. S. 61.
[19] Jeanne Vronskaya: *Young Soviet Filmmakers.* London 1972. S. 41.
[20] *Der sowjetische Film,* Band II, a.a.O. S. 180.
[21] Marcel Martin: *Quoi de neuf à Moscou?* In: *Cinéma 68,* Nr. 128. Paris, August/September 1968. S. 59. Vgl. auch: *Sight and Sound,* Winter 1974/75, London. S. 8ff., Artikel von Herbert Marshall über Sergej Paradshanow.
[22] Herbert Marshall: *The Case of Sergo Paradshanow.* In: *Sight and Sound,* a.a.O.
[23] A.a.O.
[24] *Sowjetfilm* Nr. 8/73, Moskau. S. 38. Zitiert nach: *Filme aus Georgien.* In: *Kinemathek,* Nr. 52. Berlin, Februar 1975. S. 57.
[25] Jeanne Vronskaya, a.a.O. S. 72.
[26] Jeanne Vronskaya, a.a.O. S. 73. Zitiert nach: *Kinemathek,* Nr. 52, a.a.O. S. 15.
[27] *Sowjetfilm,* Nr. 10/74, Moskau. S. 18. Zitiert nach: *Kinemathek,* Nr. 52, a.a.O. S. 30.
[28] Lino Micciche: *Il nuovo cinema degli anni '60.* Turin 1972. S. 65.
[29] Jeanne Vronskaya, a.a.O. S. 83.

[30] Lino Micciche, a.a.O. S. 63.
[31] *Film und Fernsehen,* Nr. 7/76. Berlin (DDR), 1. Juli 1976. S. 43.
[32] *Film-Dienst,* Nr. 22. Köln, 3. 6. 1964. Kritik Nr. 12755.
[33] In: Jerzy Kawalerowicz: *Mutter Johanna von den Engeln* (Filmprotokoll). München 1963. S. 147f.
[34] Max Tessier in: *Ecran 72,* Nr. 7. Paris, Juli 1972. S. 30.
[35] Interview mit Andrzej Wajda in: *Polityka,* Nr. 38. Warschau 1965. Zitiert nach Boleslaw Michalek: *The Cinema of Andrzej Wajda,* London/New York 1973. S. 92.
[36] Vgl. Boleslaw Michalek, a.a.O. S. 92ff.
[37] Erklärung von Andrzej Wajda. Zitiert nach: *Polnische Filmtage.* In: *Kinemathek,* Nr. 42. Berlin, November 1969.
[38] Boleslaw Michalek, a.a.O. S. 132.
[39] Boleslaw Michalek, a.a.O. S. 149. Zitiert nach: *Der polnische Film gestern und heute.* In: *Kinemathek,* Nr. 51. Berlin, Februar 1974. S. 35.
[40] Boleslaw Michalek, a.a.O. S. 149ff.; *Kinemathek,* Nr. 51, a.a.O. S. 34ff.
[41] Boleslaw Michalek, a.a.O. S. 137.
[42] Andrzej Wajda in: *Ecran 76,* Nr. 46. Paris, April 1976. S. 13.
[43] Jerzy Plazewski in: *Ecran 74,* Nr. 24. Paris, April 1974. S. 29.
[44] Wilfried Berghahn in: *Filmkritik,* Nr. 9/63. München, September 1963. S. 413.
[45] Wilfried Berghahn in: *Filmkritik,* Nr. 11/63. München, November 1963. S. 520.
[46] *Les 40% de Roman Polanski.* In: *Cinéma 63,* Nr. 77. Paris, Juni 1963. S. 10.
[47] *Wajda-Polanski: faire des films en Pologne ou ailleurs.* In: *Jeune Cinéma,* Nr. 91. Paris, Dezember 1975. S. 10ff. Ursprünglich erschienen in *Kino,* Nr. 2, Warschau 1972.
[48] Zitiert in: *Cinéma 66,* Nr. 107. Paris, Juni 1966. S. 109.
[49] Enno Patalas: *Begegnung mit Skolimowski.* In: *Filmkritik,* Nr. 3/66. München, März 1966. S. 169.
[50] Jean-Louis Comolli: *La remontée d'Orphée.* In: *Cahiers du Cinéma,* Nr. 192. Paris, Juli/August 1967. S. 41.
[51] Jerzy Skolimowski in: *Cahiers du Cinéma,* Nr. 182, September 1966, S. 33. Zitiert nach: *Kinemathek,* Nr. 33. Berlin, März 1967. S. 8.
[52] In: *Cinéma 68,* Nr. 122. Paris, Januar 1968. S. 31f.
[53] Pierre Billard in: *Cinéma 65,* Nr. 92. Paris, Januar 1965. S. 132.
[54] Dietrich Kuhlbrodt in: *Filmkritik,* Nr. 8/67. München, August 1967. S. 434.
[55] Michel Capdenac in: *Les Lettres Françaises,* Paris, 26. 1. 1972. Zitiert nach: *Internationales Forum des Jungen Films 1972,* Informationsblatt 7. Berlin 1972.
[56] Krzystof Zanussi in: *Polnische Filmtage.* In: *Kinemathek,* Nr. 42. Berlin, November 1969. S. 43.
[57] *Polen,* Nr. 8/71, Warschau. Zitiert nach: *Der polnische Film gestern und heute.* In: *Kinemathek,* Nr. 51, a.a.O. S. 19.
[58] Jean Delmas: *Le cinéma polonais encore exilé du présent.* In: *Jeune Cinéma,* Nr. 83. Paris, Dezember 1974/Januar 1975. S. 26.
[59] Jerzy Plazewski in: *Ecran 72,* Nr. 24. Paris, April 1974. S. 28. Vgl. auch Interview mit Zulawski in: *Positif,* Nr. 150. Paris, Mai 1973. S. 29.
[60] Jerzy Plazewski in: *Ecran 74,* Nr. 24, a.a.O. S. 28.
[61] Jacek Fuksiewicz: *Film und Fernsehen in Polen.* Warschau 1976. S. 72f.
[62] Yvette Biro: *The Hungarian Film Style and its Variations.* In: *The New Hungarian Quarterly,* Winter 1968. Budapest. S. 4.
[63] A.a.O. S. 3.
[64] In: *Hungarofilm-Bulletin,* Nr. 2/1971. Budapest.

[65] Claude B. Levenson: *Jeune cinéma hongrois.* Zitiert nach: *Ungarische Spielfilme. Eine Dokumentation.* Essen, Mai 1968. S. 9.
[66] *Cinéma 72,* Nr. 165. Paris, April 1972. S. 115.
[67] Lino Micchichè: *Il nuovo cinema degli anni '60.* Turin 1972. S. 40.
[68] A.a.O. S. 41.
[69] Zitiert in: István Nemeskürty: *Word an Image. History of the Hungarian Cinema.* Budapest 1974. S. 199.
[70] *Ungarische Spielfilme. Eine Dokumentation,* a.a.O. S. 70ff.
[71] Miklós Jancsó in: *La Biennale di Venezia – 30a mostra internazionale d'arte cinematografica di Venezia.* Katalog der Filmfestspiele Venedig 1969. o.S. *(Sirocco d'hiver).*
[72] Interview mit András Kovács in: *Ungarische Spielfilme. Eine Dokumentation,* a.a.O. S. 37.
[73] *Hungarofilm-Bulletin,* Nr. 4/1974. Budapest. S. 19.
[74] *Hungarofilm-Bulletin,* Nr. 2/1967. Budapest. S. 25. Vgl. auch: *Filmkritik,* Nr. 10/68. München, Oktober 1968. S. 723.
[75] Interview mit István Szabó in: *Ungarische Spielfilme. Eine Dokumentation,* a.a.O. S. 42.
[76] Louis Marcorelles in: *Le Monde,* Paris, 11. 7. 1975.
[77] Interview mit Ferenc Kósa in: *Ungarische Spielfilme II (1968–1969).* Frankfurt 1969. S. 52.
[78] In: *Film Kultura,* Nr. 7/67. Budapest. Zitiert in: *Ungarische Spielfilme II,* a.a.O. S. 8.
[79] Jan Žalman: *Filmprofile der tschechoslowakischen Gegenwart.* Prag 1968. S. 43f.
[80] A.a.O. S. 60.
[81] Antonin J. Liehm: *Closely Watched Films. The Czechoslovak Experience.* New York 1974. S. 214.
[82] A.a.O. S. 306.
[83] A.a.O.
[84] Jan Žalman, a.a.O. S. 68.
[85] Katalog der *Quinzaine des réalisateurs.* Cannes 1975. S. 35.
[86] Antonin J. Liehm, a.a.O. S. 310.
[87] Zitiert bei: Antonin J. Liehm, a.a.O. S. 359.
[88] *Film-Dienst,* Nr. 8, Köln, 22. 2. 1967. Kritik Nr. 14553.
[89] Zitiert bei: Jan Zalman, a.a.O. S. 79.
[90] Antonin J. Liehm, a.a.O. S. 260.
[91] Lino Miccichè, a.a.O. S. 26.
[92] Zitiert bei: Antonin J. Liehm, a.a.O. S. 338.
[93] Josef Skvorecky: *All the Bright Young Men and Women. A Personal History of the Czech Cinema.* Toronto 1971. S. 204f.
[94] Marcel Martin in: *Cinéma 69,* Nr. 138. Paris, Juli 1969. S. 28.
[95] *Ecran 73,* Nr. 16. Paris, Juni 1973. S. 43.
[96] Zitiert nach: *Cinéma 70,* Nr. 142. Paris, Januar 1970. S. 20.
[97] Rudi Strahl in: *Filmspiegel,* Nr. 24/1960, Berlin (DDR). Zitiert nach: *Spielfilme der DEFA im Urteil der Kritik.* Berlin (DDR) 1970. S. 201.
[98] Zitiert in: *Filmkritik,* Nr. 10/66. München, Oktober 1966. S. 592.
[99] Ulrich Gregor (Herausgeber): *Wie sie filmen.* Gütersloh 1966. S. 320.
[100] Heinz Kersten: *Schatten über Babelsberg II.* In: *Filmkritik,* Nr. 4/66. München, April 1966. S. 233.
[101] Renate Holland-Moritz in: *Eulenspiegel,* Nr. 15. Berlin (DDR), April 1969. Zitiert nach: *Filme aus der DDR.* In: *Kinemathek,* Nr. 48. Berlin, Dezember 1972. S. 32.

102 Wolfgang Kohlhaase in: *Film-Wissenschaftliche Mitteilungen,* Nr. 1/1966. Berlin (DDR). Zitiert nach: *Spielfilme der DEFA im Urteil der Kritik,* a.a.O. S. 294ff.
103 In: *Tribüne,* Berlin (DDR), 16. 12. 1965. Zitiert nach: Heinz Kersten: *Schatten über Babelsberg I.* In: *Filmkritik,* Nr. 3/66. München, März 1966. S. 165.
104 *Neues Deutschland,* Berlin (DDR), 14. 12. 1965. Zitiert nach: *Schatten über Babelsberg II,* a.a.O. S. 232.
105 *Neues Deutschland,* Berlin (DDR), 19. 12. 1965. Zitiert nach: *Schatten über Babelsberg II,* a.a.O. S. 233.
106 Roland Gräf: *Weshalb ich für den Alltag bin.* In: *Forum,* Nr. 7/1972. Berlin (DDR). Zitiert nach: Erika Richter: *Alltag und Geschichte in DEFA-Gegenwartsfilmen der siebziger Jahre. Filmwissenschaftliche Beiträge,* Nr. 1/76. Berlin (DDR) 1976. S. 47.
107 Interview mit Lothar Warneke von Erika und Rolf Richter. In: *Film und Fernsehen,* Nr. 1/1974. Berlin (DDR). S. 19. Zitiert nach: Erika Richter: *Alltag und Geschichte in DEFA-Gegenwartsfilmen . . .,* a.a.O. S. 47.
108 H. Sander und R. Schlesier in: *Frauen und Film,* Nr. 2. Berlin, September 1974. S. 8ff.
109 Erika Richter: *Alltag und Geschichte in DEFA-Gegenwartsfilmen . . .,* a.a.O. Anmerkung 202. S. 275ff.
110 Interview mit Egon Günther von Horst Knietzsch. In: *Prisma – Kino- und Fernseh-Almanach* 7. Berlin (DDR) 1976. S. 59.
111 Marcel Martin in: *Cinéma 68,* Nr. 124. Paris, März 1968. S. 67.
112 Neda Stadimirova in: *Filmspiegel,* Berlin (DDR), 5. 7. 1972.
113 Zitiert in: *Woche des bulgarischen Films.* Wiesbaden 1972. S. 16.
114 Lino Micciché, a.a.O. S. 69.
115 Dušan Makavejev in: *Filmkritik,* Nr. 2/68. München, Februar 1968. S. 93.
116 *Filmkritik,* Nr. 8/68. München, August 1968. S. 542.
117 F. G. (d.i. Frantz Gevaudan) in: *Cinéma 69,* Nr. 137. Paris, Juni 1969. S. 106.
118 *International Film Guide 1975.* London/New York 1974. S. 370.

VI. Lateinamerika, Afrika, Asien, Australien

1 In: Peter B. Schumann (Herausgeber): *Kino und Kampf in Lateinamerika.* München 1976. S. 9ff.
2 A.a.O. S. 12f.
3 A.a.O. S. 18.
4 A.a.O. S. 28.
5 Glauber Rocha: *Una estetica della fame.* In: *Il Cinema Nôvo brasiliano. I: Testi e documenti. Undicesima Mostra Internazionale del Nuovo Cinema, Pesaro 14/21 settembre 1975. Quaderno informativo Nr. 64.* S. 64ff. Auszugsweise deutsch (»Ästhetik der Gewalttätigkeit«) in: *Film im Aufbruch. Eine Dokumentation über Filmentwicklungen in Afrika und Südamerika.* Berlin (DDR) 1966. S. 161ff.
6 *Il Cinema Nôvo brasiliano . . .,* a.a.O. S. 217.
7 *Film im Aufbruch,* a.a.O. S. 199.
8 A.a.O. S. 126.
9 Siehe Anmerkung 5.
10 Siehe Anmerkung 5.
11 Guy Hennebelle: *Quinze ans de cinéma mondial.* Paris 1975. S. 197.
12 Jean-Claude Bernardet: *Das brasilianische Cinema Novo und der ungelöste Widerspruch.* In: Peter B. Schumann (Herausgeber): *Kino und Kampf in Lateinamerika,* a.a.O. S. 99.

[13] Lino Micciché: *Il nuovo cinema degli anni '60.* Turin 1972. S. 102.
[14] *Il Cinema Nôvo brasileiro ...,* a.a.O. S. 131.
[15] *Film im Aufbruch,* a.a.O. S. 140.
[16] *Il Cinema Nôvo brasileiro ...,* a.a.O. S. 135.
[17] A.a.O. S. 149, 152.
[18] Theodor Kotulla in: *Filmkritik,* Nr. 5/67. München, Mai 1967. S. 276.
[19] Urs Jenny in: *Filmkritik,* Nr. 12/68. München, Dezember 1968. S. 853.
[20] Glauber Rocha in: *Cinéma 71,* Nr. 160. Paris, November 1971. S. 26.
[21] Interview mit Glauber Rocha von Gianfranco Grazinai. In: *Il Cinema Nôvo brasiliano II: I registi e i film. Undicesima Mostra Internazionale del Nuovo Cinema, Pesaro 14/21 settembre 1975. Quaderno informativo Nr. 65.* S. 123ff.
[22] Zitiert bei: Lino Micciché: *Il nuovo cinema degli anni '60,* a.a.O. S. 110.
[23] Gustavo Dahl in: Peter B. Schumann (Herausgeber): *Woche des Jungen Films – Lateinamerika. 20. Internationale Filmfestspiele Berlin '70.* S. 34.
[24] A.a.O. S. 37.
[25] *Glauber Rocha über Leon Hirszman.* In: *Internationales Forum des Jungen Films 1972,* Informationsblatt 35. Berlin 1972.
[26] Peter B. Schumann (Herausgeber): *Kino und Kampf in Lateinamerika,* a.a.O., S. 78.
[27] A.a.O. S. 76f.
[28] A.a.O. S. 80.
[29] *Entretien avec Solanas, par Louis Marcorelles.* In: *Cahiers du Cinéma,* Nr. 210. Paris, März 1969. S. 46ff. Zitiert nach: *Politisches Kino in Lateinamerika – Argentinien und Chile.* In: *Kinemathek,* Nr. 50. Berlin, Januar 1974. S. 11f.
[30] Pascal Bonitzer in: *Cahiers du Cinéma,* Nr. 213. Paris, Juni 1969, S. 8. Zitiert nach: *Kinemathek,* Nr. 50, a.a.O. S. 12.
[31] *Kino und Kampf in Lateinamerika,* a.a.O. S. 92.
[32] Katalog der *Quinzaine des réalisateurs,* Cannes 1971. S. 24.
[33] *Il cinema di Allende,* S. 42.
[34] Zitiert in: Peter B. Schumann (Herausgeber): *Film und Revolution in Lateinamerika.* Frankfurt 1971. S. 88.
[35] *Kino und Kampf in Lateinamerika,* a.a.O. S. 44f.
[36] Raul Ruiz in: *Internationales Forum des Jungen Films 1974,* Informationsblatt 40. Berlin 1974.
[37] Interview mit Miguel Littin von Peter B. Schumann. In: *Kinemathek,* Nr. 50, a.a.O. S. 55.
[38] *Il cinema di Allende,* a.a.O. S. 66.
[39] Interview mit Pedro Chaskel. In: *Kinemathek,* Nr. 50, a.a.O. S. 38.
[40] *Film im Freiheitskampf der Völker – Lateinamerika. Dokumentation I.* Potsdam 1972. S. 79f.
[41] A.a.O. S. 77.
[42] *Kino und Kampf in Lateinamerika,* a.a.O. S. 148.
[43] A.a.O.
[44] Interview mit Jorge Sanjinés. In: *VII Mostra del Nuovo Cinema, Pesaro 1971, Quaderno informativo Nr. 30,* S. 61. Zitiert nach: *Internationales Forum des Jungen Films 1972,* Informationsblatt 36, Berlin 1972.
[45] Marcel Martin in: *Ecran 75,* Nr. 39. Paris, September 1975. S. 77.
[46] Manuel Michel in: *Filmkritik,* Nr. 6/66. München, Mai 1966. S. 314.
[47] José de la Colina in: *Der neue mexikanische Film.* In: *Kinemathek,* Nr. 49. S. 33.
[48] Katalog der *Quinzaine des réalisateurs,* Cannes 1973. Zitiert nach: *Kinemathek,* Nr. 49, a.a.O. S. 30.

[49] Manuel Michel, a.a.O. S. 315.
[50] José de la Colina in: *Kinemathek*, Nr. 49, a.a.O. S. 14.
[51] Paul Leduc in: *Internationales Forum des Jungen Films 1972*, Informationsblatt 32. Berlin 1972.
[52] Eckart Jahnke, Manfred Lichtenstein (Herausgeber): *Kubanischer Dokumentarfilm*. Berlin (DDR) 1974. S. 11.
[53] *Ecran 77*, Nr. 54. Paris, Januar 1977. S. 20.
[54] Guy Hennebelle: *Les cinémas africains en 1972*. Paris 1972. S. 202.
[55] Zitiert in: *Afrika heute – im Film*. Volkersberg/Rhön 1973. S. 185.
[56] *Les cinémas africains en 1972*, a.a.O. S. 207. Zitiert nach: *Internationales Forum des Jungen Films 1972*, Informationsblatt 20. Berlin 1972.
[57] *Les cinémas africains en 1972*, a.a.O. S. 12.
[58] Interview mit Achmed Rachedi von Guy Hennebelle. In: *Cinéma 66*, Nr. 103. Paris, Februar 1966. S. 26. Zitiert nach: *Film in Algerien*. In: *Kinemathek*, Nr. 43. Berlin, Oktober 1970. S. 21.
[59] *Les cinémas africains en 1972*, a.a.O. S. 159.
[60] A.a.O. S. 161.
[61] Tahar Cheeriah, zitiert in: *Les cinémas africains en 1972*, a.a.O. S. 179.
[62] Abdelmajid Chorfi in: *L'Action*, Tunis, 10. 10. 1970. Zitiert nach: *Internationales Forum des Jungen Films 1971*, Informationsblatt 21. Berlin 1971.
[63] *International Film Guide 1976*. London/New York 1975. S. 145.
[64] In: *Cinéma 73*, Nr. 182. Paris, Dezember 1973. S. 85.
[65] A.a.O.
[66] Youssef Chahine in: *Cinéma 73*, Nr. 182. Paris, Dezember 1973. S. 89.
[67] Guy Hennebelle: *Quinze ans de cinéma mondial*. Paris 1975. S. 224f.
[68] *Ecran 73*, Nr. 18. Paris, September/Oktober 1973. S. 15.
[69] John Russell Taylor in: *Sight and Sound*, Summer 1972. London. S. 157.
[70] *International Film Guide 1975*. London/New York 1974. S. 230.
[71] Aus dem Werbeprospekt des Films.
[72] *International Film Guide 1972*. London/New York 1971. S. 166.
[73] Marie Seton: *Portrait of a Director: Satyajit Ray*. Delhi/London 1971. S. 34.
[74] Urs Jenny in: *Filmkritik*, Nr. 9/69. München, September 1969. S. 552.
[75] John Rosselli in: *Contemporary Films Catalogue*. London o.J. S. 128.
[76] *Ray's New Trilogy. An Interview by Christian Braad Thomsen*. In: *Sight and Sound*, Winter 1972/73. London. S. 33.
[77] A.a.O.
[78] *Woche des jungen indischen Films*. Hektographiertes Manuskript. Berlin (Freunde der Deutschen Kinemathek) 1972. S. 12.
[79] A.a.O. S. 1.
[80] P. Parain: *Regards sur le cinéma indien*. Paris 1969. S. 309.
[81] *International Film Guide 1971*. London/New York 1970. S. 216.
[82] *International Film Guide 1976*. London/New York 1975. S. 230.
[83] *Quinze ans de cinéma mondial*, a.a.O. S. 259.
[84] Willy Lüdecke: *Film und Fernsehen in Vietnam 1920–1974*. In: *Bulletin 8/9 des Initiativkomitees für die Stärkung des revolutionären vietnamesischen Filmwesens*. Köln o.J. S. 13.
[85] Regis Bergerin in: *Cinéma 64*, Nr. 86. Paris. S. 52f.
[86] *Films and Filming*, London, Oktober 1962. Zitiert bei: Jay Leyda: *Dianying (Electric Shadows). An Account of Films and the Film Audience in China*. Cambridge/London 1972. S. 282f.

[87] Jay Leyda: *Dianying*, a.a.O. S. 303.
[88] Jay Leyda: *Dianying*, a.a.O. S. 340.
[89] Guy Hennebelle in: *Ecran 75*, Nr. 42. Paris, Dezember 1975. S. 42.
[90] *International Film Guide 1975*. London/New York 1974. S. 128.
[91] Erwin Leiser in: *Ecran 75*, Nr. 42, a.a.O. S. 45.
[92] *China im Bild*, Nr. 4/1974. Peking. S. 9.
[93] Rony Rayns: *Threads through the Labyrinth: Hong Kong Movies*. In: *Sight and Sound*, Summer 1974. London. S. 140.
[94] Rony Rayns in: *Monthly Film Bulletin*, London, November 1973. S. 228.
[95] *International Film Guide 1976*. London/New York 1975. S. 217.
[96] Donald Richie in: *5 Pictures of Yasujiro Ozu*. Tokyo o.J. Zitiert nach: *Kino in Japan*. Hektographiertes Manuskript. Berlin (Freunde der deutschen Kinemathek) 1973. S. 13.
[97] Donald Richie: *The Films of Akira Kurosawa*. Berkeley/Los Angeles 1965. S. 147.
[98] A.a.O. S. 162.
[99] Wilfried Berghahn in: *Filmkritik*, Nr. 8/62. München, August 1962. S. 356.
[100] Donald Richie: *Japanese Cinema*. New York 1971. S. 188.
[101] Masaki Kobayashi in: *Ecran 72*, Nr. 3. Paris, März 1972. S. 29.
[102] Helmut Regel in: *Filmkritik*, Nr. 7/67. München, Juli 1967. S. 387f.
[103] Donald Richie: *Japanese Cinema*, a.a.O. S. 166.
[104] Interview mit Nagisa Oshima von Alessandro Gennari, Alessandro Cappabianca und Ciriaco Tiso. In: *Filmcritica*, Nr. 228. Rom, Oktober 1972. Zitiert nach: *Internationales Forum des Jungen Films 1973*, Informationsblatt 6. Berlin 1973.
[105] Nagisa Oshima in: *Internationales Forum des Jungen Films 1971*, Informationsblatt 15. Berlin 1971.
[106] Donald Richie: *Japanese Cinema*, a.a.O. S. 175.
[107] Amos Vogel: *Ein Spiegel des heutigen Desasters*. In: *The Village Voice*, New York, 11. 2. 1971. Zitiert nach: *Internationales Forum des Jungen Films 1972*, Informationsblatt 24. Berlin 1972.
[108] Helen Styles, *Lettre d'Australie. Renaissance du cinéma australien*. In: *Cinéma 75*, Nr. 203. Paris, November 1975. S. 18ff. Ursprünglich erschienen in: *Cinema Australia*, April 1975.
[109] David J. Stratton in: *International Film Guide 1975*. London 1974. S. 77.

VII. Nordamerika

[1] Théodore Louis, Jean Pigeon: *Le cinéma américain*. Paris 1975. S. 10.
[2] *Le cinéma américain des années soixante*. In: *Cinéma 73*, Nr. 178/9. Paris, Juli/August 1973. S. 122.
[3] Ulrich Kurowski, Jürgen Römhild (Herausgeber): *Lexikon des internationalen Films*. Band 2, K–Z. München 1975. S. 136.
[4] *Le cinéma américain*, a.a.O. S. 26; Axel Madsen: *The New Hollywood. American Movies in the '70s*. New York 1975. S. 22.
[5] *Cinéma 73*, Nr. 178/9, a.a.O. S. 122, 250.
[6] Thomas Elsaesser: *The Pathos of Failure. American Films in the 70's*. In: *Monogram*, Nr. 6/1975. London. S. 13ff.
[7] Claude Beylie in: *Cinéma 69*, Nr. 132. Paris, Januar 1969. S. 99.
[8] Joe Hembus: *Western-Lexikon*. München 1976. S. 386.
[9] Claude Beylie in: *Cinéma 69*, Nr. 132, a.a.O. S. 100.

10 J.-A. F. (d. i. Jean-André Fieschi) in: *Cahiers du Cinéma*, Nr. 150/151. Paris, Dezember 1963/Januar 1964. S. 134.

11 Jacques Rivette in: *Cahiers du Cinéma*, Nr. 23. Paris, Mai 1953. Zitiert nach: *Filmkritik*, Nr. 5/66. München, Mai 1966. S. 291.

12 Zitiert bei: Joe Hembus: *Western-Lexikon*, a. a. O. S. 171.

13 *Cahiers du Cinéma*, Nr. 150/151, a. a. O. S. 136.

14 John Huston in: *Ecran 72*, Nr. 7. Paris, Juli 1972. S. 69.

15 J.-L. C. (d. i. Jean-Louis Comolli) in: *Cahiers du Cinéma*, Nr. 150/151, a. a. O. S. 158.

16 François Truffaut: Vorwort zu *Le cinéma selon Hitchcock*. Zitiert nach: *Filmkritik*, Nr. 7/67. München, Juli 1967. S. 408.

17 Georges Sadoul über Anthony Mann. In: *Dictionnaire des cinéastes*. Paris 1965. S. 154.

18 Andrew Sarris: *The American Cinema. Directors and Directions 1929–1968*. New York 1968. S. 127.

19 Georges Sadoul über Billy Wilder. In: *Dictionnaire des cinéastes*, a. a. O. S. 238.

20 Joe Hembus: *Western-Lexikon*, a. a. O. S. 394.

21 *Hitchcock par Eric Rohmer & Claude Chabrol*. Paris 1957. S. 159.

22 Guy Braucourt in: *Ecran 75*, Nr. 33. Paris, Februar 1975. S. 27.

23 Peter Bogdanovich: *The B-Movie as Art – An Introduction*. In: Stuart M. Kaminsky: *Don Siegel: Director*. New York 1974. S. 7.

24 Budd Boetticher in: *Positif*, Nr. 110. Paris, November 1969.

25 H. C. Blumenberg: *Samuel Fuller – ein unheimlicher Typ*. in: *Fernsehspiele Westdeutscher Rundfunk Januar–Juni 1973*. Köln. S. 12.

26 Georges Sadoul über Samuel Fuller. In: *Dictionnaire des cinéastes*, a. a. O. S. 96.

27 Theodor Kotulla in: *Filmkritik*, Nr. 11/66. München, November 1966. S. 618.

28 Peter Bogdanovich in: *Don Siegel: Director*, a. a. O. S. 8.

29 Roger Tailleur in: *Positif*, Paris. Zitiert bei: Joe Hembus: *Western-Lexikon*, a. a. O. S. 229.

30 Aus dem Werbeprospekt des Films. Zitiert in: *Filmkritik*, Nr. 11/65. München, November 1965. S. 631.

31 *International Film Guide 1968*. London/New York 1967. S. 22.

32 Andrew Sarris: *The American Cinema*, a. a. O. S. 91.

33 Claire Johnston, Paul Willemen: *Frank Tashlin*. Edinburgh Film Festival 1973. S. 6.

34 In: *Filmkritik* Nr. 7/64. München, Juli 1964. S. 348ff.

35 *Cahiers du Cinéma*, Nr. 197. Paris, Januar 1968. S. 28.

36 A.-S. L. (d. i. André-S. Labarthe) in: *Cahiers du Cinéma*, Nr. 150/51, a. a. O. S. 142.

37 Noel Simsolo: *Le monde de Jerry Lewis*. Paris 1969. S. 148.

38 A. a. O. S. 60.

39 *Cahiers du Cinéma*, Nr. 150/51, a. a. O. S. 142.

40 Andrew Sarris: *The American Cinema*, a. a. O. S. 135.

41 Robert Warshow: *Movie Chronicle: The Westerner*. In: *Partisan Review*, März–April 1954. Zitiert nach: Robert Warshow: *The Immediate Experience*. New York 1962. S. 136.

42 Jean A. Gili in: *Ecran 74*, Nr. 29. Paris, Oktober 1974. S. 46.

43 Michael Dempsey: *Altman. The Empty Staircase and the Chinese Princess*. In: *Film Comment*, Nr. 10. New York, September 1974. S. 10, 17.

44 Interview mit Francis Ford Coppola von Marjorie Rosen. In: *Film Comment*, Nr. 4/1974. New York. S. 44.

45 Wim Wenders in: *Filmkritik*, Nr. 11/69. München, November 1969. S. 676.

46 Peter Bogdanovich in: *Filmkritik*, Nr. 1/73. München, Januar 1973. S. 26.

47 A.a.O. S. 23.
48 Patricia Erens: *Sydney Pollack – The Way We Are.* In: *Film Comment*, Nr. 5. New York, September/Oktober 1972. S. 24.
49 In: *Film Culture*, Nr. 22/23, New York, Sommer 1961. Zitiert nach *Off Hollywood*, Programmheft Freunde der Deutschen Kinemathek. Berlin, 9.–17. November 1963. S. 17ff.
50 Interview mit Richard Leacock. In: *Movie*. London, April 1963.
51 Louis Marcorelles: *Living Cinema. New Direkctions in Contemporary Film-Making*, New York/Washington 1973. S. 61.
52 In: *Afterimage*, Nr 1, London, April 1970. o. S.
53 B(ernard) E(isenschitz) in: *Cahiers du Cinéma*, Nr. 225. Paris, November–Dezember 1970. S. 15.
54 Jean-Luc Godard in: *Cahiers du Cinéma*, Nr. 150/151. Paris, Dezember 1963/Januar 1964. S. 149.
55 Sheldon, Renan: *An Introduction to the American Underground Film*. New York 1967; P. Adams Sitney: *Visionary Film. The American Avant-Garde*. New York 1974; *A History of the American Avant-Garde Cinema*. New York 1976.
56 Amos Vogel in: *Evergreen Review*, Nr. 47. New York, Juni 1967. S. 50ff. Zitiert nach: *Kinemathek 37, »New American Cinema«*. Berlin, November 1967. S. 16ff.
57 Sheldon Renan: *An Introduction to the American Underground Film*, a.a.O. S. 169.
58 Herman G. Weinberg in: *Film-Makers' Cooperative Catalogue No. 6*. New York 1975. S. 177.
59 Vgl. *Internationales Forum des Jungen Films 1976*; Berlin 1976. Informationsblatt Nr. 14.
60 Stan Brakhage: *Metaphors on Vision*. Zuerst erschienen in: *Film Culture*, Nr. 30. New York, Herbst 1963. Zitiert nach: *Filmkritik*, Nr. 4/1968. München 1968. S. 262f.
61 Stan Brakhage in: *Kinemathek* Nr. 37, a.a.O. S. 27.
62 P. Adams Sitney, *Structural Film*. In: *Film Culture*, No. 47. Sommer 1969. S. 1ff.
63 Amos Vogel in: *Film-Makers' Cooperative Catalogue*. A.a.O. S. 232.
64 Michael Snow on LA REGION CENTRALE, in: *Film Culture*, Nr. 52. New York, März 1971. S. 58. Zitiert nach: *Internationales Forum des Jungen Films 1974*. Berlin 1974, Informationsblatt 18.
65 Louis Marcorelles in: *Le Monde*. Paris, 28. September 1972.
66 Louis Marcorelles: *Living Cinema. New Directions in Contemporary Filmmaking*. New York/Washington 1973. S. 31.
67 Zitiert von Marcel Martin in: *Canada – petite planète du cinéma. Cinéma 68*, Nr. 131.Paris, Dezember 1968. S. 74.
68 Zitiert in: Louis Marcorelles: *Living Cinema*. A.a.O., S. 82f.

Ausgewählte Bibliografie

1. Filmgeschichte nach 1960, allgemein

Giovanni Grazzini, *Gli anni settanta in cento film.* Rom/Bari 1976.
Giovanni Grazzini, *Gli anni sessanta in cento film.* Rom/Bari 1977.
Guy Hennebelle, *15 ans de cinéma mondial, 1960–1975.* Paris 1975.
Louis Marcorelles, *Living Cinema. New Directions in Contemporary Film-Making.* New York/Washington 1973.
Lino Micciché, *Il nuovo cinema degli anni '60.* Turin 1972.
Amos Vogel, *Film as a Subversive Art.* London 1974.

International Film Guide, Edited by Peter Cowie. London/New York 1964ff.
Handbücher der katholischen Filmkritik: *Filme 1962–1964.* Köln 1965; *Filme 1965–1970.* Band I, II. Köln 1971; *Filme 1971–1976*, Köln 1977.
Kataloge der Festivals von Cannes (*Quinzaine des réalisateurs* und *Semaine internationale de la critique*), Berlin (*Internationales Forum des Jungen Films*, ab 1971), Locarno, Mannheim, Venedig, Pesaro.

Westeuropa

Claire Clouzot, *Le cinéma français depus la nouvelle vague.* Paris 1972.
Adelio Ferrero, *Godard tra »avanguardia« e »rivoluzione«.* Palermo 1974.
Jean Luc Godard par Jean Luc Godard. Paris 1968.

Cinéma italien des années soixante. In: *Cinéma 74*, Nr. 190/191. Paris, September/Oktober 1974.
Goffredo Fofi, *Il cinema italiano: servi e padroni.* Mailand 1971.
Lino Micciché, *Il cinema italiano degli anni '60.* Padua 1975.

Barbara Bronnen, Corinna Brocher, *Die Filmemacher. Der neue deutsche Film nach Oberhausen.* München/Gütersloh/Wien 1973.
Duisburger Filmwoche 1977, Dokumentation.
Ulrich Gregor (u. a.), *Herzog, Kluge, Straub.* Reihe Film 9. München 1976.
Neuer Deutscher Film. Eine Dokumentation. Herausgegeben vom Verband der deutschen Filmclubs. Mannheim. 1967.

Freddy Buache, *Le cinéma suisse.* Lausanne 1974.

Peter Cowie, *Sweden.* Band I und II. Screen Series. London/New York 1976.

Nils Petter Sundgren, *The New Swedish Cinema.* Stockholm 1970.

Aglae Mitropoulos, *Découvette du cinéma grec.* Paris 1968.

40 anni di cinema spagnolo. Tredicesima mostra internazionale del nuovo cinema. Pesaro 1977.

Die sozialistischen Länder

Blum, Heiko R. (u. a.), *Film in der DDR*. Reihe Film 13. München 1977.
Jacek Fuksiewicz, *Film und Fernsehen in Polen*. Warschau 1976.
Nina Hibbin, *Eastern Europe*. Screen Series. London/New York 1969.
Stanislaw Janicki, *Film Polski od a do z*. Warschau 1973.
Kino- und Fernsehalmanach. Berlin (DDR) 1969 ff.
Antonin J. Liehm, *Closely Watched Films. The Czechoslovac Experience*. New York 1974.
Mira Liehm, Antonin J. Liehm, *The Most Important Art. East European Film after 1945*. Berkeley/Los Angeles/London 1977.
Sergio Micheli, *Il cinema bulgaro*. Padua 1971.
Istvan Nemeskürty, *Word and Image. History of the Hungarian Cinema*. Budapest 1974.
Maria Ratschewa, *Bulgarische Filmkunst der Gegenwart*. Sofia 1975.
Erika Richter, *Alltag und Geschichte in DEFA-Gegenwartsfilmen der siebziger Jahre*. In: *Filmwissenschaftliche Beiträge* Nr. 1/76. Berlin (DDR) 1976.
Josef Skvorecky, *All the Bright Young Men. A Personal History of the Czech Cinema*. Toronto 1971.
Jeanne Vronskaya, *Young Soviet Film Makers*. London 1972.
Jan Zalman, *Filmprofile der tschechoslowakischen Gegenwart*. Prag. 1968.

Lateinamerika, Afrika, Asien

Francesco Bolzoni, *Il cinema di Allende*. Padua 1974.
Cinema dei paesi arabi. Dodicesima mostra internazionale del nuovo cinema. Pesaro 1976.
Il Cinema nôvo brasiliano. I: *Testi e documenti*. II: *I registi e i film*. Undicesima mostra internazionale del nuovo cinema. Pesaro 1975.
Guy Hennebelle, *Les cinémas africains en 1972*. Paris 1972.
Hermann Herlinghaus, Franco Mogni (Herausgeber), *Film im Aufbruch*. Eine Dokumentation über Filmentwicklungen in Afrika und Südamerika. Berlin (DDR)/Leipzig 1966.
Jay Leyda, *Dianing. Electric Shadows. An Account of Films and the Film Audience in China*. Cambridge/London 1972.
Joan Mellen, *Voices from the Japanese Cinema*. New York 1975.
P. Parrain, *Regards sur le cinéma indien*. Paris 1969.
Erika Richter, *Realistischer Film in Ägypten*. Berlin (DDR) 1974.
Donald Ritchie, *Japanese Cinema*. New York 1971.
Kobita Sarkar, *Indian Cinema today*. New Delhi 1975.
Peter B. Schumann (Herausgeber), *Kino und Kampf in Lateinamerika. Zur Theorie und Praxis des politischen Kinos*. München 1976.

5. Nordamerika

Hans Blumenberg (u. a.), *New Hollywood*. Reihe Film 10. München 1976.
Le cinéma américain des années soixante. In: *Cinéma 73*, Nr. 178/179. Paris, Juli/August 1973.
Théodore Louis, Jean Pigeon, *Le cinéma américain d'aujourd'hui*. Paris 1975.

Axel Madsen, *The New Hollywood. American Movies in the 70's.* New York 1975.
Dominique Noguez, *Essais sur le cinéma québecois.* Montreal 1970.
Andrew Sarris, *The American Cinema.* New York 1968.
P. Adams Sitney (Herausgeber), *Film Culture Reader.* New York/Washington 1970.
P. Adams Sitney, *Visionary Film. The American Avant-Garde.* New York 1974.

6. Zeitschriften

L'avant-scène Cinéma, Paris.
Cahiers du Cinéma, Paris.
Cinéma 60ff., Paris
Ecran 72ff., Paris.
Jeune Cinéma, Paris.
Positif, Paris.
La revue du Cinéma Image et Son, Paris.

Cinema & Cinema, Rom.
Cinema & Film, Rom (bis 1971).
Cinema nuovo, Genua.
Cinema sessanta, Rom.
Filmcritica, Rom.

Film, München/Velber b. Hannover (bis 1969).
Filmdienst, Köln.
Filmkritik, München.
Frauen und Film, Berlin.
Kino, Berlin (bis 1975).
Kirche und Film, Frankfurt/Main.

Afterimage, London.
Monogram, London (bis 1975).
Monthly Film Bulletin, London.
Sight and Sound, London.
Screen, London.

Cinema, Zürich.
Zoom, Bern.

Film und Fernsehen, Berlin (DDR).
Filmspiegel, Berlin (DDR).
Filmwissenschaftliche Mitteilungen, Berlin (DDR).

Hungarofilm Bulletin, Budapest.

Kino, Warschau.

Sowjetskij ekran, Moskau.
Iskusstwo kino, Moskau.

Cineaste, New York.
Film Comment, New York.
Film Culture, New York.
Film Quarterly, New York.
Jump Cut, Berkeley.
Variety, New York.
Women and Film, Santa Monica.

Take One, Toronto.

Die folgende Filmographie gibt eine Übersicht über die Filme der wichtigsten Regisseure in allen Ländern der Welt, die nach Abschluß der ersten Ausgabe der »Geschichte des Films ab 1960« (im Sommer/Herbst 1977) entstanden sind (»wichtig« bezieht sich auf die Kriterien der Auswahl und der Darstellung, die ich in meinem Vorwort von 1977 erläutert habe). Die Filmographie folgt der Einteilung des übrigen Buches in Hauptabschnitte und Kapitel; dort, wo der Text der einzelnen Kapitel aufhört, führt die Filmographie weiter bis zur Gegenwart. Es wurden in die Filmographie ferner eine Reihe von Regisseuren aufgenommen, die nach 1977 neu in Erscheinung traten oder deren Werk von heute aus gesehen stärkere Bedeutung gewonnen hat. Bei solchermaßen neu eingeführten Namen nennt die Filmographie teilweise auch vor 1978 entstandene Filme.

Kurzfilme sind in die Filmographie (bis auf wenige Ausnahmen) nicht aufgenommen worden; dagegen werden neben Spielfilmen auch lange Dokumentarfilme genannt.

Deutsch übersetzte Titel fremdsprachiger Filme erscheinen dann *kursiv*, wenn der betreffende Film in der Bundesrepublik öffentlich im Kino gelaufen bzw. im Fernsehen ausgestrahlt worden ist.

Die Register sind aus der 1. Auflage unverändert übernommen worden. Angaben aus der Filmographie zu Filmtiteln, Personen und Institutionen fehlen deshalb in den Registern.

V. Osteuropa

UdSSR

Wadim Abdraschitow: *Slowo dlja sastschity* (Das Wort hat die Verteidigung, 1977), *Povorot* (Der Wendepunkt, 1980), *Ostanowilsja pojesd* (Der Zug hielt an, 1982)

Tengis Abuladse: *Drewo shelanija/Natvris khe* (*Der Baum der Wünsche*, 1977)

Dinara Asanowa: *Shena uschla* (Meine Frau ist weggegangen, 1980)

Ilja Awerbach: *Sajawlenije o ljubwi* (Eine Liebeserklärung, 1978), *Golos* (Die Stimme, 1982)

Sergej Bondartschuk: *Step* (Die Steppe, 1979), Mexiko in Flammen (1982)

Ali Chramrajew: *Triptich* (Triptychon, 1978), *Telochranitel* (Der Leibwächter, 1979), *Shwenschtschina is mewasara* (Die Frau aus Mewasar, 1977)

Josif Cheifiz: *Asja* (1977), *Wpjerwyje samushem* (Zum ersten Mal verheiratet, 1981)

Georgij Danelia: *Minimo* (1977), *Osennij marafon* (Herbstmarathon, 1979)

Lana Gogoberidse: *Neskolko interwju po litschnym woprosam* (Einige Interviews über persönliche Fragen, 1978)

Nikolai Gubenko: *Podranki* (Waisenkinder, 1978), *Is shisni otdychajuschtschich* (Aus dem Leben der Urlauber, 1981)

Elem Klimow: *Agonija* (Agonie, 1974–82), *Prostschanije s Matjory* (Abschied von Matjora, 1982–)

Merab Kokotschaschwili: *Dwa dnja snoinowo leta* (Zwei Tage in einem heißen Sommer, 1982)

Irakli Kwirikadse: *Gorodok Anara* (Das Städtchen Anara, 1978), *Plowjez (Der Schwimmer, 1981)*

Emil Lotjanu: Der Jagdunfall (1978)

Genrich Maljan: *Naapet* (1977), *Postschotschina* (Die Ohrfeige, 1981)

Wladimir Menschow: *Rosygrysch* (1977), *Moskwa slesam nje werit* (Moskau glaubt den Tränen nicht, 1980)

Sergej Jutkewitsch: *Lenin w Parishe* (Lenin in Paris, 1980)

Nikita Michalkow: *Pjat wetscherow* (Fünf Abende, 1978), *Neskolko dnej is shisn I. I. Oblomowa* (Einige Tage aus dem Leben Oblomovs, 1980), *Roduja* (Die Verwandschaft, 1982) Andrej Michalkow-Kontschalowski: *Sibiriada* (Siberiade, 1979)

Sergej Mikaeljan: Witwen (1976), Geteilt mit der Liebe (1979), *Wlublen po sobstwennomu shelanij* (Verliebt auf eigenen Wunsch, 1982)

Alexander Mitta: *Ekipash* (Die Mannschaft, 1981)

Chodshakuli Narliew: Traue Dich, nein zu sagen (1976), *Derewo Dshamal* (Der Baum Djamal, 1980)

Olev Neuland: *Gnesdo na vetru* (Das Nest im Wind, 1980)

Rasim Odshagow: *Dopross* (Das Verhör, 1979), *Sa sakritoj dweri* (Hinter verschlossener Tür, 1981)

Tolomusch Okejew: *Ulan* (1978)

Gleb Panfilow: *Tema* (Thema, 1979–1981), *Wassa Schelesnowa* (1982), *Valentina* (1981)

Juli Raisman: *Strannaja shenschtschina* (Eine selsame Frau, 1977), *Tschastnaja shisn* (Privatleben, 1982)

Waleri Rubintschik: *Winik sonetow* (Der Kranz der Sonnette, 1976), *Dikaja ochota korolja Stacha* (Die wilde Jagd des Königs Stach, 1979)

Alexander Sarchi: *26 dnej is shisn Dostojewskogo* (26 Tage aus dem Leben Dostojewskis, 1981)

Bolot Schamschijew: *Rannie shurawli* (Frühe Kraniche, 1980)

Georgij Schengelaja: Stiefmutter Samanischwili (1978)

Larissa Schepitko: gestorben 1979

Nikolai Skuibin: *Kto stutschitsja w dwerj ko mne?* (Wer klopft an meine Tür?, 1982)

Sergej Sollowjew: *Melodyi bjelich notschej* (Melodien der weißen Nacht, 1977), *Spasatel* (Der Retter, 1981)

Igor Talankin: *Otjez Sergij* (Vater Sergej, 1980), *Swesdopad* (Sternschnuppen, 1981)

Andrej Tarkowskij: *Stalker* (*Der Stalker*, 1979), *Nostalgija* (1983)

Rezo Tschcheidse: *Twoi syn, semlja* (Dein Sohn, die Erde, 1981)

Grigori Tschuchrai: Eine untypische Geschichte (1977), *Shisn prekrasna* (Das Leben ist wunderschön, 1980)

Vitautas Zalakjavicjus (Shalakjawitschus): *Kentaury* (Die Zentauren, 1978), *Rasskas neistwestnogo tschelowjeka* (Die Geschichte eines Unbekannten, 1980)

Polen

Filip Bajon: *Aria dla atlety* (Arie für einen Athleten, 1978), *Wizja lokalna: 1901* (1981), *Wahadelko* (1981), *Limuzyna – Daimler Benz* (1982)

Feliks Falk: *W srodku lata* (In der Mitte des Sommers, 1976), *Wodzirej* (*Der Ballführer*, 1978), *Szanza* (Die Chance, 1980)

Agnieszka Holland: *Zdjecia probne* (*Probeaufnahmen*, zus. mit Pawel Kedzierski und Jerzy Domaradszki, 1977), *Cos za cos* (Etwas für etwas, *Der Weg einer Frau*, 1977), *Aktorzy prowincjonalni* (*Provinzschauspieler*, 1979), *Goraczka* (Fieber, 1980)

Jerzy Kawalerowicz: *Smerc prezydenta* (Der Tod des Präsidenten, 1078)

Janusz Kijowski: *Indeks* (Index, 1977), *Kung-fu* (1979), *Glosy* (Stimmen, (1981)

Krzysztof Kieslowski: *Personel* (*Das Personal*, 1975), *Spokoj* (*Gefährliche Ruhe*, 1976), *Blizna* (*Die Narbe*, 1976), *Amator* (*Der Filmamateur*, 1979), *Przypadek* (Die Chance, 1980), *Krotki dzien pracy* (Die Arbeit eines kurzen Tages, 1981)

Antoni Krauze: *Podroz do Arabii* (Die Reise nach Arabien, 1980)

Grzegorz Krolikiewicz: *Tanczazy fastrzab* (Der tanzende Falke, 1977), *Klejnot wolnego sumienia* (Das Kleinod des freien Gewissens, 1981)

Kazimierz Kutz: *Okragly tydzien* (Eine ganze Woche, 1977), *Paciorki jednego rozanca* (Die Perlen eines Rosenkranzes, 1980)

Witold Leszczynski: *Ko-no-piel-ka* (1982)

Wojciech Marczewski: *Zmory* (Alpträume, 1978), *Dreszcze* (Schauder, 1981)

Stanislaw Rosewicz: *Pasja* (Passion, 1977), *Rys* (1981)

Barbara Sass: *Bez milosci* (Ohne Liebe, 1980)

Piotr Szulkin: *Golem* (1979), *Wojna swiatow – nastepne stulecie* (Der Krieg der Welten – Nächstes Jahrhundert, 1982)

Andrzej Wajda: *Zaproszenie do wnetrza* (*Einladung zur Besichtigung von Innenräumen*, 1978), *Noc listopadowa* (Novembernacht, 1978), *Bez znieczulenia* (*Ohne Betäubung*, 1978), *Panny z Wike* (*Die Mädchen von Wilko*, 1979), *Dyrygent* (*Der Dirigent*, 1980), *Czlowiek z zelaza* (*Der Mann aus Eisen*, 1981), *Danton* (1982)

Krzysztof Wojciechowski: *Antyki* (1978), *Rog Brzeskiej i Capri* (An der Ecke von Brzeska und Capri, 1979), *Szarza* (Der Angriff, 1981)

Krzysztof Zanussi: *Spiralia* (*Spirale*, 1978), *Wege in die Nacht* (1979), *Constans* (*Ein Mann bleibt sich treu*, 1980), *Kontrakt* (*Die Braut sagt nein*, 1980), *Da un paese lontano* (Aus einem fernen Land, 1981), *Imperative* (1982), *Die Versuchung* (1982)

Roman Zaluski: *Anatomia milosci* (Anatomie der Liebe, 1972), *Sekret* (Das Geheimnis, 1973), *Godzina za godzina* (Stunde auf Stunde, 1974), *Znaki szczegolne* (Kennzeichen, Fernsehserie, 1976), *Azyl* (1978), *Wsciekly* (Verrückter Hund, 1979), *Rdza* (Rost, 1981)

Janusz Zaorski: *Partita na instrument drewniany* (Partitur für Holzinstrument, 1975), *Pokoj z widokiem na morze* (Zimmer mit Blick aufs Meer, 1978), *Zalegly urlop* (1978), *Punkt widzenia* (Gesichtspunkt, Fernsehserie, 1980), *Dziecinne pytania* (Kindische Fragen, 1981)

Edward Zebrowski: *Szpital przemienienia* (Hospital der Verklärung, 1978), *W bialy dzien* (Bei hellem Tageslicht, 1980)

Thomasz Zygadlo: *Cma* (Die Motte, 1980)

Ungarn

Ferenc Andras: *Veri az ördög feleseget* (Regen und Sonnenschein, 1977), *Dögkeselyü* (Der Geier, 1982)

Peter Bacso: *Riasztolöves* (Die Schußwunde, 1977), *A tanu* (Der Zeuge, 1968–77), *Aramütes* (Tödlicher Schlag, 1978), *Ki beszel itt szerelemröl* (Sprechen wir doch von Liebe, 1979), *A sved, akinek nyoma veszett* (*Der Mann, der sich in Luft auflöste, 1980*), *Tegnapelött* (Vorgestern, 1981)

Gabor Body: *Narcisz es Psyche* (Narziß und Psyche, 1980), *Kutya eji dala* (Nachtlied des Hundes, 1983)

Istvan Darday: *Filmregeny – Harom növer* (Filmroman – Drei Schwestern, zusammen mit Györgyi Szalai, 1978) *Harcmodor* (Stratagem, 1980)

Judit Elek: *Maj holnap* (Vielleicht morgen, 1980), *Vizsgalat Martinovics Ignac, Szaszvari apat es Tarsai Ügyeben* (Umfrage über den Fall von Ignac Martinovics, den Pfarrer von Szaszvar und seine Freunde, 1982)

Zoltan Fabri: *Magyarok* (Die Ungarn, 1978), *Fabian Balint talalkozasa istemel* (Fabian Balin begegnet Gott, 1981)

Istvan Gaal: *Legato* (1978), *Gserepek* (Pufferzone, 1981)

Pal Gabor: *Angi Vera* (*Veras Erziehung*, 1979), *Kettevalt mennyezet* (Verschwendetes Leben, 1981)

Peter Gothar: *Ajandek es a nap* (Ein Tag ohne Preis, 1980), *Megall az idö* (Die Zeit steht still, 1982)

Imre Gyöngyössi und Barna Kabay: *Ein ganz gewöhnliches Leben* (1977), *Törödek ez eletröl* (Einblicke ins Leben, 1981)

Zoltan Husarik (gest. 1981): *Csontvary* (1980)

Miklos Jancso: *Magyar rapzodia* (1979), *Allegro barbaro* (1979), *A zsarnok szive* (Das Herz des Tyrannen, 1981)

Ferenc Kardos: *Ekezet* (Der Akzent, 1977), *Egyszeregy* (Einmal eins, 1979)

Zsolt Kezdi Kovacs: *A kedves szomszed* (*Der liebe Nachbar*, 1979), *A remeny joga* (Das Recht zu hoffen, 1982)

Ferenc Kosa: *A merközes* (Die Partie, 1980), *Guernica* (1982)

Andras Kovacs: *A menesgazda* (*Das Gestüt*, 1979), *Oktoberi vasarnap* (Sonntag im Oktober, 1980), *Ideiglenes paradicsom* (Paradies auf Zeit, 1981)

Andras Jeles: *A kis Valentino* (Der kleine Valentino, 1980)

Karoly Makk: *Egy erkölcsös ejszaka* (Eine sehr moralische Nacht, 1978), *Ölelkezö tekinteket* (Ein anderer Weg, 1982)

Marta Meszaros: *Ök ketten* (*Marie und Julie*, 1977), *Olyan, mint otthon* (*Ganz wie zu Hause*, 1978), *Utközban* (*Unterwegs*, 1979), *Ökökseg/Les héritières* (*Die Erbschaft*, 1980), *Anya es leanyal* (Mutter und Tochter, 1981), *Nema kialtas* (Stummer Schrei, 1982)

Janos Rozsa: *A trombitas* (Der Trompeter, 1979), *Vasarnapi szülök* (Sonntagseltern, auch Sonntagstochter, 1980), *Kabala* (1982)

Pal Sandor: *Szabadits meg a gonosztol* (Erlöse uns von dem Bösen, 1979), *Ripacsok* (1981)

Sandor Sara: *80 Huszar* (1980)

Pal Schiffer: *Cseplö Gyuri* (1978), *A partfogolt* (Auf Bewährung, 1982)

Istvan Szabo: *Bizalom* (Vertrauen, 1979), *Der grüne Vogel* (1979), *Mephisto* (1981), *Katzenspiel* (1983)

Bela Tarr: *Csaladi tüzfeszek* (Das Familiennest, 1979), *Panelkapcsolat* (Versteinerte Beziehungen, 1982)

Pal Zolnay: *Suman* (Schamane, 1976)

CSSR

Vera Chytilova: *Cas je neuprosny* (Die Zeit ist unerbittlich, 1978), *Prefab Story* (Panelstory, 1979), *Kalamita* (Kalamität, 1981), *Chytilova versus Forman* (1982)

Dusan Hanak: *Ruzove sny* (Rosenträume, 1976)

Juraj Herz: *Devate srdce* (Das neunte Herz, 1978), *Panna a netvor* (Das Mädchen und das Biest, 1978), *Krehke vztahy* (Spröde Beziehungen, 1980), *Buldoci a tresne* (Bulldoggen und Kirschen, 1981), *Zavody se smrty* (Das Rennen gegen den Tod, 1981)

Juraj Jakubisko: *Dom Jozefa Matusa* (Das Haus von Josef Matus, 1979), *Postav dom, zasad strom* (Bau ein Haus, pflanz einen Baum, 1980)

Jaromil Jires: *Ostrov stribrnych volavek* (*Die Insel der Silberreiher, 1976), Talire nad velkym malikovem* (Die fliegenden Untertassen kommen, 1977), *Mlady muz a bila velryba* Der junge Mann und Moby Dick, 1978), *Causa kralik* (Die Kaninchen-Affäre, 1979), *Uteky domu* (Flucht nach Hause, 1980), *Mikulecke pole* (Die Miklec-Wiese, 1981), *Opera ve vinici (1981), Neuplne zatmeni* (Unvollständige Finsternis, 1982)

Karel Kachyna: *Smrt mouchy* (*Der Tod der Fliege*, 1976), *Mal morska vila* (*Die kleine*

Seejungfrau, 1977), *Setkani v cervenci* (*Begegnung im Juli*, 1978), *Cekani na dest* (*Warten auf Regen*, 1978), *Lasky mezi kapkami deste* (Liebe zwischen Regentropfen, 1980), *Cukrova bouda* (Das Dorf aus Zucker, 1981)

Jiri Menzel: *Na samote u lesa* (Das Versteck beim Wald, 1976), *Bajecni muzi s klikou* (Die Wunderbaren Männer mit der Kurbel, 1978), *Postriziny* (*Kurzgeschnitten*, 1980)

Stefan Uher: *Keby som mal dievca* (Wenn ich ein Gewehr hätte, 1976), *Penelopa* (1977), *Zlate casy* (Goldene Tage, 1978)

DDR

Frank Beyer: *Das Versteck* (1978), *Der Aufenthalt* (1982)

Heiner Carow: *Bis daß der Tod euch scheidet* (1978)

Roland Gräf: *Die Flucht* (1976/77), *P. S.* (1978), *Märkische Forschungen* (1982)

Winfried Junge: *Anmut sparet nicht noch Mühe – die Geschichte der Kinder von Golzow, eine Chronik* (1979), *Lebensläufe* (1981)

Siegfried Kühn: *Don Juan, Karl Liebknecht-Str. 78* (1980)

Günter Reisch: *Anton der Zauberer* (1979), *Die Verlobte* (zus. mit Günther Rücker, 1980)

Günther Rücker: *Die Verlobte* (zus. mit Günter Reisch, 1980)

Horst Seemann: *Levins Mühle* (1981)

Lothar Warneke: *Die unverbesserliche Barbara* (1976), *Auf Wiedersehen meine Kleine* (1978), *Unser kurzes Leben* (1980), *Die Beunruhigung* (1981)

Konrad Wolf (gest. 1982): *Solo Sunny* (1979), *Busch singt* (1981 82)

Hermann Zschoche: *Eolomea* (1972), *Liebe mit 16* (1974), *Philipp der Kleine* (1976), *Feuer unter Deck* (1977), *Sieben Sommersprossen* (1978), *Glück im Hinterhaus* (1079), *Und nächstes Jahr am Balaton* (1980), *Bürgschaft für ein Jahr* (1981)

Bulgarien

Christo Christoph: *Barierata* (Die Barriere, 1978), *Kamionat* (Der Lastwagen, 1980)

Georgi Djulgerov: *Avantage* (Der Vorteil, 1978), *Trampa* (Der Tausch, 1979) Maß für Maß (1981)

Binka Scheljaskowa: Das große nächtliche Bad (1981)

Rangel Waltschanow: *Lachenite oboukvi na neznainiya voin* (Die Lederschuhe des unbekannten Soldaten, 1979)

Rumänien

Mircea Daneliuc: *Cursa* (Das Rennen, 1977), *Editie speciala* (Sonderausgabe, 1978), *Proba de microfon* (1980) *Croaziera* (Die Kreuzfahrt, 1981)

Sergiu Nicolaescu: *Osinda* (*Die Verurteilung*, 1976)

Iulian Mihu: *Lumina palida a durerii* (Das bleiche Licht der Trauer, 1980) Lucian Pintilie: *Paviljon VI* (1979)

Jugoslawien

Nikola Babic: *Ludi dani* (Verrückte Tage, 1977)

Purisa Djordevic: *Pavle Pavlovic* (1976), *Trener* (Der Trainer, 1978), *Osam kila srece* (Acht Kilo Glück, 1980)

Vlatko Gilic: *Asphyxia* (Das Ersticken, 1977), *Dani od snova* (Traumtage, 1980)

Rajko Grlic: *Bravo Maestro* (1978), *Smo jednom se ljubi* (Du liebst nur einmal, 1980)

Karpo Godina: *Splav Meduse* (Das Floß der Medusa, 1980), Roter Boogie (1982)

Dejan Karaklajic: *Ljubavni zivot Budimira Tvajkovica* (Das liebliche Leben des Budimir Trajkovic, 1977), *Erogena zona* (1980)

Srdjan Karanovic: *Miris poljskog cveca* (Der Duft der wilden Blumen, 1978), *Petrijin venac* (Petrijas Kranz, 1980)

Emir Kusturica: *Sjecas li se Dolly Bell?* (Kennen Sie Dolly Bell?, 1981)

Goran Marcovic: *Specijalno vaspitanje* (Heimerziehung, 1977), *Nacionalja klasa do 785 cm³* (Nationale Klasse bis 785 cm³, 1978), *Majstori, majstori* (Ach, die Lehrer, 1981)

Vatroslav Mimica: *Banovic strahinja* (1981)

Krsto Papic: *Izbavitelj* (Der Erlöser, 1976), *Tajna Nikole Tesle* (Das Geheimnis von Nikola Tesla, 1980)

Goran Paskaljevic: *Pas koji je voleo vozove* (Der Hund, der die Züge liebte, 1978), *Cuvar plaze u zimskom periodu* (Strandwächter im Winter, 1976), *Zemaljski dani teju* (Die Tage gehen vorbei, 1979), *Poseban tretman* (Besondere Behandlung, 1980), *Majstori* (Die Lehrer, 1980)

Aleksandar Petrovic: *Gruppenbild mit Dame* (1976), *Aller retour/Tamo i natrag* (1978), *Soko* (Der Falke, 1980)

Zivojin Pavlovic: Die Jagd (1977), *Hajka* (Hexenjagd, 1978), *Nasvidenje v naslednji vojni/Dovidjenja u slijedecem ratu* (Auf Widersehen im nächsten Krieg, 1980)

Milos Radivojevic: *Kvar* (Zusammenbruch, 1979), *Snovi, zivot, smrt Filipa Filipovica* (Träume, Leben und Tod des Filip Filipovic, 1980), *Decko koji obecava* (Ein vielversprechender Junge, 1981)

Slobodan Sijan: *Ko to tamo peva* (Wer singt da hinten?, 1980)

Franci Slak: *Dnevne novosti* (Tägliche Nachrichten, 1979, super 8), *Krizno obdobje/Krizno razdoblje* (Krisenzeit, 1981)

Dusan Vucotic: Stationen (1976), *Azcija station* (1978), *Gosti is galaksije* (Besucher aus der Galaxie, 1981)

Lordan Zafranovic: *Okupacija u 26 slika* (Die Okkupation in 26 Szenen, 1978), *Pad Italija* (Der Zusammenbruch Italiens, 1981)

VI. Lateinamerika, Afrika, Asien, Australien

Brasilien

Jorge Bodanzky: *Iracema* (zusammen mit Orlando Senna, 1975), *Gitirana* (*Das Land Miramar*, zusammen mit Orlando Senna, 1976), *Os Mucker* (*Jakobine*, zusammen mit Wolf Gauer, 1978), *Jari* (zusammen mit Wolf Gauer, 1980), *Terceiro milenho* (*Das dritte Jahrtausend*, zusammen mit Wolf Gauer, 1981)

Joaquim Pedro de Andrade: *Guerra conjugal* (Ehekrieg, 1975), *O homem do Pau-Brasil* (Der Mann von »Pau Brasil«, 1981)

Carlos Diegues: *Xica da Silva* (Das Mädchen aus dem Wald, auch: *Die Mätresse*, 1976), *Chuvas de verão* (Sommerregen, 1979), *Bye, Bye, Brasil* (*Bye, Bye, Brasil*, 1979)

Ruy Guera: *A queda* (Der Fall, 1977), Mueda (1979)

Leon Hirszman: *ABC da greve* (ABC des Streiks, 1980), *Eles não usam black-tie* (Sie tragen keinen »Black-tie«, 1981)

Arnaldo Jabor: *Tudo bem* (Alles in Ordnung, 1978), *Eu te amo* (Ich liebe Dich, 1980)

Nelson Pereira dos Santos: *Tenda dos milagres* (*Basar der Wunder*, 1977), *Na estrada da vida* (Auf der Straße des Lebens, 1980)

Glauber Rocha (gest. 1981): *A idade da terra* (*Das Alter der Erde*, 1980)

Paulo Cesar Saraceni: *Ao sul de meu corpo* (Im Süden meines Körpers, 1981)

Argentinien

Adolfo Aristarain: *La parte del leon* (Der Löwenanteil, 1978), *La playa del amor* (Der Liebes-Strand, 1979), *La discoteca del amor* (1980), *Tiempo de revancha* (Zeit der Vergeltung, 1981), *Ultimos dias de la victima* (Die letzten Tage des Opfers, 1982)

Miguel Bejo: *Beto Nervio contra la noche negra del mundo* (Beto Nervio gegen die schwarze Nacht der Welt, 1981, in Frankreich)

Fernando Birri: *Org* (1978, in Italien)

Edgardo Cozarinsky: *Les apprentis-sorciers* (*Die Zauberlehrlinge*, 1977, in Frankreich), *La guerre d'un seul homme* (*Der Krieg eines Einzelnen*, 1981, in Frankreich)

David Lipzsyc: *Volver* (Zurückkommen, 1982)

Mario Sabato: *El poder de las tinieblas* (Die Macht der Finsternis, 1979), *Tiro al aire* (Der Schuß in die Luft, 1980)

Fernando Solanas: *Los hinjos de Fierro* (Fierros Söhne, 1976), *Le regard des autres* (Der Blick der anderen, 1980, in Frankreich)

Leopoldo Torre Nilsson (gest 1978): *Piedra libre* (1976)

Gerardo Vallejo: *Reflexiones de un salvaje* (Reflexionen eines Wilden, 1978, in Spanien)

Chile

Sergio Bravo: *No eran nadie* (Sie waren nicht niemand, 1980)

Silvio Caiozzi: *Julio comienca en julio* (*Julio beginnt im Juli*, 1979)

Patrivio Guzman: *La batalla de Chile III* (*Die Schlacht um Chile*, Teil 3, 1979, in Kuba)

Miguel Littin: *El recurso del metodo* (*Staatsräson*, 1978, in Mexiko), *La viuda de Montiel* (Montiels Witwe, 1979, Mexiko/Venezuela/Kuba/Kolumbien), *Alsino y el Condor* (Alsino und der Kondor, 1982, Nicaragua/Kuba/Mexiko/Costa Rica)

Helvio Soto: *Le triple mort du troisième personnage* (Der dreifache Tod der dritten Person, 1981, Frankreich/BRD)

Christian Sanchez: *Vias parallelas* (Parallele Wege, 1975), *El zapato chino* (Der chinesische Schuh, 1979), *Los deseos concebidos* (*Die heimlichen Wünsche*, 1982)

Kolumbien

Ciro Duran: *Gamin* (1979)

Marta Rodriguez, Jorge Silva: *Nuestra voz de tierra, memoria y futuro* (*Unsere Stimme aus Erde, Erinnerung und Zukunft*, 1981)

Venezuela

Roman Chalbaud: *El pez que fuma* (Der Fisch, der raucht, 1977), *El rebaño de los angeles* (Die Herde der Engel, 1979), *Bodas de palpel* (Hochzeit aus Papier, 1979), *Carmen, la que contaba 16 anos* (Die 16jährige Carmen, 1981), *Cangrejo* (1982)

Diego Risquez: *Bolivar, Sinfonia tropikal* (1981)

Thaelman Urgelles: *(alias) El Rey del Joropo* (Alias: Der König des Joropo, zusammen mit Carlos Rebolledo, 1978), *La boda* (Die Hochzeit, 1981)

Mauricio Walerstein: *La empresa perdona un momento de locura* (Das Unternehmen verzeiht einen Moment des Wahnsinns, 1978)

Mexiko

Felipe Cazals: *El año de la peste* (Das Jahr der Pest, 1979)

Jaime Humberto Hermosillo: *Matinée* (1976), *Naufragio* (Schiffbruch, 1977), *Las apariencias engañan* (Der Anschein täuscht, 1978), *El amor libre* (Die freie Liebe, 1978), *Maria de mi corazón* (Maria meines Herzens, 1980)

Alberto Isaac: *Las noches de Paloma* (Palomas Nächte, 1977), *Tiempo de los lobos* (Zeit der Wölfe, 1981)

Alfredo Joscowicz: *Constelaciones* (1980)

Paul Leduc: *Puebla hoy* (Das Volk heute, 1978), *Historias prohibidas del pulgarcito* (Verbotene Geschichten des Däumlings, 1980)

Eduardo Maldonado: *Una y otra vez* (Einmal ums andere, 1975), *Jornaleros* (Tagelöhner, 1977), *Laguna de dos tiempos* (*Laguna zweier Zeiten*, 1982)

Sergio Olhovich: *Leovizna* (1977), *El enfierno de todos tan temido* (Die von allen gefürchtete Hölle, 1979)

Arturo Ripstein: *La tia Alejandra* (Tante Alejandra, 1979), *La seducción* (Die Verführung, 1980), *Rastro de muerte* (Die Spur des Todes, 1981)

Ariel Zuñiga: *Uno entre muchos* (Einer unter vielen, 1982)

Kuba

Santiago Alvarez: *Abril de Vietnam en el año del gato* (Vietnam-April im Jahr der Katze, 1975), *El tiempo es el viento* (Zeit ist Wind, 1976), *Mi hermano Fidel: el Octubre de todos* (Mein Bruder Fidel: der Oktober aller, 1977)

Julio Cortazar: *El brigadista* (1977, *Guardafrontera* (Grenzwächter, 1980)

Sergio Giral: *Rancheador* (Sklavenjäger, 1976), *Manuela* (1979)

Thomas Gutierrez Alea: *Los sobrevivientes* (Die Überlebenden, 1978)

Humberto Solas: *Cecilia Valdes* (1982)

Pastor Vega: *Retrato de Teresa* (Porträt von Teresa, 1979)

Schwarzafrika

Ola Balogun (Niger): *Amadi* (1975), *Adjani-ogun* (1976), *Musik-Man* 1977), *Black Goddess* (1978), *Lja Ominira – Fight for Freedom* (1979), *Aiye* (1980), *Cry Freedom*! (1981, *Orun Moorn* (1982), *Money Power* (1982)

Moussa Yoro Bathily (Senegal): Tiyabu biru (1978)

Souleymane Cissé (Mali): *Den musso* (Das Mädchen, 1975), *Baara* (*Der Lastenträger,* 1978), *Finye* (Der Wind, 1982)

Jean-Pierre Dikongue-Pipa (Kamerun): *Le prix de la liberté* (Der Preis der Freiheit, 1978)

Ruy Duarte (Angelo): *Presente Angolana / Tempo Mumuila* (*Gegenwart Angolas / Zeit der Mumuilas,* 1979/81)

Kramo-Lanciné Fadika (Elfenbeinküste): *Djeli, conte d'aujourd'hui* (Djeli, eine Geschichte von heute, 1981)

Safi Faye (Senegal): *Fad, Jal* (*Neuankömmling, arbeite,* 1979)

Oumarou Ganda (gest. 1981) (Niger): *L'exilé* (1980)

Med Hondo (Mauretanien) : *West Indies / Les nègres marrons de la liberté* (West Indies / Die entlaufenen Neger der Freiheit, 1979)

Gaston J. M. Kaboré (Obervolta): *Wend Kuuni* (Die Gabe Gottes, 1982)

Babacar Samb-Macaram (Senegal): *Jom* (1982)

Jean-Michel Tchissouko (Kongo): *La chapelle* (1980), *Les lutteurs* (Die Ringkämpfer, 1982)

Paulin Vieira (Senegal): *En résidence surveillée* (*Unter Polizeiaufsicht,* 1981)

Algerien, Tunesien, Marokko

Merzak Allouache (Algerien): *Omar Gatlato* (*Omar Gatlato,* 1977), *Les aventures d'un héros* (Die Abenteuer eines Helden, 1978), *l'homme qui regardait les fenêtres* (Der Mann, der in die Fenster sah, 1982)

Souhel Ben Barka (Marokko): *Amok* (1982)

Ridha Behi (Tunesien): *Le soleil des hyènes* (*Sonne der Hyänen*, 1977)

Abdellatif Ben Ammar (Tunesien): *Aziza* (*Aziza*, 1980)

Mohamed Bouamari (Algerien): *Aoual khatoua / Le premier pas (Der erste Schritt,* 1979)

Assia Djebar (Algerien): La Nouba des femmes du Mont Chenoua (Die Nouba der Frauen vom Chenoua-Berg, 1979), *La Zerda et les chants de l'oubli* (*Die Zerda und die Gesänge des Vergessens*, 1982)

Moussa Haddad (Algerien): *Boualem zid el goulem / La charette* (Der Wagen, 1980)

Taieb Louhichi (Tunesien): *Dhil al-ardh / L'ombre de la terre* (*Der Schatten der Erde*, 1982)

Jilali Ferhati (Marokko): *Jarha fi al-hatt / Une brèche dans le mur* (Eine Bresche in der Mauer, 1977), *Arais min kassab / Poupées de roseau* (Puppen aus Schilf, 1982)

Mohamed Lakhdar Hamina (Algerien): *Vent de sable* (Sandwind, 1982)

Moumen Smihi (Marokko): *44 ou les récits de la nuit* (44 oder die Erzählungen der Nacht, 1981)

Mohamed Abderrahmane Tazi (Marokko): *Le grand voyage* (Die große Reise, 1981)

Brahim Tsaki (Algerien): *Aulad el rih / Les enfants du vent* (Die Kinder des Windes, 1980)

Ägypten und andere arabische Länder

Borhane Alaouié (Libanon): Il ne suffit pas que Dieu soit avec les pauvres (Es reicht nicht, daß Gott auf Seiten der Armen ist, 1978), *Beyroutou el lika* (Das Treffen in Beirut, 1981)

Omar Amiralay (Syrien): *Al dajaj* (Die Hühner, 1978), *Le malheur des uns* (Das Unglück der einen, 1982)

Youssef Chahine (Ägypten): *Iskandarya lih*? (Alexandria, warum?, 1978), *Hadduta Misriya* (Eine ägyptische Geschichte, 1982)

Michel Khleifi (Palästina): *La mémoire fertile* (*Das fruchtbare Gedächtnis*, 1980)

Tewfik Saleh (Irak): *Al ayyam al tewil* (Die langen Tage, 1980)

Salah Abou Seif (Ägypten): *Sana ula hob* (Liebe im ersten Jahr, 1976), Der Wasserträger ist tot (1977), Der Verbrecher (1978), *Al-quadissia* (1981)

Samir Zikra (Syrien): *Hadisat an-nusf meter* (*Der Zwischenfall des halben Meters*, 1981)

Iran

Bahram Beizai: *Kalaagh* (Die Krähe, 1978), *Tcherike-ye Tara* (Die Ballade von Tara, 1980)

Bahman Farmanara: *Saiehaien bolan de bad* (Die langen Schatten des Windes, 1978)

Parviz Kimiavi: *OK Mister* (1977)

Dariush Mehrjui: *Der Hinterhof* (1980)

Amir Naderi: *Sakhte Iran* (Made in Iran, 1976), Der Gewinner (1978), *Djostodjo* (*Die Suche*, 1979)

Israel

Michal Bat-Adam: *Beyn HaShurot / Moments* (Zwischen den Zeilen / Augenblicke, 1979), *Al khevel dak* (Eine dünne Linie, 1980), *First Loves* (1982)

Daniel Wachsman: *Transit* (1979), *Chamsin* (1982)

Isaac Yeshurun: *Noa at 17* (Noa mit 17, 1982)

Yaki Yosha: *Rockinghorse* (Schaukelpferd, 1977), *Ha'ayt* (Der Geier, 1980) *Dead End Street* (1983)

Indien

G. Aravindan: *Thampu* (Das Zirkuszelt, 1978), *Kummaty* (Der Zauberer, 1978), *Esthappan* (1979), *Pokkuvavil* (Zwielicht, 1980)

Shyam Benegal: *Charandas chor* (Charandas, der Dieb, 1975), *Nishant* (Das Ende der Nacht, 1975), *Manthan* (Das Buttern, 1976), *Bhumika* (Die Rolle, 1977), *Kondura / Anugraham* (Der Segen, 1977), *Junoon* (Besessen, 1978), *Kalyug* (Das Zeitalter der Maschine, 1980), *Hari Hondal Bergadar* (Der Pächter, 1980), *Arohan* (Der Aufstieg, 1981), *Satyajit Ray, Filmmaker* (1981), *Jawaharlal Nehru* (1981)

Utpalendu Chakraborty: *Maina tadanta* (Post mortem, 1981), *Chokh* (*Die Augen*, 1982)

Buddhadeb Dasgupta: *Dooratwa* (Entfernung, 1978), *Neem anapurna* (Der bittere Bissen, 1979), *Grihayuddha* (Kreuzweg, 1981)

Goutam Ghose: *Maa bhoomi* (Unser Land, 1979), *Dakhal* (Die Besetzung, 1981)

Adoor Gopalakrishnan: *Svayamvaram* (Die eigene Wahl, 1972) *Kodyettom* (*Der Aufstieg*, 1977), *Elippathayam* (Die Rattenfalle, 1981)

Girish Karnad: *Ondanondu kaladalli* (Es war einmal, 1978), *Go-Dhuli* (zus. mit B. V. Karanth, 1977)

Mani Kaul: *Satah se uthata aadmi* (Aufsteigen an die Oberfläche, 1981)

Ketan Mehta: *Bhavni bhavai* (Ein Volksmärchen, 1981)

Saeed Mirza: *Arvind Desai ki ajeeb kahani* (Das seltsame Schicksal des Arvind Desai, 1977), *Albert Pinto ko gussa kyon aata hai* (Warum ist Albert Pinto böse?, 1979)

Satyajit Ray: *Shatranj ke khilari* (*Die Schachspieler*, 1977), *Jai baba felunath* (Der Elefantengott, 1978), *Hirok rajar deshe* (Der König der Diamanten, 1980, *Satgati* (Befreiung, 1982)

Mrinal Sen: *Ooka oorie katha* (Eine Dorfgeschichte / Die Außenseiter, 1977), *Parashuram* (Der Mann mit der Axt, 1978), *Ekdin pratidin* (Still kommt die Dämmerung, 1979), *Chaalchitra* (Das Kaleidoskop, 1980), *Aakaler sandhane* (Auf der Suche nach Hungersnot, 1981) *Kharji* (Der Fall ist abgeschlossen, 1982)

Pakistan, Philippinen, Sri Lanka

Lino Brocka (Philippinen): *Maynila: sa mga kuko ng liwanag* (Manila in den Klauen der Finsternis, 1975), *Lunes, Martes Meyekoles ...* (1976), *Insiang* (1976), *Tahan na Empoy, tahan* (Hör auf zu weinen, Empoy, 1977), *Dung aw* (1977), *Mananayam* (1978), *Jaguar* (1979), *Bona* (1981), *Kontrobersial* (1982), *Burgis* (1982)

Jamil Dehlavi (Pakistan): *Towers of Silence* (Türme des Schweigens, 1975), *The Blood of Hussein* (Das Blut Husseins, 1980)

Mike de Leon (Philippinen): *Itom* (Die Mai-Riten, 1976), *Kung mangarap ka't magising* (Momente eines gestohlenen Traums, auch: wenn Du träumst und aufwachst, 1977), *Kákabakaba ka ba?* (1980), *Batch '81* (1981), *Kisapmata* (1982)

Lester James Peries (Sri Lanka): *Mabol duma* (Die verzauberte Insel, 1975), *Amasin polawatha* (*Weiße Blumen für die Toten*, 1976), *Veera puran appu* (Rebellion, 1977–78), *Baddegama* (*Das Dorf im Dschungel*, 1980), *Kaliyugaya* (1982)

Kidlat Tahimik (Philippinen): *Mababangong bangungot* (*Der parfümierte Alptraum*, 1977)

China

Xie Jin: *Wutai jiemei* (Schwestern der Bühne, 1964), *Hongse niangzijun* (*Das rote Frauenbataillon*, 1960), *Haigang* (Der Hafen, zusammen mit Xie Tieli, 1972), *Quingchun* (Jugend, 1977), *A! yaolon* (O Wiege!, 1980), *Tianysunshan chuanqi* (*Die Legende von Tian-Yun-Berg, 1981)*

Hongkong, Taiwan

Chang Ch'eh (Hongkong): *T'ang-jen-chieh hsiao-tzu* (Der Junge aus Chinatown, 1977), *Tsa-chi wang-ming tui* (*Die Todesfalle der Shaolin*, 1978), *Feu hu wai chuan* (Die Legende vom Fuchs, 1979), *T'ieh-ch'i men* (Die eiserne Flagge, 1980), *Shentiao* (Der tapfere Bogenschütze, 1981)

Tsui Hark (Hsü K'o, Hongkong): *Tieh pin* (Die Schmetterlings-Morde, 1979), *Diyi leixing weixian* (Spiel nicht mit dem Feuer, 1980)

Li Hsing (Taiwan): Hinrichtung im Herbst (1971), Die Hochzeit (1973), Posterity and Perplexity (1976), Er gibt niemals auf (1978), *Tsao-an, T'ai-pei* (Guten Morgen, Taipeh, 1978), *Hsiao-ch'eng ku-shih* (Die Geschichte einer kleinen Stadt, 1979), *Jüanhsiang jen* (Mein Heimatland, 1980)

King Hu (Hu Chin-ch'üan, Hongkong): *Kung shan ling yu* (*Der Regen in den Bergen*, 1978), *Shan-chung chuang-chi* (Die Legende des Berges, 1978), *Chung-shen a shih* (The Juvenizer, 1980)

Ann Hui (Hongkong): *Feng jie* (Das Geheimnis, 1979), *Zhuang dao zheng* (The Spooky Bunch, 1980), *hu-yüeh-te ku-shih* (Die Geschichte von Woo Viet, 1981), Boat People (1982–83)

Fong Yuk-Ping (Allen Fong, Hongkong): *Fuzi qing* (auch: *Fu tzu ch'ing) (Der Vater und sein Sohn,* 1981)

Japan

Kazuhuko Hasegawa: *Seishun no satsujin-sha* (Der Mörder der Jugend, 1976), *Taiyo o nusunda otoko* (Der Mann, der die Sonne stahl, 1979)

Yoichi Higashi: *Sado* (A Boy Called Third Base, 1978), *No hohozue wa tsukanai* (No more Easy Going, 1979), Love Letter (1981), The Rape (1981)

Kon Ichikawa: *Inugamike no ichizoku* (Die Familie Inugami, 1976), *Akuma no temari-uta* (Das Teufelslied von Bali, 1976), *Gokumon-to* (Die Teufelsinsel, 1977), *Hi no tori* (Der Feuervogel, 1978), *Joh-ou bachi* (Die Königsbiene, 1978), *Kofuku* (Glück, 1981)

Shohei Imamura: *Fukushu suru wareni ari* (Die Rache ist mein, 1979), *Eijanaika* (1981)

Masahi Kobayashi: *Moeru aki* (Der wachsende Herbst, 1979), *Tokyo saiban* (Der Prozeß von Tokyo, 1983)

Kei Kumai: *Ogin sama* (Lady Ogin, 1977), *Tempyo no iraka* (Ein Dachziegel aus der Tempyo-Ära, 1979)

Akira Kurosawa: *Kagemusha* (*Kagemusha – Der Schatten des Kriegers,* 1980)

Nagisa Oshima: *Ai no borei* (*Im Reich der Leidenschaft,* 1978), *Merry Christmas in the Battleground* (Fröhliche Weihnachten auf dem Schlachtfeld, 1983)

Kaneto Shindo: *Hokusai manga* (Hokusai, der Meister, 1981)

Masahiro Shinoda: Yasha-ga-ike (Der Yasha-Teich, 1979), *Akuryo-to* (Die Teufelsinsel, 1981)

Seijun Suzuki: *Hishu monogatari* (Die pathetischen Erzählungen, 1977), *Zigeunerweisen* (1980), *Kagero-za* (Die Schimäre, 1982)

Yoichi Takabayashi: *Shofu* (Prostituierte, 1974), *Hika* (Elegie, 1975)

Honjin satsujin jiken (Mord im großen Haus, 1975), *Kinkaru-ji* (Der goldene Pavillon, 1976), *Nishijin shinju* (Doppelselbstmord in Nishijin, 1977), *Ojo anraku koku* (1978), *The Woman* (1980), *Naomi* (1980), *Kura no naka* (Auf dem Dachboden, 1981), *Sekka tomurai zashi* (Irezumi, Geist der Tätowierung, 1982)

Shuji Terayama: *Boxer* (1977), *Kusa meikyu* (Das Labyrinth im Feld, 1979)

Kohei Uguri: *Doro no kawa* (Schmutziger Fluß, 1981)

Masachi Yamamoto: *Yami no kaniwaru* (*Karneval der Nacht,* 1982)

Australien

Gillian Armstrong: *My Brilliant Carreer* (Meine brillante Karriere, 1979), *Starstruck* (1981), *14's Good, 18's Better* (1981)

Bruce Beresford: *Don's Party* (1976), *The Getting of Wisdom* (Der Erwerb von Weisheit, 1977), *The Money Makers* (1978), *Breaker Morant* (1979), *The Club* (1980), *Puberty Blues* (1981)

Arthur und Corinne Cantrill: *Skin of Your Eye* (1971–73), *At Uluru* 1976–77), *The Second Journey to Uluru* (1981)

Donald Crombie: *Caddie* (*Eine Frau geht ihren Weg,* 1975), *The Irishman* (1978), *Cathie's Child* (Cathies Kind, 1979), *The Killing of Angel Street* (1981), *Kitty and the Bagman* (1982)

John Duigan: *Mouth to Mouth* (*Mund zu Mund*, 1977), *Dimboola* (1978), *Winter of Our Dreams* (1981), *Far East* (1982)

David und Judith MacDougall: *The Wedding Camels* (1974), *In Lorang's Way* (1976), *Take Over* (1980), *Wife among Wives* (1981)

George Miller: *Mad Max* (*Mac Max*, 1978), *Mad Max II* (*Mad Max II – Der Vollstrecker*, 1981)

Philip Noyce: *Backroads* (1976), *Newsfront* (1978), *Heatwave* (1981)

Fred Schepisi: *The Devil's Playground* (Der Spielplatz des Teufels, 1976), *The Chant of Jimmy Blacksmith* (*Die Ballade von Jimmy Blacksmith*, 1978)

Albie Thoms: *Palm Beach* (1978)

Stephen Wallace: *Love Letters from Teralba Road* (*Liebesbriefe aus der Teralba-Straße*, 1977), *Stir* (1980)

Peter Weir: *Last Wave* (*Die letzte Flut*, 1977), *The Plumber* (Der Klempner (1979), *Gallipoli* (*Gallipoli*, 1981), *The Yar of Living dangerously* (1982)

VII. USA, Kanada

USA

Robert Aldrich: *Twilight's Last Gleaming* (*Das Ultimatum*, 1976), *The Choirboys* (*Die Chorknaben*, 1977), *The Frisco-Kid* (*Ein Rabbi im Wilden Westen*, 1979)

Robert Altman: *Three Women* (*Drei Frauen*, 1976), *A Wedding* (*Eine Hochzeit*, 1978), *Quintet* (1978), *A Perfect Couple* (*Ein perfektes Paar*, 1979), *Health* (Gesundheit, 1980), *Popeye* (1981), *Come Back to the Five and Dime, Jimmy Dean, Jimmy Dean* (1982)

Woody Allen: *Annie Hall* (*Der Stadtneurotiker*, 1977), *Interiors* (*Innenleben*, 1978), *Manhattan* (*Manhattan*, 1979) *Stardust Memories* (*Stardust Memories*, 1980), *A Midsummer Night's Comedy* (*Sommernächte – Eine Sommernachts-Sexkomödie*, 1982)

Emile de Antonio: *Underground* (1976), *In the King of Prussia* (In der Sache ›King of Prussia‹, 1982)

Hal Ashby: *Bound for Glory* (*Dieses Land ist mein Land*, 1976), *Coming Home* (*Coming home – sie kehren heim*, 1977), *Being There* (Willkommen, Mr. Chance, 1979), *The Hawkline Monster*, 1980), *Lookin' to Get Out* (1981), *Rolling Stones* (1982)

Scott und Beth B.: *The Offenders* (super 8, 1979), *The Trap Door* (super 8, 1980), *Vortex* (*Vortex*, 1982)

James Benning: *11 × 14* (1976), *Grand Opera* (*Grand Opera*, 1979), *Him and Me* (1981)

Les Blank: *Chulas fronteras* (1976), *Always for Pleasure* (1978), *Del mero corazón* (*Direkt vom Herzen*, 1979), *Garlic is as Good as Ten Mothers* (*Knoblauch ist so gut wie zehn Mütter,* 1980), *Burden of Dreams* (1982)

Peter Bogdanovich: *Nickelodeon* (*Nickelodeon,* 1976), *Saint Jack* (*Saint Jack,* 1979), *They All Laughed* (*Sie haben alle gelacht,* 1981)

Stan Brakhage: *Sincerity,* Teile 2–3 (1975–78)

Mel Brooks: *High Anxiety* (*Mel Brooks Höhenkoller,* 1977), *History of the World* (*Mel Brooks verrückte Geschichte der Welt,* 1980)

Richard Brooks: *Looking for Mr. Goodbar* (*Auf der Suche nach Mr. Goodbar,* 1977), *The Man with the Deadly Lens* (*Flammen am Horizont,* 1981) *Wrong is Right* (1982)

Charles Burnett: *Killer of Sheep* (1978)

John Carpenter: *Assault on Precint 13* (*Assault – Anschlag bei Nacht,* 1976), *Elvis – The Movie* (*Elvis – The King,* 1978), *Halloween* (*Halloween – Die Nacht des Grauens,* 1978), *Someone's Watching Me* (*Das unsichtbare Auge,* 1978), *The Fog* (*Der Nebel des Grauens,* 1979), *Escape from New York* (*Die Klapperschlange,* 1980), *The Thing* (*Das Ding aus einer anderen Welt,* 1981)

John Cassavetes: *The Killing of A Chinese Bookie* (*Mord an einem chinesischen Buchmacher,* 1976), *Opening Night* (*Die erste Vorstellung,* 1977), *Gloria* (*Gloria, die Gangsterbraut,* 1980)

Michael Cimino: *Thunderbolt and Lightfoot* (*Den letzten beißen die Hunde,* 1973), *The Deer Hunter* (*Die durch die Hölle gehen,* 1978), *Heaven's Gate* (Die Pforte des Himmels, 1981)

Francis Ford Coppola: *Apocalypse Now* (*Apocalypse Now,* 1976–79, *One from the Heart* (*Einer mit Herz,* 1981)

Jonathan Demme: *Fighting Mad* (*Mach ein Kreuz und fahr zur Hölle,* 1977), *Handle with Care / Citizen's Band* (1977), *Last Embrace* (1979), *Melvin and Howard* (*Melvin und Howard,* 1980), *Who Am I This Time?* (1982)

Stanley Donen: *Movie Movie* (*Movie Movie,* 1978)

Stan Dragoti: *Love at First Bite* (*Liebe auf den ersten Biß,* 1979)

Bob Dylan: *Renaldo & Clara* (*Renaldo & Clara,* 1977)

Blake Edwards: *The Pink Panther Strikes Again* (*Inspektor Clouseau, der ›beste‹ Mann bei Interpol,* 1976), *Revenge of the Pink Panther,* (*Inspektor Clouseau – der irre Flic mit heißem Blick,* 1978), *Ten* (*Zehn – Die Traumfrau,* 1980), *S.O.B.* (*Hollywoods letzter Heuler – S.O.B.,* 1981), *Victor/Victoria* (*Victor/Victoria,* 1982)

Milos Forman: *Hair* (*Hair,* 1977), *Ragtime* (*Ragtime,* 1981)

Bob Fosse: *All that Jazz* (*Hinter dem Rampenlicht,* 1979)

John Frankenheimer: *Black Sunday* (*Schwarzer Sonntag,* 1976), *Prophecy* (*Die Prophezeiung,* 1978)

William Friedkin: *Wages of Fear – Sorcerer* (*Atemlos vor Angst* 1976/77, *Big Job at Brinks / The Brink's Job* (*Das große Dings bei Brinks,* 1978), *Cruising* (*Cruising,* 1979)

Samuel Fuller: *The Big Red One ... The Big Red One – Die unbesiegbare Erste,* 1978)

Haile Gerima: *Ashes and Embers* (*Asche und Glut*, 1982)

Dennis Hopper: *Out of the Blue* (*Out of the Blue*, 1979)

Waerrington Hudlin: *Street Corner Stories* (*Geschichten von Straßenecken*, 1977)

John Huston: *Wise Blood* (*Die Weisheit des Blutes*, 1979), *Phobia* (1980), *Escape to Victory* (*Flucht oder Sieg*, 1981), *Annie* (*Annie*, 1981)

Jim Jarmusch: *Permanent Vacation* (*Ferien auf Dauer*, 1980)

Irvin Kershner: *Raid on Entebbe* (*Die keine Gnade kennen*, 1976), *Eyes of Laura Mars* (*Die Augen der Laura Mars*, 1978), *The Empire Strikes Back* (*Das Imperium schlägt zurück*, 1979)

Stanley Kubrick: *The Shining* (*Shining*, 1979)

Richard Leacock: *Community of Praise* (1982)

Jerry Lewis: *Hardly Working* (*Alles in Handarbeit*, 1979)

Georges Lucas: *Star Wars* (*Krieg der Sterne*, 1977)

Sydney Lumet: *Network* (*Network*, 1976), *Death trap* (1980), *Prince of the City* (1981), *The Verdict* (1982)

Terence Malick: *Badlands* (1973), *Days of Heaven* (*In der Glut des Südens*, 1978)

Delbert Mann: *Night Crossing* (*Mit dem Wind nach Westen*, 1982)

Paul Mazursky: *Next Stop Greenwich Village* (1976), *An Unmarried Woman* (*Eine entheiratete Frau*, 1977), *Willie & Phil* (*Willie & Phil*, 1980), *The Tempest* (*Der Sturm*, 1982)

Paul Morissey: *The Hound of the Baskervilles* (*Der Hund von Baskervilles*, 1977), *Forty Deuce* (1982)

Robert Mulligan: Bloodbrothers (*Heißes Blut*, 1978), *Same Time, Next Year* (*Nächstes Jahr, nächste Zeit*, 1978)

Alan J. Pakula: *Starting Over* (*Auf ein Neues*, 1979), *Rollover* (1981)

Brian de Palma: *Carrie* (*Carrie – Des Satans jüngste Tochter*, 1976), *The Fury* (*Teufelskreis Alpha*, 1978), *Home Movies* (Home Movies, 1979), *Blow Out* (*Blow Out, der Tod löscht alle Spuren*, 1981)

Alan Parker: *Midnight Express* (*12 Uhr nachts – Midnight Express*, 1977), *Fame* (*Fame – Der Weg zum Ruhm*, 1979), *Shoot the Moon* (1982)

Sam Peckinpah: *Cross of Iron* (*Steiner – Das eiserne Kreuz*, 1976), *Convoy* (*Convoy*, 1978)

Arthur Penn: *Four Friends / Georgia's Friends* (*Vier Freunde*, 1981)

Sydney Pollack: *Bobby Deerfield* (*Bobby Deerfield*, 1977) *The Electric Horseman* (*Der elektrische Reiter*, 1978), *Absence of Malice* (*Die Sensationsreporterin*, 1981), *Tootsie* (*Tootsie*, 1982)

Amos Poe: *Blank Generation* (1975), *Unmade Beds* (1976), *The Foreigner* (1977), *Subway Riders* (*Subway Riders*, 1981)

Bob Rafelson: *Stay Hungry* (*Mister Universum*, 1976), *The Postman Always rings Twice* (*Wenn der Postmann zweimal klingelt*, 1980)

Yvonne Rainer: *Kristina Talking Pictures* (1976), *Journeys from Berlin/1971* (1980)

Mark Rappoport: *Casual Relations* (*Zufallsbeziehungen*, 1973), *Mozart in Love* (*Der verliebte Mozart*, 1975), *Scenic Route* (*Die andere Schwester*, 1978), *Impostors* (*Hochstapler*, 1979)

Martin Ritt: *Casey's Shadow* (*Der Champion*, 1977), *Norma Rae* (*Norma Rae*, 1978)

Alexander Rockwell: *Lenz* (*Lenz*, 1981)

George A. Romero: *The Crazies* (*Crazies*, 1973), *Zombie – Dawn of the Dead* (*Zombie*, 1977)

Jerry Schatzberg: *The Seduction of Joe Tynan* (*Die Verführung des Joe Tynan*, 1979)

Paul Schrader: *Blue Collar* (*Blue Collar*, 1978), *Hardcore* (*Hardcore – Ein Vater sieht rot*, 1978), *American Gigolo* (*Ein Mann für gewisse Stunden*, 1979), *Cat People* (*Katzenmenschen*, 1981)

Michael Schultz: *Car Wash* (*Car Wash*, 1976), *Which Way Is up?* (*Wie geht's aufwärts?*, 1977), *Sergeant Pepper's Lonely Hearts Club Band* (*Sgt. Peppers Lonely Hearts Club Band*, 1978)

Martin Scorsese: *New York, New York* (*New York, New York*, 1977), *The Last Waltz* (*Die Band*, 1978, *Raging Bull* (*Wie ein wilder Stier*, 1979), *The King of Comedy* (1982)

Don Siegel: *The Shootist* (*Der Shootist/Der Scharfschütze*, 1976), *Telefon*, (*Telefon*, 1977), *Escape from Alcatraz* (*Flucht von Alcatraz*, 1979), *Rough Cut* (*Der Löwe zeigt die Krallen*, 1979), *Hot Streak* (1981)

Joan Micklin Silver: *Hester Street* (*Hester Street*, 1974), *Between the Lines* (*Zwischen den Zeilen*, 1977)

Steven Spielberg: *Close Encounters of the Third Kind* (*Unheimliche Begegnungen der dritten Art*, 1977), *1941* (*1941 – Wo, bitte, geht's nach Hollywood?*, 1979), *Raiders of the Lost Ark* (*Jäger des verlorenen Schatzes*, 1981), *E.T. – The Extra-Terrestrial in His Adventure on Earth* (*E.T. – Der Außerirdische*, 1982)

Billy Wilder: *Fedora* (*Fedora*, 1977) *Buddy Buddy* (*Buddy Buddy*, 1981)

Wayne Wang: *Chan Is Missing* (*Chan wird vermißt, 1981)*

John Waters: Pink Flamingos (1972), *Female Trouble* (1975), *Desperate Living* (1978), *Polyester* (*Polyester*, (1982)

Claudia Weill: *Girlfriends* (*Girl Friends*, 1978)

Frederick Wiseman: *Juvenile Court* (*Jugendgericht*, 1973), *Welfare* (Wohlfahrt, 1975), *Meat* (Fleisch, 1976), *Canal Zone* (1977), *Sinai Field Mission* (1978), *Manoeuvre* (1979), *Model* (1980), *Seraphita's Diary* (1982)

Robert Young: *Alambrista* (1977), *The Ballad of Gregorio Cortez* (1982)

Kanada

Jean Beaudin: *J. A. Martin photographe* (1977), *Cordélia* (1979)

André Blanchard: *L'hiver bleu* (Der blaue Winter, 1979)

Gilles Carle: *La tête de Normande St. Onge* (1975), *L'ange et la femme* (Der Engel und die Frau, 1977), *Fantastica* (1980), *Les Plouffe* (1981)

Mireille Dansereau: *La vie rêvee* (Das geträumte Leben, 1973), *L'arrache-cœur* (1979)

Zane R. Dalen: *Skip Tracer* (*Jagd ohne Skrupel*, 1977), *The Hounds of Notre Dame* (1980)

André Forcier: *Bar Salon* (1975), *L'eau chaude, l'eau frette* (Kalt- und Warmwasser, 1976), *Albert et Léo en Albinie* (Albert und Leo in Albinien, 1978), *Au clair de la lune* (Im Mondschein, 1982)

Claude Jutra: *By Design* (1982)

Jean Claude Labrecque: *The Coffin Affair* (Die Sarg-Affäre, 1979)

Arthur Lamothe: Filme aus der Serie *Innu asi / La terre de l'homme* (Das Land des Menschen): *Pukuanipanan / Campement d'hiver où est tendu le filet* (*Im Winterlager, wo das Netz ausgelegt wird*, 1979)

Micheline Lanctôt: *L'homme à tout faire* (Ein Mann für alles, 1979)

Jacques Leduc: *Chronique de la vie quotidienne* (Chronik des Alltagslebens, 8 Filme, 1977–78), *Albedo* (1982)

Jean-Pierre Lefebvre: *L'amour blessé* (Die verletzte Liebe, 1975), *Les gars des vues* (1976), *Le vieux pays où Rimbaud est mort* (Das alte Land, wo Rimbaud gestorben ist, 1977), *Avoir 16 ans* (16 Jahre alt sein, 1978), *Les fleurs sauvages* (Die wilden Blumen, 1982)

Alan King: *Who Has Seen the Wind?* (*Wer hat den Wind gesehen?, 1977/1978), Stand, Night One*

Francis Mankiewicz: *Les bons debarras* (Weg mit Schaden, 1979), *Good Riddance* (1980), *Les beaux souvenirs* (Die schönen Erinnerungen, 1981)

Silvio Narizzano: *Why Shoot the Teacher?* (*Warum schießen Sie auf den Lehrer?*, 1976), *The Class of Miss MacMichael* (*Die Klasse von Miss McMichael*, 1978)

Pierre Perrault: *Un royaume vous attend* (Ein Königreich erwartet Sie, zusammen mit Bernard Gosselin, 1975), *Le goût de la farine* (Der Geschmack des Mehls, zusammen mit B. Gosselin, 1977), *Gens d'Abitibi* (Leute aus Abitibi, 1979)

Don Shebib: *Fisk Hawk* (*Der letzte der Indianer*, 1979), *Heartaches* (Herzenskummer, 1981)

Michael Snow: *Presents* (1981), *So Is This* (1982)

Robin Spry: *One Man* (*Einer allein*, 1977), *Drying up the Streets* (1978), *Suzanne* (1980)

Register

Alle Ziffern bis 262 verweisen auf Band 3

Personenregister

Kursive Ziffern weisen auf Abbildungen hin.

Firmenregister

In diesem Register sind Produktions- und Verleihfirmen, Institutionen, Kollektive, Gruppen, Arbeitsgruppen, Zeitungen, Zeitschriften, Archive, Filmtheater, allgemeine Begriffe etc. zusammengefaßt.

Produktionsfirmen (Verleihe):

Institutionen (Kollektive – Gruppen – Arbeitsgruppen – Zeitungen – Zeitschriften – Archive – Filmtheater)

Allgemeine Begriffe etc.:

Deutsche Filmtitel

Ausländische Filmtitel

Film lexikon

Film als Kunst
Film als Unterhaltung
Film als Sprache
Film als Mythos
Film als Ware
Film als Handwerk
Film als Technik
Film als Industrie
Alles über Film

Herausgegeben von Liz-Anne Bawden
Edition der deutschen Ausgabe von Wolfram Tichy

Taschenbuchausgabe in 6 Bänden
rororo handbuch 6234/DM 54,–
Jeder Band ist auch einzeln zum Preis von DM 10,80 erhältlich

Das rororo Filmlexikon erfaßt in 3000 Stichwortartikeln das Medium weltweit und in allen seinen Aspekten – als Kunstform und Unterhaltungsware, als Technologie und Industrie – von den Anfängen bis heute. Kein anderes Nachschlagewerk in deutscher Sprache bietet dem Filminteressierten mehr Informationen.

Die **Bände 1–3** behandeln
– etwa 800 Filme mit künstlerischer, kommerzieller oder historischer Bedeutung
– Bewegungen, Stile und Genres, wichtige theoretische und kritische Arbeiten, gesellschaftspolitische Rahmenbedingungen (Zensur, Propaganda)
– Produktionsfirmen und Filmländer
– technische Entwicklungen und Verfahren

Die **Bände 4–6** beschreiben die wichtigsten Personen der Filmgeschichte und -gegenwart:
– Schauspieler, Regisseure, Kameraleute
– Produzenten, Kritiker, Theoretiker
– Drehbuchautoren, Komponisten, Designer.

Bibliographische Hinweise zu jedem Stichwort und ein umfassendes Sach- und Filmregister mit allen erwähnten Filmen nach Verleih- und Originaltitel sowie ein vollständiges Personenregister machen das Lexikon auch zu einem Arbeitsbuch für alle, die sich mit Film professionell befassen.

956/2

2077/2

Geschichte griffbereit

Grundkurs und Nachschlagewerk für Studenten, Praktiker, Geschichtsinteressierte zum Verstehen und Behalten welthistorischer Prozesse.
Von Imanuel Geiss.

1 Daten
der Weltgeschichte
Die chronologische Dimension der Geschichte
(6235)

2 Personen
der Weltgeschichte
Die biographische Dimension der Geschichte
(6236)

3 Schauplätze
Die geographische Dimension der Weltgeschichte
(6237)

4 Begriffe
Die sachsystematische Dimension der Weltgeschichte
(6238)

5 Staaten
Die nationale Dimension der Weltgeschichte
(6239)

6 Epochen
der Weltgeschichte
Die universale Dimension der Geschichte
(6240)

957/1

Theater im 20. Jahrhundert

Manfred Brauneck

Programmschriften, Stilperioden, Reformmodelle

rororo handbuch 6290

Dokumentiert, analysiert und kommentiert werden die wichtigsten theaterästhetischen Programmschriften, Stilperioden und Reformmodelle von der Jahrhundertwende bis zu den 80er Jahren – von Max Reinhardt bis Jerzy Grotowski, von den Theaterexperimenten des Bauhauses bis zur amerikanischen Theatersubkultur. Der einleitenden Skizze einer Theorie des Theaters folgen die fünf Kapitel:

- «Theater der Zukunft»: Stilbühne und Theaterreform um 1900
- Revolte – Erneuerung – Experiment
- Politisches Theater – Episches Theater – Dokumentartheater
- Das Schauspieler-Theater
- Theater der Erfahrung – Freies Theater

Der Band schließt mit einer

- Chronik des Theaters im 20. Jahrhundert: Daten und Ereignisse.

Damit liegt für jeden Theaterinteressenten ein unentbehrliches Handbuch vor, das über die Entwicklung der Theatermoderne umfassend informiert.

rororo handbuch

2047/1